Excel财务与会计办公实战从入门到精通

风云工作室 编著

化学工业出版社

·北京·

本书针对财务和会计中的Excel应用技术，进行实战式的讲解，使读者对Excel的办公技能形成系统了解，能够很好地应用于财务和会计行业中。全书共分为14章，包括Excel 2016快速入门；输入与编辑工作表中的数据；制作常用财务会计统计表；会计凭证、凭证汇总及总账的制作；企业材料进销存的管理与核算；企业成本费用的管理与核算；企业员工工资的管理与核算；企业固定资产的管理与核算；企业往来账务的管理与核算；使用Excel分析企业财务状况；使用Excel编制会计报表；会计报表的分析与管理；使用Excel分析企业筹资决策和利用Excel实现网络办公。

本书内容丰富、图文并茂、深入浅出，以财务和会计行业为环境，使用Excel进行案例的实战演练，不仅适用于广大财务和会计的学习者，而且适用于想快速提高Excel工作效率的人员。

图书在版编目（CIP）数据

Excel财务与会计办公实战从入门到精通／风云工作室编著．—北京：化学工业出版社，2019.6

ISBN 978-7-122-34132-7

Ⅰ. ①E… Ⅱ. ①风… Ⅲ. ①表处理软件—应用—财务会计 Ⅳ. ①F234.4-39

中国版本图书馆CIP数据核字（2019）第052689号

责任编辑：孙　炜　李　辰　　　　　装帧设计：王晓宇
责任校对：王　静

出版发行：化学工业出版社（北京市东城区青年湖南街13号　邮政编码100011）
印　　刷：三河市航远印刷有限公司
装　　订：三河市宇新装订厂
787mm×1092mm　1/16　印张20½　字数520千字　2019年7月北京第1版第1次印刷

购书咨询：010-64518888　　　售后服务：010-64518899
网　　址：http://www.cip.com.cn

凡购买本书，如有缺损质量问题，本社销售中心负责调换。

定　价：59.00元　　　　　　　　　　　　　　　　　　版权所有　违者必究

PREFACE 前言

Excel的强大功能在财务和会计工作中得到了广泛运用。本书以主流的Excel 2016为版本，针对零基础的读者，每部分均配有相应的具体操作步骤。在讲解过程中，力求剖析应用过程中的重点和难点，将软件的应用和财务知识融会贯通。本书实例丰富、布局合理、图文相得益彰，叙述内容深入浅出，注重理论与实际操作相结合，涵盖了Excel软件进行账务处理的难点和热点。

本书特色

知识丰富全面：知识点由浅入深，涵盖了Excel 2016在财务和会计方面的常用知识点，读者可由浅入深地掌握Excel 2016在财务和会计方面的核心应用技能。

图文并茂：注重操作，在介绍案例的过程中，每一个操作均有对应的插图。这种图文结合的方式使读者在学习过程中能够直观、清晰地看到操作的过程及效果，便于更快地理解和掌握。

案例丰富：把知识点融入系统的案例实训当中，并且结合经典案例进行讲解和拓展，进而达到"知其然，并知其所以然"的效果。

提示技巧、贴心周到：本书对读者在学习过程中可能会遇到的疑难问题以"提示"的形式进行了说明，以免读者在学习的过程中走弯路。

超值赠送资源：本书将赠送封面所述的资源，读者可以掌握财务管理的相关知识。

读者对象

本书不仅适用于广大财务和会计工作者，而且适用于想快速提高Excel工作效率的人员。

写作团队

本书主编王维维长期研究会计和财务知识。另外还有王猛、王婷婷、张芳、王英英、张桐嘉、肖品、胡同夫、梁云亮、王攀登、陈伟光、包慧利、孙若淞、刘海松、李坤、雷玉芳、于辉辉、白玉杰、冯玲、李清海、原杨、郭丽娟、程铖、卢健良、姬远鹏、李亚飞、王鹏程、王雪涛、臧顺娟、邝万强、陈鹏涛、庞旭阳、钱东省、苏士辉和王飞等人参与了编写工作。在编写过程中，尽所能地将最好的讲解呈现给读者，但也难免有疏漏和不妥之处，敬请不吝指正。若您在学习中遇到困难或疑问，或有何建议，可联系QQ群（玩转技术不加班）：389543972，获得作者的在线指导。

编者

2019年1月

CONTENTS 目录

第1章 Excel 2016快速入门............1
1.1 Excel工作簿的基本操作..................1
1.1.1 创建空白工作簿 1
1.1.2 使用模板创建工作簿 2
1.1.3 保存工作簿 2
1.1.4 打开工作簿 3
1.1.5 关闭工作簿 4
1.2 Excel工作表的基本操作..................5
1.2.1 插入与删除工作表 5
1.2.2 选择单个或多个工作表 6
1.2.3 工作表的复制和移动 7
1.2.4 重命名工作表的名称 9
1.2.5 设置工作表标签颜色 10
1.2.6 显示和隐藏工作表 11
1.3 使用模板快速创建销售报表..........12
1.4 修复损坏的工作簿..........................13
1.5 疑难解惑..14

第2章 输入与编辑工作表中的数据................................15
2.1 在单元格中输入数据......................15
2.1.1 输入文本 15
2.1.2 输入数值 17
2.1.3 输入日期和时间 17
2.1.4 输入特殊符号 18
2.1.5 导入外部数据 18
2.2 设置单元格的数据类型..................20
2.2.1 常规格式 20
2.2.2 数值格式 20
2.2.3 货币格式 21
2.2.4 会计专用格式 22
2.2.5 日期和时间格式 22
2.2.6 百分比格式 24
2.2.7 分数格式 25
2.2.8 科学记数格式 25
2.2.9 文本格式 26
2.2.10 特殊格式 26
2.2.11 自定义格式 27
2.3 快速填充单元格数据......................28
2.3.1 使用填充柄 28
2.3.2 使用填充命令 28
2.3.3 数值序列填充 29
2.3.4 文本序列填充 30
2.3.5 日期/时间序列填充 30
2.3.6 自定义序列填充 31
2.4 修改与编辑数据..............................32
2.4.1 通过编辑栏修改 32
2.4.2 在单元格中直接修改 32
2.4.3 删除单元格中的数据 32
2.4.4 查找和替换数据 33

2.5 疑难解惑 35

第3章 制作常用财务会计统计表 36

3.1 制作岗位工资发放表 36
    3.1.1 新建工作簿 36
    3.1.2 录入表格数据 38
    3.1.3 计算工资总额 41
    3.1.4 设置表格格式 41
    3.1.5 预览打印效果 44
    3.1.6 保存工作簿 44
3.2 制作应付款表 45
    3.2.1 录入表格数据 45
    3.2.2 编制应付款方案 46
    3.2.3 使用图表分析数据 47
    3.2.4 设置图表显示样式 48
3.3 制作到期示意表 51
    3.3.1 编制到期提示公式 51
    3.3.2 编制到期金额公式 53
    3.3.3 设置表格样式 54
    3.3.4 编制到期条件公式 56
    3.3.5 将条件格式运用到数据区中 57
    3.3.6 制作包含链接的照相机图片 58
3.4 疑难解惑 60

第4章 会计凭证、凭证汇总及总账的制作 61

4.1 录入科目代码 61
4.2 录入会计凭证 63
    4.2.1 设置科目代码的录入方式 63
    4.2.2 编制一、二级科目代码 65
    4.2.3 设置自动筛选功能 67

4.3 制作凭证汇总表 70
    4.3.1 编制凭证代码公式 70
    4.3.2 编制借、贷方汇总公式 72
4.4 制作总分类账表 76
    4.4.1 录入期初余额 76
    4.4.2 编制本期借、贷方公式 77
    4.4.3 编制期末余额公式 78
4.5 疑难解惑 80

第5章 企业材料进销存的管理与核算 81

5.1 制作基础资料代码表 81
    5.1.1 录入数据 81
    5.1.2 设置代码格式 82
5.2 材料入库出库表 85
    5.2.1 创建材料入库表 85
    5.2.2 创建材料出库表 89
5.3 制作材料总账表 93
    5.3.1 编制材料名称和记录单位公式 93
    5.3.2 编制本期出、入库公式 94
    5.3.3 编制期末余额公式 96
5.4 制作材料成本表 98
    5.4.1 编制材料名称公式 98
    5.4.2 设置材料总消耗量 99
5.5 应用图表形式展现成本变化 100
5.6 疑难解惑 102

第6章 企业成本费用的管理与核算 103

6.1 材料成本对比表 103
    6.1.1 创建材料成本对比表 103

6.1.2　绘制本期成本构成图 109
6.2　创建收费统计表 111
　　6.2.1　创建收费记录表 111
　　6.2.2　创建收费统计表 112
6.3　数据透视表型费用统计表 116
　　6.3.1　创建数据透视表型统计表 116
　　6.3.2　数据透视表的应用 118
6.4　疑难解惑 120

第7章　企业员工工资的管理与核算 121

7.1　制作工资信息表 121
　　7.1.1　创建个人所得税税率表 121
　　7.1.2　创建个人属性信息表 123
　　7.1.3　创建个人当月信息表 125
7.2　制作工资明细表 127
　　7.2.1　计算基础工资和绩效工资 127
　　7.2.2　计算其他工资类型金额 131
　　7.2.3　计算个人所得税 135
7.3　编制工资零钱发放统计表 138
7.4　编制银行发放表 144
7.5　打印工资条 147
7.6　制作工资凭证表 149
7.7　疑难解惑 152

第8章　企业固定资产的管理与核算 153

8.1　录入固定资产初始卡片 153
　　8.1.1　设置卡片的基本信息 153
　　8.1.2　输入卡片的内容 155
　　8.1.3　固定资产的新增 156
　　8.1.4　固定资产部门调拨 157
　　8.1.5　固定资产的减少 158
8.2　固定资产折旧的计提 159
　　8.2.1　固定资产的折旧函数介绍 159
　　8.2.2　固定资产折旧计提前的准备 160
　　8.2.3　固定资产的折旧计提 162
8.3　用图表法进行折旧分析 164
　　8.3.1　平均年限法图表分析 164
　　8.3.2　余额递减法图表分析 167
8.4　查询固定资产 168
　　8.4.1　按部门查询固定资产 168
　　8.4.2　按照使用年限查询固定资产 169
8.5　疑难解惑 170

第9章　企业往来账务的管理与核算 171

9.1　往来业务初始设置 171
9.2　应收账款明细账和总账 175
　　9.2.1　创建应收账款明细账 175
　　9.2.2　创建应收账款汇总表 178
9.3　创建催款单 183
9.4　提取坏账 186
　　9.4.1　余额百分比法提取坏账 186
　　9.4.2　坏账准备结构分析 189
9.5　应付账款明细账和总账 190
　　9.5.1　创建应付账款明细账 190
　　9.5.2　创建应付账款汇总表 193
9.6　疑难解惑 198

第10章　使用Excel分析企业财务状况 199

10.1 财务报表分析的方法 199
10.2 财务比率的分析 200
 10.2.1 财务比率分析的具体
    指标 200
 10.2.2 获取分析数据信息 203
 10.2.3 建立比率分析模型 204
 10.2.4 创建比率分析图表 209
10.3 财务状况的趋势分析 210
 10.3.1 趋势分析的具体方法 210
 10.3.2 分析企业财务状况的
    趋势 211
10.4 企业间财务状况的比较分析 ... 213
 10.4.1 财务状况比较分析的
    具体方法 213
 10.4.2 分析企业间的财务
    状况 213
10.5 财务状况综合分析 214
 10.5.1 财务状况综合分析的
    具体方法 214
 10.5.2 企业财务状况的综合
    分析 215
 10.5.2 杜邦分析 217
10.6 疑难解惑 219

第11章 使用Excel编制会计报表 220

11.1 完善资产负债表所需数据 220
 11.1.1 复制凭证明细表和凭证
    汇总表 220
 11.1.2 收入费用支出账户的结
    转和结清 222
11.2 创建资产负债表 222
 11.2.1 创建资产负债表 222
 11.2.2 设置万元显示格式 230

11.3 创建现金流量表 231
 11.3.1 设计现金流量表 231
 11.3.2 使用函数添加日期 233
 11.3.3 现金流量区域内的公式
    计算 234
11.4 对现金流量表进行预处理 236
 11.4.1 制定现金流量定比表 236
 11.4.2 用图表进行趋势分析 241
11.5 编制损益表 243
 11.5.1 设计损益表格式 243
 11.5.2 编辑损益表 245
11.6 创建损益表分析图表 248
11.7 疑难解惑 252

第12章 会计报表的分析与管理 253

12.1 了解会计报表分析的基本
  方法 253
12.2 财务状况及变化分析 254
 12.2.1 财务状况分析 254
 12.2.2 资产变化分析 259
 12.2.3 负债变化分析 263
 12.2.4 损益变化分析 265
12.3 资产负债表综合分析 266
 12.3.1 资产结构分析 266
 12.3.2 偿债能力分析 268
12.4 损益表综合分析 269
 12.4.1 盈利能力分析 269
 12.4.2 成本、费用消化能力
    分析 271
12.5 现金流量表综合分析 273
 12.5.1 现金流量结构分析 273
 12.5.2 现金流量表比率分析 278
12.6 疑难解惑 280

第13章 使用Excel分析企业筹资决策 281

13.1 货币时间价值函数 281
13.1.1 年金现值函数及应用 281
13.1.2 年金终值函数及应用 284
13.1.3 等额还款函数及应用 287
13.1.4 本金函数及应用 288
13.1.5 利息函数及应用 290
13.1.6 利率函数及应用 291

13.2 资本成本计量模型 292
13.2.1 长期借款的资本成本 292
13.2.2 债券的资本成本 293
13.2.3 留存收益的资本成本 294
13.2.4 普通股新股的资本成本 295
13.2.5 加权平均资本成本 296

13.3 创建筹资决策分析模型 298
13.3.1 建立基本模型表 298
13.3.2 利用单变量模拟运算进行分析 299
13.3.3 利用双变量模拟运算进行分析 300
13.3.4 建立筹资决策分析表 301

13.4 疑难解惑 304

第14章 利用Excel实现网络办公 305

14.1 利用Excel实现网络办公 305
14.1.1 将整个工作簿放置到网站上 305
14.1.2 将工作表、单元格区域发布到网上 307
14.1.3 将工作簿保存到云端OneDrive 307
14.1.4 通过电子邮件共享 309
14.1.5 向存储设备中传输 309

14.2 在局域网中共享财务表格 310
14.2.1 创建共享工作簿 310
14.2.2 编辑共享工作簿 312
14.2.3 设置共享工作簿 313
14.2.4 取消共享工作簿 315
14.2.5 保存共享工作簿 316

14.3 疑难解惑 317

第 1 章 Excel 2016 快速入门

对于初学Excel的用户，有时分不清什么是工作簿，什么是工作表，而对这两者的操作又是Excel中首先应该了解的。本章将为读者介绍Excel 2016中工作簿和工作表的基本操作。

本章技能（已掌握的技能在方框中打钩）
- ☐ 掌握Excel工作簿的基本操作。
- ☐ 掌握Excel工作表的基本操作。
- ☐ 掌握使用模板创建销售报表的方法。
- ☐ 掌握修复损坏的工作簿的方法。

1.1 Excel工作簿的基本操作

与Word 2016中对文档的操作一样，Excel 2016对工作簿的操作主要有新建、保存、打开、切换及关闭等。

1.1.1 创建空白工作簿

使用Excel工作，首先要创建一个工作簿，创建空白工作簿的方法有以下几种。

1. 启动自动创建

启动Excel后，它会自动创建一个名称为"工作簿1"的工作簿，如图1-1所示。

如果已经启动了Excel，还可以通过下面的3种方法创建新的工作簿。

2. 使用快速访问工具栏

单击快速访问工具栏右侧的下拉按钮，在弹出的下拉列表中选择【新建】选项，即可将【新建】按钮添加到快速访问工具栏中，然后单击快速访问工具栏中的【新建】按钮，即可新建一个工作簿，如图1-2所示。

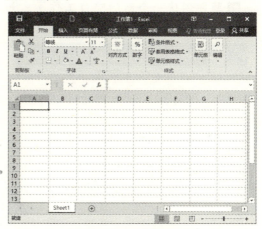

图 1-1　空白工作簿

图 1-2 【新建】选项

3. 使用【文件】选项卡

Step 01 选择【文件】选项卡，在打开的界面中选择【新建】选项，在右侧窗口中选择【空白工作簿】选项，如图1-3所示。

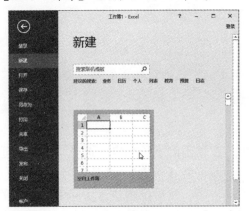

图 1-3 【新建】界面

Step 02 随即创建一个新的空白工作簿，如图1-4所示。

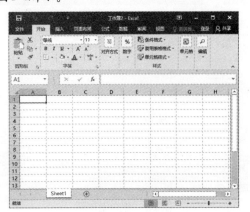

图 1-4 空白工作簿

4. 使用快捷键

按【Ctrl+N】组合键即可新建一个工作簿。

1.1.2 使用模板创建工作簿

Excel 2016提供了很多默认的工作簿模板，使用模板可以快速创建同类别的工作簿，具体操作步骤如下。

Step 01 选择【文件】选项卡，在打开的界面中选择【新建】选项，进入【新建】界面，在打开的界面中单击【基本销售报表】选项，随即打开【基本销售报表】对话框，如图1-5所示。

图 1-5 【基本销售报表】对话框

Step 02 单击【创建】按钮，即可根据选择的模板新建一个工作簿，如图1-6所示。

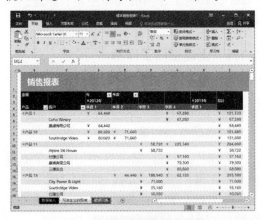

图 1-6 使用模板创建工作簿

1.1.3 保存工作簿

保存工作簿的方法有多种，常见的有

初次保存工作簿和保存已经存在的工作簿两种，下面分别进行介绍。

1. 初次保存工作簿

工作簿创建完毕之后，就要将其进行保存以备今后查看和使用，在初次保存工作簿时需要指定工作簿的保存路径和保存名称，具体操作如下。

Step 01 在新创建的Excel工作界面当中选择【文件】选项卡，在打开的界面中选择【保存】选项，或按【Ctrl+S】组合键，也可以单击【快速访问工具栏】中的【保存】按钮，如图1-7所示。

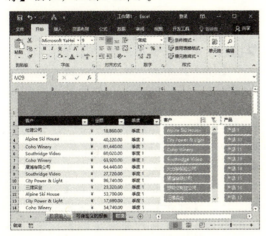

图1-7　单击【保存】按钮

Step 02 进入【另存为】界面，在其中选择工作簿保存的位置，这里选择【这台电脑】选项，如图1-8所示。

图1-8　【另存为】界面

Step 03 单击【浏览】按钮，打开【另存为】对话框，在【文件名】文本框中输入工作簿的保存名称，在【保存类型】下拉列表中选择文件保存的类型，设置完毕后，单击【保存】按钮即可，如图1-9所示。

图1-9　【另存为】对话框

2. 保存已有的工作簿

对于已有的工作簿，当打开并修改完毕后，只需单击【常用】工具栏上的【保存】按钮，就可以保存已经修改的内容，还可以选择【文件】选项卡，在打开的界面中选择【另存为】选项，然后选择【这台电脑】保存位置，最后单击【浏览】按钮，打开【另存为】对话框，以其他名称保存或保存到其他位置。

1.1.4　打开工作簿

当需要使用Excel文件时，用户需要打开工作簿，打开工作簿的方法如下。

方法1：在文件上双击，如图1-10所示，即可使用Excel 2016打开此文件，如图1-11所示。

图1-10　工作簿图标

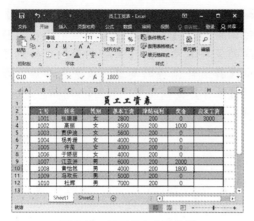

图 1-11 打开 Excel 工作簿

方法2：在Excel 2016操作界面中选择【文件】选项卡，在打开的界面中选择【打开】选项，选择【这台电脑】选项，如图1-12所示。单击【浏览】按钮，打开【打开】对话框，在其中找到文件保存的位置，并选中要打开的文件，如图1-13所示。

图 1-12 【打开】界面

图 1-13 【打开】对话框

单击【打开】按钮，即可打开Excel工作簿，如图1-14所示。

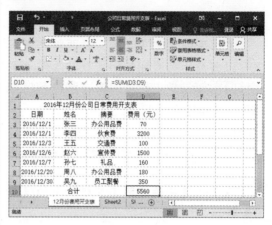

图 1-14 打开工作簿

> 提示：也可以使用快捷键【Ctrl+O】，打开【打开】界面，或者单击快速访问工具栏中的下三角按钮，在打开的下拉列表中选择【打开】选项，将【打开】按钮添加到快速访问工具栏中，单击快速访问工具栏中的【打开】按钮，打开【打开】界面，然后选择文件保存的位置，一般选择【这台电脑】选项，再单击【浏览】按钮，打开【打开】对话框，在其中选择要打开的文件，进而打开需要的工作簿，如图1-15所示。

图 1-15 快速访问工具栏

1.1.5 关闭工作簿

当用户不再需要Excel工作簿或完成

了对Excel工作簿的编辑之后，可以将其关闭。用户可以使用以下两种方式关闭Excel工作簿。

一种是单击窗口右上角的【关闭】按钮，如图1-16所示。

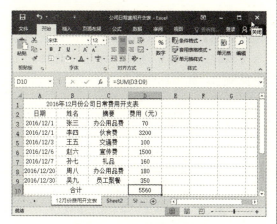

图1-16　单击【关闭】按钮

另一种是选择【文件】选项卡，在打开的界面中选择【关闭】选项，如图1-17所示。

图1-17　选择【关闭】选项

在关闭Excel 2016文件之前，如果所编辑的表格没有保存，系统会弹出保存提示对话框，如图1-18所示。

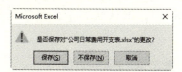

图1-18　信息提示框

单击【保存】按钮，将保存对表格所做的修改，并关闭Excel 2016文件；单击【不保存】按钮，则不保存表格的修改，并关闭Excel 2016文件；单击【取消】按钮，不关闭Excel 2016文件，返回Excel 2016界面继续编辑表格。

1.2　Excel工作表的基本操作

工作表是工作簿的组成部分，默认情况下，新创建的工作簿只包含1个工作表，名称为Sheet1，使用工作表可以组织和分析数据，用户可以对工作表进行重命名、插入、删除、显示、隐藏等操作。

1.2.1　插入与删除工作表

在Excel 2016中，新建的工作簿中只有一个工作表，如果该工作簿需要保存多个不同类型的工作表，就需要在工作簿中插入新的工作表；对于工作簿中无用的工作表，可以将其删除。

1. 插入工作表

在工作簿中插入工作表的方法有以下4种。

方法1：打开需要插入工作簿的文件，在文档窗口中单击工作表Sheet1的标签，然后单击【开始】选项卡下【单元格】选项组中的【插入】按钮，在弹出的下拉列表中选择【插入工作表】选项，如图1-19所示。

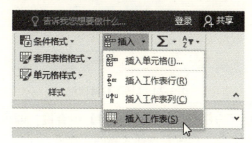

图1-19　【插入工作表】选项

方法2：单击工作表标签右侧的【新工作表】按钮 ⊕ ，即可在工作表标签最右侧插入一个新工作表,如图1-20所示。

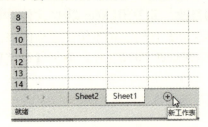

图1-20 【新工作表】按钮

方法3:在工作表Sheet1的标签上右击,在弹出的快捷菜单中选择【插入】命令,如图1-21所示,在弹出的【插入】对话框中选择【常用】选项卡中的【工作表】图标,如图1-22所示,单击【确定】按钮,即可插入新的工作表。

图1-21 选择【插入】命令

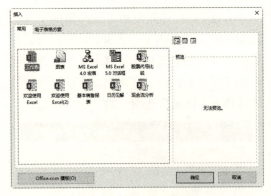

图1-22 【插入】对话框

方法4:按【Shift+F11】组合键,即可在当前工作簿左侧插入新的工作表。

注意:实际操作中,插入的工作表数受所使用的计算机内存的限制。

2. 删除工作表

为了便于管理Excel表格,应当将无用的Excel表格删除,以节省存储空间。删除Excel表格的方法有以下两种。

方法1:选择要删除的工作表,然后单击【开始】选项卡下【单元格】选项组中的【删除】按钮,在弹出的下拉列表中选择【删除工作表】选项,即可将选择的工作表删除,如图1-23所示。

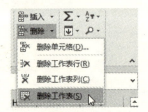

图1-23 选择【删除工作表】选项

方法2:在要删除的工作表的标签上右击,在弹出的快捷菜单中选择【删除】命令,也可以将工作表删除,该删除操作不能撤销,即工作表被永久删除,如图1-24所示。

图1-24 选择【删除】命令

1.2.2 选择单个或多个工作表

在操作Excel工作表之前必须先选择它,每一个工作簿中的工作表的默认名称是Sheet1。默认状态下,当前工作表为Sheet1。

1. 选定单个Excel表格

用鼠标选定Excel工作表是最常用、最

快速的方法，只需在Excel工作表最下方的工作表标签上单击即可，不过，这样只能选定单个工作表，如图1-25所示。

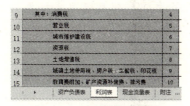

图1-25　选择单个工作表

2. 选择不连续的多个工作表

要选定不连续的多个Excel工作表，按住【Ctrl】键的同时选择相应的Excel工作表即可，如图1-26所示。

图1-26　选择多个工作表

3. 选定连续的多个Excel表格

Step 01 在Excel工作表下方的第1个工作表标签上单击，选定该Excel工作表，如图1-27所示。

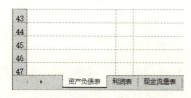

图1-27　选定第一个工作表

Step 02 按住【Shift】键的同时选定最后一个工作表的标签，即可选定连续的多个Excel工作表，如图1-28所示。

图1-28　选择连续的多个工作表

1.2.3　工作表的复制和移动

Excel 2016工作簿中的工作表可以移动与复制，下面介绍如何移动与复制工作表。

1. 移动工作表

移动工作表最简单的方法是使用鼠标操作，在同一个工作簿中移动工作表的方法有以下两种。

（1）直接拖曳法

Step 01 选择要移动的工作表的标签，按住鼠标左键不放，拖曳鼠标让指针到工作表的新位置，黑色倒三角会随鼠标指针移动，如图1-29所示。

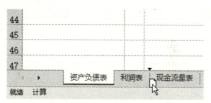

图1-29　选择黑色倒三角

Step 02 释放鼠标左键，工作表即被移动到新的位置，如图1-30所示。

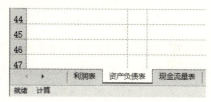

图1-30　移动工作表的位置

（2）使用快捷菜单法

Step 01 在要移动的工作表标签上右击，在弹出的快捷菜单中选择【移动或复制】命令，如图1-31所示。

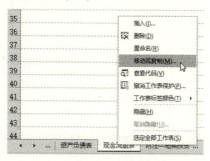

图1-31　选择【移动或复制】命令

Step 02 在弹出的【移动或复制工作表】对话框中选择要插入的位置，如图1-32所示。

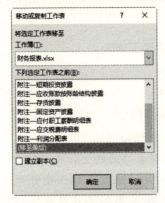

图1-32 【移动或复制工作表】对话框

Step 03 单击【确定】按钮，即可将当前工作表移动到指定的位置，如图1-33所示。

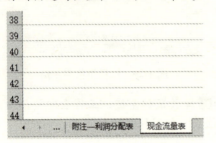

图1-33 移动工作表的位置

另外，不但可以在同一个Excel工作簿中移动工作表，还可以在不同的工作簿中移动。若要在不同的工作簿中移动工作表，则要求这些工作簿必须是打开的。具体的操作步骤如下。

Step 01 在要移动的工作表标签上右击，在弹出的快捷菜单中选择【移动或复制】命令，如图1-34所示。

图1-34 【移动或复制】命令

Step 02 弹出【移动或复制工作表】对话框，在【将选定工作表移至工作簿】下拉列表框中选择要移动的目标位置，在【下列选定工作表之前】列表框中选择要插入的位置，如图1-35所示。

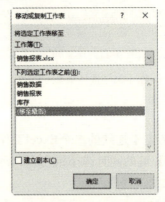

图1-35 【移动或复制工作表】对话框

Step 03 单击【确定】按钮，即可将当前工作表移动到指定的位置，如图1-36所示。

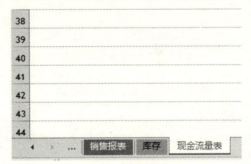

图1-36 移动工作表

2. 复制工作表

用户可以在一个或多个Excel工作簿中复制工作表，有以下两种方法。

（1）使用鼠标复制

用鼠标复制工作表的步骤与移动工作表的步骤相似，只是在拖动鼠标的同时按住【Ctrl】键即可。具体方法如下：选择要复制的工作表，按住【Ctrl】键的同时单击该工作表，然后拖曳鼠标让指针到工作表的新位置，黑色倒三角会随鼠标指针移动，释放鼠标左键，工作表即被复制到新的位置，如图1-37所示。

图 1-37 复制工作表

(2) 使用快捷菜单复制

Step 01 选择要复制的工作表,在工作表标签上右击,在弹出的快捷菜单中选择【移动或复制】命令,如图1-38所示。

图 1-38 【移动或复制】命令

Step 02 在弹出的【移动或复制工作表】对话框中选择要复制的目标工作簿和插入的位置,然后选择【建立副本】复选框,如图1-39所示。

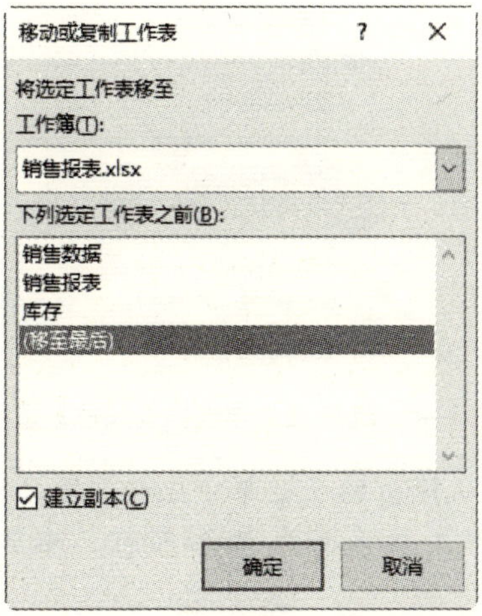

图 1-39 【移动或复制工作表】对话框

Step 03 单击【确定】按钮,即可完成复制工作表的操作,如图1-40所示。

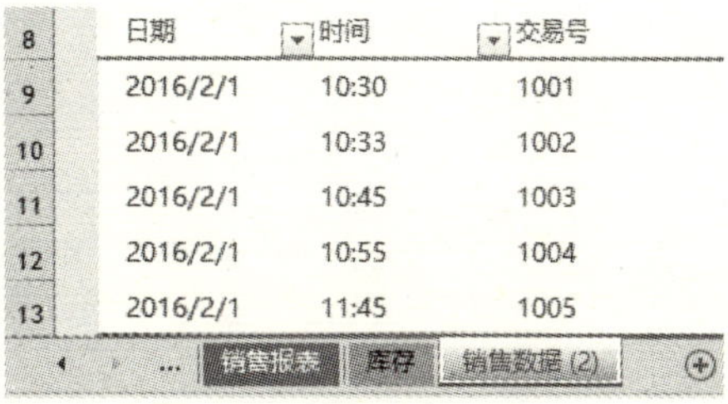

图 1-40 复制工作表

1.2.4 重命名工作表的名称

每个工作表都有自己的名称,默认情况下以Sheet1、Sheet2、Sheet3……命名工作表。这种命名方式不便于管理工作表,为此用户可以对工作表进行重命名操作,以便更好地管理工作表。重命名工作表的方法有两种,分别是直接在标签上重命名和使用快捷菜单重命名。

1. 在标签上直接重命名

Step 01 新建一个工作簿,双击要重命名的工作表的标签Sheet1(此时该标签以高亮显示),进入可编辑状态,如图1-41所示。

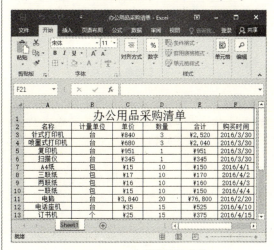

图 1-41 进入编辑状态

Step 02 输入新的标签名,即可完成对该工作表标签进行的重命名操作,如图1-42所示。

1.2.5 设置工作表标签颜色

Excel系统提供有工作表标签的美化功能，用户可以根据需要对标签的颜色进行设置，以便于区分不同的工作表。

Step 01 选择要设置颜色的工作表标签，如这里选择工作簿当中的"学院人员统计表"工作表，如图1-45所示。

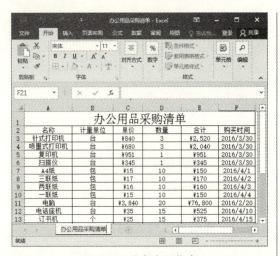

图 1-42 重命名工作表

2. 使用快捷菜单重命名

Step 01 在要重命名的工作表标签上右击，在弹出的快捷菜单中选择【重命名】命令，如图1-43所示。

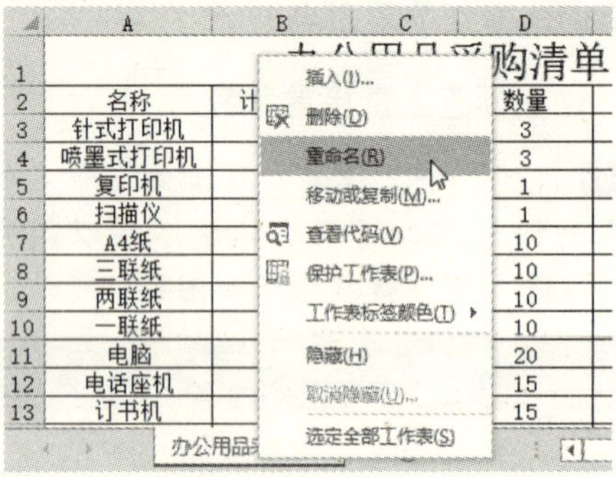

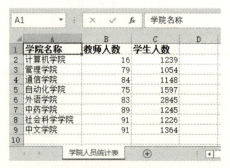

图 1-45 选择工作表

Step 02 单击【开始】选项卡下【单元格】选项组中的【格式】按钮，在弹出的下拉菜单中选择【工作表标签颜色】选项，如图1-46所示。

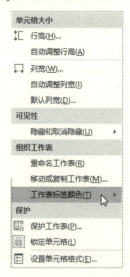

图 1-43 【重命名】命令

Step 02 此时工作表标签以高亮显示，然后在标签上输入新的标签名，即可完成工作表的重命名，如图1-44所示。

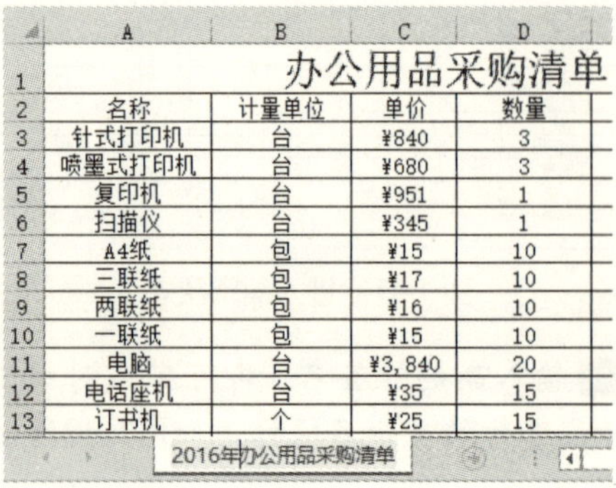

图 1-46 选择【工作表标签颜色】选项

Step 03 从弹出的子菜单中选择需要的颜色，即可为工作表标签添加颜色，如图1-47所示。

Step 04 也可以在工作表标签上右击，在弹出的快捷菜单中选择【工作表标签颜色】命

图 1-44 重命名工作表

令，然后在右侧的颜色列表中选择需要的颜色即可，如图1-48所示。

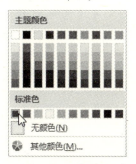

图1-47　选择色块

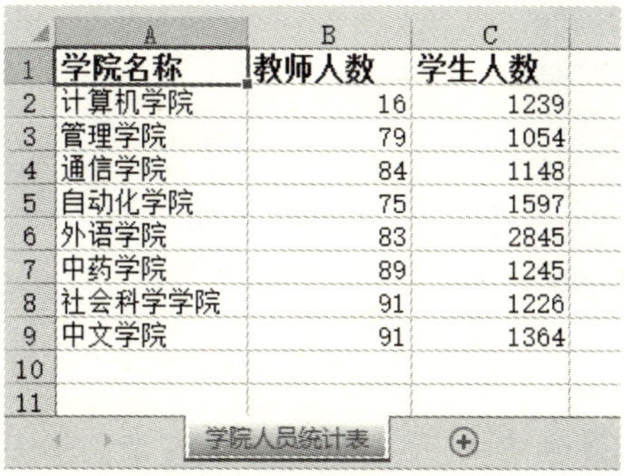

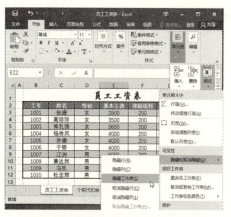

图1-49　选择【隐藏与显示】选项

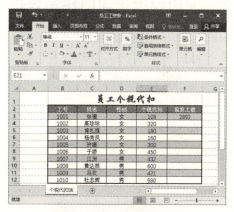

图1-50　隐藏选择的工作表

图1-48　添加标签颜色

1.2.6　显示和隐藏工作表

为了防止他人查看工作表中的数据，可以设置工作表的隐藏功能，将包含非常重要的数据的工作表隐藏起来，当想要再查看隐藏后的工作表，则可取消工作表的隐藏状态。

隐藏和显示工作表的具体操作步骤如下。

Step 01 选择要隐藏的工作表，单击【开始】选项卡下【单元格】选项组中的【格式】按钮，在弹出的下拉列表中选择【隐藏和取消隐藏】选项，在弹出的子列表中选择【隐藏工作表】选项，如图1-49所示。

注意：Excel不允许隐藏一个工作簿中的所有工作表。

Step 02 选择的工作表即可隐藏，如图1-50所示。

Step 03 单击【开始】选项卡下【单元格】选项组中的【格式】按钮，在弹出的下拉列表中选择【隐藏和取消隐藏】选项，在弹出的子列表中选择【取消隐藏工作表】选项，如图1-51所示。

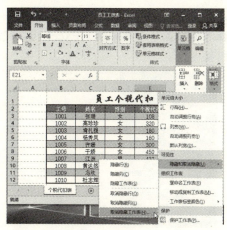

图1-51　选择【取消隐藏工作表】选项

Step 04 打开【取消隐藏】对话框，在其中选择要显示的工作表，单击【确定】按钮，即可取消工作表的隐藏状态，如图1-52所示。

图1-52 【取消隐藏】对话框

1.3 使用模板快速创建销售报表

Excel 2016内置有多种样式的模板，使用这些模板可以快速创建工作表，这里以创建一个销售报表为例，来介绍使用模板创建报表的方法。

具体的操作步骤如下。

Step 01 单击操作系统左下角的【开始】按钮，在弹出的【开始】菜单中选择【Excel 2016】选项，如图1-53所示。

图1-53 选择【Excel 2016】选项

Step 02 启动Excel 2016，打开图1-54所示的工作界面，在其中可以看到Excel 2016提供的模板类型。

图1-54 启动Excel工作界面

Step 03 在模板类型中选择需要的模板，如果预设的模板类型中没有自己需要的模板，则可以在【搜索联机模板】文本框中输入想要搜索的模板类型，如这里输入"销售"，然后单击【搜索】按钮，即可搜索与销售有关的Excel模板，如图1-55所示。

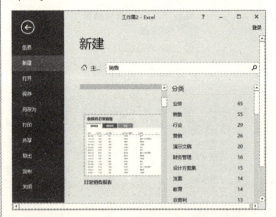

图1-55 选择模板类型

Step 04 单击自己需要的销售类型，如这里单击【日常销售报表】模板类型，则打开【日常销售报表】对话框，如图1-56所示。

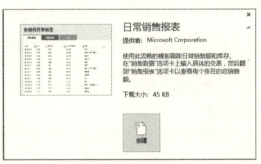

图1-56 【日常销售报表】对话框

Step 05 单击【创建】按钮，即可开始下载所需要的模板，如图1-57所示。

图1-57 下载模板

第1章
Excel 2016 快速入门

Step 06 下载完毕，即可完成使用模板创建销售报表的操作，并进入销售报表编辑界面，如图 1-58 所示。

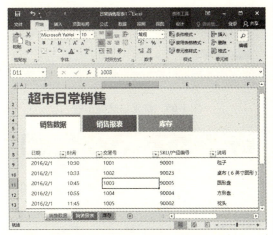

图 1-58　模板下载完成编辑界面

Step 07 选择【文件】选项卡，进入【文件】设置界面，在左侧的列表中选择【另保存】选项，并在右侧选择【这台电脑】选项，如图 1-59 所示。

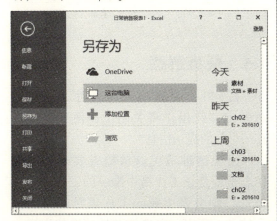

图 1-59　选择【这台电脑】选项

Step 08 单击【浏览】按钮，打开【另存为】对话框，在【保存位置】下拉列表框中选择要保存文件的路径和文件夹，在【文件名】文本框中输入"日常销售报表"，在【保存类型】下拉列表框中选择文件的保存类型，单击【保存】按钮，将创建的日常销售报表保存到计算机的磁盘中，如图 1-60 所示。

图 1-60　【另存为】对话框

1.4　修复损坏的工作簿

如果工作簿损坏了，不能打开，可以使用 Excel 2016 自带的修复功能修复。具体的操作步骤如下。

Step 01 启动 Excel 2016，选择【文件】选项卡，进入【文件】设置界面，在左侧列表中选择【打开】选项，在右侧选择【这台电脑】选项，如图 1-61 所示。

图 1-61　选择【文件】界面

Step 02 单击【浏览】按钮，打开【打开】对话框，从中选择要打开的工作簿文件，如图 1-62 所示。

Step 03 单击【打开】按钮右侧的下三角按钮，在弹出的下拉菜单中选择【打开并修复】选项，如图 1-63 所示。

图 1-62 【打开】对话框

图 1-65 修复信息提示框

图 1-63 选择【打开并修复】选项

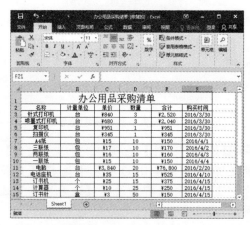

图 1-66 修复完成

Step 04 弹出图 1-64 所示的对话框，单击【修复】按钮，Excel 将修复工作簿并打开；如果修复不能完成，则可单击【提取数据】按钮，只将工作簿中的数据提取出来。

图 1-64 信息提示框

Step 05 单击【修复】按钮，即可开始修复工作簿，修复完毕后，弹出图 1-65 所示的对话框，提示用户 Excel 已经完成文件的修复。

Step 06 单击【关闭】按钮，返回到 Excel 的工作界面中，可以看到修复后的工作簿已经打开，并在标题行的最后显示"修复的"信息提示，如图 1-66 所示。

1.5 疑难解惑

疑问1：在删除工作表时，为什么总弹出"此操作将关闭工作簿并且不保存……"的提示信息？

出现这种情况，请检查要删除的工作表是否是该工作簿中唯一的工作表，如果是，则会弹出删除工作表时的错误提示信息。所以，若要避免该情况的出现，则删除后要保证工作簿中至少保留一个工作表。

疑问2：在将工作表另存为工作簿时，为什么总提示"运行时错误1004"信息？

出现这种情况时，请先检查文件要另存的路径是否存在，或要保存的工作簿是否与当前打开的工作簿同名，如果是，请更改保存路径或文件名称。

第 2 章
输入与编辑工作表中的数据

在Excel工作表中的单元格内可以输入各种类型的数据，包括常量和公式。常量是指直接从键盘上输入的文本、数字、日期和时间等；公式是指以等号开头并且由运算符、常量、函数和单元格引用等组成的表达式或函数等，公式的结果将随着引用单元格中的数据的变化而变化。本章将为读者介绍在工作表中的单元格中输入与编辑数据的方法与技巧。

本章技能（已掌握的在方框中打钩）

- ☐ 掌握Excel的输入数据的技巧。
- ☐ 掌握设置单元格数据类型的方法。
- ☐ 掌握快速填充单元格数据的方法。
- ☐ 掌握修改和编辑数据的方法。

2.1 在单元格中输入数据

在单元格中输入的数值主要包括4种，分别是文本、数字、逻辑值和出错值，下面分别介绍输入的方法。

2.1.1 输入文本

单元格中的文本包括任何字母、汉字、数字、空格和符号等，每个单元格最多可包含32000个字符。文本是Excel工作表中常见的数据类型之一。当在单元格中输入文本时，即可以直接在单元格中输入，也可以在编辑栏中输入，具体的操作步骤如下。

Step 01 启动Excel 2016，新建一个工作簿。单击选中单元格A1，输入所需的文本。例如，输入"春眠不觉晓"，此时编辑栏中将会自动显示输入的内容，如图2-1所示。

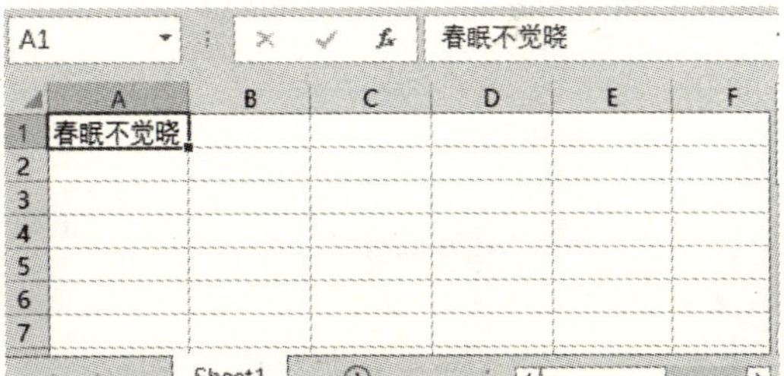

图2-1 直接在单元格中输入文本

Step 02 单击选中单元格A2，在编辑栏中输入文本"处处闻啼鸟"，此时单元格中也会显示输入的内容，然后按【Enter】键，即可确定输入，如图2-2所示。

📢**提示**：在默认情况下，Excel会将输入文本的对齐方式设置为"左对齐"。

图2-2 在编辑栏中输入文本

在输入文本时,若文本的长度大于单元格的列宽,文本会自动占用相邻的单元格,若相邻的单元格中已存在数据,则会截断显示,如图2-3所示。被截断显示的文本依然存在,只需增加单元格的列宽即可显示。

图2-3 文本截断显示

提示:如果想在一个单元格中输入多行数据,在换行处按【Alt+Enter】组合键即可换行,如图2-4所示。

图2-4 换行显示数据

以上只是输入一些普通的文本,若需要输入一长串全部由数字组成的文本数据时,如手机号、身份证号等,如果直接输入,系统会自动将其按数字类型的数据进行存储。例如,输入任意身份证号码,按【Enter】键后,可以看到,此时系统将其作为数字处理,并以科学计数法显示,如图2-5所示。

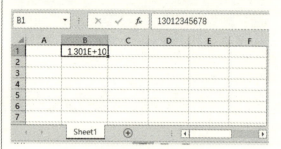

图2-5 按数字类型的数据处理

针对该问题,在输入数字时,在数字前面添加一个英文状态下的单引号"'"即可解决,如图2-6所示。

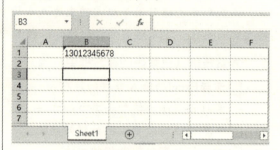

图2-6 在数字前面添加一个单引号

添加单引号后,虽然能够以数字形式显示完整的文本,但单元格左上角会显示一个绿色的倒三角标记,提示存在错误。单击选中该单元格,其前面会显示一个错误图标,单击图标右侧的下拉按钮,在弹出的下拉列表中选择【错误检查选项】选项,如图2-7所示。弹出【Excel选项】对话框,在【错误检查规则】选项组中取消选择【文本格式的数字或者前面有撇号的数字】复选框,单击【确定】按钮,如图2-8所示。经过以上设置以后,系统将不再对此类错误进行检查,即不会显示绿色的倒三角标记。

提示:若只是想隐藏当前单元格的错误标记,在图2-7中选择【忽略错误】选项即可。

图 2-7　选择【错误检查选项】选项

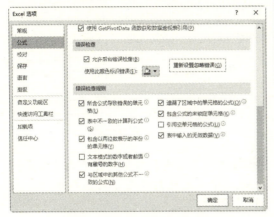

图 2-8　【Excel 选项】对话框

2.1.2　输入数值

在 Excel 中输入数值是最常见的操作了，数值型数据可以是整数、小数、分数或科学计数等，它是 Excel 中使用得最多的数据类型。输入数值型数据与输入文本的方法相同，这里不再赘述。

与输入文本不同的是，在单元格中输入数值型数据时，在默认情况下，Excel 会将其对齐方式设置为"右对齐"，如图 2-9 所示。

图 2-9　输入数值并右对齐显示

另外，若要在单元格中输入分数，如果直接输入，系统会自动将其显示为日期。因此，在输入分数时，为了与日期型数据区分，需要在其前面加一个零和一个空格。例如，若输入"1/3"，则显示为日期形式"1月3日"，若输入"0 1/3"，才会显示为分数"1/3"，如图2-10所示。

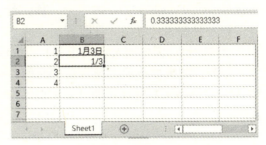

图 2-10　输入分数

2.1.3　输入日期和时间

日期和时间也是Excel工作表中常见的数据类型之一。在单元格中输入日期和时间型数据时，在默认情况下，Excel会将其对齐方式设置为"右对齐"。若要在单元格中输入日期和时间，需要遵循特定的规则。

1. 输入日期

在单元格中输入日期型数据时，应使用斜线"/"或者连字符"-"分隔日期的年、月、日。例如，可以输入"2016/11/11"或者"2016-11-11"来表示日期，但按【Enter】键后，单元格中显示的日期格式均为"2016-11-11"，如果要获取系统当前的日期，按【Ctrl+;】组合键即可，如图2-11所示。

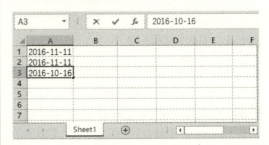

图 2-11　输入日期

💡**提示**：默认情况下，输入的日期以类似"2016/11/11"的格式来显示，用户还可设置单元格的格式来改变其显示的形式，具体操作步骤将在后面详细介绍。

2. 输入时间

在单元格中输入时间型数据时，应使用冒号"："分隔时间的小时、分、秒。若要按12小时制表示时间，在时间后面添加一个空格，然后需要输入am（上午）或pm（下午）。如果要获取系统当前的时间，按【Ctrl+Shift+;】组合键即可，如图2-12所示。

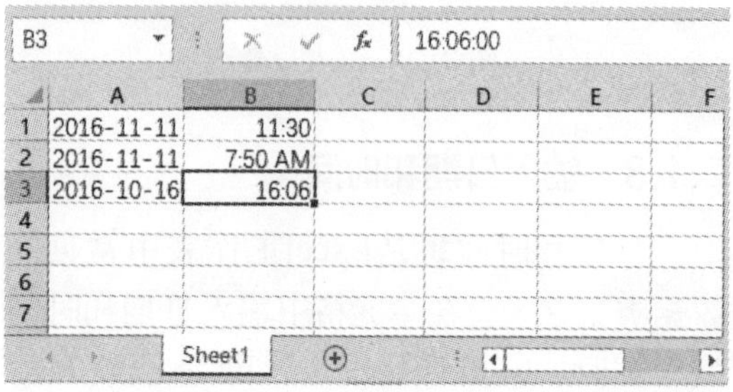

图2-12 输入时间

💡**提示**：如果Excel不能识别输入的日期或时间，则视其为文本进行处理，并在单元格中靠左对齐，如图2-13所示。

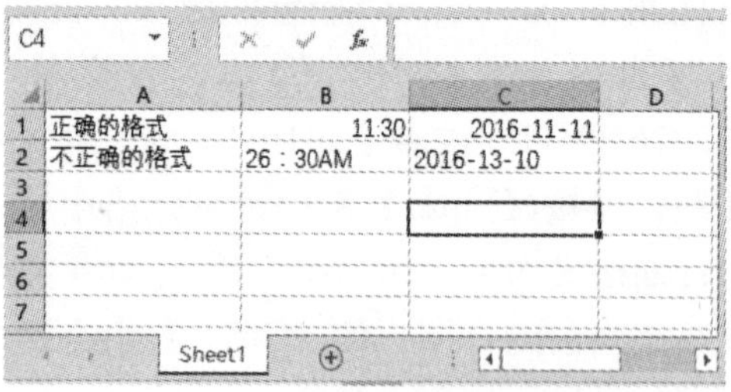

图2-13 输入不能识别的日期或时间

2.1.4 输入特殊符号

在Excel工作表中的单元格内可以输入特殊符号，具体操作步骤如下。

Step 01 选中需要插入特殊符号的单元格，如这里选择单元格A1，然后单击【插入】选项卡【符号】组中的【符号】按钮，即

可打开【符号】对话框，选择【符号】选项卡，在【子集】下拉列表框中选择【数学运算符】选项，从弹出的列表框中选择"√"，如图2-14所示。

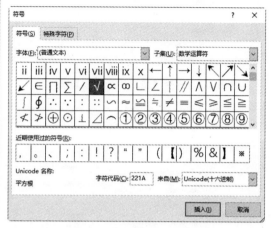

图2-14 选择特殊符号"√"

Step 02 单击【插入】按钮，再单击【关闭】按钮，即可完成特殊符号的插入操作，如图2-15所示。

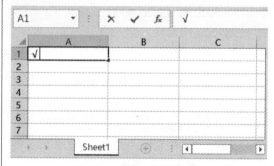

图2-15 插入特殊符号"√"

2.1.5 导入外部数据

在Excel中用户可以方便快捷地导入外部数据，从而实现数据共享。选择【数据】选项卡，在【获取外部数据】组中可以看到，用户可从Access数据库、网站、TXT等类型的文件中导入数据到Excel中。除了这3种类型的文件，单击【自其他来源】的下拉按钮，在弹出的下拉列表中可以看到，系统还支持从SQL Server、XML等文件中导入数据，如图2-16所示。

第 2 章
输入与编辑工作表中的数据

图 2-16 【获取外部数据】组

图 2-18 【选择表格】对话框

下面以导入Access数据库的数据为例介绍如何导入外部数据，具体的操作步骤如下。

Step 01 打开Excel表格，选择【数据】选项卡，单击【获取外部数据】组的【自Access】按钮，弹出【选取数据源】对话框，在素材文件夹中选择"图书管理.accdb"，然后单击【打开】按钮，如图2-17所示。

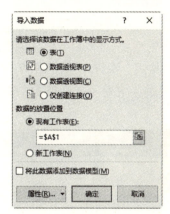

图 2-19 【导入数据】对话框

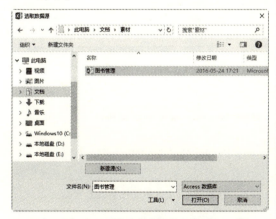

图 2-17 【选取数据源】对话框

Step 02 弹出【选择表格】对话框，选择需要导入的表格，单击【确定】按钮，如图2-18所示。

Step 03 弹出【导入数据】对话框，单击【确定】按钮，如图2-19所示。

Step 04 此时Access数据库中的"借阅信息"表已经成功导入当前的Excel工作表中，如图2-20所示。

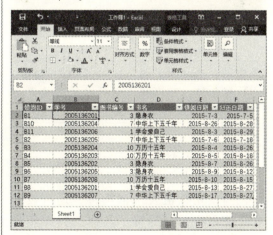

图 2-20 成功导入Access数据库中的数据表

提示： 使用同样的方法，用户还可导入网站、TXT、XML等类型的文件数据到Excel表中，这里不再赘述。

19

2.2 设置单元格的数据类型

有时Excel单元格中显示的数据和用户输入的数据不一致，这是由于未设置单元格的数据类型，Excel单元格的数据类型包括数值格式、货币格式、会计专用格式等。本节介绍如何设置单元格的数据类型。

2.2.1 常规格式

Excel单元格的常规格式是不包含特定格式的数据格式，Excel中默认的数据格式即为常规格式。图2-21所示左列为常规格式的数据显示，中列为文本格式，右列为数值格式。

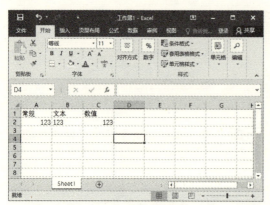

图 2-21　常规格式

> 提示：选定单元格后，按【Ctrl + Shift +~】组合键，可以将选定的单元格设置为"常规"格式。

2.2.2 数值格式

数值格式主要用于设置小数点的位数，当使用数值表示金额时，还可设置是否使用千位分隔符，具体的操作步骤如下。

Step 01 打开素材文件"销售额统计表.xlsx"，选择区域B3:F7，右击，在弹出的快捷菜单中选择【设置单元格格式】命令，如图2-22所示。

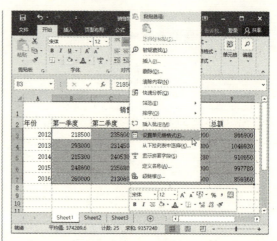

图 2-22　选择【设置单元格格式】菜单命令

Step 02 弹出【设置单元格格式】对话框，选择【数字】选项卡，在【分类】列表框中选择【数值】选项，在右侧设置小数位数为"2"，然后选择【使用千位分隔符】复选框，如图2-23所示。

图 2-23　【设置单元格格式】对话框

Step 03 单击【确定】按钮，可以看到，选定区域中的数值会自动以千位分隔符的形式呈现出来，并保留两位小数位数，如图2-24所示。

> 提示：选择区域以后，在【开始】选项卡中单击【数字】组右下角的 按钮，同样会弹出【设置单元格格式】对话框，

用于设置格式。或者直接单击【常规】右侧的下拉按钮,在弹出的下拉列表中选择其他的格式,并通过下方的🔤或%等按钮设置货币符号、千位分隔符等,如图2-25所示。

式,具体的操作步骤如下。

Step 01 选定要设置数据类型的单元格或单元格区域,打开【设置单元格格式】对话框,选择【数字】选项卡,在【分类】列表框中选择【货币】选项,在右侧设置【小数位数】为"1",单击【货币符号】右侧的下拉按钮,在弹出的下拉列表中选择"¥",如图2-26所示。

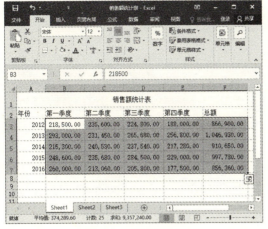

图 2-24 设置数值格式

图 2-26 【设置单元格格式】对话框

Step 02 单击【确定】按钮,可以看到,选定区域中的数值会自动带有"¥"符号,并保留1位小数位数,若在空白单元格中输入其他的数值,会呈现出相同的货币格式,如图2-27所示。

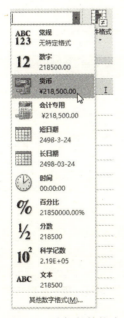

图 2-25 选择数值格式

2.2.3 货币格式

货币格式主要用于设置货币的形式,包括货币类型和小数位数。当需要使用数值表示金额时,可以将格式设置为货币格

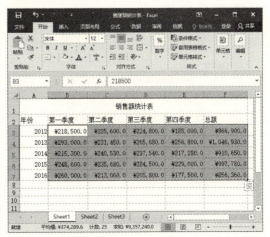

图 2-27 设置货币格式

2.2.4 会计专用格式

会计专用格式也是用于设置货币的形式，它与货币格式不同的是，会计专用格式可以将数值中的货币符号对齐，具体的操作步骤如下。

Step 01 打开素材文件"工资发放记录.xlsx"，选择区域D2:H6，右击，在弹出的快捷菜单中选择【设置单元格格式】命令，如图2-28所示。

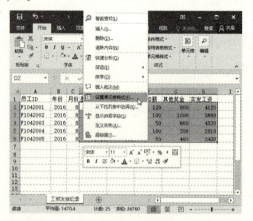

图2-28 选择【设置单元格格式】命令

Step 02 弹出【设置单元格格式】对话框，选择【数字】选项卡，在【分类】列表框中选择【会计专用】选项，在右侧设置【小数位数】为"1"，单击【货币符号】右侧的下拉按钮，在弹出的下拉列表中选择"¥"，如图2-29所示。

图2-29 选择会计专用数据设置

Step 03 单击【确定】按钮，可以看到，选定区域中的数值会自动带有"¥"符号，并保留1位小数位数，且每个数值的货币符号均会对齐，如图2-30所示。

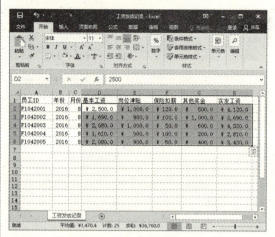

图2-30 会计专用数据格式

💡 **注意**：将货币格式与会计专用格式比较，可以看到，货币数据格式的货币符号没有对齐，如图2-31所示。

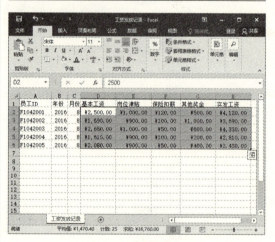

图2-31 货币数据格式

2.2.5 日期和时间格式

在单元格中输入日期和时间时，Excel以默认的日期/时间格式显示，下面通过设置，使其显示为不同的日期/时间格式，具体的操作步骤如下。

Step 01 打开素材文件"员工上下班打卡记录

第 2 章
输入与编辑工作表中的数据

表.xlsx", 如图2-32所示。

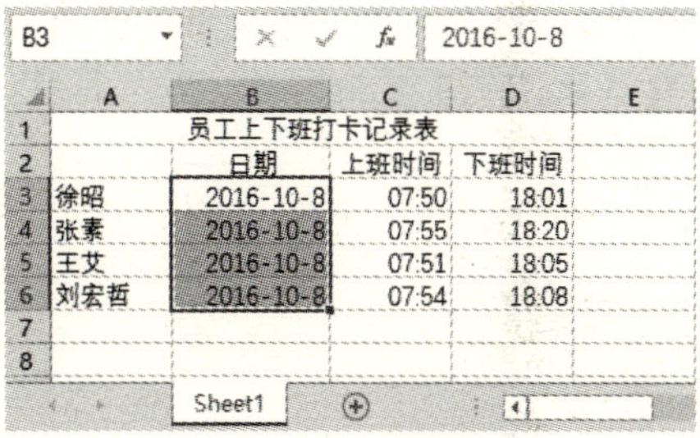

图 2-32　输入数据

Step 02 选择区域B3:B6, 右击, 在弹出的快捷菜单中选择【设置单元格格式】命令, 弹出【设置单元格格式】对话框, 选择【数字】选项卡, 在【分类】列表框中选择【日期】选项, 在右侧设置类型为 "2012年3月14日", 如图2-33所示。

图 2-33　选择日期数据格式

Step 03 单击【确定】按钮, 可以看到, 选定区域中的日期会显示为 "2016年10月8日" 格式, 如图2-34所示。

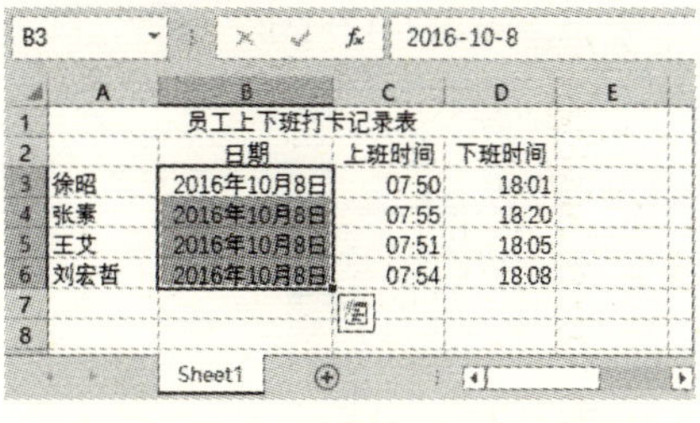

图 2-34　以日期格式显示数据

Step 04 接下来设置时间格式, 选择区域C3:C6, 如图2-35所示。

图 2-35　选择单元格区域

Step 05 右击, 在弹出的快捷菜单中选择【设置单元格格式】命令, 弹出【设置单元格格式】对话框, 选择【数字】选项卡, 在【分类】列表框中选择【时间】选项, 在右侧设置类型为 "1:30:55 PM", 表示设置按12小时制输入, 如图2-36所示。

图 2-36　选择时间数据格式

Step 06 单击【确定】按钮, 可以看到, 选定区域中的时间会显示为 "7:50:00 AM" 格式, 如图2-37所示。

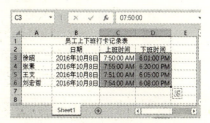

图 2-37　以时间数据格式显示

2.2.6 百分比格式

将单元格中的数值设置为百分比格式时，分为以下两种情况：先设置格式再输入数值和先输入数值再设置格式，下面分别介绍。

1. 先设置格式再输入数值

如果先设置单元格中的格式为百分比格式，再输入数值的话，系统会自动在输入的数值末尾添加百分比，具体的操作步骤如下。

Step 01 启动Excel 2016，新建一个空白文档，在表格内输入相关数据内容，如图2-38所示。

图2-38　选择单元格数据

Step 02 选择区域A2:A5，右击，在弹出的快捷菜单中选择【设置单元格格式】命令，弹出【设置单元格格式】对话框，选择【数字】选项卡，在【分类】列表框中选择【百分比】选项，在右侧设置【小数位数】为"1"，如图2-39所示。

图2-39　【设置单元格格式】对话框

Step 03 单击【确定】按钮，在A2:A4区域内输入数值，可以看到，输入的数值保留了1位小数位数，且末尾会添加"%"符号，如图2-40所示。

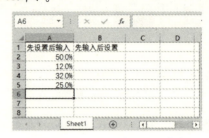

图2-40　以百分比方式显示数据

2. 先输入数值再设置格式

该方法与先设置格式再输入数值不同的是，在改变格式的同时，系统会自动将原有的数值乘以100，具体的操作步骤如下。

Step 01 在区域B2:B4中输入与前一列相同的数据，然后选择该区域，并在【设置单元格格式】对话框中设置单元格的格式为百分比格式，如图2-41所示。

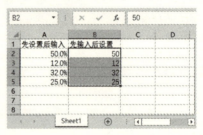

图2-41　输入数据

Step 02 设置完成后，单击【确定】按钮，可以看到，系统自动将输入的数值乘以100，然后保留了一位小数位数，且末尾会添加"%"符号，如图2-42所示。

图2-42　设置数据格式

2.2.7 分数格式

当用户在单元格中直接输入分数时，若没有设置相应的格式，系统会自动将其显示为日期格式。下面介绍如何设置单元格的格式为分数格式，具体的操作步骤如下：

Step 01 启动 Excel 2016，新建一个空白文档，选择区域A1:A4，右击，在弹出的快捷菜单中选择【设置单元格格式】命令，如图2-43所示。

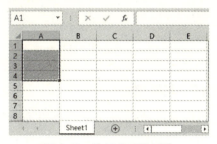

图 2-43　选择单元格区域

Step 02 弹出【设置单元格格式】对话框，选择【数字】选项卡，在【分类】列表框中选择【分数】选项，在右侧设置类型为"分母为一位数(1/4)"，如图2-44所示。

图 2-44　【设置单元格格式】对话框

Step 03 单击【确定】按钮，在A1:A4区域内输入任意数字，可以看到，系统会将其转换为分数格式，且分数的分母只有一位，

在编辑栏中还会显示出分数经过运算后的小数，如图2-45所示。

> **提示**：如果不需要对分数进行运算，在输入分数之前，将单元格的格式设置为文本格式即可。这样，输入的分数就不会减小或转换为小数。

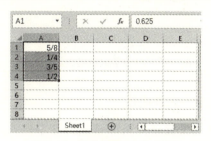

图 2-45　以分数格式显示数据

2.2.8 科学记数格式

如果在单元格中输入的数值较大时，默认情况下，系统会自动将其转换为科学记数格式，或者也可以直接设置单元格的格式为科学记数格式，具体的操作步骤如下：

Step 01 启动 Excel 2016，新建一个空白文档，选择区域A1:A4，按【Ctrl+1】组合键，弹出【设置单元格格式】对话框，选择【数字】选项卡，在【分类】列表框中选择【科学记数】选项，在右侧设置【小数位数】为"1"，如图2-46所示。

图 2-46　设置数据格式

Step 02 单击【确定】按钮，在A1:A4区域内输入任意数字，可以看到，系统会将其转换为科学记数格式，如图2-47所示。

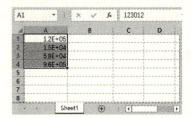

图 2-47　以科学记数格式显示数据

2.2.9　文本格式

当设置单元格的格式为文本格式时，单元格中显示的内容与输入的内容是完全一致的，具体的操作步骤如下：

Step 01 启动Excel 2016，新建一个空白文档，输入相关数据内容，选择区域A2:C4，右击，在弹出的快捷菜单中选择【设置单元格格式】命令，如图2-48所示。

图 2-48　选择单元格区域

Step 02 弹出【设置单元格格式】对话框，选择【数字】选项卡，在【分类】列表框中选择【文本】选项，如图2-49所示。

图 2-49　设置单元格格式

Step 03 单击【确定】按钮，在A2:C4区域内输入内容，可以看到，输入的内容与显示的内容完全一致。若没有设置其为文本格式，在A2中输入"001"时，系统会默认将0忽略不计，只显示为"1"，如图2-50所示。

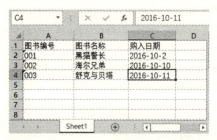

图 2-50　以文本格式显示数据

2.2.10　特殊格式

当输入邮政编码、电话号码等全部由数字组成的数据时，可以将其设置为文本格式或者特殊格式，从而避免系统默认为是数字格字。下面介绍如何设置单元格式为特殊格式，具体的操作步骤如下：

Step 01 启动Excel 2016，新建一个空白文档，输入相关数据内容，选择区域B2:B6，右击，在弹出的快捷菜单中选择【设置单元格格式】命令，如图2-51所示。

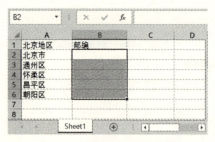

图 2-51　选择单元格区域

Step 02 弹出【设置单元格格式】对话框，选择【数字】选项卡，在【分类】列表框中选择【特殊】选项，在右侧设置类型为"邮政编码"，如图2-52所示。

Step 03 单击【确定】按钮，在B2:B6区域内输入内容，可以看到，单元格的格式均为"邮政编码"格式，如图2-53所示。

图 2-52　设置单元格格式

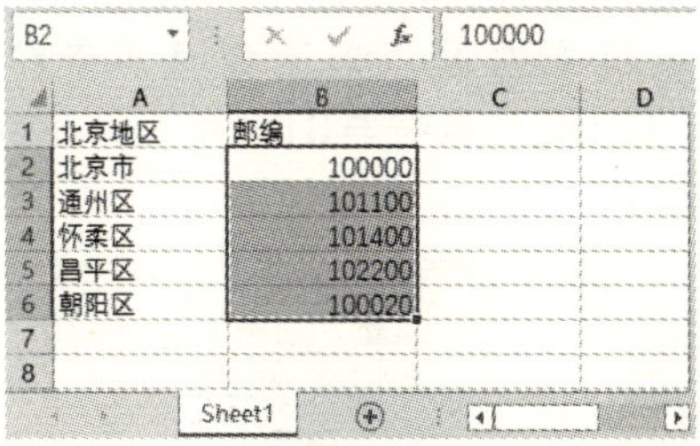

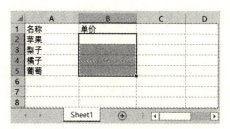

图 2-54　选择单元格区域

图 2-55　设置单元格格式

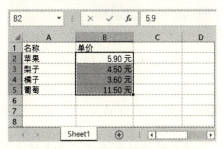

图 2-53　以邮政编码的方式显示数据

2.2.11　自定义格式

若以上格式均不能满足需求，用户还可以自定义格式。例如，若需要在单价后面添加货币单位"元"，如果直接把单位写在单价后面，单元格内的数字是无法进行数学运算的，这时可以设置自定义格式，具体的操作步骤如下：

Step 01 启动 Excel 2016，新建一个空白文档，输入相关数据内容，选择区域B2:B5，右击，在弹出的快捷菜单中选择【设置单元格格式】命令，如图2-54所示。

Step 02 弹出【设置单元格格式】对话框，选择【数字】选项卡，在【分类】列表框中选择【自定义】选项，在右侧的【类型】文本框中输入"0.00"元""，如图2-55所示。

💡**提示**：这里0或者#都是Excel中的数字占位符，一个占位符表示一个数字。用户也可以选择【类型】列表框中系统提供的格式，设置其他的自定义格式。

Step 03 单击【确定】按钮，在B2:B5区域内输入单价，可以看到，系统会保留两位小数位数，并在输入的单价值后面添加货币单位"元"，且该格式并不影响单元格进行加减乘除等运算，如图2-56所示。

图 2-56　以自定义格式显示数据

2.3 快速填充单元格数据

为了提高向工作表中输入数据的效率，降低输入错误率，Excel提供有快速输入数据的功能，常用的快速填充表格数据的方法包括使用填充柄填充、使用填充命令填充等。

2.3.1 使用填充柄

填充柄是位于单元格右下角的方块，使用它可以有规律地快速填充单元格，具体的操作步骤如下：

Step 01 启动Excel 2016，新建一个空白文档，输入相关数据内容。然后将光标定位在单元格B2右下角的方块上，如图2-57所示。

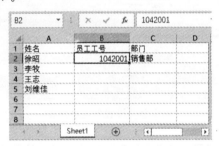

图2-57 定位鼠标位置

Step 02 当光标变为➕形状时，向下拖动鼠标到B5，即可快速填充选定的单元格。可以看到，填充后的单元格与B2的内容相同，如图2-58所示。

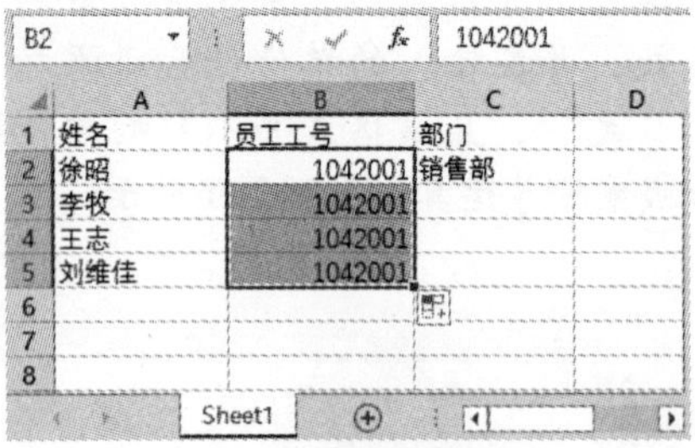

图2-58 快速填充数据

Step 03 填充后，右下角有一个【自动填充选项】图标，单击图标右侧的下拉按钮，在弹出的下拉列表中可设置填充的内容，如图2-59所示。

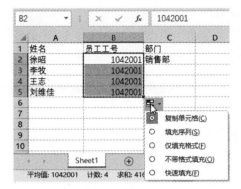

图2-59 设置填充内容

Step 04 默认情况下，系统以【复制单元格】的形式进行填充。若选择【填充序列】选项，B3:B5中的值将以"1"为步长进行递增，如图2-60所示。若选择【仅填充格式】选项，B3:B5的格式将与B2的格式一致，但并不填充内容。若选择【不带格式填充】，B3:B5的值将与B1一致，但并不应用B2的格式。

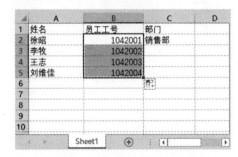

图2-60 以序列方式填充数据

💡**提示**：对于数值序列，在使用填充柄的同时按住【Ctrl】键不放，单元格会默认以递增的形式填充，类似于选择【填充序列】选项。

2.3.2 使用填充命令

除了使用填充柄进行填充外，还可以使用填充命令快速填充，具体的操作步骤如下：

Step 01 启动Excel 2016，新建一个空白工作簿，在其中输入相关数据，选择区域C2:C5，如图2-61所示。

2.3.3 数值序列填充

对于数值型数据，不仅能以复制、递增的形式快速填充，还能以等差、等比的形式快速填充。使用填充柄可以以复制和递增的形式快速填充，下面介绍如何以等差的形式快速填充，具体的操作步骤如下：

图 2-61 选择单元格区域

Step 02 在【开始】选项卡的【编辑】组中单击【填充】右侧的下拉按钮，在弹出的下拉列表中选择【向下】选项，如图2-62所示。

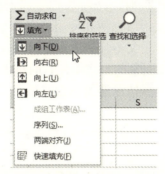

图 2-62 选择【向下】选项

Step 03 此时系统默认以复制的形式填充C3:C5，如图2-63所示。

图 2-63 向下填充内容

提示：在步骤2中若选择【向右】、【向上】等选项，可实现不同方向的快速填充。图2-64所示为向右填充的显示效果。

图 2-64 向右填充内容

Step 01 启动Excel 2016，新建一个空白文档，在A1和A2中分别输入"1"和"3"，然后选择区域A1:A2，将光标定位于A2右下角的方块上，如图2-65所示。

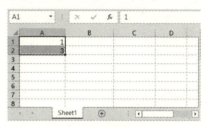

图 2-65 放置鼠标位置

Step 02 当光标变为 + 形状时，向下拖动鼠标到A7，然后释放鼠标，可以看到，单元格按照步长值为"2"的等差数列的形式进行填充，如图2-66所示。

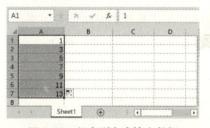

图 2-66 以序列方式填充数据

如果想要以等比序列方法填充数据，则可以按照如下操作步骤进行：

Step 01 在单元格中输入有等比序列的前两个数据，如这里分别在单元格A1和A2中输入"2"和"4"，然后选中这两个单元格，将鼠标指针移动到单元格A2的右下角，此时指针变成"+"形状，按住鼠标右键向下拖动至该序列的最后一个单元格，释放鼠标，从弹出的下拉列表中选择【等比序列】选项，如图2-67所示。

图 2-67　选择【等比序列】选项

Step 02 即可将该序列的后续数据依次填充到相应的单元格中，如图2-68所示。

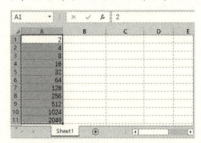

图 2-68　快速填充等比序列

2.3.4　文本序列填充

使用填充命令可以进行文本序列的填充，除此之外，用户还可使用填充柄来填充文本序列，具体的操作步骤如下：

Step 01 启动Excel 2016，新建一个空白文档，在A1单元格中输入文本"床前明月光"，然后将光标定位于A1单元格右下角的方块上，如图2-69所示。

图 2-69　放置鼠标位置

Step 02 当光标变为✚形状时，向下拖动鼠标到A5单元格，然后释放鼠标，可以看到，单元格将按照相同的文本进行填充，如图2-70所示。

图 2-70　以文本序列填充数据

2.3.5　日期/时间序列填充

对日期/时间序列填充时，同样有两种方法：使用填充柄和使用填充命令。不同的是，对于文本序列和数值序列填充，系统默认以复制的形式填充，而对于日期/时间序列，默认以递增的形式填充，具体的操作步骤如下：

Step 01 启动Excel 2016，新建一个空白文档，在A1单元格中输入日期"2016/10/01"，然后将光标定位于A1单元格右下角的方块上，如图2-71所示。

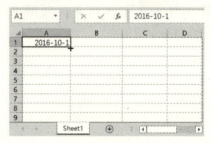

图 2-71　输入日期

Step 02 当光标变为✚形状时，向下拖动鼠标到A8单元格，然后释放鼠标，可以看到，单元格默认以天递增的形式进行填充，如图2-72所示。

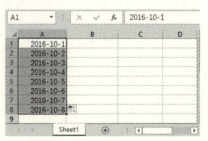

图 2-72　以天递增方式填充数据

💡**提示**：按住【Ctrl】键不放，再拖动鼠标，这时单元格将以复制的形式进行填充，如图2-73所示。

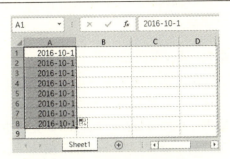

图 2-73 以复制方式填充数据

Step 03 填充后，单击图标右侧的下拉按钮，会弹出填充的各个选项，可以看到，默认情况下，系统是以【填充序列】的形式进行填充的，如图2-74所示。

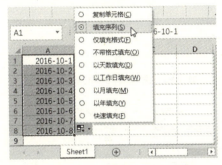

图 2-74 以天递增方式填充数据

Step 04 若选择【以工作日填充】选项，每周工作日为6天，因此，将以原日期作为周一，按工作日递增进行填充，不包括周日，如图2-75所示。

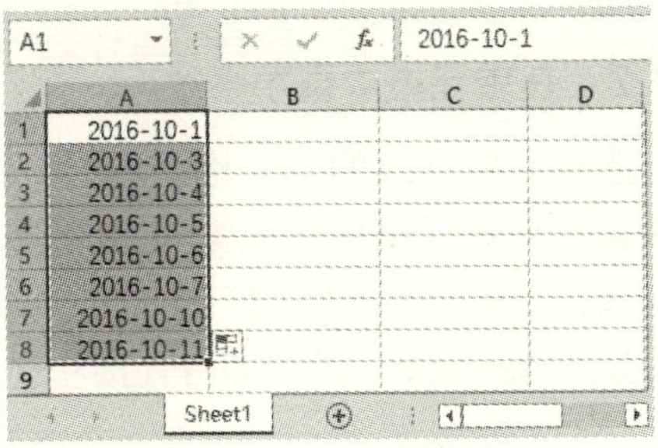

图 2-75 以工作日方式填充数据

Step 05 若选择【以月填充】选项，将按照月份递增进行填充，如图2-76所示。

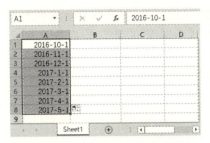

图 2-76 以月份递增方式填充数据

Step 06 若选择【以年填充】选项，将按照年份递增进行填充，如图2-77所示。

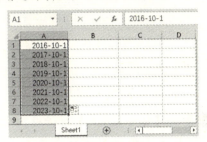

图 2-77 以年递增方式填充数据

2.3.6 自定义序列填充

在进行一些较特殊的有规律的序列填充时，若以上方法均不能满足需求，用户还可以自定义序列填充，具体的操作步骤如下：

Step 01 启动Excel 2016，新建一个空白文档，选择【文件】选项卡，进入文件操作界面，选择左侧列表中的【选项】选项，如图2-78所示。

图 2-78 文件操作界面

Step 02 弹出【Excel选项】对话框,单击左侧的【高级】选项,然后在右侧的【常规】栏中单击【编辑自定义列表】按钮,如图2-79所示。

图 2-79 【Excel 选项】对话框

Step 03 弹出【自定义序列】对话框,在【输入序列】文本框中依次输入自定义的序列,单击【添加】按钮,如图2-80所示。

图 2-80 【自定义序列】对话框

Step 04 添加完成后,依次单击【确定】按钮,返回到工作表中。在A1单元格中输入"人事部",然后拖动填充柄,可以看到,系统将以自定义序列填充单元格,如图2-81所示。

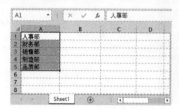

图 2-81 自定义填充序列

2.4 修改与编辑数据

在工作表中输入数据,需要修改时,可以通过编辑栏修改数据或者在单元格中直接修改。

2.4.1 通过编辑栏修改

选择需要修改的单元格,编辑栏中即显示该单元格的信息,如图2-82所示。单击编辑栏后即可修改。如将C9单元格中的内容"员工聚餐"改为"外出旅游",如图2-83所示。

图 2-82 选择要修改的单元格数据

图 2-83 修改单元格数据

2.4.2 在单元格中直接修改

选择需要修改的单元格,然后直接输入数据,原单元格中的数据将被覆盖,也可以双击单元格或者按【F2】键,单元格中的数据将被激活,然后即可直接修改。

2.4.3 删除单元格中的数据

若只是想清除某个(或某些)单元格中的内容,选中要清除内容的单元格,然后按【Delete】键即可，若想删除单元格，可使用菜单命令删除，删除单元格数据的具体操作如下：

Step 01 打开需要删除数据的文件，选择要删除的单元格，如图2-84所示。

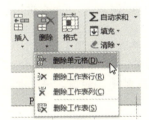

图2-84　选择要删除的单元格

Step 02 在【开始】选项卡的【单元格】选项组中单击【删除】按钮，在弹出的菜单中选择【删除单元格】命令，如图2-85所示。

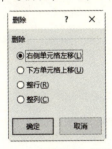

图2-85　选择【删除单元格】选项

Step 03 弹出【删除】对话框，选择【右侧单元格左移】单选按钮，如图2-86所示。

图2-86　【删除】对话框

Step 04 单击【确定】按钮，即可将右侧单元格中的数据向左移动一列，如图2-87所示。

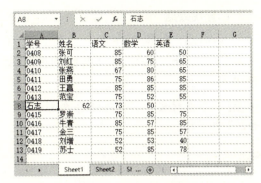

图2-87　删除后的效果

Step 05 将光标移至D处，当光标变成↓形状时右击，在弹出的快捷菜单中选择【删除】命令，如图2-88所示。

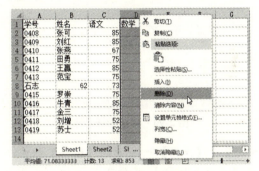

图2-88　选择【删除】命令

Step 06 即可删除D列中的数据，同样，右侧单元格中的数据也会向左移动一列，如图2-89所示。

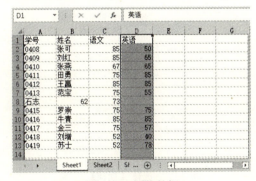

图2-89　删除数据

2.4.4　查找和替换数据

Excel 2016提供的查找和替换功能，可以帮助用户快速定位到要查找的信息，还可以批量修改信息。

1. 查找数据

下面以"仓库库存表"为例,查找仓号为"三仓"的记录,具体的操作步骤如下:

Step 01 打开素材文件"仓库库存表.xlsx",如图2-90所示。

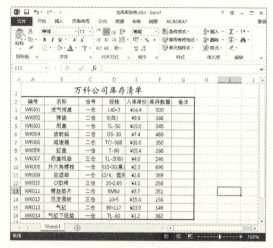

图2-90 打开素材文件

Step 02 在【开始】选项卡的【编辑】组中单击【查找和选择】的下拉按钮,在弹出的下拉列表中选择【查找】选项,如图2-91所示。

图2-91 选择【查找】选项

Step 03 弹出【查找和替换】对话框,在【查找内容】文本框中输入"三仓",如图2-92所示。

提示:按【Ctrl+F】组合键,也可弹出【查找和替换】对话框。

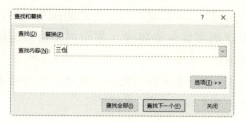

图2-92 【查找和替换】对话框

Step 04 单击【查找全部】按钮,在下方将列出符合条件的全部记录,单击每一个记录,即可快速定位到该记录所在的单元格,如图2-93所示。

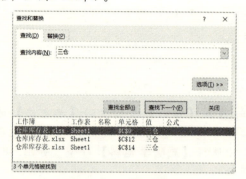

图2-93 开始查找

提示:单击【选项】按钮,还可以设置查找的范围、格式、是否区分大小写、是否单元格匹配等,如图2-94所示。

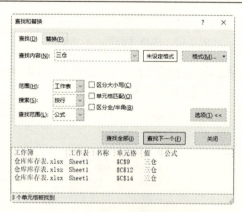

图2-94 展开【选项】设置参数

2. 替换数据

下面使用替换功能,将出版社为"三仓"的记录全部替换为"六仓",具体的操作步骤如下:

Step 01 打开素材文件，单击【开始】选项卡下【编辑】组中的【查找和选择】按钮，在弹出的下拉列表中选择【替换】选项。

Step 02 弹出【查找和替换】对话框，在【查找内容】文本框中输入要查找的内容，在【替换为】文本框中输入替换后的内容，如图2-95所示。

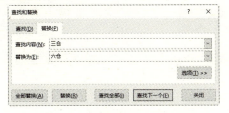

图 2-95 【查找和替换】对话框

Step 03 设置完成后，单击【查找全部】按钮，在下方将列出符合条件的全部记录，如图2-96所示。

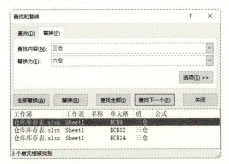

图 2-96 开始查找

Step 04 单击【全部替换】按钮，弹出【Microsoft Excel】对话框，提示已完成替换操作，如图2-97所示。

图 2-97 信息提示框

Step 05 单击【确定】按钮，然后单击【关闭】按钮，关闭【查找和替换】对话框，返

回到Excel表中，可以看到，所有为"三仓"的记录均替换为"六仓"，如图2-98所示。

	A	B	C	D	E	F	G
1	万科公司库存清单						
2	编号	名称	仓号	规格	入库单价	库存数量	备注
3	WK001	进气阀盖	一仓	L40*3	¥14.4	500	
4	WK002	弹垫	二仓	S(白)	¥9.8	398	
5	WK003	后盖	一仓	TL-50	¥15.0	345	
6	WK004	齿轮组	一仓	GS-30	¥7.4	469	
7	WK005	减速箱	二仓	TO-988	¥35.0	350	
8	WK006	缸盖	一仓	T-90	¥15.4	298	
9	WK007	后盖纸垫	六仓	TL-2080	¥4.0	246	
10	WK008	外六角螺栓	一仓	M10*30(黑)	¥2.3	696	
11	WK009	空滤器	一仓	(3/4，圆形	¥2.6	369	
12	WK010	O型阀	六仓	20*2.65	¥4.3	258	
13	WK011	螺丝垫片	一仓	8MM	¥3.7	351	
14	WK012	尼龙滑轮	六仓	10*5	¥15.0	156	
15	WK013	气缸	二仓	90*117	¥23.0	146	
16	WK014	气缸下纸垫	一仓	TL-60	¥1.2	362	

图 2-98 替换数据

提示： 在进行查找和替换时，如果不能确定完整的搜索信息，可以使用通配符"？"和"*"来代替不能确定的部分信息。其中，"？"表示一个字符，"*"表示一个或多个字符。

2.5 疑难解惑

疑问1：如何在表格中输入负数？

输入负数的时候有两种方法，一种就是直接在数字前键入"减号"，如果这个负数是分数的话，需要将这个分数置于括号中；另一种方法是在单纯的数字外加单括号"()"，这个单括号是在英文半角状态下输入的，例如，在单元格中输入"(2)"，结果就是"-2"，不过这个方法有点麻烦，而且不能用于公式中。

疑问2：当文本过长时，如何实现单元格的自动换行呢？

当出现这种情况时，只需双击文本过长的单元格，将光标移至需要换行的位置，按【Alt+Enter】组合键后，单元格中的内容即可强制换行显示。

第3章
制作常用财务会计统计表

Excel给多数人留下的印象是可以创建出各式各样的表格。在财务工作中需要创建的表格有很多种,如银行余额调节表、收支明细表、费用表、成本表和销售汇总表等。本章将为读者介绍几个常用会计表格的制作方法,其中岗位工资发放表用于员工工资的发放统计;应付款表对于企业编制均衡的还款计划;付款方案有着非常突出与十分有效的作用,到期提示表适用于各类需要提示的表格制作。

本章技能(已掌握的在方框中打钩)

☐ 制作岗位工资发放表。
☐ 制作应付款表。
☐ 制作到期示意表。

3.1 制作岗位工资发放表

岗位工资发放表多种多样,这里以一个小企业为实现由银行代发企业员工工资而向银行提交的报表为例,来介绍制作岗位工资发放表的方法。企业如果用现金发放工资,那么可以在"金额"列的后面添加"签字"列,即可成为一个简易的工资发放表。

3.1.1 新建工作簿

在Excel中的所有操作都是在工作簿中进行的,启动Excel时,将自动创建一个名为"工作簿1"的工作簿,但在实际工作中想要新建一个工作簿,首先就要完成表格的格式设置,以使数据在表格中能有效地显示,并达到一目了然的效果。

在Excel 2016中新建一个空白工作簿的具体操作步骤如下:

Step 01 启动Excel 2016应用程序,此时系统会自动创建一个新的工作簿"工作簿1",如图3-1所示。

图3-1 新建的"工作簿1"工作簿

第 3 章
制作常用财务会计统计表

Step 02 切换到【文件】选项卡，然后在左侧列表中单击【新建】按钮，在右侧【可用模板】下选择一种所需创建的模板，这里选择【空白工作簿】选项，如图3-2所示。

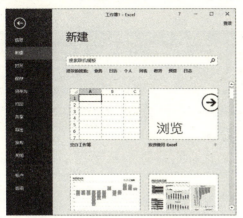

图 3-2 选择【空白工作簿】选项

Step 03 单击【创建】按钮，即可新建空白工作簿，查看新建的工作簿，即可发现其中标题栏处的文件名就变成了"工作簿2"，接着右击Sheet1工作表标签，从弹出的快捷菜单中选择【重命名】命令，将会进入标签重命名状态，此时输入"岗位工资发放表"名称，按【Enter】键确认后，即可完成重命名操作，如图3-3所示。

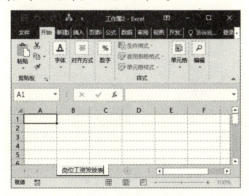

图 3-3 重命名工作表

Step 04 单击自定义快速访问工具栏中的【保存】按钮或切换到【文件】选项卡，直接单击左侧列表中的【保存】按钮，将打开【另存为】对话框，如图3-4所示。

Step 05 在【另存为】对话框中单击【新建文件夹】按钮，即可在当前列表中插入一个新建文件夹，并将该文件夹重命名为"岗位工资"名称，如图3-5所示。

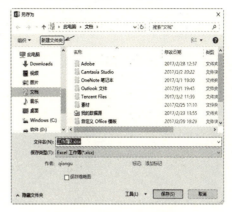

图 3-4 【另存为】对话框

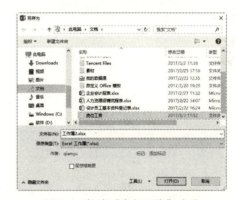

图 3-5 新建"岗位工资"名称

Step 06 在【文件名】文本框中输入名称为"岗位工资发放表.xlsx"，最后单击【保存】按钮，即可完成新建工作簿的保存操作，如图3-6所示。

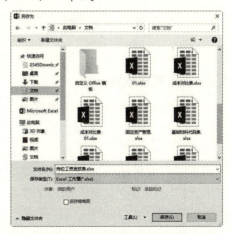

图 3-6 保存并命名工作簿

Step 07 若想删除多余的工作表，只需要右击Sheet2工作表，然后从弹出的快捷菜单中选择【删除】命令，即可成功删除Sheet2工作表，如图3-7所示。

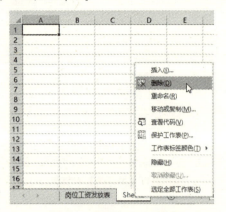

图3-7 删除多余工作表

Step 08 用同样的方法也可以删除Sheet3工作表，删除所需标签页后，最后单击自定义快速访问工具栏中的【保存】按钮，即可保存以上设置，如图3-8所示。

图3-8 保存设置

3.1.2 录入表格数据

岗位工资发放是公司用于保存员工姓名、银行账号、工资金额的文档，几乎每个公司都有一份岗位工资发放表，通过该表公司可以很方便地派发员工的工资，但根据不同的工作岗位其员工所得的工资金额也是不同的。

在岗位工资发放表中录入数据的具体操作步骤如下：

Step 01 首先在A1单元格、A3:F3单元格区域的各个单元格中分别输入表格的标题，在E2单元格中输入"所属时间："内容，如图3-9所示。

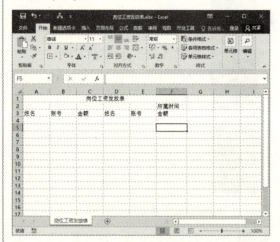

图3-9 输入表格各标题

Step 02 在A4:A15、D4:D13单元格区域的各个单元格中分别输入员工的姓名，如图3-10所示。

图3-10 输入员工姓名

Step 03 选中B4单元格，右击，从弹出的快捷菜单中选择【设置单元格格式】命令，即可弹出【设置单元格格式】对话框，然后选择【数字】选项卡，在【分类】列表框中选择【文本】选项，最后单击【确定】按钮，即可成功设置文本的格式，如图3-11所示。

图3-11 【设置单元格格式】对话框

Step 04 按住【Ctrl】键不放，同时用鼠标连续选中B5:B15、E4:E13单元格区域，以设置单元格格式为【文本】格式，如图3-12所示。

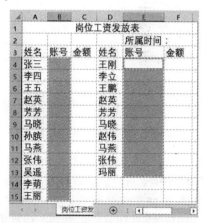

图3-12 设置单元格格式为"文本"格式

Step 05 在B4:B15、E4:E13单元格区域的各个单元格中分别输入员工的银行账号，如图3-13所示。

注意：若输入大于11位的数字时，除了设置单元格格式为【文本】的方法外，还可以采用以下两种方法：

（1）在输入数字前先输入半角单引号"'"，如"'800 741 852 963 320 951"。

（2）在【设置单元格格式】对话框的【数字】选项卡中设置【分类】为【自定义】，然后在右侧选择【@】，单击【确定】按钮，此时可再输入数字。

图3-13 输入员工的银行账号

Step 06 移动光标至B、C两列之间，当光标变为十字形状时，按住鼠标左键不放，通过左右移动鼠标来调整B列的列宽。采用同样的方法也可以调整E列的列宽，使其能够正常显示，如图3-14所示。

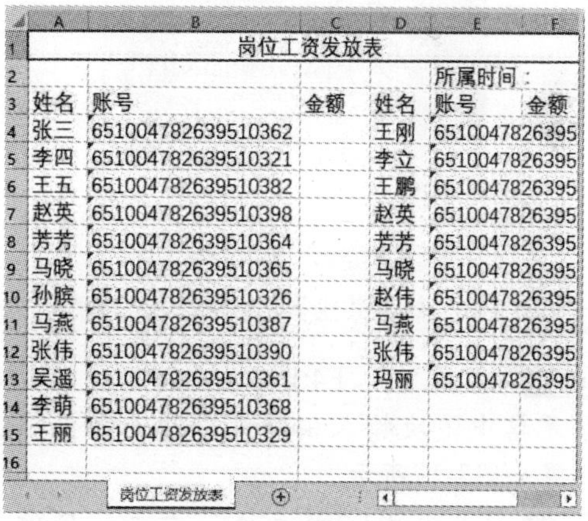

图3-14 调整相应的列宽

Step 07 接着选中C4单元格，右击，从弹出的快捷菜单中选择【设置单元格格式】命令，即可弹出【设置单元格格式】对话框，选择【数字】选项卡，在【分类】列表框中选择【货币】选项，最后单击【确定】按钮，即可完成设置，如图3-15所示。

图 3-15 设置单元格格式为"货币"

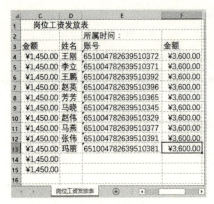

图 3-17 输入相应员工的工资

Step 08 同时按住【Ctrl】键不放,并用鼠标连续选中C5:C15、F4:F13单元格区域的所有单元格,分别设置单元格格式为【货币】格式,如图3-16所示。

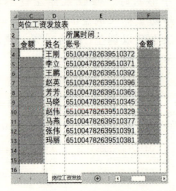

图 3-16 设置其他单元格格式为"货币"

Step 09 在C4:C15、F4:F13单元格区域的各个单元格中依次输入相应员工的工资金额,结果如图3-17所示。

Step 10 接着选中F2单元格,右击,从弹出的快捷菜单中选择【设置单元格格式】命令,即可弹出【设置单元格格式】对话框,选择【数字】选项卡,在【分类】列表框中选择【自定义】选项,并在右侧的【类型】列表框中选择【yyyy年m月】选项,最后单击【确定】按钮,即可成功设置F2单元格的格式,如图3-18所示。

图 3-18 自定义设置单元格格式

Step 11 选中F2单元格,再输入所属时间"2017/2/10",按【Enter】键确认后,返回工作表窗口中,此时在F2单元格中显示的是"2017年2月10日",如图3-19所示。

图 3-19 输入表格所属的时间

3.1.3 计算工资总额

前面讲述了如何新建工作簿并在新的工作表中录入数据信息的技巧，下面将为大家详细讲述实现员工工资金额的统计方法。

具体的操作步骤如下：

Step 01 首先在"岗位工资发放表"中选中A16单元格，并输入"总计"标题信息，同时设置F16的单元格格式为【货币】格式，如图3-20所示。

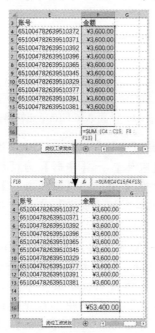

图3-20 添加总计标题并设置单元格格式为"货币"

Step 02 选中F16单元格，然后在编辑栏中输入"=SUM(C4:C15，F4:F13)"公式内容，最后按【Enter】键确认后，即可在F16单元格中查看求和后的结果，如图3-21所示。

图3-21 编辑求各公式

💡**提示**："=SUM(C4:C15,F4:F13)"中指将C列中员工工资金额之和与F列中员工工资金额之和相加。

3.1.4 设置表格格式

操作至目前为止，"岗位工资发放表"的基本功能已经实现了，现在需要对其进行功能的补充和表格的美化，使表格更加让人一目了然。

其具体的操作步骤如下：

Step 01 首先在"岗位工资发放表"中选中E17单元格，并输入"打印时间："信息，结果如图3-22所示。

图3-22 输入"打印时间："信息

Step 02 选中F17单元格，然后右击，从弹出的快捷菜单中选择【设置单元格格式】命令，即可弹出【设置单元格格式】对话框，选择【数字】选项卡，在左侧【分类】列表框中选择【日期】选项，在右侧【类型】列表框中选择【*2012/3/14】选项，最后单击【确定】按钮即可成功设置表格格式，如图3-23所示。

图3-23 设置F17单元格格式为"日期"型

Step 03 选中F17单元格，在编辑栏中输入"=now()"公式，按【Enter】键确认后，即可在当前单元格中查看当前日期，如图3-24所示。

图 3-24 获取当前日期

Step 04 选中A1单元格，并按住【Ctrl】键不放，用鼠标连续选中B1:F1单元格区域的各个单元格，然后松开【Ctrl】键，在【开始】选项卡的【对齐方式】组中单击【合并后居中】右侧的下三角按钮，从弹出的下拉列表中选择【合并后居中】选项，即可完成单元格的合并居中操作，如图3-25所示。

图 3-25 执行部分单元格合并居中操作

Step 05 也可以使用同样的方法合并A16:E16单元格区域，合并后效果如图3-26所示。

图 3-26 合并 A16:E16 单元格

Step 06 选中A1单元格，右击，从弹出的快捷菜单中选择【设置单元格格式】命令，即可打开【设置单元格格式】对话框，如图3-27所示。

图 3-27 设置 A16:E16 单元格格式

Step 07 选择【字体】选项卡，依次选择【字体】为【宋体】；【字形】为【加粗】；【字号】为【20】；【字体颜色】为"红色"；最后单击【确定】按钮，对整个表格进行设置的效果如图3-28所示。

Step 08 选中A1单元格，并按住【Shift】键不放，再单击F17单元格，选中整个表格，然后右击，从弹出的快捷菜单中选择【设置单元格格式】命令，即可打开【设置单元格格式】对话框，选择【边框】选项卡，分别单击【外边框】选项和【内部】选项，在预览草图中将会显示预置的效果，如图3-29所示。

图3-28 设置A1单元格的格式

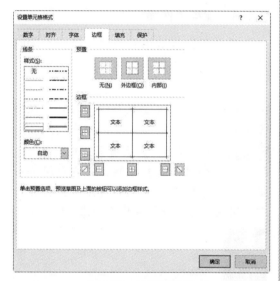

图3-29 边框的设置

Step 09 单击【确定】按钮，即可在图3-30中查看边框设置的效果。

图3-30 查看边框的设置效果

Step 10 按住【Ctrl】键不放，用鼠标连续选中A1:F3单元格区域和A16单元格，然后在【开始】选项卡下的【字体】组中单击【字体颜色】按钮，从弹出的下拉列表中选择一种颜色，这里选择"绿色"，其显示效果如图3-31所示。

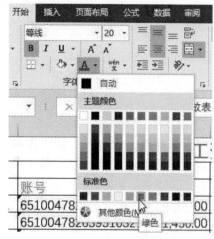

图3-31 设置字体的颜色

Step 11 再次选中A1:F3单元格区域和A16单元格，然后在【开始】选项卡下的【字体】组中单击【填充颜色】按钮，从弹出的下拉列表中选择一种颜色，这里选择"橙色"，如图3-32所示。

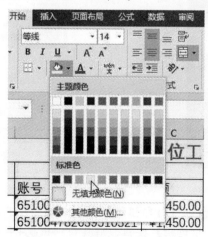

图3-32 选择需要填充的颜色

Step 12 至此，完成了"岗位工资发放表"的创建和美化工作。其最终显示效果如图3-33所示。

图 3-33　最终显示效果

3.1.5　预览打印效果

当表格制作完成之后，接下来就要对表格进行打印预览，观察打印效果是否符合需要，以便决定是否进行修改。

其具体的操作步骤如下：

Step 01 切换到【文件】选项卡，然后单击左侧列表中的【打印】按钮，即可在右侧【打印预览】窗口中查看打印预览效果，如图3-34所示。

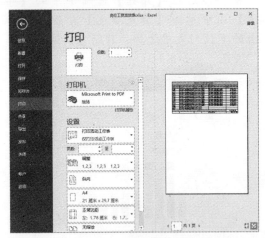

图 3-34　"打印预览"窗口

Step 02 在【打印预览】窗口中单击右下角的【显示边距】按钮，则页面中出现4条横向调整线和2条纵向调整线。将光标移至调整线上，当光标变为十字形状时按住鼠标左键不放，左右或上下拖动即可调整页面边距，如图3-35所示。

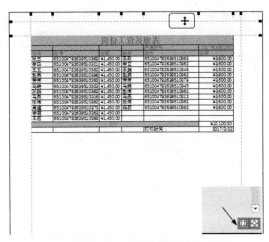

图 3-35　调整页面边距

3.1.6　保存工作簿

【保存】是常用的一项功能，有的时候需要创建文件副本，这时就需要对文件进行【另存为】操作。

对文件进行保存或另存为的具体操作步骤如下：

Step 01 切换到【文件】选项卡，然后单击左侧列表中的【保存】按钮，或直接单击自定义快速访问工具栏上的【保存】按钮，即可实现保存文件的操作，如图3-36所示。

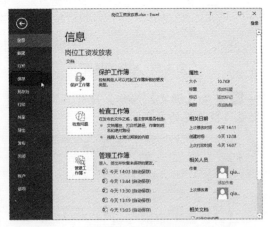

图 3-36　保存文件

Step 02 也可以切换到【文件】选项卡，然后单击左侧列表中的【另存为】按钮，将会弹出【另存为】对话框，在【文件名】文本框中输入"岗位工资发放表（审核）.xlsx”，最后单击【保存】按钮，即可完成文件副本的创建，如图3-37所示。

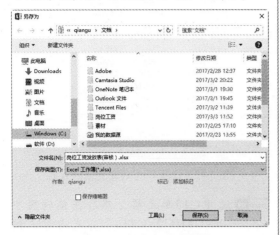

图 3-37 【另存为】对话框

3.2 制作应付款表

本节将制作一张应付款表，该表在Excel 2016中完成，在制作过程中，用户需要了解IF函数的应用、Round函数的应用及图表的绘制等操作。

3.2.1 录入表格数据

制作好应付款表的表格和框架及项目后，接下来就可以在表格中输入和填充数据了。往应付款表输入数据具体的操作方法如下：

Step 01 启动Excel 2016应用程序，然后新建一个工作簿，并将其命名为“应付款表.xlsx”，再右击Sheet1工作表标签，将其重命名为“应付款明细”，同时根据需要删除多余的Sheet2和Sheet3工作表，如图3-38所示。

Step 02 在A1:D1单元格区域中的各个单元格中分别输入标题名称；同样也需要在A2:B11单元格区域中输入供货单位和应付金额，结果如图3-39所示。

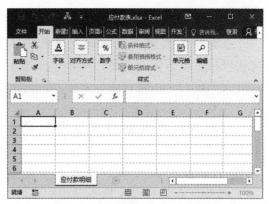

图 3-38 创建工作簿并重命名工作表

	A	B	C	D
1	供货单位	应付金额	方案1	方案2
2	单位1	5112.5		
3	单位2	4896.23		
4	单位3	7890.2		
5	单位4	1150.5		
6	单位5	1396.45		
7	单位6	890.5		
8	单位7	3159.2		
9	单位8	4892.47		
10	单位9	590		
11	单位10	6791.38		
12				

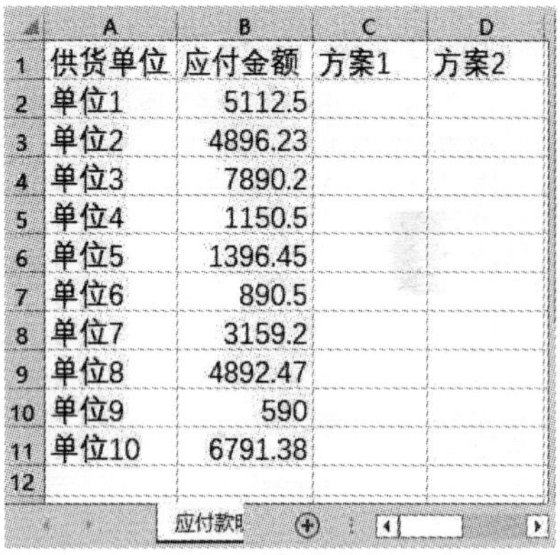

图 3-39 输入表格的内容

Step 03 选中A13单元格，然后输入“合计”内容。然后选中B13单元格，在编辑栏中输入“=Sum(B2:B11)”公式，最后按【Enter】键确认后，即可在当前工作表中查看求和的结果，如图3-40所示。

B13 =SUM(B2:B11)

	A	B	C	D
1	供货单位	应付金额	方案1	方案2
2	单位1	5112.5		
3	单位2	4896.23		
4	单位3	7890.2		
5	单位4	1150.5		
6	单位5	1396.45		
7	单位6	890.5		
8	单位7	3159.2		
9	单位8	4892.47		
10	单位9	590		
11	单位10	6791.38		
12				
13	合计	36769.43		
14				

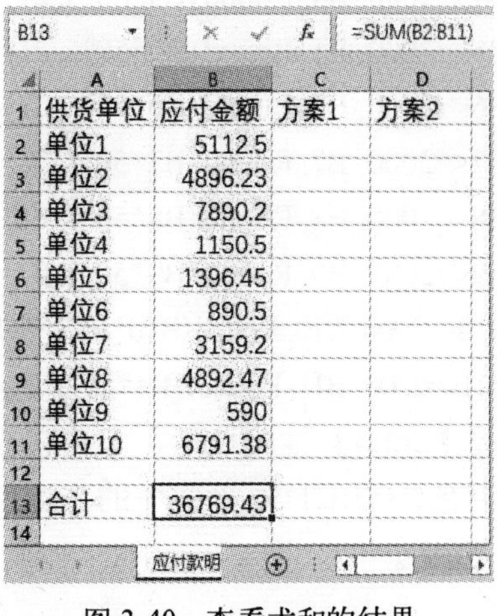

图 3-40 查看求和的结果

3.2.2 编制应付款方案

下面将为大家讲述采用表格的形式来实现应付款方案的功能，即小于或等于2000元的账户一次性付清，大于2000元的账户首次支付应付金额的50%。

编制应付款方案的具体操作步骤如下：

Step 01 在“应付款明细”工作表中选中C2单元格，在编辑栏中输入“=IF(B2<=2000, B2, Round(B2*50%, 2))”公式内容，最后按【Enter】键确认后，即可计算出C2单元格的方案值，如图3-41所示。

	A	B	C	D
1	供货单位	应付金额	方案1	方案2
2	单位1	5112.5	2556.25	
3	单位2	4896.23		
4	单位3	7890.2		
5	单位4	1150.5		
6	单位5	1396.45		
7	单位6	890.5		
8	单位7	3159.2		
9	单位8	4892.47		
10	单位9	590		
11	单位10	6791.38		
12				
13	合计	36769.43		
14				

应付款明

图 3-41 计算 C2 单元格的方案

Step 02 分别在C3:C11单元格区域的各个单元格中输入以下公式：

=IF(B3<=2000, B3, Round(B3*50%, 2))

=IF(B4<=2000, B4, Round(B4*50%, 2))

=IF(B5<=2000, B5, Round(B5*50%, 2))

=IF(B6<=2000, B6, Round(B6*50%, 2))

=IF(B7<=2000, B7, Round(B7*50%, 2))

=IF(B8<=2000, B8, Round(B8*50%, 2))

=IF(B9<=2000, B9, Round(B9*50%, 2))

=IF(B10<=2000, B10, Round(B10*50%, 2))

=IF(B11<=2000, B11, Round(B11*50%, 2))

按【Enter】键确认后，即可在当前工作表中查看C3:C11单元格中的方案值，如图3-42所示。

	A	B	C	D
1	供货单位	应付金额	方案1	方案2
2	单位1	5112.5	2556.25	
3	单位2	4896.23	2448.12	
4	单位3	7890.2	3945.1	
5	单位4	1150.5	1150.5	
6	单位5	1396.45	1396.45	
7	单位6	890.5	890.5	
8	单位7	3159.2	1579.6	
9	单位8	4892.47	2446.24	
10	单位9	590	590	
11	单位10	6791.38	3395.69	
12				
13	合计	36769.43		
14				

应付款明

图 3-42 计算 C3:C11 单元格的方案

Step 03 选中C13单元格，然后在编辑栏中输入“=SUM(C2:C11)”公式内容，按【Enter】键确认后，即可计算首次付款的总额，如图3-43所示。

C13 =SUM(C2:C11)

	A	B	C	D
1	供货单位	应付金额	方案1	方案2
2	单位1	5112.5	2556.25	
3	单位2	4896.23	2448.12	
4	单位3	7890.2	3945.1	
5	单位4	1150.5	1150.5	
6	单位5	1396.45	1396.45	
7	单位6	890.5	890.5	
8	单位7	3159.2	1579.6	
9	单位8	4892.47	2446.24	
10	单位9	590	590	
11	单位10	6791.38	3395.69	
12				
13	合计	36769.43	20398.5	
14				

应付款明

图 3-43 计算首次付款的总额

下面为大家详细讲述用表格实现方案二的功能，即小于或等于4000元的账户一次性付清，大于4000元的账户首次支付应付金额的40%。

具体操作步骤如下：

Step 01 在“应付款明细”工作表中选中D2单元格，然后在编辑中输入“=IF(B2<=4000, B2, ROUND(B2*40%, 2))”公式内容，按【Enter】键后，即可在D2单元格中显示方案值，如图3-44所示。

Step 02 将光标移动D2单元格的右下角，当光标变为十字形状时，按住鼠标左键不放，向下拖曳至D11单元格时松开左键，此时

D2单元格的公式就复制到了D3:D11单元格区域中，其显示效果如图3-45所示。

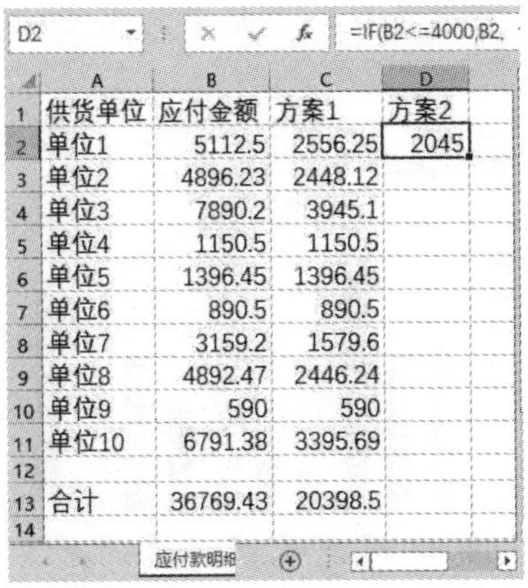
D2 =IF(B2<=4000,B2,

	A	B	C	D
1	供货单位	应付金额	方案1	方案2
2	单位1	5112.5	2556.25	2045
3	单位2	4896.23	2448.12	
4	单位3	7890.2	3945.1	
5	单位4	1150.5	1150.5	
6	单位5	1396.45	1396.45	
7	单位6	890.5	890.5	
8	单位7	3159.2	1579.6	
9	单位8	4892.47	2446.24	
10	单位9	590	590	
11	单位10	6791.38	3395.69	
12				
13	合计	36769.43	20398.5	
14				

应付款明细

图 3-44　计算D2单元格中的方案

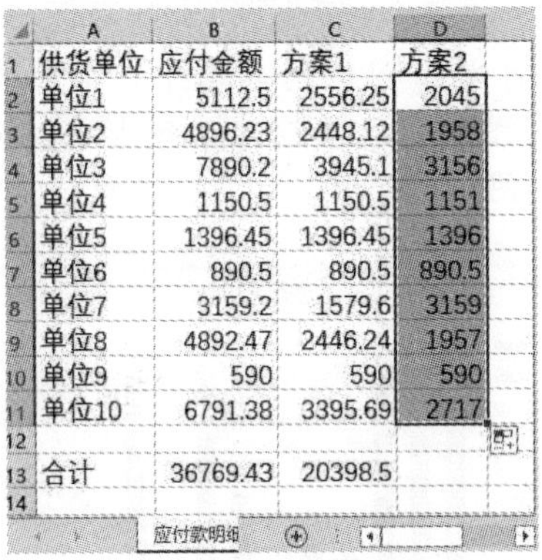

	A	B	C	D
1	供货单位	应付金额	方案1	方案2
2	单位1	5112.5	2556.25	2045
3	单位2	4896.23	2448.12	1958
4	单位3	7890.2	3945.1	3156
5	单位4	1150.5	1150.5	1151
6	单位5	1396.45	1396.45	1396
7	单位6	890.5	890.5	890.5
8	单位7	3159.2	1579.6	3159
9	单位8	4892.47	2446.24	1957
10	单位9	590	590	590
11	单位10	6791.38	3395.69	2717
12				
13	合计	36769.43	20398.5	
14				

应付款明细

图 3-45　复制单元格公式

Step 03 选中D13单元格，在编辑栏中输入"= SUM(D2:D11)"公式内容，按【Enter】键确认后，即可计算出D2:D11单元格的方案值，如图3-46所示。

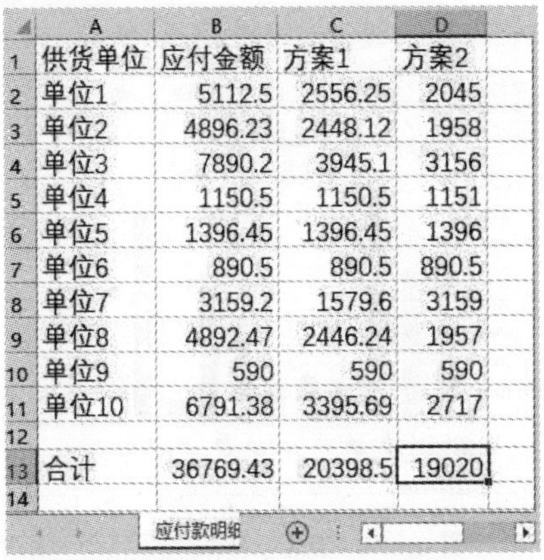

	A	B	C	D
1	供货单位	应付金额	方案1	方案2
2	单位1	5112.5	2556.25	2045
3	单位2	4896.23	2448.12	1958
4	单位3	7890.2	3945.1	3156
5	单位4	1150.5	1150.5	1151
6	单位5	1396.45	1396.45	1396
7	单位6	890.5	890.5	890.5
8	单位7	3159.2	1579.6	3159
9	单位8	4892.47	2446.24	1957
10	单位9	590	590	590
11	单位10	6791.38	3395.69	2717
12				
13	合计	36769.43	20398.5	19020
14				

应付款明细

图 3-46　计算D2:D11单元格的方案值

Step 04 为了美化表格，可以给整个表格添加边框，还可以根据需要适当地调整行高和列宽，并设置表头内容和供货单位标题列为居中对齐方式，如图3-47所示。

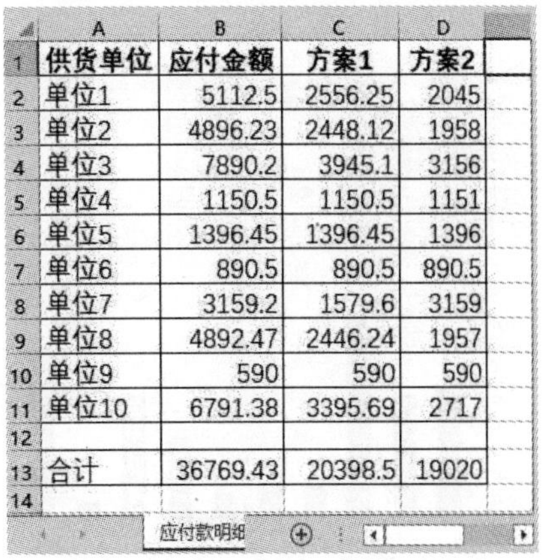

	A	B	C	D
1	供货单位	应付金额	方案1	方案2
2	单位1	5112.5	2556.25	2045
3	单位2	4896.23	2448.12	1958
4	单位3	7890.2	3945.1	3156
5	单位4	1150.5	1150.5	1151
6	单位5	1396.45	1396.45	1396
7	单位6	890.5	890.5	890.5
8	单位7	3159.2	1579.6	3159
9	单位8	4892.47	2446.24	1957
10	单位9	590	590	590
11	单位10	6791.38	3395.69	2717
12				
13	合计	36769.43	20398.5	19020
14				

应付款明细

图 3-47　美化表格后的最终效果

3.2.3　使用图表分析数据

图表是Excel重要的数据分析工具，可以将抽象而枯燥的数据直观地表达出来，清楚地表现出各种财务数据的走向、趋势及数据间的差异，方便用户对数据进行分析处理。

下面将为大家讲述图表的绘制方法，其具体的操作步骤如下：

Step 01 在"应付款明细"工作表中选中A2单元格，然后按住【Shift】键不放，再单击B11单元格，即可选中用于绘图的数据区域，如图3-48所示。

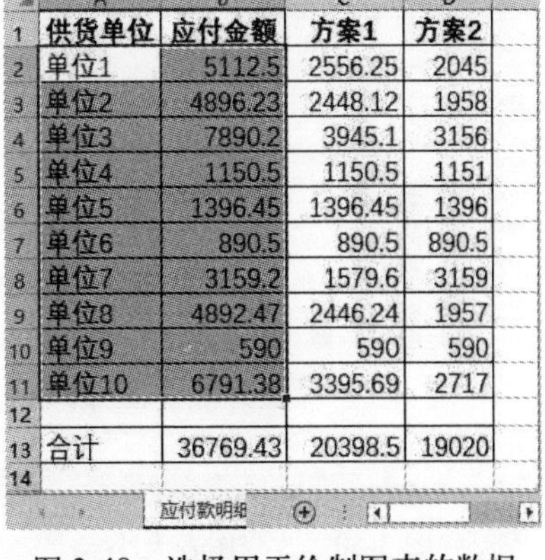

	A	B	C	D
1	供货单位	应付金额	方案1	方案2
2	单位1	5112.5	2556.25	2045
3	单位2	4896.23	2448.12	1958
4	单位3	7890.2	3945.1	3156
5	单位4	1150.5	1150.5	1151
6	单位5	1396.45	1396.45	1396
7	单位6	890.5	890.5	890.5
8	单位7	3159.2	1579.6	3159
9	单位8	4892.47	2446.24	1957
10	单位9	590	590	590
11	单位10	6791.38	3395.69	2717
12				
13	合计	36769.43	20398.5	19020
14				

应付款明细

图 3-48　选择用于绘制图表的数据

Step 02 切换到【插入】选项卡,然后在【图表】组中单击【柱形图】按钮,从弹出的下拉列表中选择一种需要的柱形图,即可在Excel表格中插入需要的柱形图,如图3-49所示。

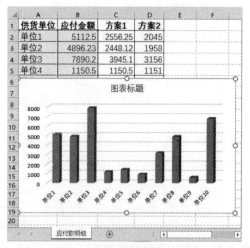

图 3-49 插入一种需要的柱形图

3.2.4 设置图表显示样式

完成图表的创建后,图表还是比较粗糙的,需要对其中的一些功能进行完善,以达到用户的目的。

设置图表显示样式的具体操作步骤如下:

Step 01 在"应付款明细"工作表中,将鼠标光标移动到图表区的右上角,当其变为斜双向箭头形状时,按住鼠标左键拖动至需要的大小,如图3-50所示。

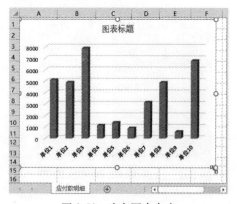

图 3-50 改变图表大小

Step 02 图表的大小被改变,将鼠标光标再移动到图表区的边缘处,当其变为十字形状时,将其拖动到表格中的指定位置后释放,如图3-51所示。

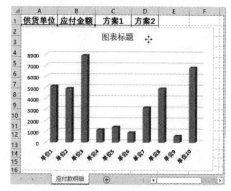

图 3-51 拖动图表到适当位置

Step 03 再单击图例将其选中,将鼠标光标移动到图例上,当变为十字形状时向上拖动,如图3-52所示。

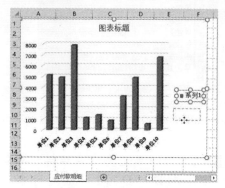

图 3-52 拖动图例到适当位置

Step 04 当移动到合适位置时释放鼠标,即可完成对图表的设置,如图3-53所示。

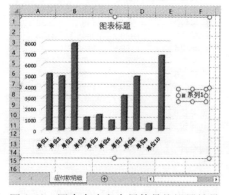

图 3-53 图表大小和布局的最终设置效果

Step 05 在图表中的空白处右击,从弹出的快捷菜单中选择【更改图表类型】命令,即可打开【更改图表类型】对话框,在左侧列表中单击【条形图】选项按钮,则在右侧的【条形图】栏中选择第一个选项,单击【确定】按钮,返回到工作表中,即可查看到图表类型由圆柱形变成了簇状条形图,如图3-54所示。

选项组中选择【纯色填充】单选按钮,然后在展开的区域中单击【颜色】按钮右侧的下三角按钮,即可从弹出的下拉列表中选择一种所需的颜色,这里选择"浅蓝色",如图3-55所示。

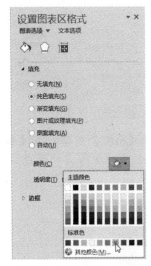

图 3-55 设置填充颜色

Step 07 单击左侧列表中的【边框颜色】按钮,在右侧【边框颜色】选项组中选择边框颜色为"浅绿色",短画线类型为【圆点】,在展开的区域中单击【填充颜色】按钮,即可选择一种所需的颜色,如图3-56所示。

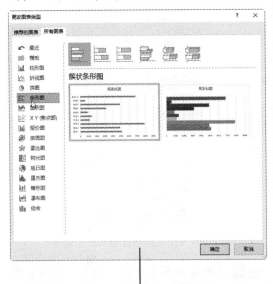

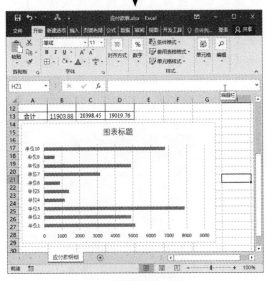

图 3-54 簇状条形效果图

Step 06 将光标置于条形图上并双击,将会弹出【设置数据点格式】对话框,单击左侧列表中的【填充】按钮,在右侧【填充】

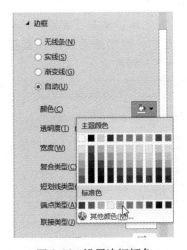

图 3-56 设置边框颜色

Step 08 在【复合类型】下拉列表框中选择【双线】选项,如图3-57所示。

图 3-57 设置边框样式

Step 09 单击【阴影】按钮，在【颜色】下拉列表框中选择一种所需的颜色，如图3-58所示。

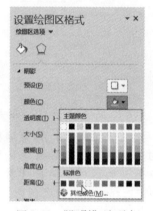

图 3-58 "阴影"选项卡

Step 10 设置完后，单击【关闭】按钮，返回到工作表中，即可查看绘图区数据系列的格式，如图3-59所示。

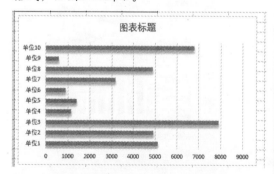

图 3-59 查看绘图区数据系列的格式

Step 11 在图表中的绘图区空白处右击，从弹出的快捷菜单中选择【设置绘图区格式】

命令，即可打开【设置绘图区格式】对话框，单击左【填充】按钮，在【填充】选项组中选择【渐变填充】单选按钮，单击【预设渐变】右侧的下三角按钮，从弹出的下拉列表中，根据需要选择一种预设颜色效果，如图3-60所示。

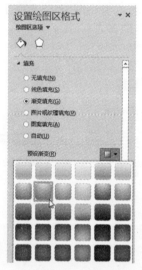

图 3-60 【设置绘图区格式】对话框 1

Step 12 接着右击图表区的空白处，从弹出的快捷菜单中选择【设置图表区域格式】命令，打开【设置绘图区格式】对话框，单击【填充】按钮，在【填充】选项组中选择【纯色填充】单选按钮，单击【颜色】按钮右侧的下三角按钮，从弹出的下拉列表中选择需要的颜色，如图3-61所示。

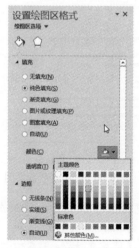

图 3-61 【设置绘图区格式】对话框 2

Step 13 也可以通过单击列表中的【边框颜色】、【边框样式】、【阴影】、【发光和柔化边缘】、【三维格式】等按钮来分别设置图表的格式，其图表区的设置效果如图3-62所示。

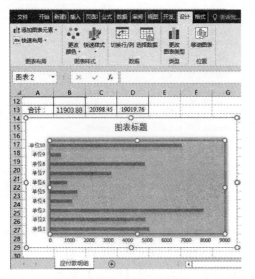

图 3-62　图表区的其他设置效果

Step 14 右击图形条，从弹出的快捷菜单中选择【添加数据标签】命令，即可在图表中显示已添加的数据标签，显示效果如图3-63所示。

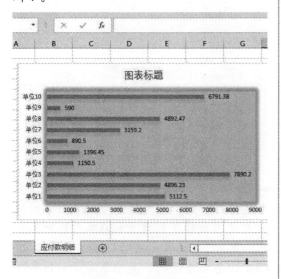

图 3-63　添加数据标签

Step 15 若想要更改图表的布局样式，只需要单击图表区的任意位置来激活【图表工具】菜单栏，然后切换到【设计】选项卡，在【图表布局】组中单击【快速布局】按钮，即可从弹出的下拉列表中选择一种布局样式，如图3-64所示。

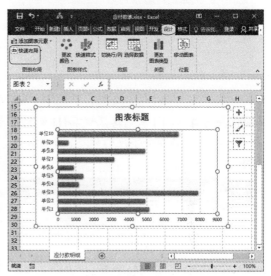

图 3-64　更改图表的布局样式

3.3　制作到期示意表

本节将制作一张到期示意表，该表也是在Excel 2016中完成，在制作过程中，需要掌握Excel技术点及十分强大的功能。

3.3.1　编制到期提示公式

编制到期示意表需要掌握两项功能，下面将为大家介绍其中的一项功能，即能够自动提示到期的记录。

其具体的操作步骤如下：

Step 01 启动Excel 2016应用程序，然后新建一个工作簿，并将其命名为"到期示意表.xlsx"，再右击Sheet1工作表标签，将其重命名为"到期示意表"，按【Enter】键确认完成操作，如图3-65所示。

图 3-65 创建工作簿并重命名工作表

Step 02 接着在 A1:F1 单元格区域和 H1 单元格中分别输入表格各个字段的标题，如图 3-66 所示。

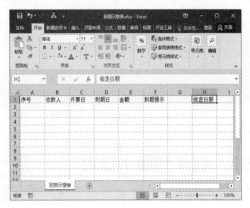

图 3-66 输入表格标题内容

Step 03 在表格中输入每一条到期汇票的记录，然后根据需要再调整相应列的列宽，以保证所有的数据都能完全显示，如图 3-67 所示。

图 3-67 输入表格中的数据

Step 04 在 H2 单元格中输入一个给定的日期值作为到期示意的判断标准，如"2017/8/20"，如图 3-68 所示。

图 3-68 输入给定日期

Step 05 再选中 F2 单元格，在编辑栏中输入"=IF(AND(D2-$H$2<=30,D2-$H$2>0),D2-$H$2,0)"公式，按【Enter】键后，即可成功编制到期提示，如图 3-69 所示。

图 3-69 编制到期示意公式

Step 06 选中 F2 单元格，并将光标移到该单元格的右下角，当光标变为十字形状时按住左键不放往下拖曳至 F20 单元格时再松开，此时，F2 单元格的公式即复制到了 F3:F20 单元格区域，其结果显示如图 3-70 所示。

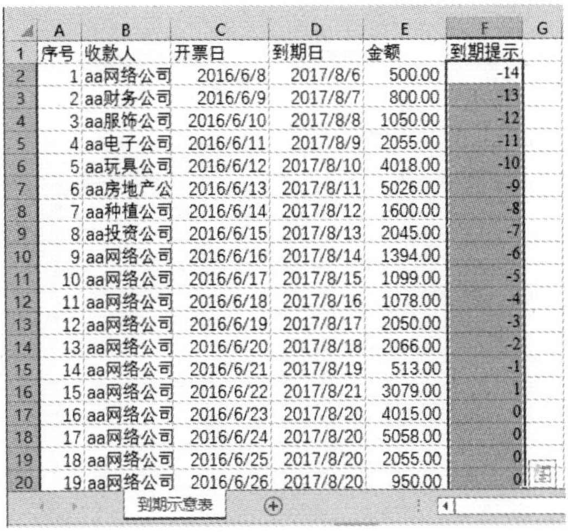

序号	收款人	开票日	到期日	金额	到期提示
1	aa网络公司	2016/6/8	2017/8/6	500.00	-14
2	aa财务公司	2016/6/9	2017/8/7	800.00	-13
3	aa服饰公司	2016/6/10	2017/8/8	1050.00	-12
4	aa电子公司	2016/6/11	2017/8/9	2055.00	-11
5	aa玩具公司	2016/6/12	2017/8/10	4018.00	-10
6	aa房地产公	2016/6/13	2017/8/11	5026.00	-9
7	aa种植公司	2016/6/14	2017/8/12	1600.00	-8
8	aa投资公司	2016/6/15	2017/8/13	2045.00	-7
9	aa网络公司	2016/6/16	2017/8/14	1394.00	-6
10	aa网络公司	2016/6/17	2017/8/15	1099.00	-5
11	aa网络公司	2016/6/18	2017/8/16	1078.00	-4
12	aa网络公司	2016/6/19	2017/8/17	2050.00	-3
13	aa网络公司	2016/6/20	2017/8/18	2066.00	-2
14	aa网络公司	2016/6/21	2017/8/19	513.00	-1
15	aa网络公司	2016/6/22	2017/8/21	3079.00	1
16	aa网络公司	2016/6/23	2017/8/20	4015.00	0
17	aa网络公司	2016/6/24	2017/8/20	5058.00	0
18	aa网络公司	2016/6/25	2017/8/20	2055.00	0
19	aa网络公司	2016/6/26	2017/8/20	950.00	0

图 3-70　复制公式

Step 07 图3-71中以给定日期为标准，未来30天内到期的汇票记录都已经显示出剩余的天数了。若不满足条件的汇票记录，如果已经过期，则会显示为“0”。

序号	收款人	开票日	到期日	金额	到期提示		给定日期
1	aa网络公司	2016/6/8	2017/8/6	500.00	-14		2017/8/20
2	aa财务公司	2016/6/9	2017/8/7	800.00	-13		
3	aa服饰公司	2016/6/10	2017/8/8	1050.00	-12		
4	aa电子公司	2016/6/11	2017/8/9	2055.00	-11		
5	aa玩具公司	2016/6/12	2017/8/10	4018.00	-10		
6	aa房地产公	2016/6/13	2017/8/11	5026.00	-9		
7	aa种植公司	2016/6/14	2017/8/12	1600.00	-8		
8	aa投资公司	2016/6/15	2017/8/13	2045.00	-7		
9	aa网络公司	2016/6/16	2017/8/14	1394.00	-6		
10	aa网络公司	2016/6/17	2017/8/15	1099.00	-5		
11	aa网络公司	2016/6/18	2017/8/16	1078.00	-4		
12	aa网络公司	2016/6/19	2017/8/17	2050.00	-3		
13	aa网络公司	2016/6/20	2017/8/18	2066.00	-2		
14	aa网络公司	2016/6/21	2017/8/19	513.00	-1		
15	aa网络公司	2016/6/22	2017/8/21	3079.00	1		
16	aa网络公司	2016/6/23	2017/8/20	4015.00	0		
17	aa网络公司	2016/6/24	2017/8/20	5058.00	0		
18	aa网络公司	2016/6/25	2017/8/20	2055.00	0		
19	aa网络公司	2016/6/26	2017/8/20	950.00	0		

图 3-71　未来 30 天内到期的汇票记录

3.3.2　编制到期金额公式

下面来实现对已经标识出来的汇票记录进行金额汇总的功能，其具体的操作步骤如下：

Step 01 在“到期示意表”工作表中单击H5单元格，然后输入“将到期金额”内容，即可成功添加汇总金额的标题信息，如图3-72所示。

序号	收款人	开票日	到期日	金额	到期提示		给定日期
1	aa网络公司	2016/6/8	2017/8/6	500.00	-14		2017/8/20
2	aa财务公司	2016/6/9	2017/8/7	800.00	-13		
3	aa服饰公司	2016/6/10	2017/8/8	1050.00	-12		
4	aa电子公司	2016/6/11	2017/8/9	2055.00	-11		将到期金额
5	aa玩具公司	2016/6/12	2017/8/10	4018.00	-10		
6	aa房地产公	2016/6/13	2017/8/11	5026.00	-9		
7	aa种植公司	2016/6/14	2017/8/12	1600.00	-8		
8	aa投资公司	2016/6/15	2017/8/13	2045.00	-7		
9	aa网络公司	2016/6/16	2017/8/14	1394.00	-6		
10	aa网络公司	2016/6/17	2017/8/15	1099.00	-5		
11	aa网络公司	2016/6/18	2017/8/16	1078.00	-4		
12	aa网络公司	2016/6/19	2017/8/17	2050.00	-3		
13	aa网络公司	2016/6/20	2017/8/18	2066.00	-2		
14	aa网络公司	2016/6/21	2017/8/19	513.00	-1		
15	aa网络公司	2016/6/22	2017/8/21	3079.00	1		
16	aa网络公司	2016/6/23	2017/8/20	4015.00	0		
17	aa网络公司	2016/6/24	2017/8/20	5058.00	0		
18	aa网络公司	2016/6/25	2017/8/20	2055.00	0		
19	aa网络公司	2016/6/26	2017/8/20	950.00	0		

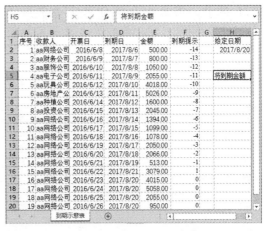

图 3-72　添加汇总金额标题

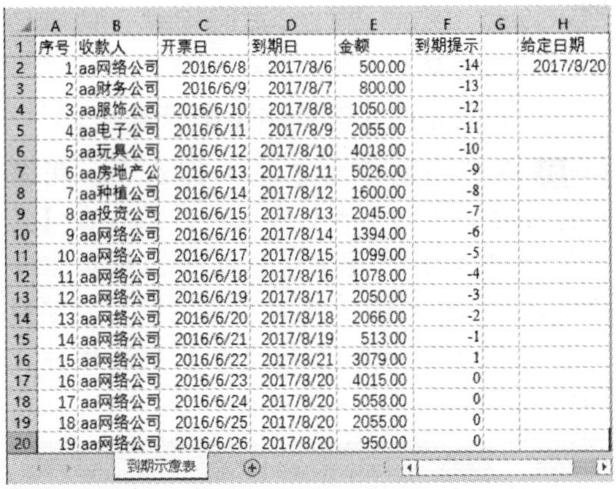

Step 02 选中H6单元格，单击编辑栏中的【插入函数】按钮 *fx*，弹出【插入函数】对话框，在【或选择类别】下拉列表框中选择函数类别为【数学与三角函数】；在【选择函数】列表框中选择【SUMIF】函数，最后单击【确定】按钮，即可弹出【函数参数】对话框，此时可根据需要进行插入，如图3-73所示。

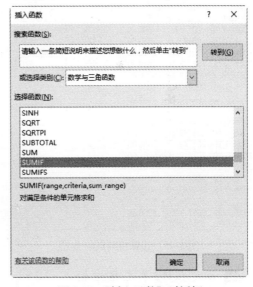

图 3-73　【插入函数】对话框

Step 03 在【函数参数】对话框中，将光标定位到【Range】文本框中，然后用鼠标在工作表中选中F2:F20单元格区域，即条件判断区域；在【Criteria】文本框中输入条件为“">0"”；再将光标定位到【Sum_range】

文本框中，用鼠标在工作表中选中用于求和的区域E2:E20，最后单击【确定】按钮，即可计算出将到期的金额，如图3-74所示。

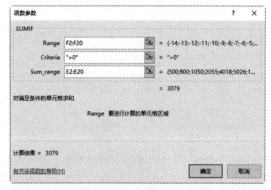

图 3-74 【函数参数】对话框

Step 04 也可以选中H6单元格，在编辑栏中直接输入“=SUMIF(F2:F20,">0",E2:E20)”公式内容，最后按【Enter】键确认后，即可计算出将到期的金额，如图3-75所示。

C	D	E	F	G	H
开票日	到期日	金额	到期提示		给定日期
2016/6/8	2017/8/6	500.00	-14		2017/8/20
2016/6/9	2017/8/7	800.00	-13		
2016/6/10	2017/8/8	1050.00	-12		
2016/6/11	2017/8/9	2055.00	-11		将到期金额
2016/6/12	2017/8/10	4018.00	-10		3079
2016/6/13	2017/8/11	5026.00	-9		
2016/6/14	2017/8/12	1600.00	-8		
2016/6/15	2017/8/13	2045.00	-7		
2016/6/16	2017/8/14	1394.00	-6		
2016/6/17	2017/8/15	1099.00	-5		
2016/6/18	2017/8/16	1078.00	-4		
2016/6/19	2017/8/17	2050.00	-3		
2016/6/20	2017/8/18	2066.00	-2		
2016/6/21	2017/8/19	513.00	-1		
2016/6/22	2017/8/21	3079.00	1		
2016/6/23	2017/8/20	4015.00	0		
2016/6/24	2017/8/20	5058.00	0		
2016/6/25	2017/8/20	2055.00	0		
2016/6/26	2017/8/20	950.00	0		

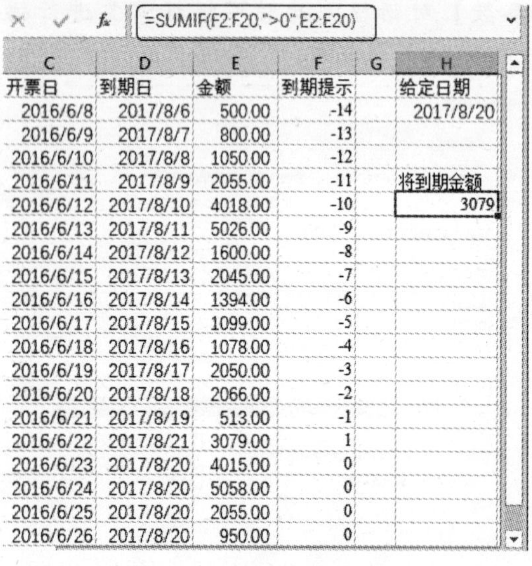

图 3-75 计算将到期的金额

Step 05 若是在H2单元格中输入“2017/8/10”给定日期值，可以看到表格中的“到期提示”及“将到期金额”都发生了变化，显示结果如图3-76所示。

C	D	E	F	G	H
开票日	到期日	金额	到期提示		给定日期
2016/6/8	2017/8/6	500.00	-4		2017/8/10
2016/6/9	2017/8/7	800.00	-3		
2016/6/10	2017/8/8	1050.00	-2		
2016/6/11	2017/8/9	2055.00	-1		将到期金额
2016/6/12	2017/8/10	4018.00	0		32028
2016/6/13	2017/8/11	5026.00	1		
2016/6/14	2017/8/12	1600.00	2		
2016/6/15	2017/8/13	2045.00	3		
2016/6/16	2017/8/14	1394.00	4		
2016/6/17	2017/8/15	1099.00	5		
2016/6/18	2017/8/16	1078.00	6		
2016/6/19	2017/8/17	2050.00	7		
2016/6/20	2017/8/18	2066.00	8		
2016/6/21	2017/8/19	513.00	9		
2016/6/22	2017/8/21	3079.00	11		
2016/6/23	2017/8/20	4015.00	10		
2016/6/24	2017/8/20	5058.00	10		
2016/6/25	2017/8/20	2055.00	10		
2016/6/26	2017/8/20	950.00	10		

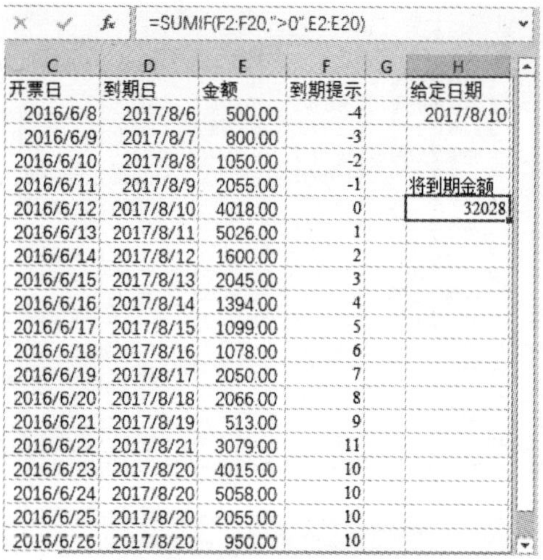

图 3-76 改变给定日期值

3.3.3 设置表格样式

以上所述表格的主要功能已经实现，但是这样的表格还比较原始，可读性不够，因此，需要进行一定的设置，让表格变得更加美观。

设置表格格式的具体操作步骤如下：

Step 01 在“到期示意表”工作表中，用鼠标连续选中A1:F1单元格区域，然后在【开始】选项卡下的【字体】组中，根据需要设置A1:F1单元格区域的字体、字号、字形加粗、字体颜色及填充颜色等多项操作，如图3-77所示。

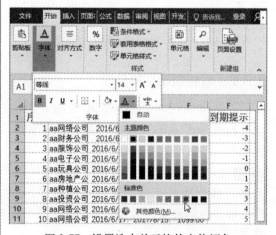

图 3-77 设置选中单元格的字体颜色

第3章
制作常用财务会计统计表

Step 02 若选择【开始】选项卡下的【对齐方式】组中，可以根据需要进行文本居中操作，其显示效果如图3-78所示。

图3-78 设置A1:F1文本居中

Step 03 选中A2单元格，然后在【开始】选项卡下的【对齐方式】组中单击【居中】按钮，来设置文本居中显示，如图3-79所示。

图3-79 设置A2单元格文本居中显示

Step 04 选中F2单元格，然后在【开始】选项卡下的【字体】组中单击【字体颜色】右侧的下三角按钮，从弹出的下拉列表中选择一种颜色，其显示效果如图3-80所示。

Step 05 再选中A2:F2单元格区域，然后在【开始】选项卡下的【剪贴板】组中单击

击【格式刷】按钮，即将准备让此行的格式复制给表格中的其他行，如图3-81所示。

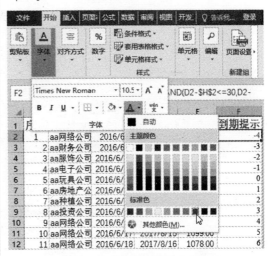

图3-80 设置数据区域的字体颜色

图3-81 使用格式刷

Step 06 当光标变为形状时，则表示处于格式刷状态，此时选中的目标区域将应用源区域的格式，按住【Shift】键不放，并单击F20单元格，则格式即可复制到A1:F20单元格区域，此时光标也恢复为正常状态，如图3-82所示。

Step 07 在【开始】选项卡下的【字体】组中单击【表格边框】右侧的下三角按钮，从弹出的下拉菜单中，根据需要设置表格的边框，如图3-83所示。

55

Excel
财务与会计办公实战从入门到精通

图 3-82 复制格式

图 3-83 设置表格的边框

Step 08 最后根据需要设置H列的表格格式，其设置方法与前面所讲A1:F1单元的设置方法相似，最终显示效果如图3-84所示，这里就不再赘述。

图 3-84 设置 H 列的格式

3.3.4 编制到期条件公式

下面将为大家介绍30天以内到期的记录能自动用颜色区分开。其具体操作步骤如下：

Step 01 首先打开"到期示意表"工作簿，然后将文件另存为"到期示意表格式"副本。接着右击"到期示意表"工作表标签，将其重命名为"到期示意图"名称，最后按【Enter】键确认后，即可打开并重命名工作表，如图3-85所示。

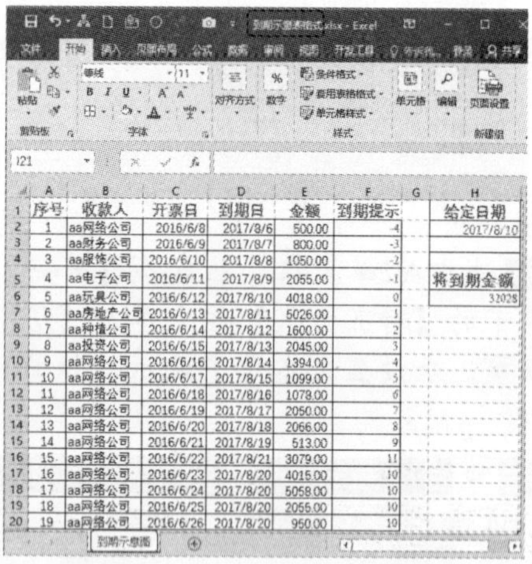

图 3-85 打开并重命名工作表

Step 02 再将光标置于F列上，当光标变为↓时，单击选中F列，并右击，从弹出的快捷菜单中选择【删除】命令，即可删除不需要的F列，此时后面的列将会自动靠左，如图3-86所示。

图 3-86 删除 F 列

第3章
制作常用财务会计统计表

Step 03 同时清除H5、H6单元格中的内容，如图3-87所示。

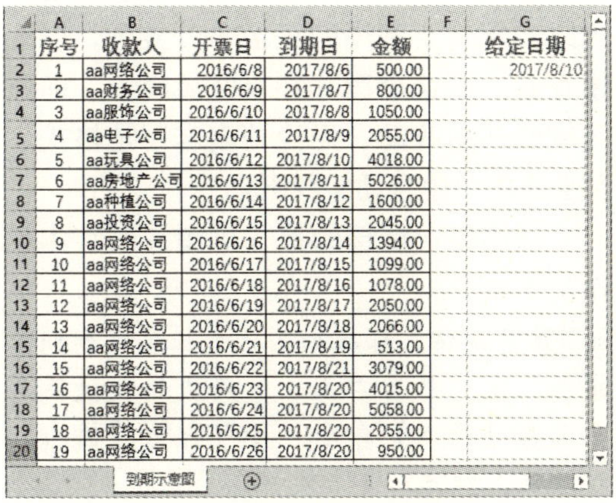

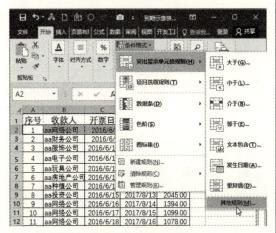

图3-87 设置G6单元格背景颜色

Step 04 接着选中A2:E2单元格区域，然后在【开始】选项卡下的【样式】组中单击【条件格式】右侧的下三角按钮，从弹出的下拉列表中选择【项目选取规则】下的【其他规则】选项，即可弹出【新建格式规则】对话框，如图3-88所示。

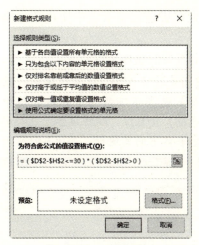

图3-88 使用条件格式

Step 05 在【新建格式规则】对话框中，根据需要选择规则类型为【使用公式确定要设置格式的单元格】；在【为符合此公式的值设置格式】下方的文本框中输入"=($D$2-$G$2<=30)*($D$2-$G$2>0)"公式内容，即可输入相应的条件，如图3-89所示。

图3-89 输入条件公式

Step 06 再单击右下方的【格式】按钮，即可弹出【设置单元格格式】对话框，选择【填充】选项卡，设置【图案颜色】为【浅橙色】；【图案样式】为【粗 对角线 剖面线】，最后单击【确定】按钮，返回【新建格式规则】对话框，再单击【确定】按钮，即可成功设置单元格格式，如图3-90所示。

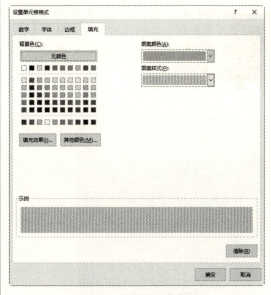

图3-90 设置单元格格式

3.3.5 将条件格式运用到数据区中

上一节为大家讲述了在A2:E2单元格中使用条件格式，这仅仅是不完整的，下面

57

将为大家讲述在整个表中使用条件格式的方法。

其具体的操作步骤如下：

Step 01 首先选中A2:E2单元格区域，然后在【开始】选项卡下的【剪贴板】组中单击【格式刷】按钮，即将准备让此行的格式复制给表格中的其他行，如图3-91所示。

图3-91 选中要A2:E2单元格区域

Step 02 当光标变为刷子形状时，则表示处于格式刷状态，此时选中的目标区域将应用源区域的格式，按住【Shift】键不放，并单击E20单元格，则格式即可复制到A1:E20单元格区域，此时光标也恢复为正常状态，如图3-92所示。

图3-92 复制A1:E20单元格区域

Step 03 条件格式设置完成后，在表中30天内到期的记录就会用浅橙色背景区分出来。

3.3.6 制作包含链接的照相机图片

应用Excel 2016中自带的照相机功能，可以实现将要到期的记录另外显示，以方便查看。而这个图片和原区域同步，即原区域的任何改动，无论是内容还是格式，都会在图片中自动体现出来。

制作包含链接的照片机图片的具体操作步骤如下：

Step 01 首先将光标移到工作表标签"到期示意图"上，然后右击，从弹出的快捷菜单中选择【插入】命令，即可弹出【插入】对话框，如图3-93所示。

图3-93 打开"到期示意图"工作表

Step 02 在【插入】对话框中选择【常用】选项卡，选择【工作表】选项，最后单击【确定】按钮，即可新建一个工作表，如图3-94所示。

图3-94 【插入】对话框

Step 03 将新建的工作表移动"到期示意图"的右侧，然后选中新建的"Sheet1"工作表，将其重命名为"照相机图片"，如图3-95所示。

第3章
制作常用财务会计统计表

图 3-95 重命名工作表

Step 04 接着选中到期提示的记录，即A7：E20单元格区域，再右击，从弹出的快捷菜单中选择【复制】命令或直接按【Ctrl+C】组合键复制，执行复制操作后，所选单元格区域将会被虚框圈住，如图3-96所示。

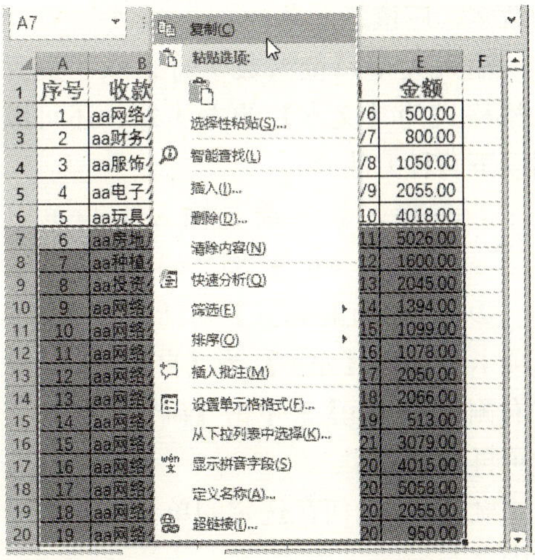

图 3-96 选中到期提示的记录

Step 05 单击"照相机图片"工作表标签，将切换至"照相机图片"工作表，然后按住【Shift】键不放，在【开始】选项卡下的【剪贴板】组中单击【粘贴】下方的三角按钮，从弹出的下拉列表中选择【其他粘贴选项】下的【链接的图片】选项，即可成功将图片粘贴到"照相机图片"工作表中，如图3-97所示。

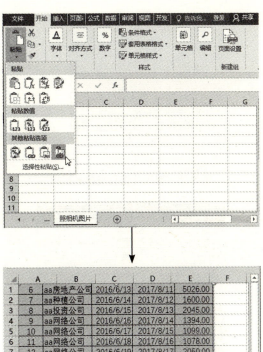

图 3-97 将图片粘贴到"照相机图片"工作表中

Step 06 接着在其下方对图片进行重命名操作，将其重命名为"图片"，如图3-98所示。

另外，也可以使用照相机功能，将选中的区域粘贴至"照相机图片"工作表中，具体的操作步骤如下：

Step 01 选中到期提示的记录即A7:E20单元格区域，直接单击【自定义快速访问工具栏】中的【照相机】按钮，然后单击"照相机图片"工作表，在任意位置单击，即可将刚才选择区域中拍到了"照相机图片"工作表中，如图3-99所示。

Step 02 接着单击该图片，将图片拖动到合适的位置后，在图片的下方对其进行重命名操作，将其命名为"图片1"，其显示效果如图3-100所示。

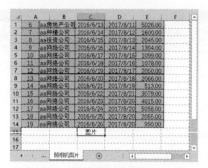

图 3-98　对图片进行重命名操作

图 3-99　拍中 A7:E20 单元格区域

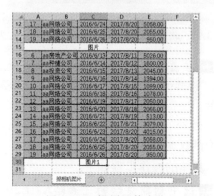

图 3-100　设置图片名称

注意：可以通过单击【自定义快速访问工具栏】最右边的下三角按钮，从弹出的下拉列表中选择【其他命令】选项，即可弹出【Excel 选项】对话框，在该对话框中单击左侧的【自定义功能区】按钮，则右侧将显示【自定义快速访问工具栏】界面，用户根据需要单击【从下列位置选择命令】下方的三角按钮，从弹出的下拉列表中选择【不在功能区中的命令】选项，

则在下方的列表框中选择【照相机】选项，最后单击【添加】按钮，即可将其添加至用于在功能区显示的【快速访问工具栏】中，如图 3-101 所示。

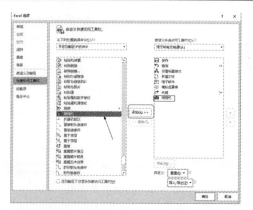

图 3-101　【Excel 选项】对话框

3.4　疑难解惑

疑问1：若在表格中输入长度大于11位的数字，应该怎么办？

输入大于11位的数字时，除了设置单元格格式为【文本】的方法外，还可以采用以下两种方法：

①在输入数字前先输入半角单引号"'"，如"'800 741 852 963 320 951"。

②在【单元格格式】对话框的【数字】选项卡中设置【分类】为【自定义】，然后在右侧选择【@】，单击【确定】按钮，此时可再输入数字。

疑问2：如何在选定的单元格区域中输入内容？

首先选中需要输入内容的单元格区域，如果先行后列输入，则可按【Tab】键输入下一列内容，当输入到最后一次时，按【Tab】键自动转至下一行；如果先列后行输入，则可以在输入一个单元格内容后按【Enter】键，当输入记录至最后一行时，按【Enter】键，则自动转到下一列的第一行。

第4章
会计凭证、凭证汇总及总账的制作

本章通过创建录入凭证表、凭证汇总表和总账分类表,把会计工作中最为核心的部分以Excel表格的形式制作出来,从而进一步对简化会计工作、深入了解会计流程有很大的帮助。

本章技能(已掌握的在方框中打钩)

☐ 录入科目代码。
☐ 录入凭证。
☐ 制作凭证汇总表。
☐ 制作总分类账表。

4.1 录入科目代码

随着对Excel功能的不断了解和深入应用,凭证汇总表的作用会越来越大、覆盖的范围会越来越广。创建的表格起初需要设置录入凭证操作。

其具体的操作步骤如下:

Step 01 首先启动Excel 2016应用程序,则会自动新建一个工作簿,保存并命名为"科目代码.xlsx"。然后双击Sheet1工作表标签,即可进入标签重命名状态,输入"科目代码"名称,最后按【Enter】键确认后,用户可以根据需要删除多余的Sheet1和Sheet2工作表,如图4-1所示。

Step 02 接着右击"科目代码"工作表标签,从弹出的快捷菜单中选择"工作表标签颜色"下的任何一种颜色(这里选择紫色),即可成功设置工作表标签的颜色,

如图4-2所示。

图4-1 "科目代码"工作表

Step 03 选中A2单元格,然后在【数据】选项卡下的【数据工具】组中单击【数据验证】右边的下三角按钮,从弹出的下拉列表中选择【数据验证】选项,即可弹出【数据验证】对话框,如图4-3所示。

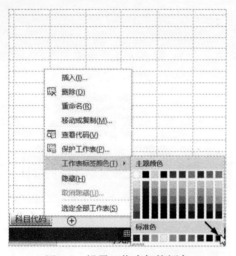

图4-2 设置工作表标签颜色

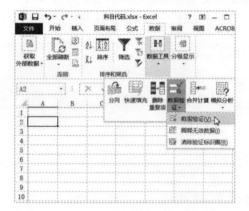

图4-3 设置数据验证

Step 04 接着选择【设置】选项卡，在【允许】下拉列表框中选择【自定义】选项；在【公式】文本框中输入"=COUNTIF(A:A,A2)=1"公式，最后单击【确定】按钮，即可完成数据验证的设置操作，如图4-4所示。

图4-4 【数据验证】对话框

Step 05 再选中A2单元格，按【Ctrl+C】组合键，即可复制数据验证设置，如图4-5所示。

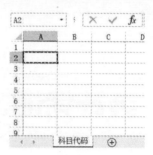

图4-5 复制数据验证

Step 06 按住【Shift】键不放，单击A75单元格，即可连续选中A2:A75单元格，接着按【Ctrl+V】组合键进行粘贴操作，即可完成格式的复制操作，如图4-6所示。

图4-6 粘贴数据验证

Step 07 接着在A1:A75、B1:B75、C1单元格区域中输入数据内容，最终显示结果如图4-7所示。

	A	B	C
61	2231	应付股利	
62	2232	应付利息	
63	2241	其他应付款	
64	2401	预提费用	
65	2411	预计负债	
66	2501	递延收益	
67	2601	长期借款	
68	2602	长期债券	
69	2801	长期应付款	
70	2802	未确认融资费用	
71	2811	专项应付款	
72	2901	递延所得税负债	
73	4001	实收资本	
74	4002	资本公积	
75	5001	生产成本	

图4-7 输入数据内容

第 4 章
会计凭证、凭证汇总及总账的制作

Step 08 再选中A1:C1单元格区域，为了美化工作表，在【开始】选项卡下的【对齐方式】组中单击【居中】按钮，在【开始】选项卡下的【字体】组中单击【字体】按钮，即可设置字体的形状；再选中A2:C75单元格区域，设置表格数据的字体、字号及边框的样式等操作，如图4-8所示。

	A	B	C
1	科目代码	科目名称	明细科目
2	1001	现金	
3	1002	银行存款（农行）	
4	1003	银行存款（工行）	
5	1241	坏账准备	
6	1121	应收票据	
7	1301	待摊费用	
8	1604	在建工程	
9	1602	累计折旧	
10	1701	无形资产	
11	2151	应付工资	
12	2153	应付福利费	
13	2176	其他应交款	
14	4201	库存股	
15	4101	盈余公积	

图 4-8　美化工作表

Step 09 为了便于查看表格的内容，需要对表格执行冻结窗格操作，首先选中A2单元格，然后在【视图】选项卡下的【窗口】组中单击【冻结窗格】下方的下拉三角按钮，从弹出的下拉列表中选择【冻结拆分窗格】选项，即可在工作表看到窗格冻结线，如图4-9所示。

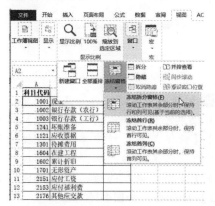

图 4-9　设置单元格区域冻结

Step 10 当完成窗格的冻结操作后，在以后进行下拉表格操作时，A1:C1单元格区域的表格标题是固定不动的，如图4-10所示。

	A	B	C
1	科目代码	科目名称	明细科目
20	5201	劳务成本	
21	5405	其他业务收入	
22	5601	主营业外支出	
23	5701	所得税	
24	1122	应收款账	
25	1132	应收利息	
26	1131	应收股利	
27	1123	预付账款	
28	1321	代理业务资产	
29	1401	材料采购	
30	1402	在途物资	
31	1403	原材料	
32	1404	材料成本差异	
33	1406	库存商品	

图 4-10　显示冻结窗格线

4.2　录入会计凭证

录入凭证表是一种由企事业单位制作的用于记录不同单位间汇款情况的表格。在机关、团体和企事业单位的财务机构中都较为常用。

本节将制作一张录入凭证表，该录入凭证表需要设置科目代码的录入方式，编制一、二极科目代码及设置自动筛选等功能。

4.2.1　设置科目代码的录入方式

创建好科目代码表之后，接下来创建凭证明细表，下面将为大家详细讲述凭证明细中数据输入的实现方法。

其具体的操作步骤如下：

Step 01 首先打开"科目代码.xlsx"工作簿，插入一个新的工作表，并将其命名为"凭证明细"名称，然后修改工作表标签的颜色为"深蓝色"，如图4-11所示。

Step 02 切换到【文件】选项卡，然后单击左侧列表中的【另存为】按钮，即可弹出【另存为】对话框，此时另存工作簿并命名为"凭证明细表.xlsx"，如图4-12所示。

图4-11 新建工作表

图4-12 【另存为】对话框

Step 03 根据需要在A1:G1单元格区域中输入表格各个字段的标题名称，如图4-13所示。

图4-13 输入表格的标题

Step 04 切换到"科目代码"工作表中，然后选中A2:A75单元格区域，在【公式】选项卡下的【定义的名称】组中单击【定义名称】右侧的下三角按钮，从弹出的下拉列表中选择【定义名称】选项，即可弹出【新建名称】对话框，如图4-14所示。

图4-14 定义科目代码名称

Step 05 在【新建名称】对话框中，将【名称】文本框中的"科目代码"改为"Data1"，单击【确定】按钮后，即可将"科目代码"工作表中的A2:A75单元格区域的名称定义为"Data1"，其显示结果如图4-15所示。

图4-15 【新建名称】对话框

Step 06 切换到"凭证明细"工作表中，选中C2:C75单元格区域，并在【数据】选项卡下的【数据工具】组中单击【数据验证】右侧的下三角按钮，从弹出的下拉列表中选择【数据验证】选项，即可弹出【数据验证】对话框，如图4-16所示。

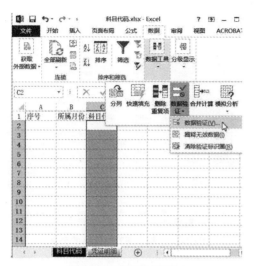

图 4-16　设置数据验证

Step 07 在【数据验证】对话框中选择【设置】选项卡，在【允许】下拉列表框中选择【序列】选项，在【来源】文本框中输入“=Data1”，最后单击【确定】按钮，即可返回“凭证明细”工作表中，如图4-17所示。

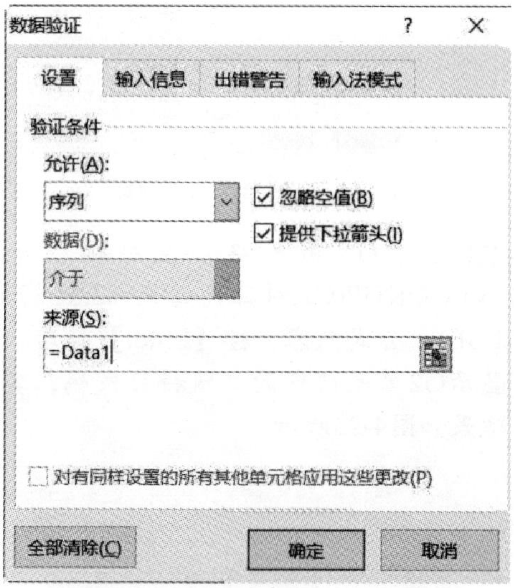

图 4-17　【数据验证】对话框

Step 08 再单击C2单元格，在单元格的右侧会出现一个下拉按钮，此时单击下拉按钮后，会弹出一个下拉列表，在下拉列表中显示的内容是“科目代码”工作表中的科目代码，用户可以用鼠标选择需要输入的内容，如图4-18所示。

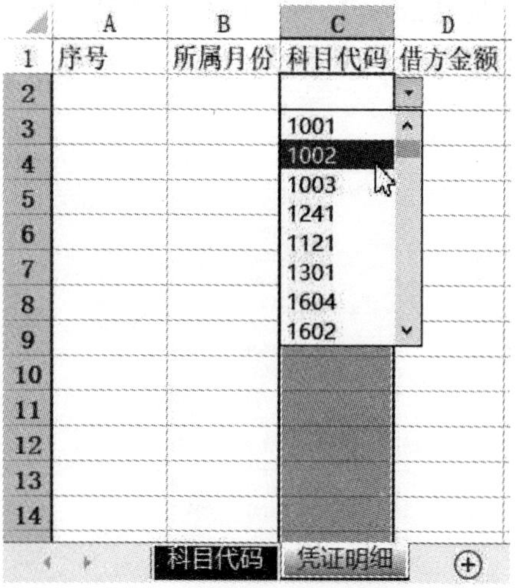

图 4-18　从 C2 单元格中选择一种“科目代码”

Step 09 再在A2:E75单元格区域中输入数据。如果有必要，可以调整相应列的列宽，以让单元格中的内容完全显示出来，如图4-19所示。

	A	B	C	D	E	F
1	序号	所属月份	科目代码	借方金额	贷方金额	一级科目
2	1	8	1001		-1100	
3	2	8	1002		1100	
4	3	8	1003		160	
5	4	8	1241		-160	
6	5	8	1121		2200	
7	6	8	1301		-2200	
8	7	8	1604	698		
9	8	8	1602		786	
10	9	8	1701	596		
11	10	8	2151	285		
12	11	8	2153	30		
13	12	8	2176		810	
14	13	8	4201	3955.6		
15	14	8	4101	298.7		
16	15	8	4103		3250	
17	16	8	4104	330		
18	17	8	5102		110	
19	18	8	5301	36000	16000	
20	19	8	5201		2050	
21	20	8	5405		-2050	
22	21	8	5601	12000	33000	

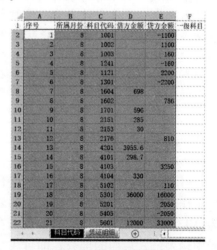

图 4-19　输入表格数据

4.2.2　编制一、二级科目代码

当设置好科目代码的录入方式后，下面详细讲述实现编制一、二级科目代码的显示方法。

其具体的操作步骤如下：

Step 01 首先在“凭证明细”工作表中选中F2单元格，在编辑栏中输入“=VLOOKUP(C2,科目代码!$A$2:$C$75,2,0)”公式内

容，按【Enter】键确认后，即可显示F2单元格中的一级科目代码，其显示结果如图4-20所示。

	A	B	C	D	E	F
1	序号	所属月份	科目代码	借方金额	贷方金额	一级科目
2	1	8	1001		-1100	现金
3	2	8	1002		1100	
4	3	8	1003		160	
5	4	8	1241		-160	
6	5	8	1121		2200	
7	6	8	1301		-2200	
8	7	8	1604	698		
9	8	8	1602		786	
10	9	8	1701	596		
11	10	8	2151	285		
12	11	8	2153	30		
13	12	8	2176		810	
14	13	8	4201	3955.6		
15	14	8	4101	298.7		
16	15	8	4103		3250	
17	16	8	4104	330		
18	17	8	5102		110	
19	18	8	5301	36000	16000	
20	19	8	5201		2050	
21	20	8	5405		-2050	
22	21	8	5601	12000	33000	

图 4-20　输入 F2 单元格的一级科目代码

提示：公式中如果有跨表引用时，在公式中只需要输入工作表的名称，此时如果直接输入工作表名称，Excel会默认为输入的是错误信息，公式将不能运行。此时若在输入工作表名称时需要单击工作表标签，这样在公式中就会自动输入工作表的名称。

例如，输入公式“=VLOOKUP(C2,科目代码!$A$2:$C$75,2,0)”，只需要先输入：= VLOOKUP(C2，接着单击“科目代码”工作表的标签，此时编辑栏中的公式则为=VLOOKUP(C2,科目代码!；最后在编辑栏中输入公式后面的部分，即可成功实现跨表引用公式中表格名称的录入。

Step 02 选中F2单元格，将光标移动到单元格的右下角，当光标变为“+”形状时，按住左键不放往下拖曳，到达相应的位置后松开，即可成功完成公式的复制，如图4-21所示。

Step 03 用户可以调整F列的列宽，使得F列中的内容能够完全显示出来，其显示结果如图4-22所示。

	A	B	C	D	E	F	G
1	序号	所属月份	科目代码	借方金额	贷方金额	一级科目	二级科目
2	1	8	1001		-1100	现金	
3	2	8	1002		1100	银行存款（农行）	
4	3	8	1003		160	银行存款（工行）	
5	4	8	1241		-160	坏账准备	
6	5	8	1121		2200	应收票据	
7	6	8	1301		-2200	待摊费用	
8	7	8	1604	698		在建工程	
9	8	8	1602		786	累计折旧	
10	9	8	1701	596		无形资产	
11	10	8	2151	285		应付工资	
12	11	8	2153	30		应付福利费	
13	12	8	2176		810	其他应交款	
14	13	8	4201	3955.6		库存股	
15	14	8	4101	298.7		盈余公积	
16	15	8	4103		3250	本年利润	
17	16	8	4104	330		利润分配	
18	17	8	5102		110	其他业务收入	
19	18	8	5301	36000	16000	主营业务收入	
20	19	8	5201		2050	劳务成本	
21	20	8	5405		-2050	其他业务收入	
22	21	8	5601	12000	33000	主营业外支出	

图 4-21　复制 F2 单元格的公式

	A	B	C	D	E	F
1	序号	所属月份	科目代码	借方金额	贷方金额	一级科目
2	1	8	1001		-1100	现金
3	2	8	1002		1100	银行存款（农行）
4	3	8	1003		160	银行存款（工行）
5	4	8	1241		-160	坏账准备
6	5	8	1121		2200	应收票据
7	6	8	1301		-2200	待摊费用
8	7	8	1604	698		在建工程
9	8	8	1602		786	累计折旧
10	9	8	1701	596		无形资产
11	10	8	2151	285		应付工资
12	11	8	2153	30		应付福利费
13	12	8	2176		810	其他应交款
14	13	8	4201	3955.6		库存股
15	14	8	4101	298.7		盈余公积
16	15	8	4103		3250	本年利润
17	16	8	4104	330		利润分配
18	17	8	5102		110	其他业务收入
19	18	8	5301	36000	16000	主营业务收入
20	19	8	5201		2050	劳务成本
21	20	8	5405		-2050	其他业务收入
22	21	8	5601	12000	33000	主营业外支出

图 4-22　调整 F 列的列宽

Step 04 选中G2单元格，在编辑栏输入“=VLOOKUP(C2,科目代码!$A$2:$C$75,3,FALSE)”公式内容，按【Enter】键后，即可显示G2单元格中的二级科目代码，其显示结果如图4-23所示。

	A	B	C	D	E	F	G
1	序号	所属月份	科目代码	借方金额	贷方金额	一级科目	二级科目
2	1	8	1001		-1100	现金	支出
3	2	8	1002		1100	银行存款（农行）	
4	3	8	1003		160	银行存款（工行）	
5	4	8	1241		-160	坏账准备	
6	5	8	1121		2200	应收票据	
7	6	8	1301		-2200	待摊费用	
8	7	8	1604	698		在建工程	
9	8	8	1602		786	累计折旧	
10	9	8	1701	596		无形资产	
11	10	8	2151	285		应付工资	
12	11	8	2153	30		应付福利费	
13	12	8	2176		810	其他应交款	
14	13	8	4201	3955.6		库存股	
15	14	8	4101	298.7		盈余公积	
16	15	8	4103		3250	本年利润	
17	16	8	4104	330		利润分配	
18	17	8	5102		110	其他业务收入	
19	18	8	5301	36000	16000	主营业务收入	
20	19	8	5201		2050	劳务成本	
21	20	8	5405		-2050	其他业务收入	
22	21	8	5601	12000	33000	主营业外支出	

图 4-23　输入 G2 单元格的二级科目代码

第4章
会计凭证、凭证汇总及总账的制作

Step 05 选中G2单元格，将光标移动到单元格的右下角，当光标变为"+"形状时，按住左键不放往下拖曳，到达相应的位置后松开，即可成功完成公式的复制，如图4-24所示。

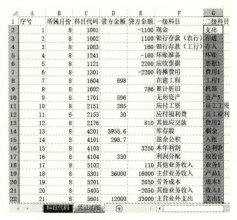

图 4-24 复制 G2 单元格的公式

Step 06 用户可以调整G列的列宽，使得G列中的内容能够完全显示出来。至此，凭证明细表的一级、二级科目代码即可输入完成，如图4-25所示。

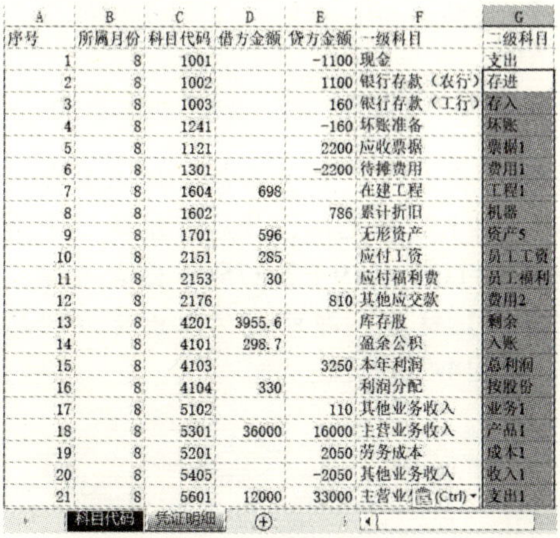

图 4-25 调整 G 列的列宽

4.2.3 设置自动筛选功能

下面将详细讲述表格的自动筛选功能的实现过程，以便于查询结果，通过此功能，同时也将实现"借方金额"和"贷方金额"的总计。

设置自动筛选的具体操作步骤如下：

Step 01 在"凭证明细"工作表中选中A1:G1单元格区域，然后在【数据】选项卡下的【排序和筛选】组中单击【筛选】按钮，此时在A1:G1单元格区域的每个单元格的右侧会出现一个下拉按钮，如图4-26所示。

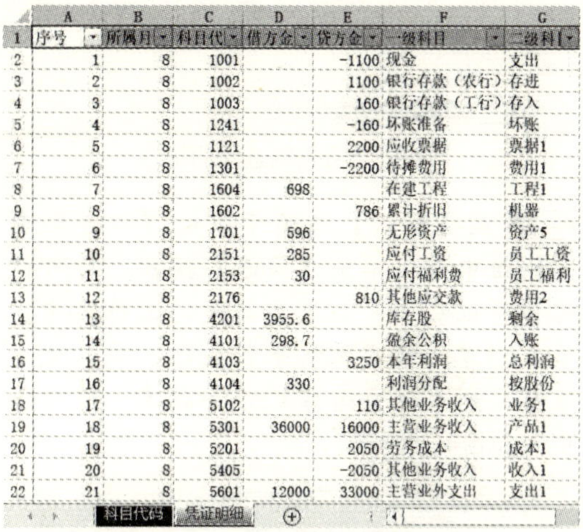

图 4-26 设置自动筛选

Step 02 单击A1单元格右侧的下拉按钮，然后从【数字筛选】列表框中选择需要设置筛选的记录序号，这里选择"5"即可，如图4-27所示。

图 4-27 进行筛选查询

Step 03 当选择好设置筛选的记录序号后，单击【确定】按钮，"凭证明细"工作表中就会筛选出"序号"为5的记录，如图4-28所示。

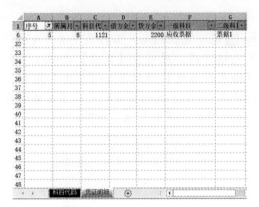

图 4-28 查询筛选后的记录

Step 04 在【数据】选项卡下的【排序和筛选】组中再次单击【筛选】按钮，即可返回"凭证明细"未设置筛选的工作表中。单击 F1 单元格右侧的下拉按钮，从"文本筛选"列表框中选择"劳务成本"选项即可，如图 4-29 所示。

图 4-29 设置使用文本内容进行筛选

Step 05 当选择好设置筛选的文本选项后，单击【确定】按钮，"凭证明细"工作表中就会筛选出"序号"为"19"且"一级目录"为"劳务成本"的记录，如图 4-30 所示。

Step 06 若要编制"借方金额"求和公式，需要选中 D77 单元格，然后在编辑栏中输入"=SUBTOTAL(9,D2:D75)"公式内容，最后按【Enter】键后，即可成功求出借方的

总金额，如图 4-31 所示。

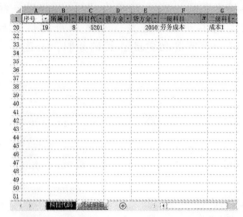

图 4-30 使用"文本"内容筛选后的结果

图 4-31 编制"借方金额"求和公式

Step 07 若要编制"贷方金额"的求和公式，需要选中 E77 单元格，然后在编辑栏中输入"=SUBTOTAL(9,E2:E75)"公式内容，按【Enter】键后，即可成功求出贷方的总金额，如图 4-32 所示。

图 4-32 编制"贷方金额"的求和公式

Step 08 此时在D77、E77单元格中就分别求出了借方和贷方的总金额，如图4-33所示。

	A	B	C	D	E
61	60	8	2231	5131	
62	61	8	2232		
63	62	8	2241	11000	3500
64	63	8	2401		
65	64	8	2411	1000	
66	65	8	2501		2000
67	66	8	2601	1500	
68	67	8	2602		
69	68	8	2801		
70	69	8	2802	10000	15000
71	70	8	2811		
72	71	8	2901		10000
73	72	8	4001	8500	
74	73	8	4002		6500
75	74	8	5001	6500	
76					
77				551302.3	382762
78					

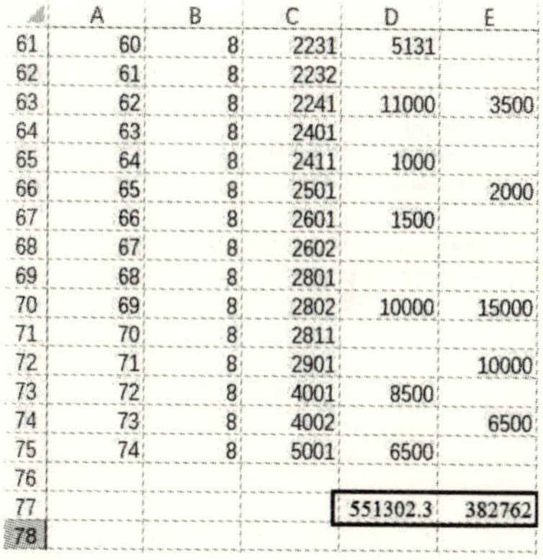

图 4-33　分别显示借方和贷方的总金额

Step 09 单击A1单元格右侧的下拉按钮，选择“序号”为“6”，表格中就会显示出“序号”为“6”的记录，其借方和贷方金额的合计也会分别显示在D77、E77单元格中，如图4-34所示。

	A	B	C	D	E
1	序号	所属月	科目代	借方金	贷方金
7	6	8	1301		-2200
76					
77				0	-2200
78					
79					
80					
81					
82					
83					
84					
85					
86					
87					
88					
89					
90					

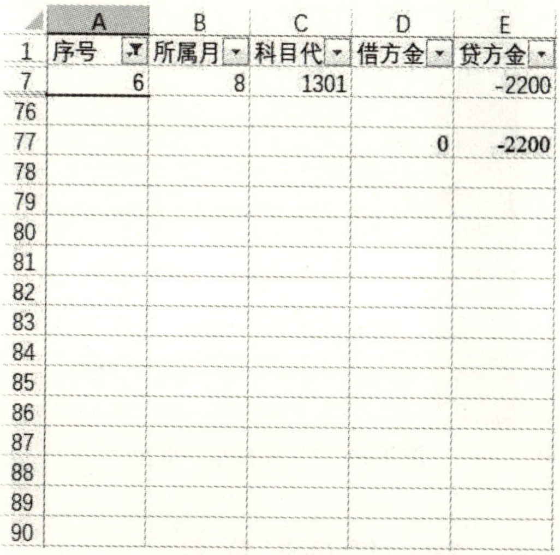

图 4-34　查看筛选后借方和贷方金额的变化

Step 10 在“凭证明细表.xlsx”工作簿中，首先要切换到【文件】选项卡，然后单击左侧列表中的【选项】按钮，即可弹出【Excel 选项】对话框，接着单击左侧的【自定义功能区】按钮，进入【自定义功能区】界面，在【主选项卡】列表中选择【开始 主选择卡】，并单击【新建组】按钮，即可在【开始主选项卡】下方添加一个【新建组】选项；在【从下列位置选择命令】下拉列表框中选择【常用命令】下的【页面设置】选项，接着单击【添加】按钮，即可将其添加到【开始主选择卡】下方的【新建组】组中，如图4-35所示。

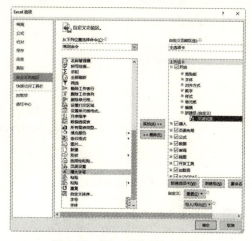

图 4-35　【Excel 选项】对话框

Step 11 单击【确定】按钮，返回“凭证明细表.xlsx”工作簿，然后切换到【开始】选项卡，即可在【新建组】组中查看到新添加的【页面设置】选项，如图4-36所示。

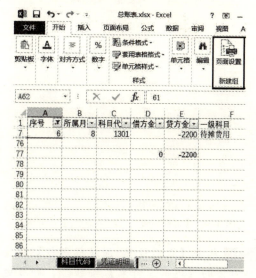

图 4-36　查看添加的“页面设置”选项

Step 12 单击【新建组】中的【页面设置】按钮，弹出【页面设置】对话框，如图4-37所示。

图 4-37 【页面设置】对话框

图 4-39 返回"页面设置"对话框

Step 13 选择【工作表】选项卡，单击【顶端标题行】文本框右侧的【区域】按钮，即会弹出【页面设置-顶端标题行】对话框，选择"凭证明细"工作表第1行的行号，第1行的四周会出现虚线框，如图4-38所示。

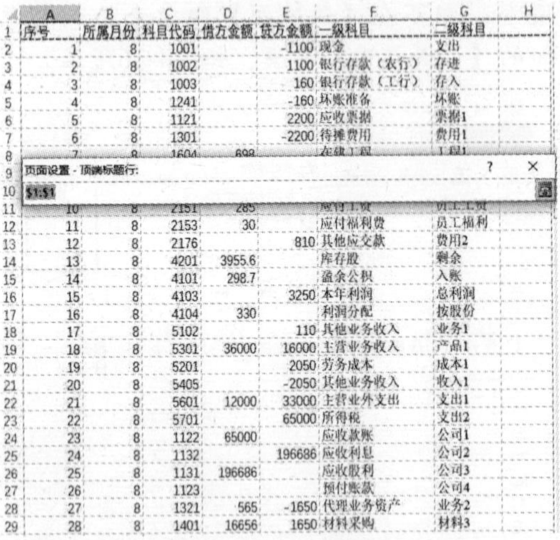

图 4-38 【页面设置－顶端标题行】对话框

Step 14 单击【页面设置-顶端标题行】对话框右侧的【返回工作表】按钮，即可返回至【页面设置】对话框，如图4-39所示。最后单击【确定】按钮，即可成功完成设置。

Step 15 切换到【文件】选项卡，单击左侧列表中的【打印】按钮，即可展开【打印预览】页面，查看打印预览效果，如图4-40所示。

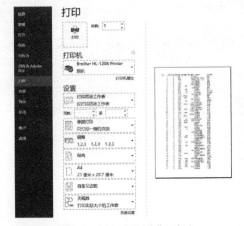

图 4-40 "打印预览"页面

4.3 制作凭证汇总表

本节将制作一张凭证汇总表，该汇总表也是在Excel 2016中完成的，用户需要编制凭证号码的公式，以及编制借、贷方汇总公式等操作。

4.3.1 编制凭证代码公式

凭证汇总表是一种辅助凭证明细表中数据信息状况的表格。下面将为大家介绍

表头编号代码的实现方法,具体的操作步骤如下:

Step 01 打开"凭证明细表.xlsx"工作簿,然后插入一个新工作表,将其命名为"凭证汇总"名称,同时修改工作表标签颜色为"绿色",如图4-41所示。

图4-41 新建"凭证汇总"工作表

Step 02 切换到【文件】选项卡,单击左侧列表中的【另存为】按钮,即可弹出【另存为】对话框,在【文件名】文本框中输入"凭证汇总表.xlsx",即可成功创建新工作簿,如图4-42所示。

图4-42 【另存为】对话框

Step 03 在A1、A3:C3单元格区域中输入表格的标题;并选中B2单元格,然后右击,从弹出的快捷菜单中选择【设置单元格格式】命令,即可弹出【设置单元格格式】对话框,选择【数字】选项卡,在【分类】列表框中选择【日期】选项;在【类型】列表框中选择【2012年3月14日】选项,最后单击【确定】按钮,返回"凭证汇总"工作表,在B2单元格中输入表格的时间为"2017年3月1日",结果如图4-43所示。

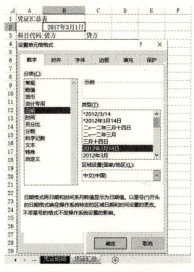

图4-43 输入表格的标题

Step 04 选中C2单元格,右击,从弹出的快捷菜单中选择【设置单元格格式】命令,即可弹出【设置单元格格式】对话框,选择【数字】选项卡,在【分类】列表框中选择【自定义】选项;在【类型】列表框中输入""编号:(1#-"00"#)"",最后单击【确定】按钮,即可完成设置,如图4-44所示。

图4-44 【设置单元格格式】对话框

Step 05 选中C2单元格，然后在编辑栏中输入 "=MAX(凭证明细!A:A)" 公式，按【Enter】键确认后，即可输入成功，如图4-45所示。

图 4-45 在 C2 单元格中输入公式

4.3.2 编制借、贷方汇总公式

下面将为大家介绍借、贷方汇总公式的编制方法，具体的操作步骤如下：

Step 01 在A4:A62单元格区域的各个单元格中分别输入科目名称，并在A63单元格中输入"合计"内容，如图4-46所示。

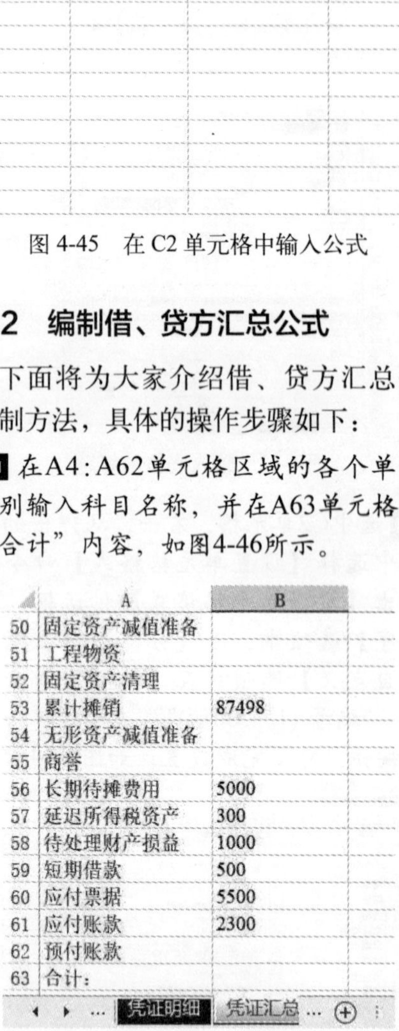

图 4-46 输入科目名称

Step 02 选中B4:C62单元格区域，然后右击，从弹出的快捷菜单中选择【设置单元格格式】命令，将会弹出【设置单元格格式】对话框，选择【数字】选项卡，在【分类】列表框中选择【货币】，并将

【小数位数】调整为"2"，【负数】选择"-1,234.10"选项，最后单击【确定】按钮，即可完成设置，如图4-47所示。

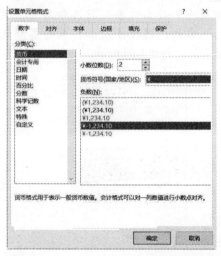

图 4-47 设置 B4:C62 单元格区域的格式

Step 03 选中B4单元格，在编辑栏中输入 "=SUMIF(凭证明细!$F:$F,$A4,凭证明细!D:D)" 公式，当按【Enter】键后，即可计算借方金额，如图4-48所示。

图 4-48 计算 B4 单元格的借方金额

Step 04 选中B4单元格，将光标移到单元格的右下角，当光标变为"+"形状时，按住鼠标左键不放往下拖曳，拖到适当的位置松开，即可完成公式的复制，用户可以根据自己的需要调整B列列宽，使单元格中的内容能够完全显示出来，如图4-49所示。

第 4 章
会计凭证、凭证汇总及总账的制作

图 4-49　复制单元格格式

Step 05 选中 C4：C62 单元格区域，设置单元格格式为【货币】型，小数位数为"2"，然后选中 C4 单元格，在编辑栏中输入"=SUMIF(凭证明细!$F:$F,$A4,凭证明细!E:E)"公式，按【Enter】键，即可完成贷方金额汇总公式的编制，如图 4-50 所示。

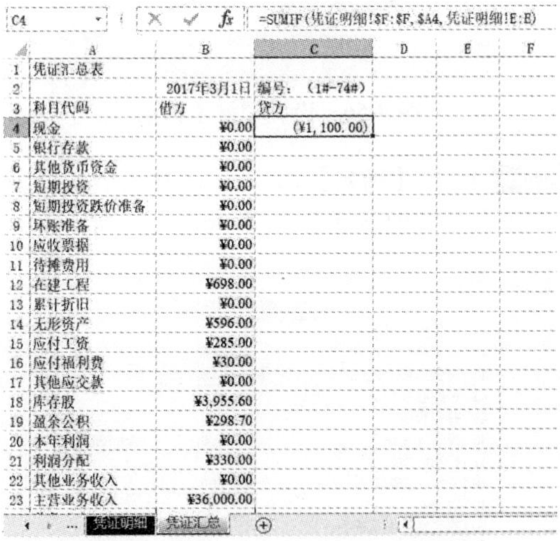

图 4-50　计算 C4 单元格的贷方金额

Step 06 选中 C4 单元格，将光标移动单元格的右下角，当光标变为"+"形状时，按住鼠标左键不放往下拖曳，拖到适当的位置松开，即可完成公式的复制，最后根据需要适当地调整 C 列的列宽，使单元格中的内容能够完全显示出来，如图 4-51 所示。

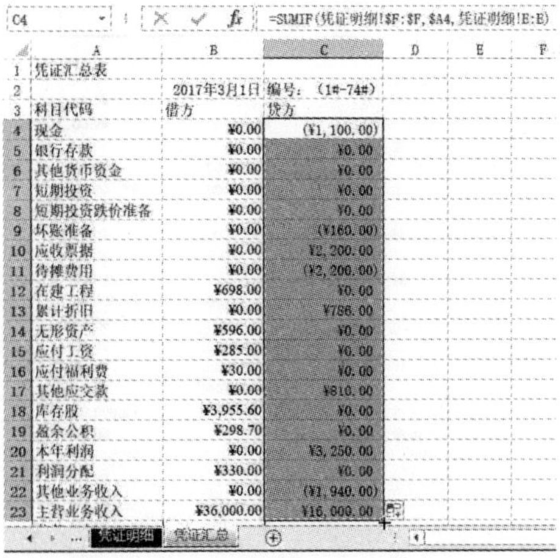

图 4-51　复制 C4 单元格的格式

Step 07 选中 B63 单元格，然后在编辑栏中输入"=SUM(B4:B62)"公式，即可成功编制借方金额合计结果，如图 4-52 所示。

图 4-52　计算借方金额合计结果

Step 08 接着选中 C63 单元格，然后在编辑栏中输入"=SUM(C4:C62)"公式，即可成功编制贷方金额合计结果，如图 4-53 所示。

Step 09 接着选中 B63 单元格，然后在【开始】选项卡下的【样式】组中单击【条件格式】→【突出显示单元格规则】→【其他规则】菜单项，即可弹出【新建格式规则】对话框，如图 4-54 所示。

图 4-53　计算贷方金额合计结果

图 4-55　【新建格式规则】对话框

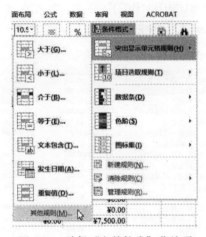

图 4-54　选择"条件格式"菜单项

图 4-56　设置零值不显示

Step 10 在【只为满足以下条件的单元格设置格式】下拉列表框中依次选择【单元格值】→【不等于】选项，然后在右侧的文本框中输入"=$C$63"公式，并单击右下角的【格式】按钮，将会弹出【设置单元格格式】对话框，设置单元格背景色为"浅绿色"，最后单击【确定】按钮，即可完成设置，如图4-55所示。

Step 11 切换到【文件】选项卡，然后单击左侧列表中的【选项】按钮，即可弹出【Excel选项】对话框，单击【高级】按钮，在右侧区域的【工作表中的显示选项】栏中取消选择【在具有零值的单元格中显示零】复选框，如图4-56所示。

Step 12 单击【确定】按钮，这样工作表中就取消了零值的显示，结果如图4-57所示。

图 4-57　不显示零值效果

Step 13 用户可以根据需要来美化表格，选中A1:C1单元格区域，设置单元格为【合并后居中】及字体的加粗等；再选中A3:C3单元格区域，可以设置单元格中字体【居中】及字形、字号等；接着再选中A1:C3单元格区域，设置字体的颜色、字体的填充颜色及表格的边框等操作，其显示结果如图4-58所示。

	A	B	C
1	凭证汇总表		
2		2017年3月1日	编号：（1#~74#）
3	科目代码	借方	贷方
4	现金		¥-1,100.00
5	银行存款		
6	其他货币资金		
7	短期投资		
8	短期投资跌价准备		
9	坏账准备		¥-160.00
10	应收票据		¥2,200.00
11	待摊费用		¥-2,200.00
12	在建工程	¥698.00	
13	累计折旧		¥786.00
14	无形资产	¥596.00	
15	应付工资	¥285.00	
16	应付福利费	¥30.00	
17	其他应交款		¥810.00
18	库存股	¥3,955.60	
19	盈余公积	¥298.70	
20	本年利润		¥3,250.00
21	利润分配	¥330.00	
22	其他业务收入		¥-1,940.00
23	主营业务收入	¥36,000.00	¥16,000.00
24	劳务成本		¥2,050.00

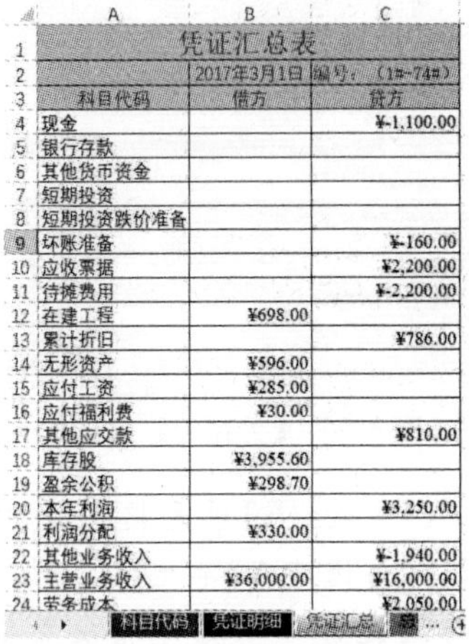

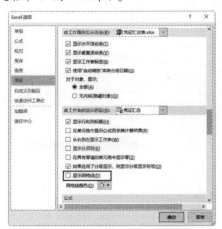

图 4-58　美化表格

Step 14 还可以根据需要取消网络线的显示，只需要在【Excel选项】对话框中单击【高级】按钮，在右侧区域的【此工作表中的显示选项】栏中取消选择【显示网格线】复选框，如图4-59所示。

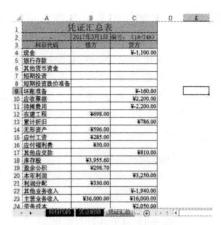

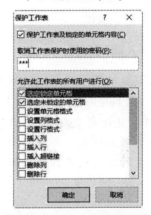

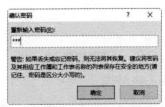

图 4-59　设置不显示网格线

Step 15 单击【确定】按钮，这样工作表中就取消了网格线的显示，其显示效果如图4-60所示。

	A	B	C
1	凭证汇总表		
2		2017年3月1日	编号：（1#~74#）
3	科目代码	借方	贷方
4	现金		¥-1,100.00
5	银行存款		
6	其他货币资金		
7	短期投资		
8	短期投资跌价准备		
9	坏账准备		¥-160.00
10	应收票据		¥2,200.00
11	待摊费用		¥-2,200.00
12	在建工程	¥698.00	
13	累计折旧		¥786.00
14	无形资产	¥596.00	
15	应付工资	¥285.00	
16	应付福利费	¥30.00	
17	其他应交款		¥810.00
18	库存股	¥3,955.60	
19	盈余公积	¥298.70	
20	本年利润		¥3,250.00
21	利润分配	¥330.00	
22	其他业务收入		¥-1,940.00
23	主营业务收入	¥36,000.00	¥16,000.00
24	劳务成本		¥2,050.00

图 4-60　不显示网格线效果

Step 16 切换到【审阅】选项卡，然后单击【更改】组中的【保护工作表】按钮，即可弹出【保护工作表】对话框，在【取消工作表保护时使用的密码】文本框中输入密码“123”，如图4-61所示。

图 4-61　【保护工作表】对话框

Step 17 单击【确定】按钮，随即弹出【确认密码】对话框，在【重新输入密码】文本框中输入相同的密码，最后单击【确定】按钮，至此，工作表的保护设置完成，如图4-62所示。

图 4-62　【确认密码】对话框

Step 18 返回至"凭证汇总"工作表中，在表中任意一个单元格中输入内容，都将会弹出【警告】对话框，提示【您试图更改的单元格或图表受保护的工作表中。若要进行更改，请取消工作表保护，您可能需要输入密码】等信息，如图4-63所示。

图 4-63 【警告】对话框

4.4 制作总分类账表

本节将制作一张总分类账表，该分类账表也是在Excel 2016中完成的，用户需要录入"期初余额"、编制本期借、贷方金额及期末余额等操作。

4.4.1 录入期初余额

在制作总分类账表之前，首先要录入期初余额，其具体的操作步骤如下：

Step 01 打开"凭证汇总表.xlsx"工作簿，然后插入一个新工作表，并将其命名为"总账"名称，同时修改工作表的标签为"浅蓝色"，如图4-64所示。

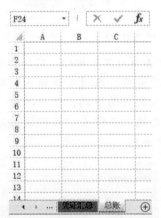

图 4-64 新建"凭证汇总"工作表

Step 02 切换到【文件】选项卡，单击左侧列表中的【另存为】按钮，即可弹出【另

存为】对话框，在【文件名】文本框中输入"总账表.xlsx"，即可成功创建新工作簿，如图4-65所示。

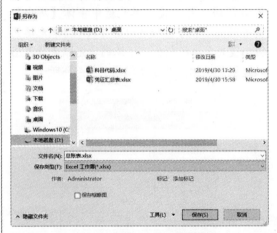

图 4-65 【另存为】对话框

Step 03 在A1、A3:E3单元格区域中输入表格的标题。再选中A2单元格，然后右击，从弹出的快捷菜单中选择【设置单元格格式】命令，即可弹出【设置单元格格式】对话框，选择【数字】选项卡，在【分类】列表框中选择【日期】选项；在【类型】列表框中选择"2012年3月14日"选项，最后单击【确定】按钮，返回"总账"工作表，然后在A2单元格中输入表格的时间为"2017年3月1日"，结果如图4-66所示。

图 4-66 输入表格的标题

Step 04 选中A4单元格，在编辑栏中输入"=

凭证汇总!A4"公式,按【Enter】键,即可完成操作,如图4-67所示。

图 4-67 输入科目名称公式

Step 05 选中A4单元格,将光标移到单元格的右下角,当光标变为"+"形状时,按住鼠标左键不放往下拖曳,拖到适当的位置松开,即可完成公式的复制,用户可以根据自己的需要调整A列的列宽,使单元格中的内容能够完全显示出来,如图4-68所示。

图 4-68 复制公式

Step 06 在B4:B62单元格区域中输入"总账"工作表的期初余额值,并设置单元格格式为【货币】型,小数位数为"2",如图4-69所示。

图 4-69 输入期初余额值

4.4.2 编制本期借、贷方公式

下面将为大家介绍实现借、贷方金额的录入方法,具体的操作步骤如下:

Step 01 在"总账"工作表中选中C4单元格,在编辑栏中输入"=凭证汇总!B4"公式,按【Enter】键后,即可完成输入操作,结果如图4-70所示。

图 4-70 编制"借方金额"公式

Step 02 选中C4单元格,然后将光标移到单元格的右下角,当光标变为"+"形状时,按住鼠标左键不放往下拖曳,拖到适当的位置松开,即可完成公式的复制,同时根据需要可以适当地调整C列的列宽,使内容能够完全显示出来，如图4-71所示。

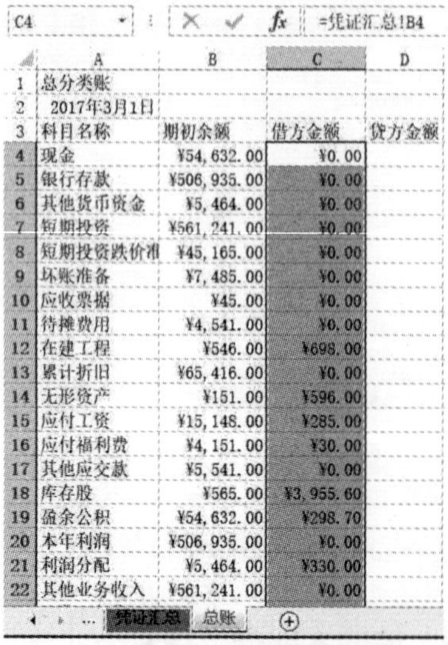
C4 =凭证汇总!B4

	A	B	C	D
1	总分类账			
2	2017年3月1日			
3	科目名称	期初余额	借方金额	贷方金额
4	现金	¥54, 632. 00	¥0. 00	
5	银行存款	¥506, 935. 00	¥0. 00	
6	其他货币资金	¥5, 464. 00	¥0. 00	
7	短期投资	¥561, 241. 00	¥0. 00	
8	短期投资跌价准	¥45, 165. 00	¥0. 00	
9	坏账准备	¥7, 485. 00	¥0. 00	
10	应收票据	¥45. 00	¥0. 00	
11	待摊费用	¥4, 541. 00	¥0. 00	
12	在建工程	¥546. 00	¥698. 00	
13	累计折旧	¥65, 416. 00	¥0. 00	
14	无形资产	¥151. 00	¥596. 00	
15	应付工资	¥15, 148. 00	¥285. 00	
16	应付福利费	¥4, 151. 00	¥30. 00	
17	其他应交款	¥5, 541. 00	¥0. 00	
18	库存股	¥565. 00	¥3, 955. 60	
19	盈余公积	¥54, 632. 00	¥298. 70	
20	本年利润	¥506, 935. 00	¥0. 00	
21	利润分配	¥5, 464. 00	¥330. 00	
22	其他业务收入	¥561, 241. 00	¥0. 00	

凭证汇总 总账

图 4-71 复制 C4 单元格公式

Step 03 选中D4单元格，然后在编辑栏中输入“=凭证汇总!C4”公式，按【Enter】键后，即可计算D4单元格的“贷方金额”，如图4-72所示。

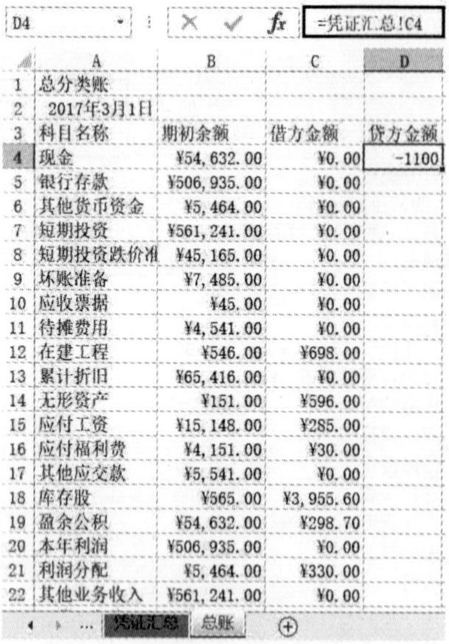
D4 =凭证汇总!C4

	A	B	C	D
1	总分类账			
2	2017年3月1日			
3	科目名称	期初余额	借方金额	贷方金额
4	现金	¥54, 632. 00	¥0. 00	-1100
5	银行存款	¥506, 935. 00	¥0. 00	
6	其他货币资金	¥5, 464. 00	¥0. 00	
7	短期投资	¥561, 241. 00	¥0. 00	
8	短期投资跌价准	¥45, 165. 00	¥0. 00	
9	坏账准备	¥7, 485. 00	¥0. 00	
10	应收票据	¥45. 00	¥0. 00	
11	待摊费用	¥4, 541. 00	¥0. 00	
12	在建工程	¥546. 00	¥698. 00	
13	累计折旧	¥65, 416. 00	¥0. 00	
14	无形资产	¥151. 00	¥596. 00	
15	应付工资	¥15, 148. 00	¥285. 00	
16	应付福利费	¥4, 151. 00	¥30. 00	
17	其他应交款	¥5, 541. 00	¥0. 00	
18	库存股	¥565. 00	¥3, 955. 60	
19	盈余公积	¥54, 632. 00	¥298. 70	
20	本年利润	¥506, 935. 00	¥0. 00	
21	利润分配	¥5, 464. 00	¥330. 00	
22	其他业务收入	¥561, 241. 00	¥0. 00	

凭证汇总 总账

图 4-72 编制“贷方金额”公式

Step 04 选中D4单元格，然后将光标移到单元格的右下角，当光标变为“+”形状时，按住鼠标左键不放往下拖曳，拖到适当的位置松开，即可完成公式的复制，同时根据需要可以适当地调整D列的列宽，使内容能够完全显示出来，如图4-73所示。

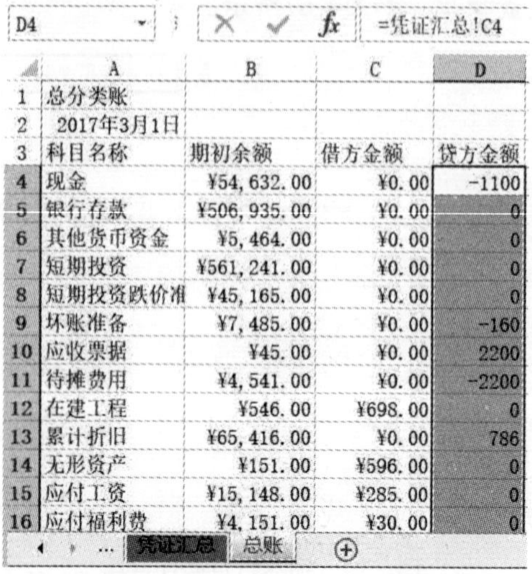
D4 =凭证汇总!C4

	A	B	C	D
1	总分类账			
2	2017年3月1日			
3	科目名称	期初余额	借方金额	贷方金额
4	现金	¥54, 632. 00	¥0. 00	-1100
5	银行存款	¥506, 935. 00	¥0. 00	0
6	其他货币资金	¥5, 464. 00	¥0. 00	0
7	短期投资	¥561, 241. 00	¥0. 00	0
8	短期投资跌价准	¥45, 165. 00	¥0. 00	0
9	坏账准备	¥7, 485. 00	¥0. 00	-160
10	应收票据	¥45. 00	¥0. 00	2200
11	待摊费用	¥4, 541. 00	¥0. 00	-2200
12	在建工程	¥546. 00	¥698. 00	0
13	累计折旧	¥65, 416. 00	¥0. 00	786
14	无形资产	¥151. 00	¥596. 00	0
15	应付工资	¥15, 148. 00	¥285. 00	0
16	应付福利费	¥4, 151. 00	¥30. 00	0

凭证汇总 总账

图 4-73 复制 D4 单元格格式

4.4.3 编制期末余额公式

下面将实现“期末余额”公式的编制方法，具体的操作步骤如下：

Step 01 选中E4单元格，然后在编辑栏中输入“=B4+C4-D4”公式，按【Enter】键，即可成功计算E4单元格的期末余额值，如图4-74所示。

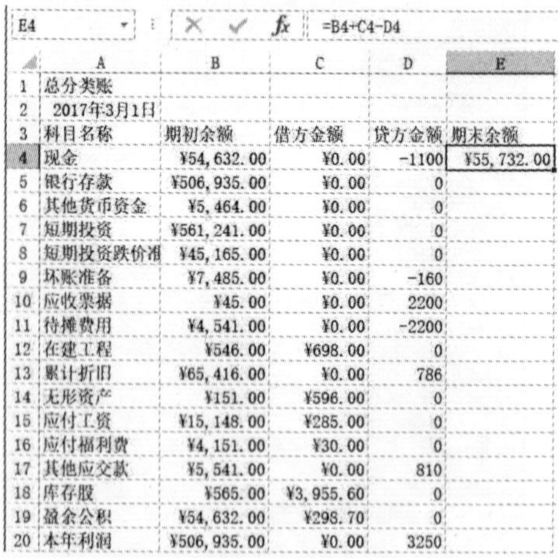
E4 =B4+C4-D4

	A	B	C	D	E
1	总分类账				
2	2017年3月1日				
3	科目名称	期初余额	借方金额	贷方金额	期末余额
4	现金	¥54, 632. 00	¥0. 00	-1100	¥55, 732. 00
5	银行存款	¥506, 935. 00	¥0. 00	0	
6	其他货币资金	¥5, 464. 00	¥0. 00	0	
7	短期投资	¥561, 241. 00	¥0. 00	0	
8	短期投资跌价准	¥45, 165. 00	¥0. 00	0	
9	坏账准备	¥7, 485. 00	¥0. 00	-160	
10	应收票据	¥45. 00	¥0. 00	2200	
11	待摊费用	¥4, 541. 00	¥0. 00	-2200	
12	在建工程	¥546. 00	¥698. 00	0	
13	累计折旧	¥65, 416. 00	¥0. 00	786	
14	无形资产	¥151. 00	¥596. 00	0	
15	应付工资	¥15, 148. 00	¥285. 00	0	
16	应付福利费	¥4, 151. 00	¥30. 00	0	
17	其他应交款	¥5, 541. 00	¥0. 00	810	
18	库存股	¥565. 00	¥3, 955. 60	0	
19	盈余公积	¥54, 632. 00	¥298. 70	0	
20	本年利润	¥506, 935. 00	¥0. 00	3250	

图 4-74 编制“期末余额”公式

Step 02 选中E4单元格，然后将光标移到单元格的右下角，当光标变为“+”形状时，按住左键不放往下拖曳，拖到适当的位置后松开，即可完成公式的复制操作。也可以适当地调整E列的列宽，使内容能够完全显示出来，如图4-75所示。

C32 =凭证汇总!B32

	A	B	C	D	E
1	总分类账				
2	2017年3月1日				
3	科目名称	期初余额	借方金额	贷方金额	期末余额
4	现金	¥54,632.00	¥0.00	-1100	¥55,732.00
5	银行存款	¥506,935.00	¥0.00	0	¥506,935.00
6	其他货币资金	¥5,464.00	¥0.00	0	¥5,464.00
7	短期投资	¥561,241.00	¥0.00	0	¥561,241.00
8	短期投资跌价准	¥45,165.00	¥0.00	0	¥45,165.00
9	坏账准备	¥7,485.00	¥0.00	-160	¥7,645.00
10	应收票据	¥45.00	¥0.00	2200	¥-2,155.00
11	待摊费用	¥4,541.00	¥0.00	-2200	¥6,741.00
12	在建工程	¥546.00	¥698.00	0	¥1,244.00
13	累计折旧	¥65,416.00	¥0.00	786	¥64,630.00
14	无形资产	¥151.00	¥596.00	0	¥747.00
15	应付工资	¥15,148.00	¥285.00	0	¥15,433.00
16	应付福利费	¥4,151.00	¥30.00	0	¥4,181.00
17	其他应交款	¥5,541.00	¥0.00	810	¥4,731.00
18	库存股	¥565.00	¥3,955.60	0	¥4,520.60
19	盈余公积	¥54,632.00	¥298.70	0	¥54,930.70
20	本年利润	¥506,935.00	¥0.00	3250	¥503,685.00
21	利润分配	¥5,464.00	¥330.00	0	¥5,794.00
22	其他业务收入	¥561,241.00	¥0.00	-1940	¥563,181.00

凭证汇总 总账

图 4-75　复制 E4 单元格格式

Step 03 选中B63、C63、D63和E63单元格，分别输入“=SUM(B4:B62)”“=SUM(C4:C62)”“=SUM(D4:D62)”与“=SUM(E4:E62)”公式，即可得到各项的“合计”金额，如图4-76所示。

	A	B	C	D	E
43	可供出售金融资	¥65,416.00	¥8,956.00	0	¥74,372.00
44	长期股权投资	¥151.00	¥0.00	0	¥151.00
45	财务费用	¥15,148.00	¥0.00	0	¥15,148.00
46	投资性房地产	¥4,151.00	¥854.00	0	¥5,005.00
47	长期应收款	¥5,541.00	¥0.00	0	¥5,541.00
48	未实现金融收益	¥565.00	¥895.00	0	¥1,460.00
49	固定资产	¥54,632.00	¥0.00	0	¥54,632.00
50	固定资产减值准	¥506,935.00	¥0.00	0	¥506,935.00
51	工程物资	¥5,464.00	¥0.00	0	¥5,464.00
52	固定资产清理	¥561,241.00	¥0.00	0	¥561,241.00
53	累计摊销	¥45,165.00	¥87,498.00	0	¥132,663.00
54	无形资产减值准	¥7,485.00	¥0.00	0	¥7,485.00
55	商誉	¥45.00	¥0.00	0	¥45.00
56	长期待摊费用	¥4,541.00	¥5,000.00	0	¥9,541.00
57	延迟所得税资产	¥546.00	¥300.00	0	¥846.00
58	待处理财产损益	¥65,416.00	¥1,000.00	0	¥66,416.00
59	短期借款	¥151.00	¥500.00	0	¥651.00
60	应付票据	¥15,148.00	¥5,500.00	0	¥20,648.00
61	应付账款	¥4,151.00	¥2,300.00	0	¥6,451.00
62	预付账款	¥5,541.00	¥0.00	0	¥5,541.00
63	总计：	¥5,107,539.00	¥504,671.30	¥312,442.00	¥5,299,768.30
64					

凭证汇总 总账

图 4-76　编制“合计”公式

Step 04 切换到【文件】选项卡，然后单击左侧列表中的【选项】按钮，即可弹出【Excel选项】对话框，单击【高级】按钮，在右侧区域的【此工作表中的显示选项】栏中分别取消选择【在具有零值的单元格中显示零】和【显示网格线】复选框，如图4-77所示。

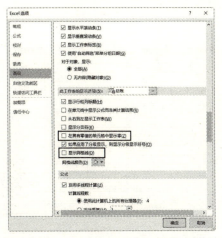

图 4-77　取消零值和网格线显示设置

Step 05 单击【确定】按钮，这样工作表中就取消了【在具有零值的单元格中显示零】和【显示网格线】的显示操作，效果如图4-78所示。

	A	B	C	D
1	总分类账			
2	2017年3月1日			
3	科目名称	期初余额	借方金额	贷方金额
4	现金	¥54,632.00		-1100
5	银行存款	¥506,935.00		
6	其他货币资金	¥5,464.00		
7	短期投资	¥561,241.00		
8	短期投资跌价准	¥45,165.00		
9	坏账准备	¥7,485.00		-160
10	应收票据	¥45.00		2200
11	待摊费用	¥4,541.00		-2200
12	在建工程	¥546.00	¥698.00	
13	累计折旧	¥65,416.00		786
14	无形资产	¥151.00	¥596.00	
15	应付工资	¥15,148.00	¥285.00	
16	应付福利费	¥4,151.00	¥30.00	
17	其他应交款	¥5,541.00		810
18	库存股	¥565.00	¥3,955.60	
19	盈余公积	¥54,632.00	¥298.70	
20	本年利润	¥506,935.00		3250
21	利润分配	¥5,464.00	¥330.00	
22	其他业务收入	¥561,241.00		-1940

凭证汇总 总账

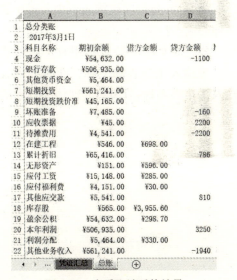

图 4-78　查看取消后的效果

Step 06 用户可以根据需要来美化表格，选中A1:E1单元格区域，设置单元格为【合并后居中】及字体的加粗等；再选中A2:E2单元格区域，可以设置单元格中字体【居中】及字形、字号等；选中A3:E3单元格区域，设置单元格字体【居中】和【加粗】等；接着选中A1:E3单元格区域，设置字体的颜色、字体的填充颜色及表格的边框等操作，结果如图4-79所示。

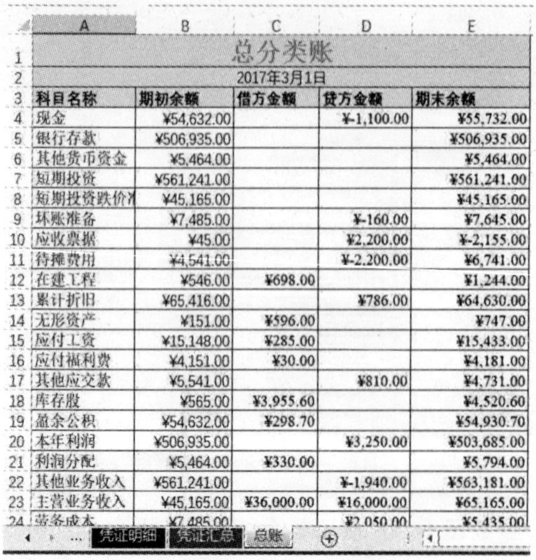

	A	B	C	D	E
1	总分类账				
2	2017年3月1日				
3	科目名称	期初余额	借方金额	贷方金额	期末余额
4	现金	¥54,632.00		¥-1,100.00	¥55,732.00
5	银行存款	¥506,935.00			¥506,935.00
6	其他货币资金	¥5,464.00			¥5,464.00
7	短期投资	¥561,241.00			¥561,241.00
8	短期投资跌价准	¥45,165.00			¥45,165.00
9	坏账准备	¥7,485.00		¥-160.00	¥7,645.00
10	应收票据	¥45.00		¥2,200.00	¥-2,155.00
11	待摊费用	¥4,541.00		¥-2,200.00	¥6,741.00
12	在建工程	¥546.00	¥698.00		¥1,244.00
13	累计折旧	¥65,416.00		¥786.00	¥64,630.00
14	无形资产	¥151.00	¥596.00		¥747.00
15	应付工资	¥15,148.00	¥285.00		¥15,433.00
16	应付福利费	¥4,151.00	¥30.00		¥4,181.00
17	其他应交款	¥5,541.00		¥810.00	¥4,731.00
18	库存股	¥565.00	¥3,955.60		¥4,520.60
19	盈余公积	¥54,632.00	¥298.70		¥54,930.70
20	本年利润	¥506,935.00		¥3,250.00	¥503,685.00
21	利润分配	¥5,464.00	¥330.00		¥5,794.00
22	其他业务收入	¥561,241.00		¥-1,940.00	¥563,181.00
23	主营业务收入	¥45,165.00	¥36,000.00	¥16,000.00	¥65,165.00
24	营务成本	¥7,485.00		¥2,050.00	¥5,435.00

图 4-79　美化表格

4.5　疑难解惑

疑问1：如何实现跨表引用公式中表格名称的输入？

公式中如果有跨表引用时，在公式中只需要输入工作表的名称，此时如果直接输入工作表名称，Excel会默认为输入的是错误信息，公式将不能运行。此时若在输入工作表名称时需要单击工作表标签，这样在公式中就会自动输入工作表的名称。

例如，输入公式“=VLOOKUP(C2,科目代码!$A$2:$C$25,2,0)”，只需要先输入：=VLOOKUP(C2，接着单击“科目代码”工作表的标签，此时编辑栏中的公式则为=VLOOKUP(C2,科目代码!；最后在编辑栏中输入公式后面的部分即可成功实现跨表引用公式中表格名称的录入。

疑问2：如何实现取消零值和网格线的显示？

切换到【文件】选项卡，然后单击左侧列表中的【选项】按钮，即可弹出【Excel选项】对话框，单击【高级】按钮，在右侧区域的【此工作表中的显示选项】栏中分别取消选择【在具有零值的单元格中显示零】和【显示网格线】复选框，最后单击【确定】按钮，这样工作表中就取消了【在具有零值的单元格中显示零】和【显示网格线】的显示操作。

第 5 章 企业材料进销存的管理与核算

本章主要运用Excel表格实现材料核算的入库、出库与结余情况,并对表间的关系进行公式的编制操作。通过编制公式,使得材料的结余可以实现自动获得,而且只要输入材料供应商信息和领用材料的产品信息,还能进一步得到材料商的总供货量和产品的材料消耗总量。

本章技能（已掌握的在方框中打钩）
- ☐ 制作基础资料代码表。
- ☐ 制作入库和出库表。
- ☐ 制作材料总账表。
- ☐ 制作成本表。
- ☐ 学会应用图表形式展现成本变化。

5.1 制作基础资料代码表

使用Excel开发核算表，最大的好处在于既能充分了解核算原理和核算全过程，又能提高办公工具Excel的使用熟练度。在小型商业企业核算库存商品时也可以利用此表。

5.1.1 录入数据

在基础资料代码表中，需要实现3个工作表的材料代码输入，具体的操作步骤如下：

Step 01 启动Excel 2016应用程序软件，并新建一个工作簿，将其命名为"基础材料代码表.xlsx"；然后双击Sheet1工作表标签，进入标签重命名状态，输入"材料代码"名称，按【Enter】键后，确认命名操作成功。同时还需要设置标签颜色为"紫色"。再分别对Sheet2、Sheet3工作表进行重命名与设置颜色操作，分别设置为"供货商代码"与"深蓝色""产品代码"与"蓝色"等，如图5-1所示。

图5-1 创建"基础材料代码表.xlsx"工作簿

Step 02 分别在3个工作表中输入表格的标题，如图5-2所示。

图5-2 输入表格的标题

Step 03 在"产品代码"工作表中选中A2:A20单元格区域，然后在【数据】选项卡下的【数据工具】组中单击【数据验证】右侧的下三角按钮，从弹出的下拉列菜单中选择【数据验证】选项，即可弹出【数据验证】对话框，如图5-3所示。

图5-3 设置数据验证

Step 04 在【数据验证】对话框中选择【设置】选项卡，在【允许】下拉列表框中选择【文本长度】选项；在【数据】下拉列表框中选择【等于】选项；在【长度】文本框中输入"3"，最后单击【确定】

按钮，即可完成有效性的设置，如图5-4所示。

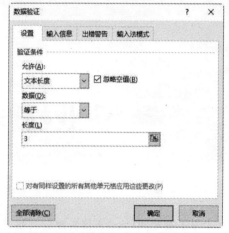

图5-4 【数据验证】对话框

Step 05 接下来设置"供货商代码"工作表中的A2:A25单元格区域和"材料代码"工作表中的A2:A25单元格区域的数据有效性性为文本长度等于3。

Step 06 在这3张工作表中依次输入数据，并适当调整单元格的列宽。其中"材料代码"工作表的显示结果如图5-5所示。

图5-5 输入表格内容

5.1.2 设置代码格式

以"材料代码"工作表为例，将为大家讲述代码格式的设置及表格的美化过程。

第5章
企业材料进销存的管理与核算

其具体的操作步骤如下：

Step 01 选中"材料代码"工作表中的A1单元格，然后在【开始】选项卡下【样式】组中选择【条件格式】→【突出显示单元格规则】→【其他规则】选项，即可弹出【新建格式规则】对话框，如图5-6所示。

图5-6 设置条件格式

Step 02 在【只为包含以下内容的单元格设置格式】下拉列表框中依次选择【单元格值】→【大于】选项，然后在右侧的文本框中输入"=LEN($A1)>0"公式，如图5-7所示。

图5-7 【新建格式规则】对话框

Step 03 单击【格式】按钮，弹出【设置单元格格式】对话框，选择【边框】选项卡，预置边框样式为【外边框】，单击【确定】按钮，返回【新建格式规则】对话框，最后单击【确定】按钮，即可完成设置，如图5-8所示。

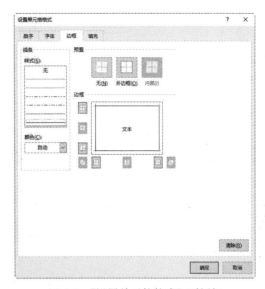

图5-8 【设置单元格格式】对话框

Step 04 选中A1单元格，然后在【开始】选项卡下的【剪贴板】组中单击【格式刷】按钮，当光标变为形状时，按住【Shift】键不放，再单击D20单元格，将会选中整个表格，同时光标也将恢复为常态，格式复制完成，如图5-9所示。

	A	B	C	D
1	材料代码	材料名称	规格	计量单位
2	100	威能鼠标	1600dpi	个
3	101	微软鼠标	1800dpi	个
4	102	立升鼠标	2000dpi	个
5	103	光电鼠标	1800dpi	个
6	104	利生鼠标	2000dpi	个
7	105	威能鼠标	1600dpi	个
8	106	微软鼠标	1800dpi	个
9	107	立升鼠标	2000dpi	个
10	108	光电鼠标	1800dpi	个
11	109	利生鼠标	2000dpi	个
12	110	威能鼠标	1600dpi	个
13	111	微软鼠标	1800dpi	个
14	112	立升鼠标	2000dpi	个
15	113	光电鼠标	1800dpi	个
16	114	利生鼠标	2000dpi	个
17	115	威能鼠标	1600dpi	个
18	116	微软鼠标	1800dpi	个
19	117	立升鼠标	2000dpi	个
20	118	光电鼠标	1800dpi	个

图5-9 复制条件格式

Step 05 选中A1单元格，右击，从弹出的快捷菜单中选择【设置单元格格式】命令，即可弹出【设置单元格格式】对话框，选择【数字】选项卡，在【分类】列表框中选择【自定义】选项；在【类型】列表框中输入""MOUSE CODE-"0"内容，最后单击【确定】按钮，即可完成设置，如图5-10所示。

图5-10 设置材料代码显示的格式

Step 06 选中A1单元格，然后在【开始】选项卡下的【剪贴板】组中单击【格式刷】按钮，当光标变为形状时，按住【Shift】键不放，单击A20单元格，将会选中A1:A20单元格区域，同时光标也将恢复为常态，格式复制完成，如图5-11所示。

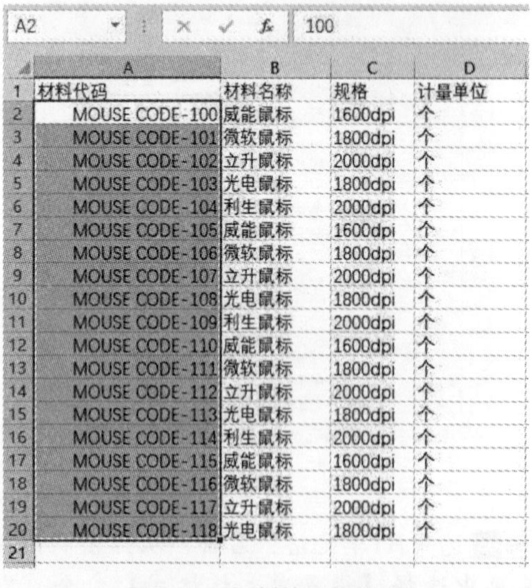

图5-11 复制单元格设置

Step 07 为了美化表格，可以取消该表格的网格线，只需要切换到【文件】选项卡，然后单击左侧列表中的【选项】按钮，即可弹出【Excel选项】对话框，单击左侧列表中的【高级】按钮，在右侧区域的【此工作表中的显示选项】栏中取消选择【显示网格线】复选框，即可成功取消表格的网格线显示，如图5-12所示。也可以设置标题的字体为【粗体】、排列为【居中】，并设置单元格文本居中、背景显示颜色等，其最终显示结果如图5-13所示。

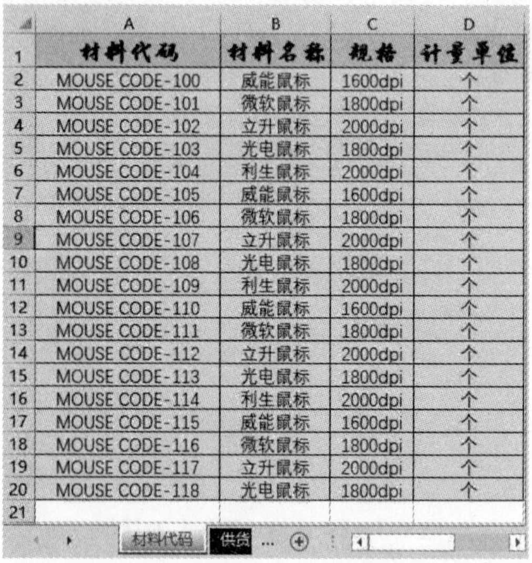

图5-12 【Excel选项】对话框

图5-13 "材料代码"工作表最终效果

💡提示：采用上述所使用的操作方法，可以实现"供货商代码"工作表和"产品代码"工作表的资料代码输入、表格格式的设置及表格的美化操作。

5.2 材料入库出库表

本节将实现入库与出库两个表格的创建。入库与出库两个表也是在Excel 2016中完成的，在创建过程中用户需要掌握VLOOKUUP函数的应用、ISNA函数的应用及数据有效性应用等Excel技术点。

5.2.1 创建材料入库表

在日常会计核算中，在实现入库表的创建过程中，需要了解入库单的编号、供货商的编号及单位、材料的名称、规格及计量单位等信息，具体的创建过程如下：

Step 01 打开"基础材料代码.xlsx"工作簿，插入一个新的工作表，将其重命名为"入库表"，并修改该工作表的标签颜色为"浅蓝色"。同时将其另存工作簿，并命名为"入库与出库表.xlsx"即可完成新建工作表操作，如图5-14所示。

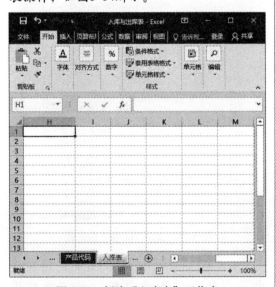

图 5-14　新建"入库表"工作表

Step 02 接着在B1:M1单元格区域中输入表格的标题，并适当调整单元格列宽的大小，使得内容能够完全显示，其显示结果如图5-15所示。

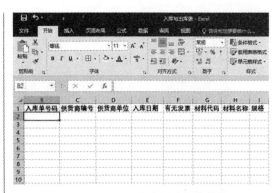

图 5-15　输入"入库表"工作表的标题

Step 03 选中B2单元格，然后右击，从弹出的快捷菜单中选择【设置单元格格式】命令，即可弹出【设置单元格格式】对话框，选择【数字】选项卡，在【分类】列表框中选择【自定义】选项；在【类型】列表框中输入""2017-"000"内容，最后单击【确定】按钮，即可完成设置，如图5-16所示。

图 5-16　【设置单元格格式】对话框

Step 04 在B2单元格中输入"入库单号码"，然后在【开始】选项卡下的【剪贴板】组中单击【格式刷】按钮，当光标变为形状时，按住【Shift】键不放，单击B20单元格，将会成功填充B2:B20单元格区域的内容，如图5-17所示。

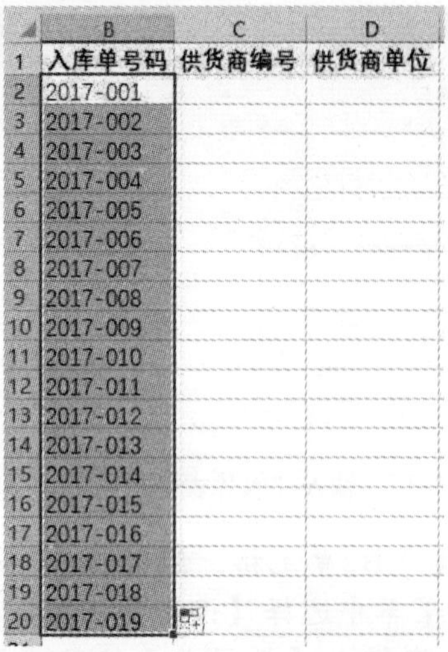

	B	C	D
1	入库单号码	供货商编号	供货商单位
2	2017-001		
3	2017-002		
4	2017-003		
5	2017-004		
6	2017-005		
7	2017-006		
8	2017-007		
9	2017-008		
10	2017-009		
11	2017-010		
12	2017-011		
13	2017-012		
14	2017-013		
15	2017-014		
16	2017-015		
17	2017-016		
18	2017-017		
19	2017-018		
20	2017-019		

图 5-17　输入“入库单号码”

Step 05 在“供货商代码”工作表中选中A2:A20单元格区域，然后右击，从弹出的快捷菜单中选择【复制】命令；再打开“入库表”工作表，右击C2单元格，从弹出的快捷菜单中选择【粘贴】命令，即可成功输入C2:C20单元格区域中的“供货商编号”，如图5-18所示。

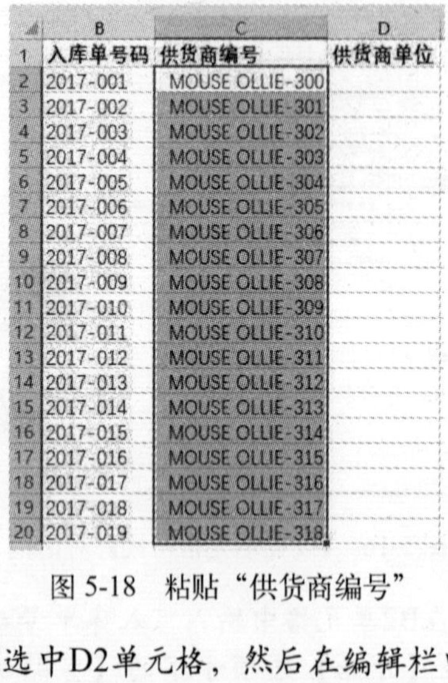

	B	C	D
1	入库单号码	供货商编号	供货商单位
2	2017-001	MOUSE OLLIE-300	
3	2017-002	MOUSE OLLIE-301	
4	2017-003	MOUSE OLLIE-302	
5	2017-004	MOUSE OLLIE-303	
6	2017-005	MOUSE OLLIE-304	
7	2017-006	MOUSE OLLIE-305	
8	2017-007	MOUSE OLLIE-306	
9	2017-008	MOUSE OLLIE-307	
10	2017-009	MOUSE OLLIE-308	
11	2017-010	MOUSE OLLIE-309	
12	2017-011	MOUSE OLLIE-310	
13	2017-012	MOUSE OLLIE-311	
14	2017-013	MOUSE OLLIE-312	
15	2017-014	MOUSE OLLIE-313	
16	2017-015	MOUSE OLLIE-314	
17	2017-016	MOUSE OLLIE-315	
18	2017-017	MOUSE OLLIE-316	
19	2017-018	MOUSE OLLIE-317	
20	2017-019	MOUSE OLLIE-318	

图 5-18　粘贴“供货商编号”

Step 06 选中D2单元格，然后在编辑栏中输入“=IF(ISNA(VLOOKUP(C2,供货商代码!$A$2:$B$20,2,0)),"",VLOOKUP(C2, 供货商代码!$A$2: $B$20,2,0))”公式，按【Enter】键确认后，即可成功编制“供货商单位”信息，如图5-19所示。

	B	C	D	E	F
1	入库单号码	供货商编号	供货商单位	入库日期	有无发票
2	2017-001	MOUSE OLLIE-300	奥利鼠标		
3	2017-002	MOUSE OLLIE-301			
4	2017-003	MOUSE OLLIE-302			
5	2017-004	MOUSE OLLIE-303			
6	2017-005	MOUSE OLLIE-304			
7	2017-006	MOUSE OLLIE-305			
8	2017-007	MOUSE OLLIE-306			
9	2017-008	MOUSE OLLIE-307			
10	2017-009	MOUSE OLLIE-308			
11	2017-010	MOUSE OLLIE-309			
12	2017-011	MOUSE OLLIE-310			
13	2017-012	MOUSE OLLIE-311			
14	2017-013	MOUSE OLLIE-312			
15	2017-014	MOUSE OLLIE-313			
16	2017-015	MOUSE OLLIE-314			
17	2017-016	MOUSE OLLIE-315			
18	2017-017	MOUSE OLLIE-316			
19	2017-018	MOUSE OLLIE-317			
20	2017-019	MOUSE OLLIE-318			

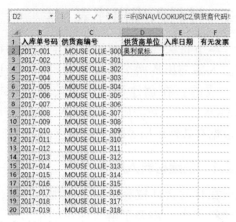

图 5-19　编制“供货商单位”公式

Step 07 选中D2单元格，将光标移到该单元格的右下角，当光标变为“+”形状时，按住左键不放往下拖曳，到达相应的位置后松开，即可完成公式的复制操作，如图5-20所示。

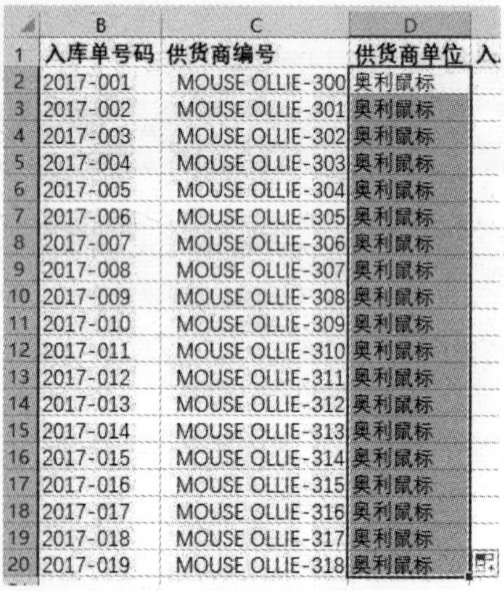

	B	C	D
1	入库单号码	供货商编号	供货商单位
2	2017-001	MOUSE OLLIE-300	奥利鼠标
3	2017-002	MOUSE OLLIE-301	奥利鼠标
4	2017-003	MOUSE OLLIE-302	奥利鼠标
5	2017-004	MOUSE OLLIE-303	奥利鼠标
6	2017-005	MOUSE OLLIE-304	奥利鼠标
7	2017-006	MOUSE OLLIE-305	奥利鼠标
8	2017-007	MOUSE OLLIE-306	奥利鼠标
9	2017-008	MOUSE OLLIE-307	奥利鼠标
10	2017-009	MOUSE OLLIE-308	奥利鼠标
11	2017-010	MOUSE OLLIE-309	奥利鼠标
12	2017-011	MOUSE OLLIE-310	奥利鼠标
13	2017-012	MOUSE OLLIE-311	奥利鼠标
14	2017-013	MOUSE OLLIE-312	奥利鼠标
15	2017-014	MOUSE OLLIE-313	奥利鼠标
16	2017-015	MOUSE OLLIE-314	奥利鼠标
17	2017-016	MOUSE OLLIE-315	奥利鼠标
18	2017-017	MOUSE OLLIE-316	奥利鼠标
19	2017-018	MOUSE OLLIE-317	奥利鼠标
20	2017-019	MOUSE OLLIE-318	奥利鼠标

图 5-20　复制 D2 单元格公式

Step 08 在E2:E20、G2:G20单元格区域中分别输入“入库日期”和“材料代码”信息，并根据需要设置相应的单元格格式。再选中H2单元格，在编辑栏中输入“=IF(ISNA(VLOOKUP(G2,材料代码!A:D,2,0)),"",VLOOKUP(G2,材料代码!A:D,2,0))”公式，按【Enter】键确认后，即可成功编制“材料名称”的信息，如图5-21所示。

图 5-21 编制"材料名称"公式

Step 09 再次选中H2单元格,然后将光标移到该单元格的右下角,当光标变为"+"形状时,按住左键不放往下拖曳,到达相应的位置后松开,即可完成公式的复制操作,用户可以根据需要适当调整H列的列宽,如图5-22所示。

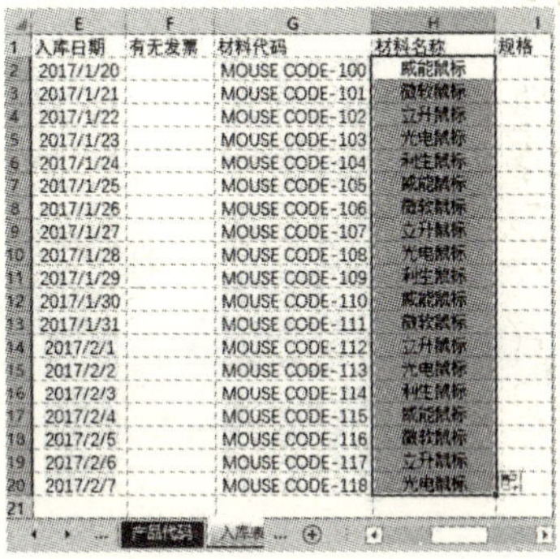

图 5-22 复制 H2 单元格公式

Step 10 选中I2单元格,然后在编辑栏中输入"=IF(ISNA(VLOOKUP(G2,材料代码!A:D,3,0)),"",VLOOKUP(G2,材料代码!A:D,3,0))"公式,按【Enter】键确认后,即可成功编制"规格"的信息,如图5-23所示。

图 5-23 编制"规格"公式

Step 11 再选中I2单元格,然后将光标移到该单元格的右下角,当光标变为"+"形状时,按住左键不放往下拖曳,到达相应的位置后松开即可完成公式的复制操作,用户可以根据需要适当调整I列的列宽,如图5-24所示。

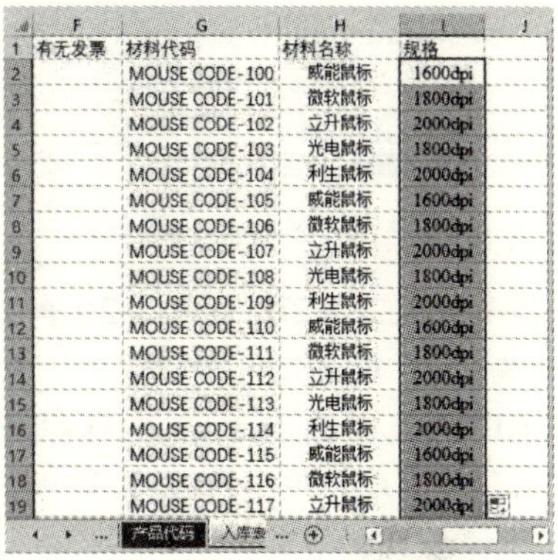

图 5-24 复制 I2 单元格公式

Step 12 选中J2单元格,然后在编辑栏中输入"=IF(ISNA(VLOOKUP(G2,材料代码!A:D,4,0)),"",VLOOKUP(G2,材料代码!A:D,4,0))"公式,按【Enter】键确认后,即可成功编制"计量单位"的信息,如图5-25所示。

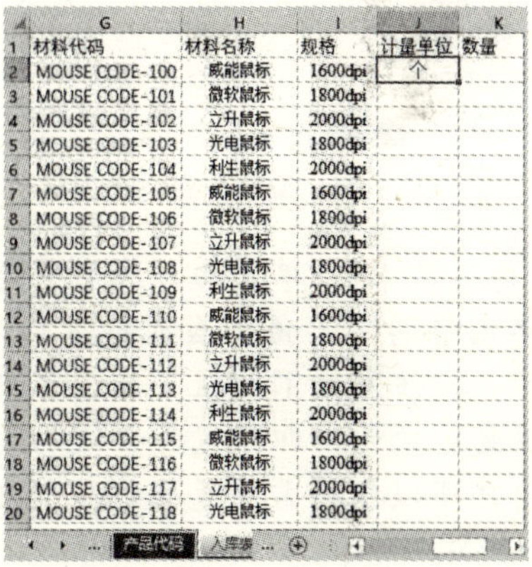

图 5-25 编制"计量单位"公式

Step 13 再次选中J2单元格,然后将光标移到该单元格的右下角,当光标变为"+"形状时,按住左键不放往下拖曳,到达相应的位置后松开,即可完成公式的复制操作,用户可以根据需要适当调整J列的列宽,如图5-26所示。

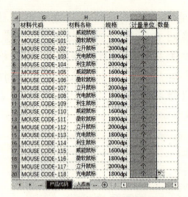

图 5-26 复制 J2 单元格公式

Step 14 接着在 K2:K20、L2:L20 单元格区域分别输入"数量"和"单价"信息。再选中 M2 单元格,然后在编辑栏中输入"=K2*L2"公式,按【Enter】键确认后,即可成功计算出金额值,如图 5-27 所示。

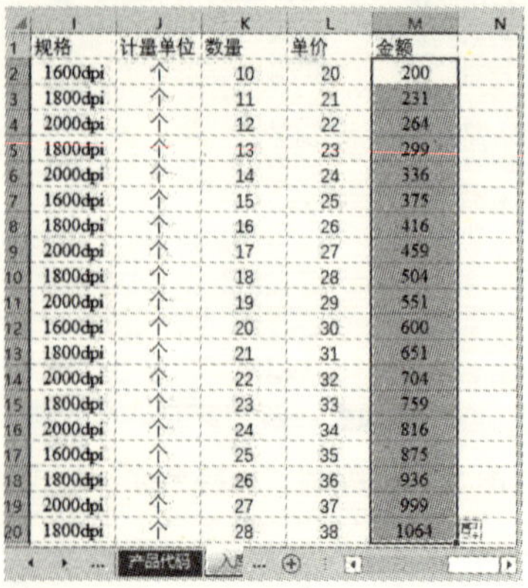

图 5-28 复制 M2 单元格公式

即可完成有效性的设置,如图 5-29 所示。

图 5-27 编制金额公式

Step 15 再次选中 M2 单元格,然后将光标移到该单元格的右下角,当光标变为"+"形状时,按住左键不放往下拖曳,到达相应的位置后松开,即可完成公式的复制操作,用户可以根据需要适当调整 M 列的列宽,如图 5-28 所示。

Step 16 选中 F2:F20 单元格区域,然后在【数据】选项卡下的【数据工具】组中单击【数据验证】右侧的下三角按钮,从弹出的下拉列表中选择【数据验证】选项,即可弹出【数据验证】对话框,选择【设置】选项卡,在【允许】下拉列表框中选择【序列】选项;在【来源】文本框中输入"有,无",最后单击【确定】按钮,

图 5-29 【数据有效性】对话框

Step 17 再单击 F2 单元格,在其右侧将会出现一个下拉按钮,单击该按钮,然后从弹出的下拉列表中选择"有"或"无"即可,如图 5-30 所示。

图 5-30 输入"有无发票"

Step 18 输入"有无发票"内容后,整个表格基本上已经完成了。接着选中 F1 单元格,然后右击,从弹出的快捷菜单中选择【设

置单元格格式】命令，即可弹出【设置单元格格式】对话框，选择【对齐】选项卡，在【文本控制】选项组中选择【自动换行】复选框，最后单击【确定】按钮，即可完成设置，如图5-31所示。

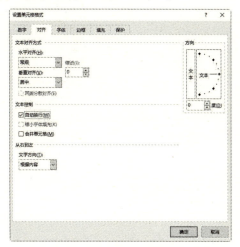

图 5-31 “对齐”选项卡

提示：若直接双击F1单元格，将光标移至需要换行的位置，按【Alt+Enter】键后，单元格中的内容就会强制换行显示，如图5-32所示。

	B	C	D	E	F
1	入库单号码	供货商编号	供货商单位	入库日期	有无发票
2	2017-001	MOUSE OLLIE-300	奥利鼠标	2017/1/20	有
3	2017-002	MOUSE OLLIE-301	奥利鼠标	2017/1/21	无
4	2017-003	MOUSE OLLIE-302	奥利鼠标	2017/1/22	有
5	2017-004	MOUSE OLLIE-303	奥利鼠标	2017/1/23	有
6	2017-005	MOUSE OLLIE-304	奥利鼠标	2017/1/24	有
7	2017-006	MOUSE OLLIE-305	奥利鼠标	2017/1/25	无
8	2017-007	MOUSE OLLIE-306	奥利鼠标	2017/1/26	无
9	2017-008	MOUSE OLLIE-307	奥利鼠标	2017/1/27	有
10	2017-009	MOUSE OLLIE-308	奥利鼠标	2017/1/28	有
11	2017-010	MOUSE OLLIE-309	奥利鼠标	2017/1/29	无
12	2017-011	MOUSE OLLIE-310	奥利鼠标	2017/1/30	有
13	2017-012	MOUSE OLLIE-311	奥利鼠标	2017/1/31	无
14	2017-013	MOUSE OLLIE-312	奥利鼠标	2017/2/1	无
15	2017-014	MOUSE OLLIE-313	奥利鼠标	2017/2/2	有
16	2017-015	MOUSE OLLIE-314	奥利鼠标	2017/2/3	无
17	2017-016	MOUSE OLLIE-315	奥利鼠标	2017/2/4	无
18	2017-017	MOUSE OLLIE-316	奥利鼠标	2017/2/5	有
19	2017-018	MOUSE OLLIE-317	奥利鼠标	2017/2/6	有
20	2017-019	MOUSE OLLIE-318	奥利鼠标	2017/2/7	有

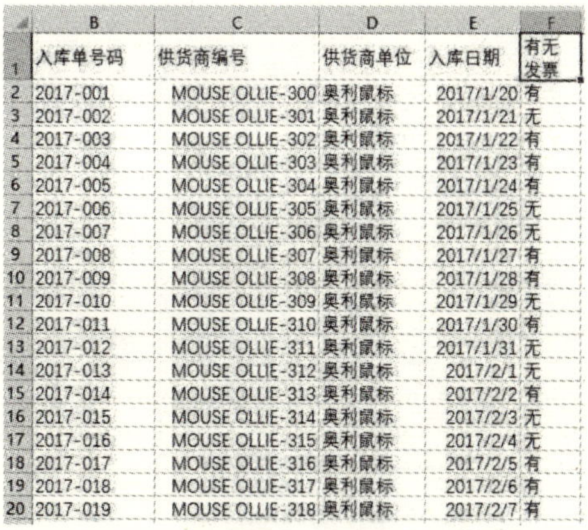

图 5-32 设置文本自动换行显示

Step 19 为了美化表格，可以设置表格的边框、字体的大小、单元格文本居中显示，以及设置背景显示色和字体颜色等各项操作，最终显示效果如图5-33所示。

Step 20 也可以取消该表格的网格线，只需要切换到【文件】选项卡，然后单击左侧列表中的【选项】按钮，即可弹出【Excel选项】对话框，单击左侧列表中的【高级】按钮，在右侧区域的【此工作表中的显示选项】栏中取消选择【显示网格线】复选框，即可成功取消表格的网格线显示，最终显示结果如图5-34所示。

	B	C	D	E	F
1	入库单号码	供货商编号	供货商单位	入库日期	有无发票
2	2017-001	MOUSE OLLIE-300	奥利鼠标	2017/1/20	有
3	2017-002	MOUSE OLLIE-301	奥利鼠标	2017/1/21	无
4	2017-003	MOUSE OLLIE-302	奥利鼠标	2017/1/22	有
5	2017-004	MOUSE OLLIE-303	奥利鼠标	2017/1/23	有
6	2017-005	MOUSE OLLIE-304	奥利鼠标	2017/1/24	有
7	2017-006	MOUSE OLLIE-305	奥利鼠标	2017/1/25	无
8	2017-007	MOUSE OLLIE-306	奥利鼠标	2017/1/26	无
9	2017-008	MOUSE OLLIE-307	奥利鼠标	2017/1/27	有
10	2017-009	MOUSE OLLIE-308	奥利鼠标	2017/1/28	有
11	2017-010	MOUSE OLLIE-309	奥利鼠标	2017/1/29	无
12	2017-011	MOUSE OLLIE-310	奥利鼠标	2017/1/30	有
13	2017-012	MOUSE OLLIE-311	奥利鼠标	2017/1/31	无
14	2017-013	MOUSE OLLIE-312	奥利鼠标	2017/2/1	无
15	2017-014	MOUSE OLLIE-313	奥利鼠标	2017/2/2	有
16	2017-015	MOUSE OLLIE-314	奥利鼠标	2017/2/3	无
17	2017-016	MOUSE OLLIE-315	奥利鼠标	2017/2/4	无
18	2017-017	MOUSE OLLIE-316	奥利鼠标	2017/2/5	有
19	2017-018	MOUSE OLLIE-317	奥利鼠标	2017/2/6	有
20	2017-019	MOUSE OLLIE-318	奥利鼠标	2017/2/7	有

产品代码 | 入库表

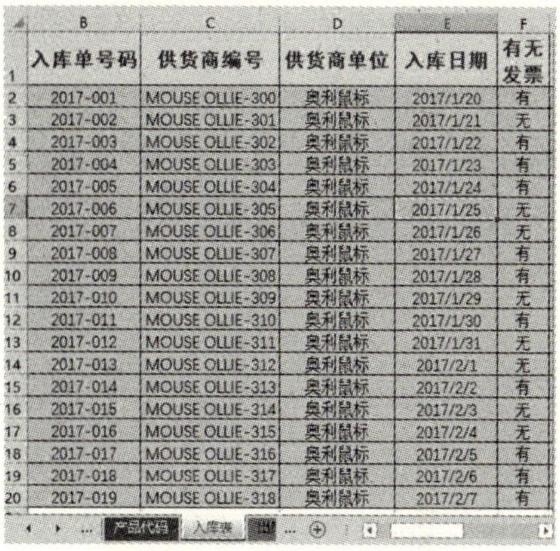

图 5-33 设置表格边框、字体大小及文本居中

	B	C	D	E	F
1	入库单号码	供货商编号	供货商单位	入库日期	有无发票
2	2017-001	MOUSE OLLIE-300	奥利鼠标	2017/1/20	有
3	2017-002	MOUSE OLLIE-301	奥利鼠标	2017/1/21	无
4	2017-003	MOUSE OLLIE-302	奥利鼠标	2017/1/22	有
5	2017-004	MOUSE OLLIE-303	奥利鼠标	2017/1/23	有
6	2017-005	MOUSE OLLIE-304	奥利鼠标	2017/1/24	有
7	2017-006	MOUSE OLLIE-305	奥利鼠标	2017/1/25	无
8	2017-007	MOUSE OLLIE-306	奥利鼠标	2017/1/26	无
9	2017-008	MOUSE OLLIE-307	奥利鼠标	2017/1/27	有
10	2017-009	MOUSE OLLIE-308	奥利鼠标	2017/1/28	有
11	2017-010	MOUSE OLLIE-309	奥利鼠标	2017/1/29	无
12	2017-011	MOUSE OLLIE-310	奥利鼠标	2017/1/30	有
13	2017-012	MOUSE OLLIE-311	奥利鼠标	2017/1/31	无
14	2017-013	MOUSE OLLIE-312	奥利鼠标	2017/2/1	无
15	2017-014	MOUSE OLLIE-313	奥利鼠标	2017/2/2	有
16	2017-015	MOUSE OLLIE-314	奥利鼠标	2017/2/3	无
17	2017-016	MOUSE OLLIE-315	奥利鼠标	2017/2/4	无
18	2017-017	MOUSE OLLIE-316	奥利鼠标	2017/2/5	有
19	2017-018	MOUSE OLLIE-317	奥利鼠标	2017/2/6	有
20	2017-019	MOUSE OLLIE-318	奥利鼠标	2017/2/7	有
21					
22					

产品代码 | 入库表

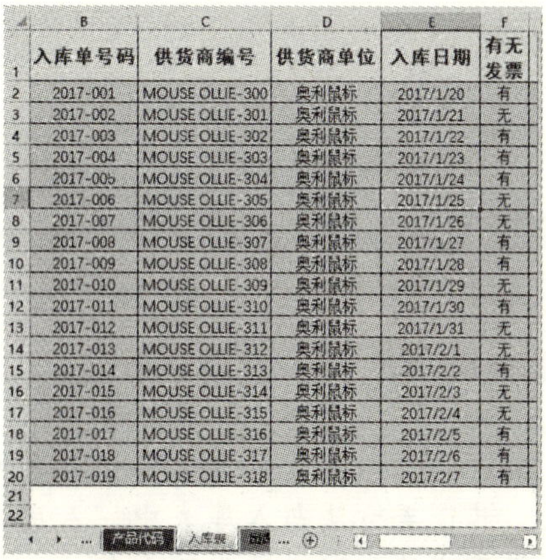

图 5-34 取消“网格线显示”效果

5.2.2 创建材料出库表

上面讲述了入库表的创建方法，下面将为大家详细讲述出库表的创建方法。

其具体的操作步骤如下：

Step 01 打开“入库与出库表.xlsx”工作簿，插入一个新工作表，将其重命名为“出库表”，并修改该工作表的标签颜色为“绿色”。然后单击自定义快速访问工具栏中的【保存】按钮，即可完成新建工作表操作，如图5-35所示。

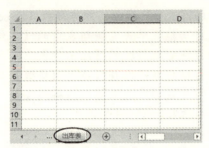

图 5-35 新建"出库表"工作表

Step 02 在B1:L1单元格区域中输入表格的标题,并适当调整单元格的列宽,使标题内容能够完全显示出来,其显示结果如图5-36所示。

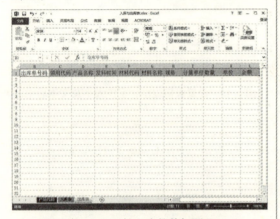

图 5-36 输入表格的标题

Step 03 在B2:B20单元格区域中输入"出库单号码";在C2:C20单元格区域中输入"领用代码",并根据需要自定义设置单元格格式,其设置方法与入库表中"入库单号码"设置方法相同,这里不再赘述。输入数据后的显示结果如图5-37所示。

图 5-37 在 B2:B20 及 C2:C20 单元格中输入数据

Step 04 选中D2单元格,然后在编辑栏中输入"=IF(ISNA(VLOOKUP(C2,产品代码!A:B,2,0)),"",VLOOKUP(C2,产品代码!A:B,2,0))"公式,按【Enter】键后,即可编制出产品的名称,显示结果如图5-38所示。

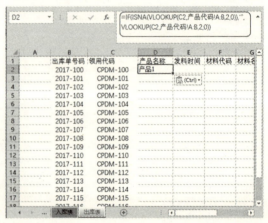

图 5-38 编制"产品名称"公式

Step 05 再选中D2单元格,将光标移到该单元格的右下角,当光标变为"+"形状时,按住左键不放往下拖曳,到达相应的位置后松开,即可完成公式的复制操作,如图5-39所示。

图 5-39 复制 D2 单元格公式

Step 06 分别在E2:E20、F2:F20单元格区域中输入"发料时间"和"材料代码";再选中G2单元格,在编辑栏中输入"=IF(ISNA(VLOOKUP(F2,材料代码!A:D,2,0)),"",VLOOKUP(F2,材料代码!A:D,2,0)))"公式,按【Enter】键确认后,即可编制材料名称,如图5-40所示。

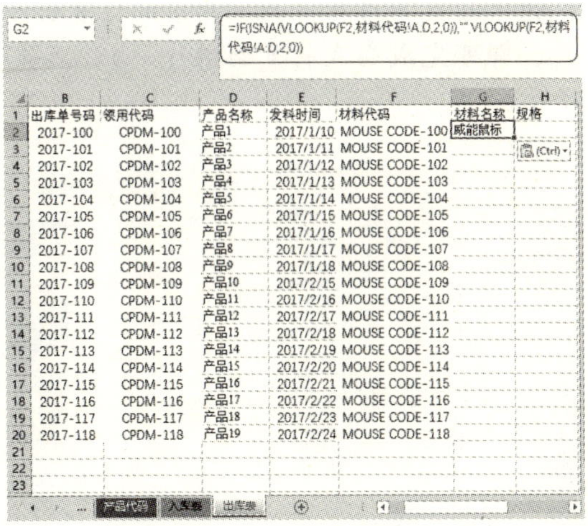

图 5-40　编制材料名称公式

Step 07 选中G2单元格,将光标移到该单元格的右下角,当光标变为"+"形状时,按住左键不放往下拖曳,到达相应的位置后松开,即可完成公式的复制操作,如图5-41所示。

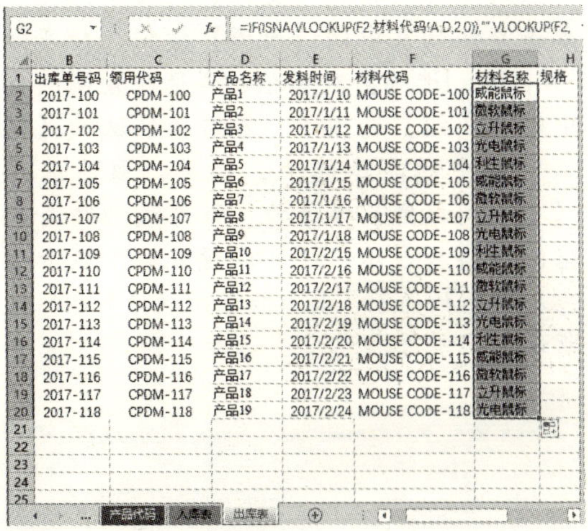

图 5-41　复制 G2 单元格公式

Step 08 选中H2单元格,在编辑栏中输入"=IF(ISNA(VLOOKUP(F2,材料代码!A:D,3,0)),"",VLOOKUP(F2,材料代码!A:D,3,0))"公式,按【Enter】键确认后,即可获取规格信息,如图5-42所示。

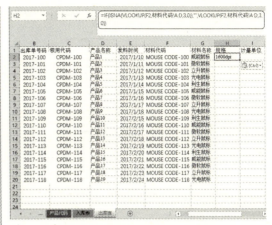

图 5-42　编制"规格"公式

Step 09 选中H2单元格,将光标移到该单元格的右下角,当光标变为"+"形状时,按住左键不放往下拖曳,到达相应的位置后松开,即可完成公式的复制操作,如图5-43所示。

图 5-43　复制 H2 单元格公式

Step 10 选中I2单元格,然后在编辑栏中输入"=IF(ISNA(VLOOKUP(F2,材料代码!A:D,4,0)),"",VLOOKUP(F2,材料代码!A:D,4,0))"公式,按【Enter】键确认后,即可获取计量单位,如图5-44所示。

Step 11 选中I2单元格,将光标移到该单元格的右下角,当光标变为"+"形状时,按住左键不放往下拖曳,到达相应的位置后松开,即可完成公式的复制操作,如图5-45所示。

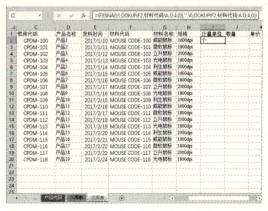

图 5-44 编制"计量单位"公式

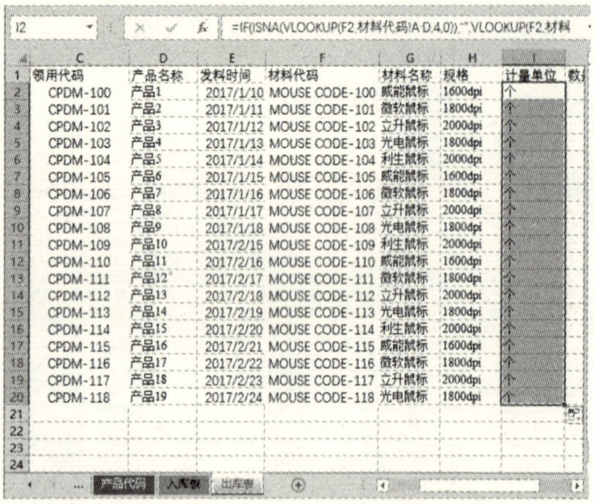

Step 13 选中L2单元格,将光标移到该单元格的右下角,当光标变为"+"形状时,按住左键不放往下拖曳,到达相应的位置后松开,即可完成公式的复制操作,如图5-47所示。

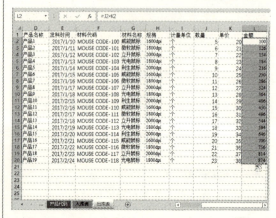

图 5-47 复制 L2 单元格公式

Step 14 为了美化表格,可以设置表格的边框、字体的大小、单元格文本居中显示等各项操作。也可以取消该表格的网格线显示,只需要切换到【文件】选项卡,然后单击左侧列表中的【选项】按钮,即可弹出【Excel选项】对话框,再选择左侧列表中的【高级】选项卡,在右侧区域的【此工作表中的显示选项】栏中,取消选择【显示网格线】复选框,即可成功取消表格的网格线显示;还可以设置背景显示颜色及填充颜色等,其最终显示结果如图5-48所示。

图 5-45 复制 I2 单元格公式

Step 12 在J2:J20、K2:K20单元格区域中分别输入数据;选中L2单元格,然后在编辑栏中输入"=J2*K2"公式,按【Enter】键后,即可计算出金额值,结果如图5-46所示。

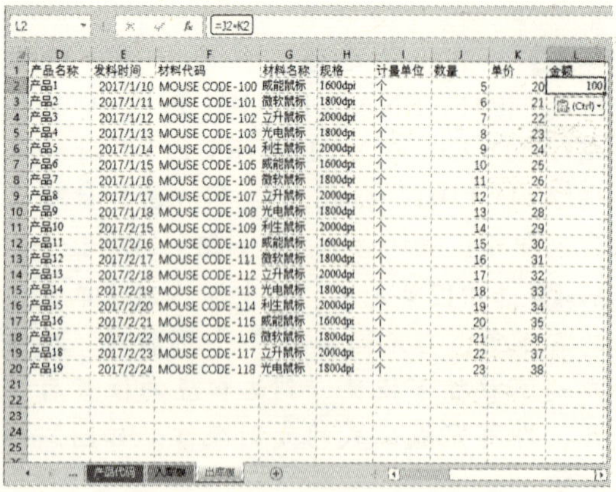

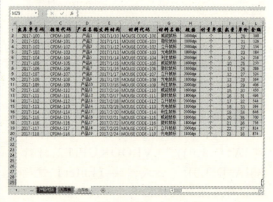

图 5-48 美化表格后的效果

图 5-46 编制"金额"公式

5.3 制作材料总账表

一般情况下，材料总账表中的内容主要包括材料代码、材料名称、期初库存、本期入库、本期领用、期末库存等信息。由于材料总账表是由入库与出库表生成的，所以，在创建入库与出库表的基础上需要编制材料的名称和记录单位公式、编制本期出、入库公式及编制期末余额公式等。

5.3.1 编制材料名称和记录单位公式

通过上期库存余额、本期出入库记录等计算出本期期末余额。下面将为大家介绍编制材料名称和记录单位公式的方法。

其具体的操作步骤如下：

Step 01 打开"入库与出库表.xlsx"工作簿，插入一个新工作表，将其重命名为"材料总账"，并修改该工作表的标签颜色为"红色"。然后单击自定义快速访问工具栏中的【保存】按钮，即可完成新建工作表操作，如图5-49所示。

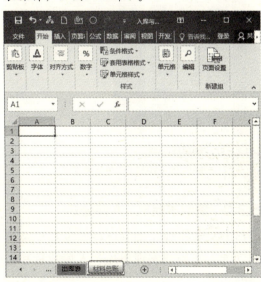

图5-49 新建"材料总账"工作表

Step 02 在G1、I1、K1单元格及B1:E1、E2:L2单元格区域的各个单元格中输入表格标题，并分别对B1:B2、C1:C2、E1:F1、G1:H1、I1:J1、K1:L1等单元格区域进行单元格合并操作，如图5-50所示。

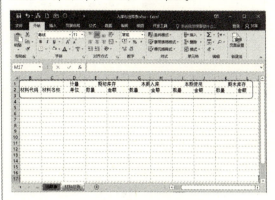

图5-50 输入表格的标题

Step 03 切换到"材料代码"工作表，选中A2:A20单元格区域，然后右击，从弹出的快捷菜单中选择【复制】命令；再打开"材料总账"工作表，右击B3单元格，从弹出的快捷菜单中选择【粘贴】命令，即可成功输入B3:B21单元格区域中的"材料代码"，如图5-51所示。

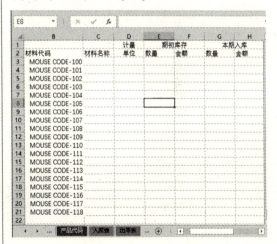

图5-51 输入材料代码

Step 04 选中C3单元格，然后在编辑栏中输入"=IF(ISNA(VLOOKUP(B3,材料代码!A:D,2,0)),"",VLOOKUP(B3,材料代码!A:D,2,0))"公式，按【Enter】键确认后，即可获取材料名称，如图5-52所示。

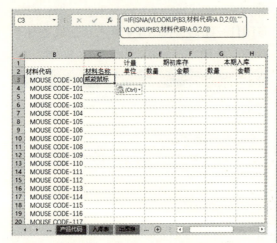

图 5-52 编制"材料名称"公式

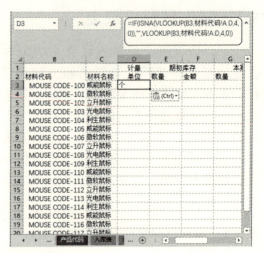

图 5-54 编制"计量单位"公式

Step 05 再选中C3单元格,将光标移到该单元格的右下角,当光标变为"+"形状时,按住左键不放往下拖曳,到达相应的位置后松开,即可完成公式的复制操作,如图5-53所示。

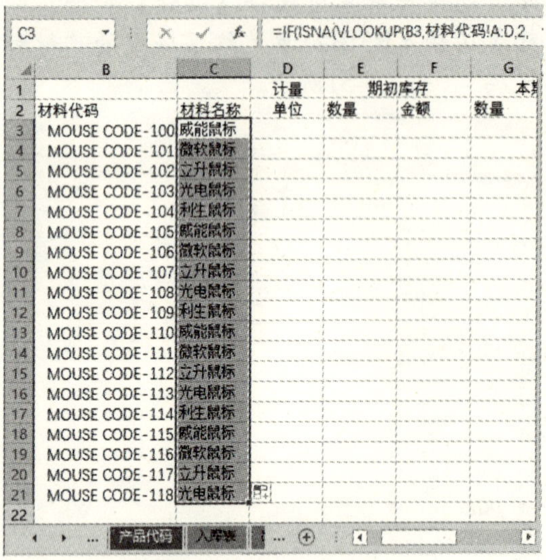

Step 07 选中D3单元格,将光标移到该单元格的右下角,当光标变为"+"形状时,按住左键不放往下拖曳,到达相应的位置后松开,即可完成公式的复制操作,如图5-55所示。

图 5-53 复制 C3 单元格公式

图 5-55 复制 D3 单元格公式

5.3.2 编制本期出、入库公式

上一节实现了编制材料名称和记录单位功能,下面将实现出库、入库数量和金额的功能。

其具体的操作步骤如下:

Step 06 选中D3单元格,然后在编辑栏中输入"=IF(ISNA(VLOOKUP(B3,材料代码!A:D,4,0)),"",VLOOKUP(B3,材料代码!A:D,4,0))"公式,按【Enter】键确认后,即可成功获取计量单位,如图5-54所示。

Step 01 在E3:F12单元格区域的各个单元格中分别输入"期初库存"的"数量"和"金额",如图5-56所示。

H15

	B	C	D	E	F	G
1			计量	期初库存		本期
2	材料代码	材料名称	单位	数量	金额	数量
3	MOUSE CODE-100	威能鼠标	个	20	200	
4	MOUSE CODE-101	微软鼠标	个	21	231	
5	MOUSE CODE-102	立升鼠标	个	22	264	
6	MOUSE CODE-103	光电鼠标	个	23	299	
7	MOUSE CODE-104	利生鼠标	个	24	336	
8	MOUSE CODE-105	威能鼠标	个	25	375	
9	MOUSE CODE-106	微软鼠标	个	26	416	
10	MOUSE CODE-107	立升鼠标	个	27	459	
11	MOUSE CODE-108	光电鼠标	个	28	504	
12	MOUSE CODE-109	利生鼠标	个	29	551	
13	MOUSE CODE-110	威能鼠标	个			
14	MOUSE CODE-111	微软鼠标	个			
15	MOUSE CODE-112	立升鼠标	个			
16	MOUSE CODE-113	光电鼠标	个			
17	MOUSE CODE-114	利生鼠标	个			
18	MOUSE CODE-115	威能鼠标	个			
19	MOUSE CODE-116	微软鼠标	个			
20	MOUSE CODE-117	立升鼠标	个			
21	MOUSE CODE-118	光电鼠标	个			

出库表 材料总账

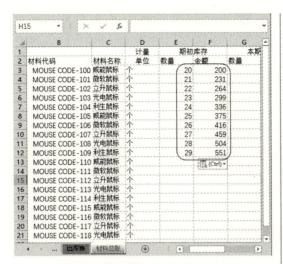

图 5-56　输入期初库存数量及金额

Step 02 选中G3单元格，然后在编辑栏中输入“=SUMIF(入库表!$G:$G,$B3,入库表!K:K)”公式，按【Enter】键确认后，即可计算出本期入库的“数量”，如图5-57所示。

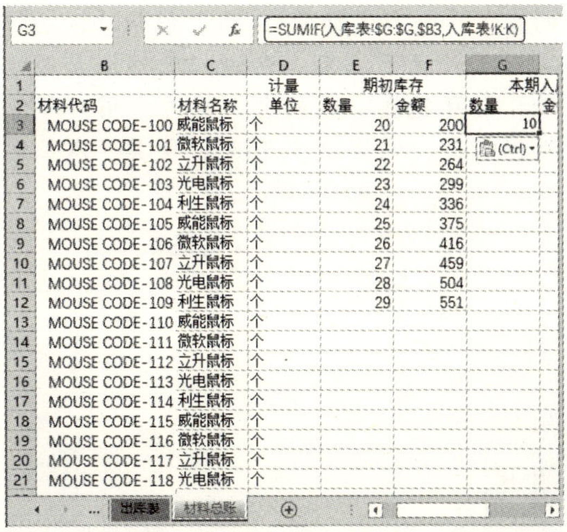

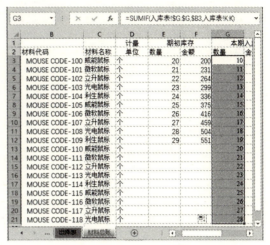

G3　=SUMIF(入库表!$G:$G,$B3,入库表!K:K)

	B	C	D	E	F	G
1			计量	期初库存		本期入
2	材料代码	材料名称	单位	数量	金额	数量
3	MOUSE CODE-100	威能鼠标	个	20	200	10
4	MOUSE CODE-101	微软鼠标	个	21	231	
5	MOUSE CODE-102	立升鼠标	个	22	264	
6	MOUSE CODE-103	光电鼠标	个	23	299	
7	MOUSE CODE-104	利生鼠标	个	24	336	
8	MOUSE CODE-105	威能鼠标	个	25	375	
9	MOUSE CODE-106	微软鼠标	个	26	416	
10	MOUSE CODE-107	立升鼠标	个	27	459	
11	MOUSE CODE-108	光电鼠标	个	28	504	
12	MOUSE CODE-109	利生鼠标	个	29	551	
13	MOUSE CODE-110	威能鼠标	个			
14	MOUSE CODE-111	微软鼠标	个			
15	MOUSE CODE-112	立升鼠标	个			
16	MOUSE CODE-113	光电鼠标	个			
17	MOUSE CODE-114	利生鼠标	个			
18	MOUSE CODE-115	威能鼠标	个			
19	MOUSE CODE-116	微软鼠标	个			
20	MOUSE CODE-117	立升鼠标	个			
21	MOUSE CODE-118	光电鼠标	个			

出库表 材料总账

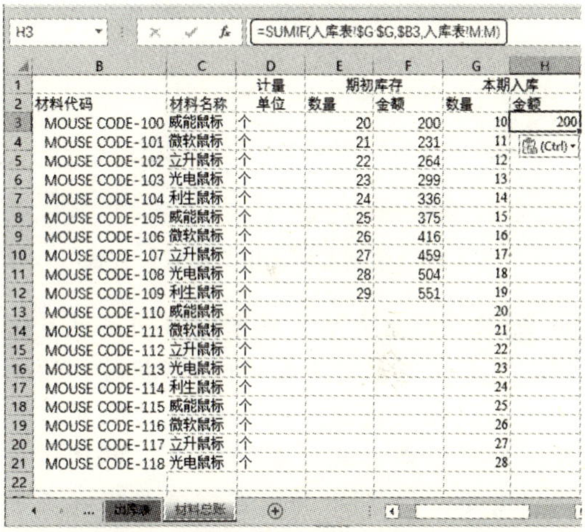

图 5-57　编制本期入库“数量”公式

Step 03 接着选中G3单元格，将光标移到该单元格的右下角，当光标变为“+”形状时，按住左键不放往下拖曳，到达相应的位置后松开，即可完成公式的复制操作，用户可以根据需要，调整G列的列宽，使其可以正常显示出来，如图5-58所示。

Step 04 选中H3单元格，然后在编辑栏中输入“=SUMIF(入库表!$G:$G,$B3,入库表!M:M)”公式，按【Enter】键确认后，即可计算出本期入库的“金额”，如图5-59所示。

G3　=SUMIF(入库表!$G:$G,$B3,入库表!K:K)

	B	C	D	E	F	G
1			计量	期初库存		本期入
2	材料代码	材料名称	单位	数量	金额	数量
3	MOUSE CODE-100	威能鼠标	个	20	200	10
4	MOUSE CODE-101	微软鼠标	个	21	231	11
5	MOUSE CODE-102	立升鼠标	个	22	264	12
6	MOUSE CODE-103	光电鼠标	个	23	299	13
7	MOUSE CODE-104	利生鼠标	个	24	336	14
8	MOUSE CODE-105	威能鼠标	个	25	375	15
9	MOUSE CODE-106	微软鼠标	个	26	416	16
10	MOUSE CODE-107	立升鼠标	个	27	459	17
11	MOUSE CODE-108	光电鼠标	个	28	504	18
12	MOUSE CODE-109	利生鼠标	个	29	551	19
13	MOUSE CODE-110	威能鼠标	个			20
14	MOUSE CODE-111	微软鼠标	个			21
15	MOUSE CODE-112	立升鼠标	个			22
16	MOUSE CODE-113	光电鼠标	个			23
17	MOUSE CODE-114	利生鼠标	个			24
18	MOUSE CODE-115	威能鼠标	个			25
19	MOUSE CODE-116	微软鼠标	个			26
20	MOUSE CODE-117	立升鼠标	个			27
21	MOUSE CODE-118	光电鼠标	个			28

出库表 材料总账

图 5-58　复制 G3 单元格公式

H3　=SUMIF(入库表!$G:$G,$B3,入库表!M:M)

	B	C	D	E	F	G	H
1			计量	期初库存		本期入库	
2	材料代码	材料名称	单位	数量	金额	数量	金额
3	MOUSE CODE-100	威能鼠标	个	20	200	10	200
4	MOUSE CODE-101	微软鼠标	个	21	231	11	
5	MOUSE CODE-102	立升鼠标	个	22	264	12	
6	MOUSE CODE-103	光电鼠标	个	23	299	13	
7	MOUSE CODE-104	利生鼠标	个	24	336	14	
8	MOUSE CODE-105	威能鼠标	个	25	375	15	
9	MOUSE CODE-106	微软鼠标	个	26	416	16	
10	MOUSE CODE-107	立升鼠标	个	27	459	17	
11	MOUSE CODE-108	光电鼠标	个	28	504	18	
12	MOUSE CODE-109	利生鼠标	个	29	551	19	
13	MOUSE CODE-110	威能鼠标	个			20	
14	MOUSE CODE-111	微软鼠标	个			21	
15	MOUSE CODE-112	立升鼠标	个			22	
16	MOUSE CODE-113	光电鼠标	个			23	
17	MOUSE CODE-114	利生鼠标	个			24	
18	MOUSE CODE-115	威能鼠标	个			25	
19	MOUSE CODE-116	微软鼠标	个			26	
20	MOUSE CODE-117	立升鼠标	个			27	
21	MOUSE CODE-118	光电鼠标	个			28	
22							

出库表 材料总账

图 5-59　编制本期入库“金额”公式

Step 05 选中H3单元格，将光标移到该单元格的右下角，当光标变为“+”形状时，按住左键不放往下拖曳，到达相应的位置后松开，即可完成公式的复制操作，用户可以根据需要，调整H列的列宽，使其可以正常显示出来，如图5-60所示。

Step 06 选中I3单元格，在编辑栏中输入“=SUMIF(出库表!$F:$F,$B3,出库表!J:J)”公式，按【Enter】键确认后，即可计算出本期领用的“数量”，如图5-61所示。

图 5-60 复制 H3 单元格公式

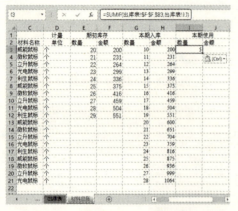

图 5-61 编制本期领用"数量"公式

Step 07 选中I3单元格，将光标移到该单元格的右下角，当光标变为"+"形状时，按住左键不放往下拖曳，到达相应的位置后松开，即可完成公式的复制操作，用户可以根据需要，调整I列的列宽，使其可以正常显示出来，如图5-62所示。

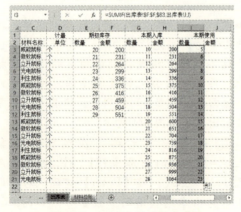

图 5-62 复制 I3 单元格公式

Step 08 选中J3单元格，然后在编辑栏中输入"=SUMIF(出库表!$F:$F,$B3,出库表!L:L)"公式，按【Enter】键确认后，即可计算出本期领用的"金额"，如图5-63所示。

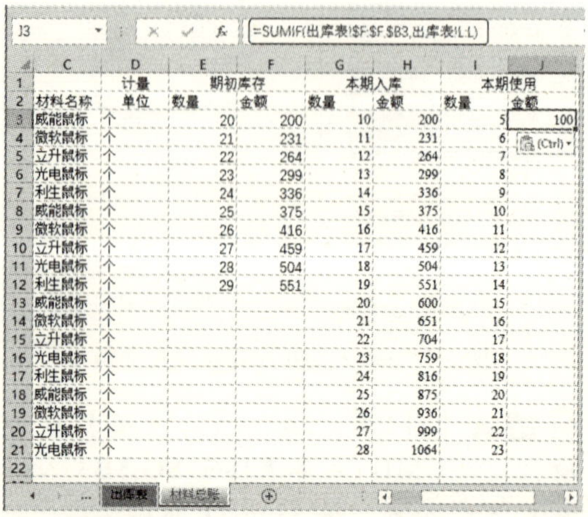

图 5-63 编制本期领用"金额"公式

Step 09 选中J3单元格，将光标移到该单元格的右下角，当光标变为"+"形状时，按住左键不放往下拖曳，到达相应的位置后松开，即可完成公式的复制操作，用户可以根据需要，调整J列的列宽，使其可以正常显示出来，如图5-64所示。

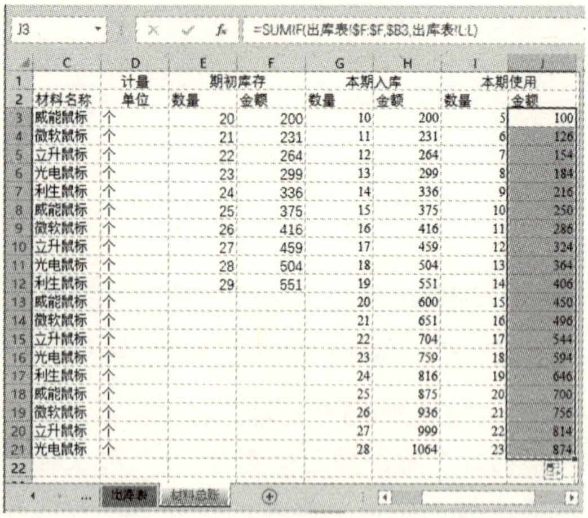

图 5-64 复制 J3 单元格公式

5.3.3 编制期末余额公式

编制好材料名称和记录单位公式，以

及本期出、入库公式后，接下来就需要编制期末余额公式了。

其具体的操作步骤如下：

Step 01 选中K3单元格，然后在编辑栏中输入“=E3+G3-I3”公式，按【Enter】键确认后，即可计算出期末库存的“数量”，如图5-65所示。

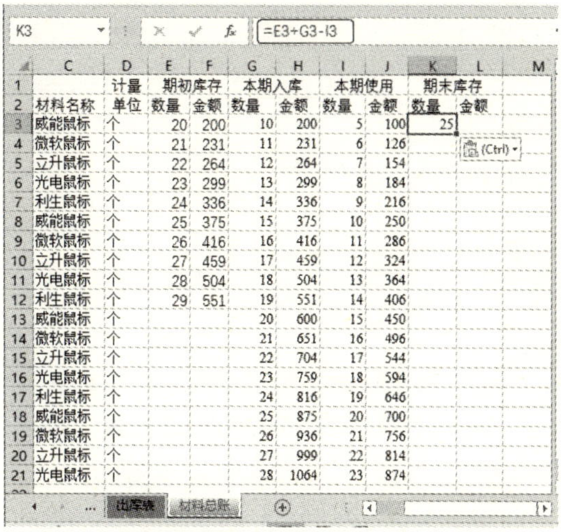

K3 =E3+G3-I3

	C	D	E	F	G	H	I	J	K	L
1		计量	期初库存		本期入库		本期使用		期末库存	
2	材料名称	单位	数量	金额	数量	金额	数量	金额	数量	金额
3	威能鼠标	个	20	200	10	200	5	100	25	
4	微软鼠标	个	21	231	11	231	6	126		
5	立升鼠标	个	22	264	12	264	7	154		
6	光电鼠标	个	23	299	13	299	8	184		
7	利生鼠标	个	24	336	14	336	9	216		
8	威能鼠标	个	25	375	15	375	10	250		
9	微软鼠标	个	26	416	16	416	11	286		
10	立升鼠标	个	27	459	17	459	12	324		
11	光电鼠标	个	28	504	18	504	13	364		
12	利生鼠标	个	29	551	19	551	14	406		
13	威能鼠标	个			20	600	15	450		
14	微软鼠标	个			21	651	16	496		
15	立升鼠标	个			22	704	17	544		
16	光电鼠标	个			23	759	18	594		
17	利生鼠标	个			24	816	19	646		
18	威能鼠标	个			25	875	20	700		
19	微软鼠标	个			26	936	21	756		
20	立升鼠标	个			27	999	22	814		
21	光电鼠标	个			28	1064	23	874		

出库表 材料总账

图5-65 编制期末库存“数量”公式

Step 02 选中K3单元格，将光标移到该单元格的右下角，当光标变为“+”形状时，按住左键不放往下拖曳，到达相应的位置后松开，即可完成公式的复制操作，用户可以根据需要，调整K列的列宽，使其可以正常显示出来，如图5-66所示。

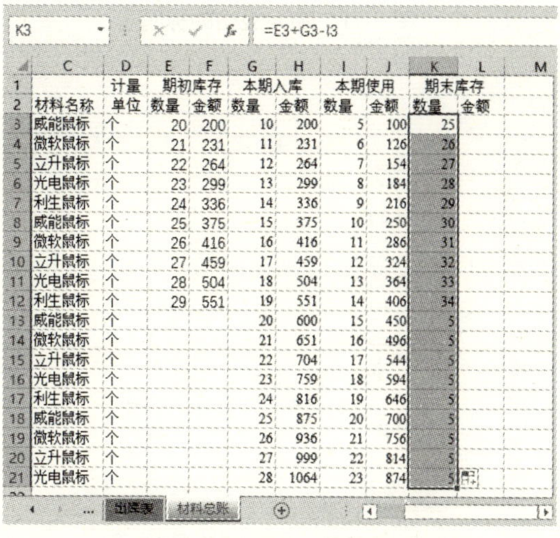

K3 =E3+G3-I3

	C	D	E	F	G	H	I	J	K	L
1		计量	期初库存		本期入库		本期使用		期末库存	
2	材料名称	单位	数量	金额	数量	金额	数量	金额	数量	金额
3	威能鼠标	个	20	200	10	200	5	100	25	
4	微软鼠标	个	21	231	11	231	6	126	26	
5	立升鼠标	个	22	264	12	264	7	154	27	
6	光电鼠标	个	23	299	13	299	8	184	28	
7	利生鼠标	个	24	336	14	336	9	216	29	
8	威能鼠标	个	25	375	15	375	10	250	30	
9	微软鼠标	个	26	416	16	416	11	286	31	
10	立升鼠标	个	27	459	17	459	12	324	32	
11	光电鼠标	个	28	504	18	504	13	364	33	
12	利生鼠标	个	29	551	19	551	14	406	34	
13	威能鼠标	个			20	600	15	450	5	
14	微软鼠标	个			21	651	16	496	5	
15	立升鼠标	个			22	704	17	544	5	
16	光电鼠标	个			23	759	18	594	5	
17	利生鼠标	个			24	816	19	646	5	
18	威能鼠标	个			25	875	20	700	5	
19	微软鼠标	个			26	936	21	756	5	
20	立升鼠标	个			27	999	22	814	5	
21	光电鼠标	个			28	1064	23	874	5	

出库表 材料总账

图5-66 复制K3单元格公式

Step 03 选中L3单元格，然后在编辑栏中输入“=F3+H3-J3”公式，按【Enter】键确认后，即可计算出期末库存的“金额”，如图5-67所示。

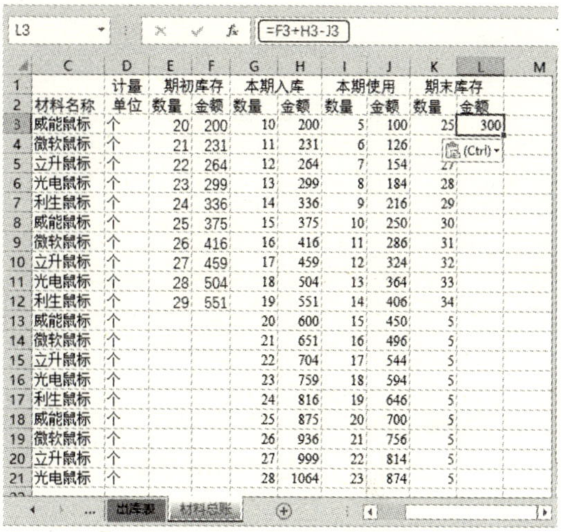

L3 =F3+H3-J3

	C	D	E	F	G	H	I	J	K	L
1		计量	期初库存		本期入库		本期使用		期末库存	
2	材料名称	单位	数量	金额	数量	金额	数量	金额	数量	金额
3	威能鼠标	个	20	200	10	200	5	100	25	300
4	微软鼠标	个	21	231	11	231	6	126		
5	立升鼠标	个	22	264	12	264	7	154	27	
6	光电鼠标	个	23	299	13	299	8	184	28	
7	利生鼠标	个	24	336	14	336	9	216	29	
8	威能鼠标	个	25	375	15	375	10	250	30	
9	微软鼠标	个	26	416	16	416	11	286	31	
10	立升鼠标	个	27	459	17	459	12	324	32	
11	光电鼠标	个	28	504	18	504	13	364	33	
12	利生鼠标	个	29	551	19	551	14	406	34	
13	威能鼠标	个			20	600	15	450	5	
14	微软鼠标	个			21	651	16	496	5	
15	立升鼠标	个			22	704	17	544	5	
16	光电鼠标	个			23	759	18	594	5	
17	利生鼠标	个			24	816	19	646	5	
18	威能鼠标	个			25	875	20	700	5	
19	微软鼠标	个			26	936	21	756	5	
20	立升鼠标	个			27	999	22	814	5	
21	光电鼠标	个			28	1064	23	874	5	

出库表 材料总账

图5-67 编制期末库存“金额”公式

Step 04 选中L3单元格，将光标移到该单元格的右下角，当光标变为“+”形状时，按住左键不放往下拖曳，到达相应的位置后松开，即可完成公式的复制操作，用户可以根据需要调整L列的列宽，使其可以正常显示出来，如图5-68所示。

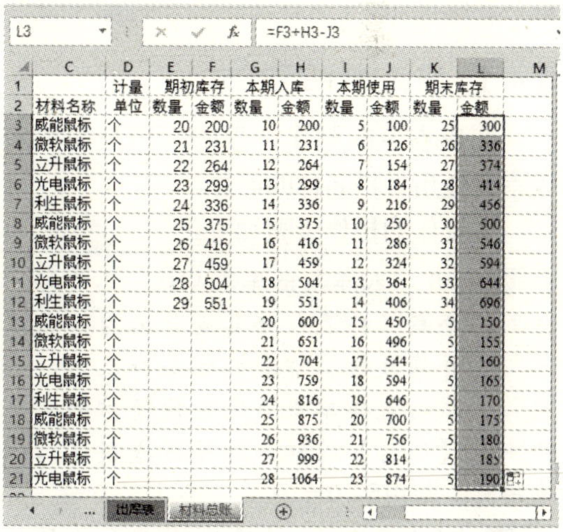

L3 =F3+H3-J3

	C	D	E	F	G	H	I	J	K	L
1		计量	期初库存		本期入库		本期使用		期末库存	
2	材料名称	单位	数量	金额	数量	金额	数量	金额	数量	金额
3	威能鼠标	个	20	200	10	200	5	100	25	300
4	微软鼠标	个	21	231	11	231	6	126	26	336
5	立升鼠标	个	22	264	12	264	7	154	27	374
6	光电鼠标	个	23	299	13	299	8	184	28	414
7	利生鼠标	个	24	336	14	336	9	216	29	456
8	威能鼠标	个	25	375	15	375	10	250	30	500
9	微软鼠标	个	26	416	16	416	11	286	31	546
10	立升鼠标	个	27	459	17	459	12	324	32	594
11	光电鼠标	个	28	504	18	504	13	364	33	644
12	利生鼠标	个	29	551	19	551	14	406	34	696
13	威能鼠标	个			20	600	15	450	5	150
14	微软鼠标	个			21	651	16	496	5	155
15	立升鼠标	个			22	704	17	544	5	160
16	光电鼠标	个			23	759	18	594	5	165
17	利生鼠标	个			24	816	19	646	5	170
18	威能鼠标	个			25	875	20	700	5	175
19	微软鼠标	个			26	936	21	756	5	180
20	立升鼠标	个			27	999	22	814	5	185
21	光电鼠标	个			28	1064	23	874	5	190

出库表 材料总账

图5-68 复制L3单元格公式

Step 05 为了美化表格，可以设置表格的边框、字体的大小、字体颜色、背景填充色、单元格文本居中显示，以及取消该表格的网格线显示等各项操作。至此，整个材料总账表制作完成，其最终显示结果如图5-69所示。

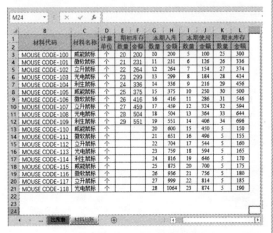

图 5-69　美化表格后的效果

5.4　制作材料成本表

在日常材料的进销存核算中，用户还需要制作一张成本表，也是在Excel 2010中完成的。一般情况下，成本表中主要涉及两个方面的内容，分别为材料名称公式的编制和材料总消耗量的设置，本节将对此进行详细讲述。

5.4.1　编制材料名称公式

在成本表的制作过程中，用户需要实现本月耗用材料名称的汇总。

其具体的操作步骤如下：

Step 01 打开"入库与出库表.xlsx"工作簿，插入一个新工作表，将其重命名为"成本表"，并修改该工作表的标签颜色为"橙色"。然后直接单击自定义快速访问工具栏中的【保存】按钮，即可完成新建工作表操作，如图5-70所示。

Step 02 在B1:D1单元格区域输入表格的标题，并适当地调整B、C、D列的列宽，如图5-71所示。

Step 03 切换到"产品代码"工作表中，选中A2:A20单元格区域，然后右击，从弹出的

菜单中选择【复制】命令；再打开"成本表"工作表，右击B2单元格，从弹出的快捷菜单中选择【粘贴】命令，即可成功输入B2:B20单元格区域中的"代码"，如图5-72所示。

图 5-70　新建"成本表"工作表

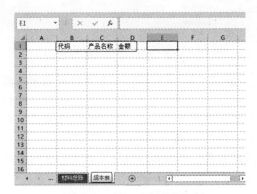

图 5-71　输入表格的标题

图 5-72　输入"代码"

Step 04 选中C2单元格，然后在编辑栏中输入"=IF(ISNA(VLOOKUP(B2,产品代码!A:B,2,0)),"",VLOOKUP(B2,产品代码!A:B,2,0))"公式，按【Enter】键确认后，即可获取"产品名称"信息，如图5-73所示。

总消耗量，下面将来实现材料消耗金额的汇总。

其具体的操作步骤如下：

Step 01 选中D2单元格，然后在编辑栏中输入"=SUMIF(出库表!C:C,B2,出库表!L:L)"公式，按【Enter】键确认后，即可计算出D2单元格的金额，如图5-75所示。

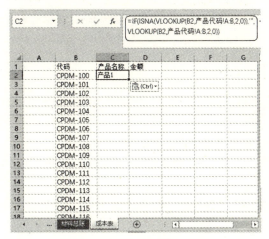

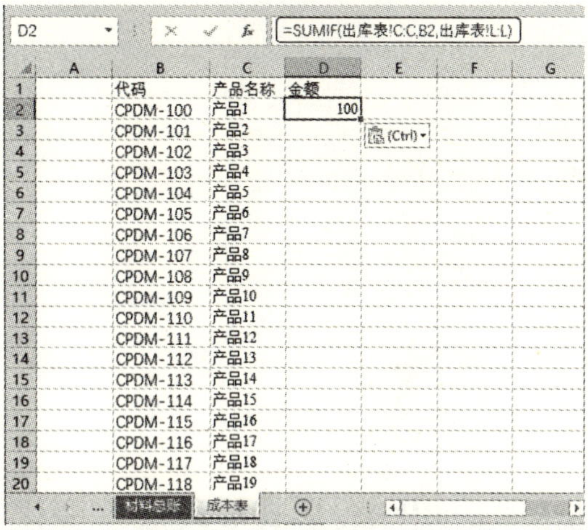

图 5-73 编制"产品名称"公式

图 5-75 编制"金额"公式

Step 05 选中C2单元格，将光标移到该单元格的右下角，当光标变为"+"形状时，按住左键不放往下拖曳，到达相应的位置后松开，即可完成公式的复制操作，用户可以根据需要调整C列的列宽，使其可以正常显示出来，如图5-74所示。

Step 02 选中D2单元格，将光标移到该单元格的右下角，当光标变为"+"形状时，按住左键不放往下拖曳，到达相应的位置后松开，即可完成公式的复制操作，用户可以根据需要调整D列的列宽，使其可以正常显示出来，如图5-76所示。

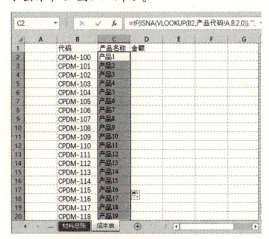

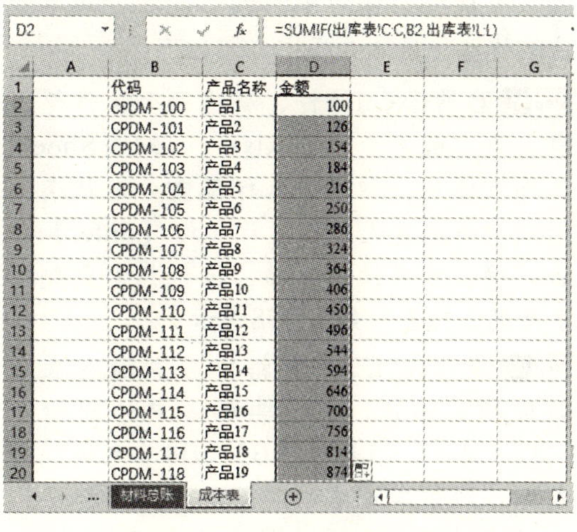

图 5-74 复制C2单元格公式

图 5-76 复制D2单元格公式

5.4.2 设置材料总消耗量

在成本表中，用户还需要设置材料的

Step 03 为了美化表格，可以设置表格的边框、字体的大小、字体颜色、背景填充色、单元格文本居中显示，以及取消该表格的网格线显示等各项操作。至此，整个材料总账表制作完成，其最终显示结果如图5-77所示。

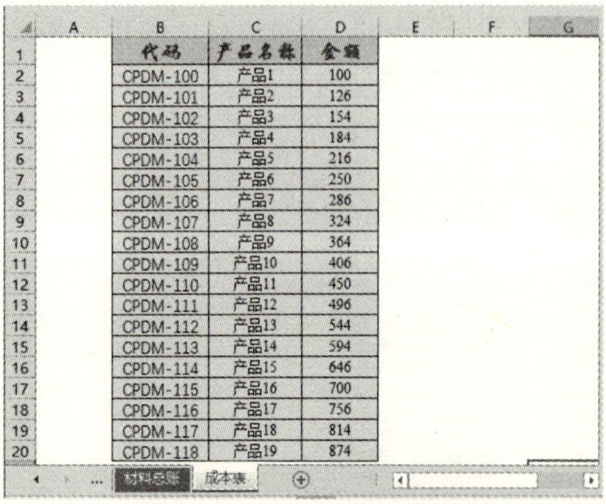

图 5-77　美化表格后的效果

5.5　应用图表形式展现成本变化

图表是Excel的一项很重要的功能，使用图表可以将抽象而枯燥的数据直观地表达出来，清楚地展现出成本变化的走向、趋势及数据间的差异，更便于用户对数据进行分析和处理。

下面通过实现一个简单的图表案例，为大家详细讲述应用图表形式展现成本变化的优势，具体的操作步骤如下：

Step 01 启动Excel软件，新建一个工作簿，命名为"成本变化图.xlsx"，双击Sheet1工作表标签，即可进入标签重命名状态，输入"成本变化图"名称，按【Enter】键后，确认命名操作成功，再根据需要删除多余的工作表，如图5-78所示。

Step 02 在B2、C2单元格中分别输入表格的标题，在B3、B4单元格中分别输入"1""2"，接着选中B3、B4单元格，将光标移到该单元格的右下角，当光标变为"+"形状时，按住左键不放往下拖曳，到达相应的位置后松开，即可完成"月份"的输入，如图5-79所示。

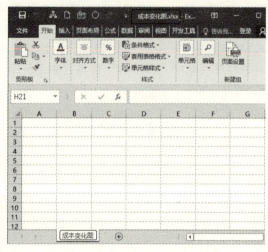

图 5-78　新建"成本变化图"工作表

图 5-79　输入"月份"

Step 03 在C3:C14单元格区域中分别输入"单位成本"，如图5-80所示。

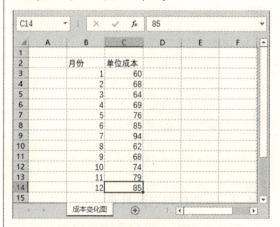

图 5-80　输入"单位成本"

Step 04 为了美化表格，可以添加表格的边框，设置字体的大小、字体颜色、背景填充色、单元格文本居中显示，以及取消该表格的网格线显示等各项操作，其显示结果如图5-81所示。

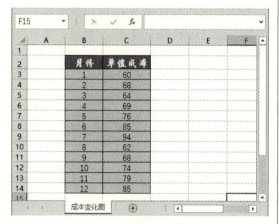

图 5-81　美化表格后的效果

Step 05 用鼠标选中C3:C14单元格区域，然后在【插入】选项卡下的【图表】组中单击【折线图】按钮，从弹出的下拉菜单中选择一种图表的类型，如图5-82所示。

图 5-82　选中用于制图的数据

Step 06 选中某种图表类型后，系统将会自动将该图表插入"成本变化图"工作表中，如图5-83所示。

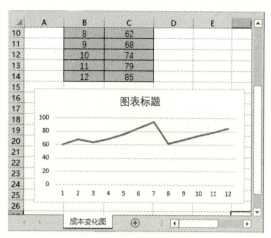

图 5-83　选择图表的类型

Step 07 单击【图表工具】菜单下的【设计】选项卡，可以根据需要从弹出的"设计"栏内选择一种图表的样式和图表的布局，如图5-84所示。

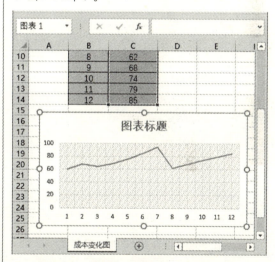

图 5-84　选择图表的样式和图表的布局

Step 08 单击【图表工具】菜单下的【设计】选项卡，在【图表布局】组中根据需要设置图表标题及图例等各项的显示位置，如图5-85所示。

Step 09 选择【格式】选项卡，打开【格式】选项栏，根据需要改变图表的形状及样式，包括形状的填充、形状的轮廓、形状的效果等，显示效果如图5-86所示。

5.6 疑难解惑

疑问1：当文本过长时，如何实现单元格的自动换行呢？

出现这种情况时，只需要双击文本过长的单元格，然后将光标移至需要换行的位置，按【Alt+Enter】组合键后，单元格中的内容就会强制换行显示。

疑问2：在某个单元格中，如何使得"代码"显示为"SSN-"样式？

首先选中需要设置的单元格，然后右击，从弹出的快捷菜单中选择【设置单元格格式】命令，即可弹出【设置单元格格式】对话框，选择【数字】选项卡，在【分类】列表框中选择【自定义】选项；在【类型】列表框中输入""SSN-"0"，最后单击【确定】按钮，即可完成设置，其最终的代码显示也将为"SSN-"样式。

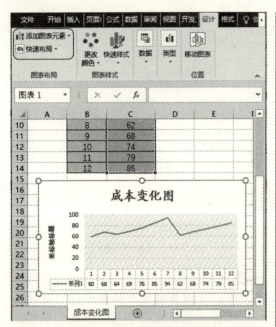

图 5-85　设置图表标题及图例等各项的显示位置

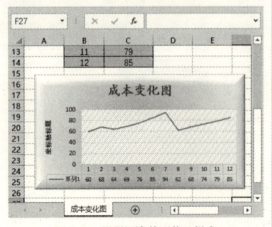

图 5-86　设置图表的形状及样式

第6章
企业成本费用的管理与核算

本章主要以材料成本对比分析表为例，运用Excel的计算功能和图片功能，生动形象地分析并展示出材料成本本期数据与同期数据的对比结果。此分析表和分析图既可以以书面形式报送，还可以以投影的形式展现在成本分析会上。本章还介绍了一个费用的统计表，以收费记录数据为基础，通过设置关联公式自动生成统计表，该统计表在财务工作中的应用非常广泛。

本章技能（已掌握的在方框中打钩）

☐ 制作材料成本对比表。
☐ 制作收费统计表。
☐ 制作数据透视表型费用统计表。

6.1 材料成本对比表

企业在创建成本计算表时往往需要与上年同期的成本水平进行比较，这样既能展示本期的成本水平，又能反映与同期比较后的成本变化，是进行成本分析时必不可少的分析数据表。如果再加上图表的演示就能更加清晰、直观地反映出成本的构成。

6.1.1 创建材料成本对比表

随着投影仪的广泛使用，成本对比图表已成为企业每月成本分析例会上最具说服力的资料。下面将创建一张材料成本对比表，以实现本期单耗和上期单耗的对比，以及按上年同期耗量计算的成本与本月实际成本之间的比较。

其具体的操作步骤如下：

Step 01 启动Excel 2016应用程序，新建一个工作簿，并将其命名为"成本对比表.xlsx"。然后双击Sheet1工作表标签，进入标签重命名状态，输入"8月份成本表"，按【Enter】键后，确认命名操作成功；用户也可以根据需要删除多余的工作表Sheet2和Sheet3，如图6-1所示。

图6-1　新建"成本对比表"工作簿

Step 02 在A1、A2、B2、B3、J2、K2、D3、H3、L3单元格和A3:C3、D4:K4单元格区域的各个单元格中分别输入内容,并根据需要设置部分单元格的格式及单元格的合并等操作,如图6-2所示。

图6-2 输入表格的标题

Step 03 在A5单元格及A6:C15单元格区域的各个单元格中分别输入内容,如图6-3所示。

	A	B	C	D
1	材料成本对比表			
2	日期:	2017/12/10		
3				按上年同期
4	名称	单位	单价	单位耗量
5	原材料:			
6	材料1	吨	1000	
7	材料2	吨	1500	
8	材料3	吨	2000	
9	材料4	吨	1800	
10	材料5	吨	1600	
11	材料6	吨	2400	
12	材料7	吨	2800	
13	材料8	吨	2600	
14	材料9	吨	1900	
15	材料10	吨	1700	

图6-3 输入材料的"名称""单位"及"单价"

Step 04 选中D5:D15单元格区域,然后右击,从弹出的快捷菜单中选择【设置单元格格式】命令,即可弹出【设置单元格格式】对话框,选择【数字】选项卡,在【分类】列表框中选择【数值】,在【小数位数】微调框中输入"4",最后单击【确定】按钮,即可完成单元格区域的设置,如图6-4所示。

图6-4 【设置单元格格式】对话框

Step 05 在D6:D15单元格区域中输入相应的数据,如图6-5所示。

	A	B	C	D	E
1	材料成本对比表				
2	日期:	2017年12月10日			
3				按上年同期耗量计算	
4	名称	单位	单价	单位耗量	单位成本
5	原材料:				
6	材料1	吨	1000	0.3000	
7	材料2	吨	1500	0.3500	
8	材料3	吨	2000	0.4000	
9	材料4	吨	1800	0.1500	
10	材料5	吨	1600	0.0250	
11	材料6	吨	2400	0.4800	
12	材料7	吨	2800	0.5600	
13	材料8	吨	2600	0.7200	
14	材料9	吨	1900	0.3900	
15	材料10	吨	1700	0.5700	

图6-5 输入"单位耗量"

Step 06 选中E5:E15单元格区域,然后右击,从弹出的快捷菜单中选择【设置单元格格式】命令,即可弹出【设置单元格格式】对话框,选择【数字】选项卡,在【分类】列表框中选择【货币】,在【货币符号】下拉列表框中选择【无】,最后单击【确定】按钮,即可完成单元格区域的设置,如图6-6所示。

第6章
企业成本费用的管理与核算

图6-6 设置单元格类型为"货币"型

Step 07 在E6:E15单元格区域的各个单元格中分别输入相应的数据，如图6-7所示。

图6-7 输入"单位成本"

Step 08 选中E5单元格，然后在编辑栏中输入"=SUM(E6:E15)"求和公式，按【Enter】键确认后，即可计算出单位成本总和，如图6-8所示。

Step 09 选中F5:F15单元格区域，然后设置单元格格式为4位小数位的数值显示，选中F6单元格，然后在编辑栏中输入"=D6*$K$2"公式，按【Enter】键确认后，即可计算出按上年同期耗量的总消耗量，如图6-9所示。

图6-8 计算单位成本总和

图6-9 编制"总消耗量"公式

Step 10 选中F6单元格，然后将光标移到该单元格的右下角，当光标变为"+"形状时，按住左键不放往下拖曳，到达相应的位置后松开，即可完成公式的复制，用户也可以适当调整单元格的大小，使内容能够完全显示出来，其显示结果如图6-10所示。

图6-10 复制F6单元格公式

Step 11 选中G5:G15单元格区域，并设置单元格格式为无货币符号的货币显示，选中G6单元格，然后在编辑栏中输入"=E6*$K$2"公式，按【Enter】键确认后，即可计算出按上年同期耗量的总成本，如图6-11所示。

	C	D	E	F	G
1					
2					
3		按上年同期耗量计算的成本			
4	单价	单位耗量	单位成本	总消耗量	总成本
5			6,953.00		
6	1000	0.3000	466.00	2274.2070	3,532,601.54
7	1500	0.3500	223.00	2653.2415	
8	2000	0.4000	965.00	3032.2760	
9	1800	0.1500	534.00	1137.1035	
10	1600	0.0250	565.00	189.5173	
11	2400	0.4800	235.00	3638.7312	
12	2800	0.5600	498.00	4245.1864	
13	2600	0.7200	1,145.00	5458.0968	
14	1900	0.3900	1,656.00	2956.4691	
15	1700	0.5700	666.00	4320.9933	

图6-11 编制"总成本"公式

Step 12 选中G6单元格，然后将光标移到该单元格的右下角，当光标变为"+"形状时，按住左键不放往下拖曳，到达相应的位置后松开，即可完成公式的复制，用户也可以适当调整单元格的大小，使内容能够完全显示出来，其显示结果如图6-12所示。

	C	D	E	F	G	H
1						
2						
3		按上年同期耗量计算的成本				
4	单价	单位耗量	单位成本	总消耗量	总成本	单位耗量
5			6,953.00			
6	1000	0.3000	466.00	2274.2070	3,532,601.54	
7	1500	0.3500	223.00	2653.2415	1,690,493.87	
8	2000	0.4000	965.00	3032.2760	7,315,365.85	
9	1800	0.1500	534.00	1137.1035	4,048,088.46	
10	1600	0.0250	565.00	189.5173	4,283,089.85	
11	2400	0.4800	235.00	3638.7312	1,781,462.15	
12	2800	0.5600	498.00	4245.1864	3,775,183.62	
13	2600	0.7200	1,145.00	5458.0968	8,679,890.05	
14	1900	0.3900	1,656.00	2956.4691	12,553,622.64	
15	1700	0.5700	666.00	4320.9933	5,048,739.54	

图6-12 复制G6单元格公式

Step 13 选中G5单元格，然后在编辑栏中输入"=SUM(G6:G15)"求和公式，按【Enter】键确认后，即可计算出按上年同期耗量的总成本之和，如图6-13所示。

	C	D	E	F	G
1					
2					
3		按上年同期耗量计算的成本			
4	单价	单位耗量	单位成本	总消耗量	总成本
5			6,953.00		52,708,537.57
6	1000	0.3000	466.00	2274.2070	3,532,601.54
7	1500	0.3500	223.00	2653.2415	1,690,493.87
8	2000	0.4000	965.00	3032.2760	7,315,365.85
9	1800	0.1500	534.00	1137.1035	4,048,088.46
10	1600	0.0250	565.00	189.5173	4,283,089.85
11	2400	0.4800	235.00	3638.7312	1,781,462.15
12	2800	0.5600	498.00	4245.1864	3,775,183.62
13	2600	0.7200	1,145.00	5458.0968	8,679,890.05
14	1900	0.3900	1,656.00	2956.4691	12,553,622.64
15	1700	0.5700	666.00	4320.9933	5,048,739.54

图6-13 编制"总成本"求和公式

Step 14 在J6:J15单元格区域中输入相应的数据，如图6-14所示。

	G	H	I	J
1				
2				本月产量：
3		本月实际成本		
4	总成本	单位耗量	单位成本	总消耗量
5	52,708,537.57			
6	3,532,601.54			58.77
7	1,690,493.87			99.86
8	7,315,365.85			86.55
9	4,048,088.46			215.12
10	4,283,089.85			139.16
11	1,781,462.15			269.37
12	3,775,183.62			115.86
13	8,679,890.05			230.45
14	12,553,622.64			189.76
15	5,048,739.54			360.52
16				

图6-14 输入"总消耗量"

Step 15 选中K5:K15单元格区域，设置单元格格式为【货币】，并设置【货币符号】为【无】。再选中K6单元格，然后在编辑栏中输入"=J6*C6"公式，按【Enter】键确认后，即可计算出本月实际成本的总成本，如图6-15所示。

	G	H	I	J	K
1					
2				本月产量：	7580.69
3		本月实际成本			
4	总成本	单位耗量	单位成本	总消耗量	总成本
5	52,708,537.57				
6	3,532,601.54			58.77	58,770.00
7	1,690,493.87			99.86	
8	7,315,365.85			86.55	
9	4,048,088.46			215.12	
10	4,283,089.85			139.16	
11	1,781,462.15			269.37	
12	3,775,183.62			115.86	
13	8,679,890.05			230.45	
14	12,553,622.64			189.76	
15	5,048,739.54			360.52	

图6-15 编制本月实际成本的"总成本"公式

Step 08 在数据透视表字段列表框下方单击【列标签】列表框中的【交费单位】按钮,从弹出的下拉列表中选择【字段设置】选项,即可弹出【字段设置】对话框,如图6-65所示。

图 6-65　选择【字段设置】选项

Step 09 在弹出的【字段设置】对话框中选择【分类汇总和筛选】选项卡,在【分类汇总】选项组中选择【无】单选按钮,如图6-66所示。

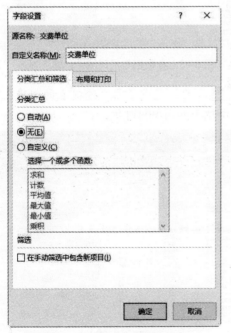

图 6-66　【字段设置】对话框

Step 10 单击【确定】按钮,即可删除科目汇总项,其显示结果如图6-67所示。

行标签	求和项:所属年度	求和项:所属月份	求和项:金额
⊞1月	10085	5	17700
⊞2月	6051	6	8730
⊞3月	10085	15	13309
⊞4月	10085	20	11517
⊞5月	12102	30	20378
⊞6月	10085	30	11617
⊞7月	6051	21	6447
⊞8月	4034	16	4619
⊞9月	4034	18	9153
⊞10月	2017	10	485
⊞11月	4034	22	1245
⊞12月	2017	12	7458
总计	80680	205	112658

图 6-67　删除科目汇总行

Step 11 为了美化表格,可以设置表格的边框及表格标题字体的大小、字形加粗、字体居中显示等操作;还可以根据需要重命名新建的工作表为"数据透视表型汇总表",并修改工作表标签的颜色为"红色",最后单击常用工具栏中的【保存】按钮,即可保存工作簿,如图6-68所示。

行标签	求和项:所属年度	求和项:所属月份	求和项:金额
⊞1月	10085	5	17700
⊞2月	6051	6	8730
⊞3月	10085	15	13309
⊞4月	10085	20	11517
⊞5月	12102	30	20378
⊞6月	10085	30	11617
⊞7月	6051	21	6447
⊞8月	4034	16	4619
⊞9月	4034	18	9153
⊞10月	2017	10	485
⊞11月	4034	22	1245
⊞12月	2017	12	7458
总计	80680	205	112658

图 6-68　美化表格后的最终效果

6.3.2　数据透视表的应用

创建数据透视表型统计表后,下面将为大家介绍数据透视表的具体应用,这里以第2章所创建的"凭证明细表"工作表为例,制作其数据透视表,具体的操作步骤如下:

Step 01 启动Excel 2016应用程序,新建一个工作簿,并将其命名为"数据透视表应用.xlsx"。然后双击Sheet1工作表标签,进入标签重命名状态,输入"凭证明细表"

第 6 章
企业成本费用的管理与核算

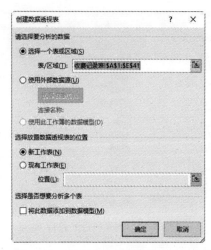

图 6-59 【创建数据透视表】对话框

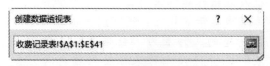

图 6-60 添加数据源区域

Step 04 选择放置数据透视表的位置，这里选择"新工作表"单选按钮，最后单击【确定】按钮，则在"收费统计表.xlsx"工作簿中插入Sheet1工作表，如图6-61所示。

图 6-61 插入一张空白的数据透视表

Step 05 选中需要创建报表的字段，这里首先选择【交费单位】复选框，即可在数据透视表布局区域中创建交费单位字段报表，如图6-62所示。

图 6-62 选择需要创建报表的字段

Step 06 同样在数据透视表字段列表框中选择"所属年度""所属月份"和"金额"等复选框，即可在透视布局区域中创建关于"所属年度""交费单位"和"金额"的各报表，如图6-63所示。

图 6-63 在数据布局区域中创建各报表

Step 07 至此，完成了整个透视表的创建，其显示结果如图6-64所示。

图 6-64 完成透视表的创建

117

月份	a公司		b公司		c公司	
	2017	2018	2017	2018	2017	2018
1	7,132.00	0.00	1,656.00	0.00	6,256.00	0.00
2	2,659.00	0.00	0.00	0.00	0.00	0.00
3	8,212.00	0.00	4,155.00	0.00	457.00	0.00
4	568.00	0.00	5,496.00	0.00	997.00	0.00
5	564.00	0.00	4,688.00	0.00	548.00	0.00
6	4,587.00	0.00	455.00	0.00	546.00	0.00
7	0.00	0.00	545.00	0.00	5,902.00	0.00
8	0.00	0.00	465.00	0.00	4,154.00	0.00
9	4,565.00	0.00	0.00	0.00	0.00	0.00
10	0.00	0.00	485.00	0.00	0.00	0.00
11	787.00	0.00	0.00	0.00	458.00	0.00
12	0.00	0.00	0.00	0.00	0.00	0.00
合计：	29,074.00	0.00	17,945.00	0.00	19,318.00	0.00

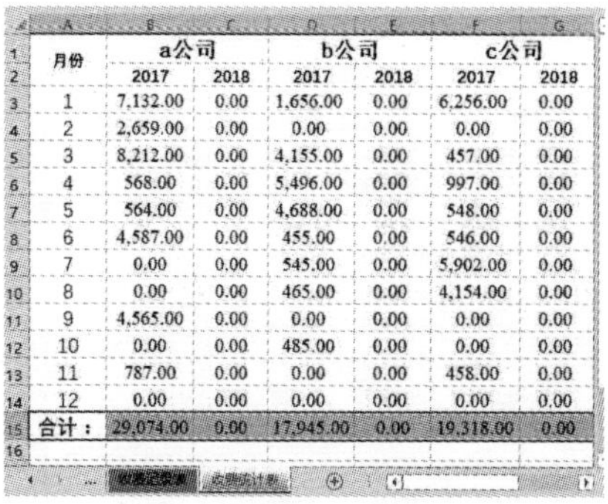

图 6-56 输入“合计：”

Step 19 为了美化表格，可以设置表格的边框、取消网格线显示，以及设置表格标题字体的大小、字形加粗、字体居中显示等操作，如图6-57所示。

月份	a公司		b公司		c公司	
	2017	2018	2017	2018	2017	2018
1	7,132.00	0.00	1,656.00	0.00	6,256.00	0.00
2	2,659.00	0.00	0.00	0.00	0.00	0.00
3	8,212.00	0.00	4,155.00	0.00	457.00	0.00
4	568.00	0.00	5,496.00	0.00	997.00	0.00
5	564.00	0.00	4,688.00	0.00	548.00	0.00
6	4,587.00	0.00	455.00	0.00	546.00	0.00
7	0.00	0.00	545.00	0.00	5,902.00	0.00
8	0.00	0.00	465.00	0.00	4,154.00	0.00
9	4,565.00	0.00	0.00	0.00	0.00	0.00
10	0.00	0.00	485.00	0.00	0.00	0.00
11	787.00	0.00	0.00	0.00	458.00	0.00
12	0.00	0.00	0.00	0.00	0.00	0.00
合计：	29,074.00	0.00	17,945.00	0.00	19,318.00	0.00

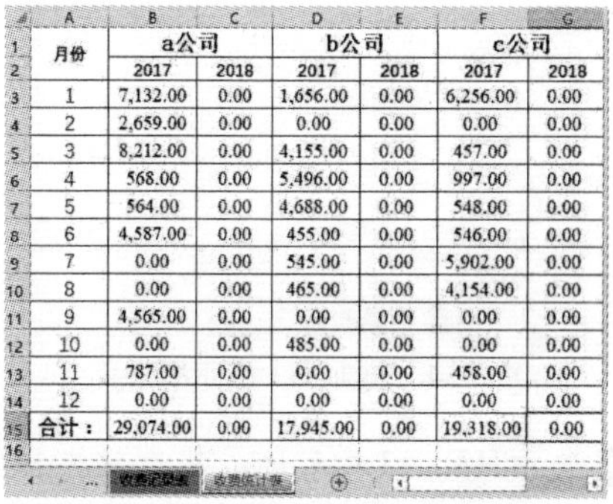

图 6-57 美化表格后的最终效果

6.3 数据透视表型费用统计表

数据透视表是一种交互式工作表，可以按照不同的需要，依照不同的关系来提取、组织和分析数据。它集筛选、排序和分类汇总等功能于一身，并生成汇总表格，是Excel强大的数据分析和处理能力的具体体现。

6.3.1 创建数据透视表型统计表

使用数据透视表是在已有的数据源基础上进行的，在开始使用之前，需要确保数据源准备妥当，以用于创建数据透视表和报表。数据源可以是整个工作表，也可以是工作表中的某个单元格区域，还可以使用外部数据源。

在创建数据透视表时，数据源中的每一列都会生成在数据透视表中使用的字段，字段汇总了数据源中的多行信息。因此，务必确保数据源中工作表第一行上的各个列都有名称。

在了解数据透视表的基础知识并准备好数据源后，就可以在工作簿中创建一个需要使用的空白数据透视表。下面将以“收费统计表.xlsx”工作簿为例，在工作表中创建一个空白的数据透视表，具体的操作步骤如下：

Step 01 打开“收费统计表.xlsx”工作簿，在要创建数据透视表的工作表中选择任意一个单元格，切换到【插入】选项卡，在【表格】组中单击【数据透视表】按钮，即可弹出【创建数据透视表】对话框，如图6-58所示。

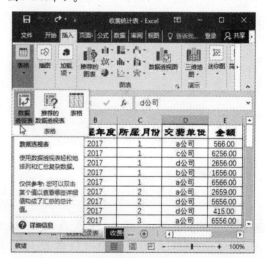

图 6-58 打开收费统计表.xlsx工作簿

Step 02 在打开的【创建数据透视表】对话框中，在【表/区域】栏的文本框后单击按钮，即可返回到工作表中选择需要创建的数据透视表的数据源区域，如图6-59所示。

Step 03 在【选择数据源】文本框中输入需要添加的数据源区域，单击按钮，将返回至【创建数据透视表】对话框中，如图6-60所示。

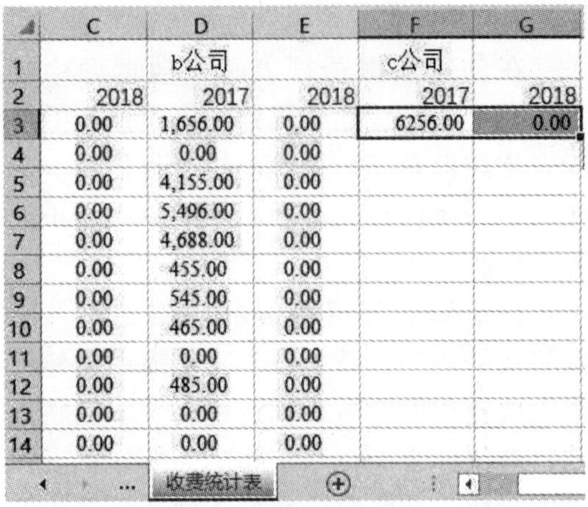

	C	D	E	F	G
1		b公司		c公司	
2	2018	2017	2018	2017	2018
3	0.00	1,656.00	0.00	6256.00	0.00
4	0.00	0.00	0.00		
5	0.00	4,155.00	0.00		
6	0.00	5,496.00	0.00		
7	0.00	4,688.00	0.00		
8	0.00	455.00	0.00		
9	0.00	545.00	0.00		
10	0.00	465.00	0.00		
11	0.00	0.00	0.00		
12	0.00	485.00	0.00		
13	0.00	0.00	0.00		
14	0.00	0.00	0.00		

图 6-51　复制 F3 单元格公式

Step 14 选中F3、G3单元格，然后将光标移到G3单元格的右下角，当光标变为“+”形状时，按住左键不放往下拖曳，到达相应的位置后松开，即可完成公式的复制，其显示结果如图6-52所示。

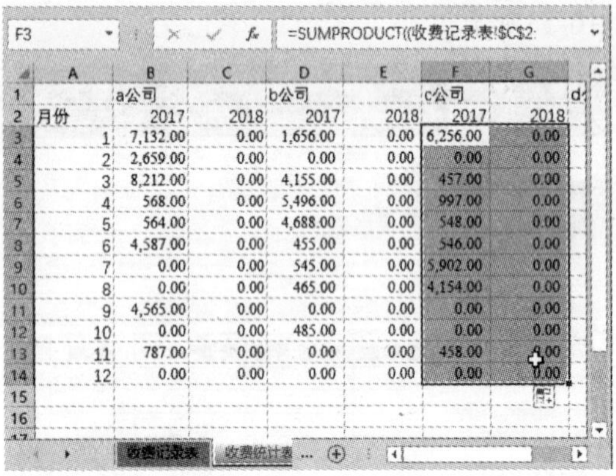

F3　=SUMPRODUCT((收费记录表!$C$2:

	A	B	C	D	E	F	G
1		a公司		b公司		c公司	
2	月份	2017	2018	2017	2018	2017	2018
3	1	7,132.00	0.00	1,656.00	0.00	6,256.00	0.00
4	2	2,659.00	0.00	0.00	0.00	0.00	0.00
5	3	8,212.00	0.00	4,155.00	0.00	457.00	0.00
6	4	568.00	0.00	5,496.00	0.00	997.00	0.00
7	5	564.00	0.00	4,688.00	0.00	548.00	0.00
8	6	4,587.00	0.00	455.00	0.00	546.00	0.00
9	7	0.00	0.00	545.00	0.00	5,902.00	0.00
10	8	0.00	0.00	465.00	0.00	4,154.00	0.00
11	9	4,565.00	0.00	0.00	0.00	0.00	0.00
12	10	0.00	0.00	485.00	0.00	0.00	0.00
13	11	787.00	0.00	0.00	0.00	458.00	0.00
14	12	0.00	0.00	0.00	0.00	0.00	0.00

图 6-52　复制 F3、G3 单元格公式

Step 15 选中H3单元格，然后在编辑栏中输入“=SUMPRODUCT((收费记录表!$C$2:$C$100=$A3)*(收费记录表!$D$2:$D$100=$H$1)*(收费记录表!$B$2:$B$100=H$2)*收费记录表!$E$2: $E$100)”公式内容，按【Enter】键确认后，即可计算d公司2017年的收费金额，如图6-53所示。

Step 16 再次选中H3单元格，将光标移到单元格的右下角，当光标变为“+”形状时，按住左键不放往右拖曳，到达相应的I3单元格位置后松开鼠标，即可实现I3单元格的公式输入，如图6-54所示。

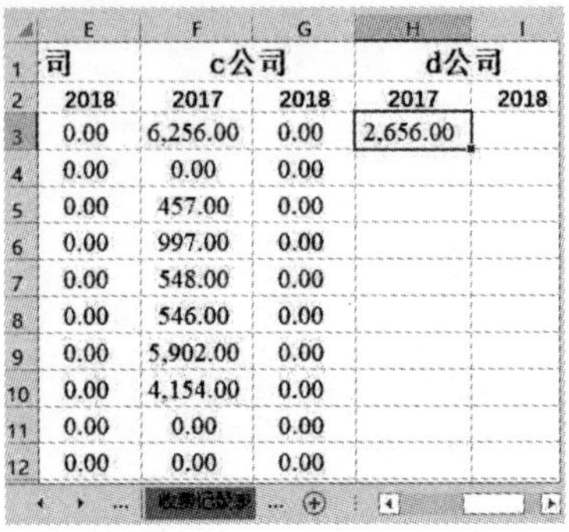

	E	F	G	H	I
1	司	c公司		d公司	
2	2018	2017	2018	2017	2018
3	0.00	6,256.00	0.00	2,656.00	
4	0.00	0.00	0.00		
5	0.00	457.00	0.00		
6	0.00	997.00	0.00		
7	0.00	548.00	0.00		
8	0.00	546.00	0.00		
9	0.00	5,902.00	0.00		
10	0.00	4,154.00	0.00		
11	0.00	0.00	0.00		
12	0.00	0.00	0.00		

图 6-53　编制 d 公司 2017 年收费公式

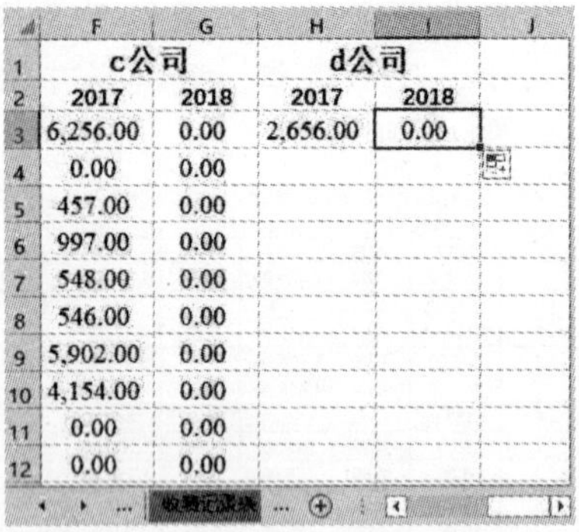

	F	G	H	I	J
1	c公司		d公司		
2	2017	2018	2017	2018	
3	6,256.00	0.00	2,656.00	0.00	
4	0.00	0.00			
5	457.00	0.00			
6	997.00	0.00			
7	548.00	0.00			
8	546.00	0.00			
9	5,902.00	0.00			
10	4,154.00	0.00			
11	0.00	0.00			
12	0.00	0.00			

图 6-54　复制 H3 单元格公式

Step 17 选中H3、I3单元格，然后将光标移到I3单元格的右下角，当光标变为“+”形状时，按住左键不放往下拖曳，到达相应的位置后松开，即可完成公式的复制，其显示结果如图6-55所示。

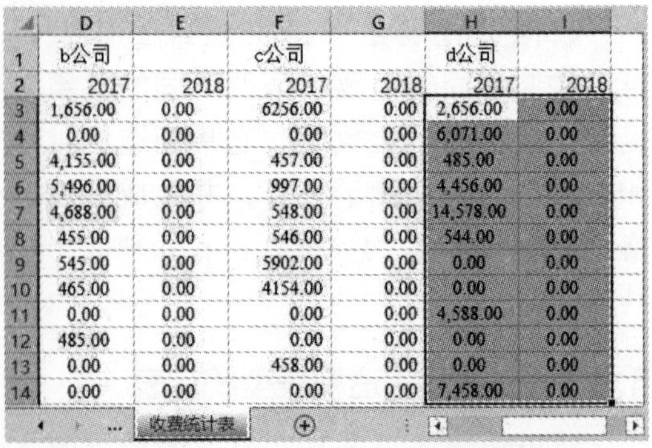

	D	E	F	G	H	I
1	b公司		c公司		d公司	
2	2017	2018	2017	2018	2017	2018
3	1,656.00	0.00	6256.00	0.00	2,656.00	0.00
4	0.00	0.00	0.00	0.00	6,071.00	0.00
5	4,155.00	0.00	457.00	0.00	485.00	0.00
6	5,496.00	0.00	997.00	0.00	4,456.00	0.00
7	4,688.00	0.00	548.00	0.00	14,578.00	0.00
8	455.00	0.00	546.00	0.00	544.00	0.00
9	545.00	0.00	5902.00	0.00	0.00	0.00
10	465.00	0.00	4154.00	0.00	0.00	0.00
11	0.00	0.00	0.00	0.00	4,588.00	0.00
12	485.00	0.00	0.00	0.00	0.00	0.00
13	0.00	0.00	458.00	0.00	0.00	0.00
14	0.00	0.00	0.00	0.00	7,458.00	0.00

图 6-55　复制 H3、I3 单元格公式

Step 18 选中A15单元格，输入“合计：”内容，在B15:I15单元格区域的各个单元格中分别输入各年求和公式，其显示结果如图6-56所示。

公式内容，按【Enter】键确认后，即可计算b公司2017年的收费金额，如图6-47所示。

	A	B	C
1		a公司	
2	月份	2017	2018
3	1	7,132.00	0.00
4	2	2,659.00	0.00
5	3	8,212.00	0.00
6	4	568.00	0.00
7	5	564.00	0.00
8	6	4,587.00	0.00
9	7	0.00	0.00
10	8	0.00	0.00
11	9	4,565.00	0.00
12	10	0.00	0.00
13	11	787.00	0.00
14	12	0.00	0.00

收费统计表

图6-46　复制C3单元格公式

	A	B	C	D	E
1	月份	a公司		b公司	
2		2017	2018	2017	2018
3	1	7,132.00	0.00	1,656.00	
4	2	2,659.00	0.00		
5	3	8,212.00	0.00		
6	4	568.00	0.00		
7	5	564.00	0.00		
8	6	4,587.00	0.00		
9	7	0.00	0.00		
10	8	0.00	0.00		
11	9	4,565.00	0.00		
12	10	0.00	0.00		

收费记录表

图6-47　编制b公司2017年收费公式

Step 10 再次选中D3单元格，将光标移到单元格的右下角，当光标变为“+”形状时，按住左键不放往右拖曳，到达相应的E3单元格位置后松开鼠标，即可实现E3单元格的公式输入，如图6-48所示。

	A	B	C	D	E	F
1		a公司		b公司		c公司
2	月份	2017	2018	2017	2018	2017
3	1	7,132.00	0.00	1,656.00	0.00	
4	2	2,659.00	0.00			
5	3	8,212.00	0.00			
6	4	568.00	0.00			
7	5	564.00	0.00			
8	6	4,587.00	0.00			
9	7	0.00	0.00			
10	8	0.00	0.00			
11	9	4,565.00	0.00			
12	10	0.00	0.00			
13	11	787.00	0.00			
14	12	0.00	0.00			

收费统计表

图6-48　复制D3单元格公式

Step 11 选中D3、E3单元格，然后将光标移到E3单元格的右下角，当光标变为“+”形状时，按住左键不放往下拖曳，到达相应的位置后松开，即可完成公式的复制，其显示结果如图6-49所示。

	A	B	C	D	E
1		a公司		b公司	
2	月份	2017	2018	2017	2018
3	1	7,132.00	0.00	1,656.00	0.00
4	2	2,659.00	0.00	0.00	0.00
5	3	8,212.00	0.00	4,155.00	0.00
6	4	568.00	0.00	5,496.00	0.00
7	5	564.00	0.00	4,688.00	0.00
8	6	4,587.00	0.00	455.00	0.00
9	7	0.00	0.00	545.00	0.00
10	8	0.00	0.00	465.00	0.00
11	9	4,565.00	0.00	0.00	0.00
12	10	0.00	0.00	485.00	0.00
13	11	787.00	0.00	0.00	0.00
14	12	0.00	0.00	0.00	0.00

收费统计表

图6-49　复制D3、E3单元格公式

Step 12 选中F3单元格，然后在编辑栏中输入“=SUMPRODUCT((收费记录表!$C$2:$C$100=$A3)*(收费记录表!$D$2:$D$100=$F$1)*(收费记录表!$B$2:$B$100=F$2)*收费记录表!$E$2:$E$100)”公式内容，按【Enter】键确认后，即可计算c公司2017年的收费金额，如图6-50所示。

	C	D	E	F	G
1	司	b公司		c公司	
2	2018	2017	2018	2017	2018
3	0.00	1,656.00	0.00	6,256.00	
4	0.00	0.00	0.00		
5	0.00	4,155.00	0.00		
6	0.00	5,496.00	0.00		
7	0.00	4,688.00	0.00		
8	0.00	455.00	0.00		
9	0.00	545.00	0.00		
10	0.00	465.00	0.00		
11	0.00	0.00	0.00		
12	0.00	485.00	0.00		

收费记录表

图6-50　编制c公司2017年收费公式

Step 13 再次选中F3单元格，将光标移到单元格的右下角，当光标变为“+”形状时，按住左键不放往右拖曳，到达相应的G3单元格位置后松开鼠标，即可实现G3单元格的公式输入，如图6-51所示。

类】列表框中选择【货币】选项，在【货币符号】下拉列表框中选择【无】，最后单击【确定】按钮，即可完成单元格的设置，如图6-42所示。

后松开，即可完成公式的复制，其显示结果如图6-44所示。

图6-44　复制B3单元格公式

图6-42　设置单元格格式为货币型

Step 05 选中B3单元格，然后在编辑栏中输入"=SUMPRODUCT((收费记录表!$C$2:$C$41=$A3)*(收费记录表!$D$2:$D$41=$B$1)*(收费记录表!$B$2:$B$41=B$2)*收费记录表!$E$2:$E$41)"公式内容，按【Enter】键确认后，即可计算a公司2017年的收费金额，如图6-43所示。

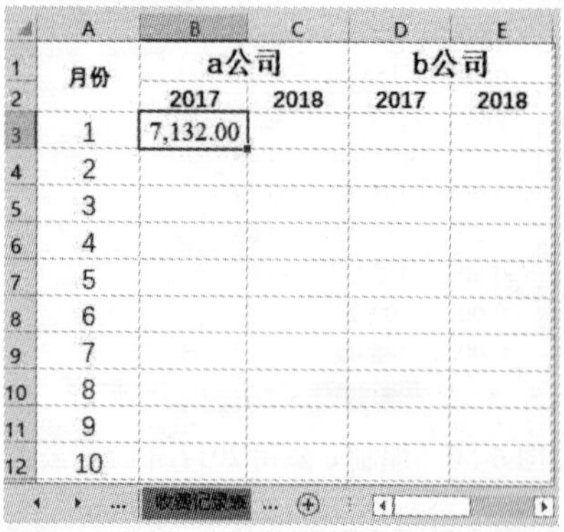

图6-43　编制a公司2017年的收费公式

Step 06 选中B3单元格，然后将光标移到该单元格的右下角，当光标变为"+"形状时，按住左键不放往下拖曳，到达相应的位置

Step 07 选中B3单元格，将光标移到单元格的右下角，当光标变为"+"形状时，按住左键不放往右拖曳，到达相应的C3单元格位置后松开鼠标，即可实现C3单元格的公式输入，如图6-45所示。

图6-45　编制a公司2018年收费公式

Step 08 选中C3单元格，然后将光标移到单元格的右下角，当光标变为"+"形状时，按住左键不放往下拖曳，到达相应的位置后松开，即可完成公式的复制，其显示结果如图6-46所示。

Step 09 选中D3单元格，然后在编辑栏中输入"=SUMPRODUCT((收费记录表!$C$2:$C$100=$A3)*(收费记录表!$D$2:$D$100=$D$1)*(收费记录表!$B$2:$B$100=D$2)*收费记录表!$E$2:$E$100)"

Step 04 为了美化表格，可以设置表格的边框、取消网格线显示，以及设置表格标题字体的大小、字形加粗、字体居中显示等操作，如图6-38所示。

交费时间	所属年度	所属月份	交费单位	金额
2017/1/10	2017	1	a公司	566.00
2017/1/15	2017	1	c公司	6256.00
2017/1/16	2017	1	d公司	2656.00
2017/1/18	2017	1	b公司	1656.00
2017/1/19	2017	1	a公司	6566.00
2017/2/20	2017	2	a公司	2659.00
2017/2/21	2017	2	d公司	5656.00
2017/2/25	2017	2	d公司	415.00
2017/3/10	2017	3	a公司	6556.00
2017/3/11	2017	3	b公司	4155.00
2017/3/12	2017	3	d公司	485.00
2017/3/13	2017	3	c公司	457.00
2017/3/14	2017	3	a公司	1656.00
2017/4/15	2017	4	a公司	568.00
2017/4/15	2017	4	b公司	5496.00
2017/4/16	2017	4	d公司	4456.00
2017/4/17	2017	4	c公司	456.00
2017/4/18	2017	4	c公司	541.00
2017/5/19	2017	5	a公司	564.00
2017/5/20	2017	5	c公司	548.00
2017/5/5	2017	5	d公司	6548.00

图 6-38　美化表格后的最终效果

6.2.2　创建收费统计表

用所属年度、所属月份、交费单位作为统计依据，创建一份可以自动生成的收费金额汇总表，下面来实现收费统计表的创建，具体的操作步骤如下：

Step 01 打开“收费统计表.xlsx”工作簿，然后插入一个新的工作表，并将其重命名为“收费统计表”，并修改工作表标签的颜色为“紫色”，最后单击自定义快速访问工具栏上的【保存】按钮，即可成功创建一个新的工作表，如图6-39所示。

图 6-39　新建“收费统计表”工作表

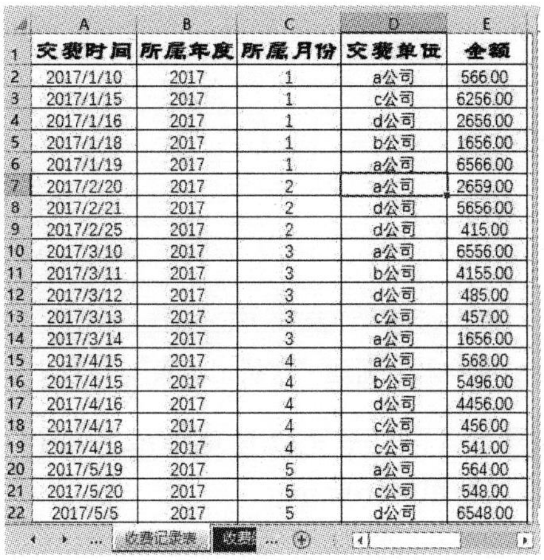

Step 02 在A1、B1、D1、F1、H1单元格和B2:I2单元格区域的各个单元格中分别输入工作表的标题，并根据需要合并部分单元格，如图6-40所示。

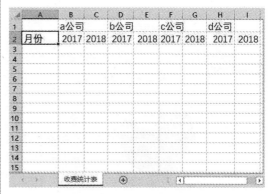

图 6-40　输入表格的标题

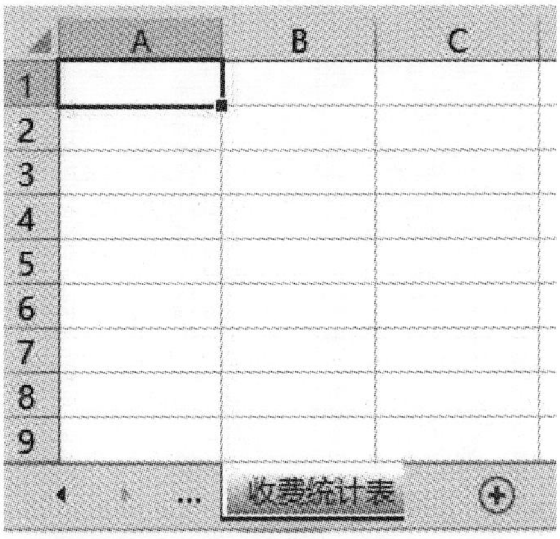

Step 03 选中A3单元格，输入“1”，再将光标移到A3单元格的右下角，当光标变为“+”形状时，按住左键不放往下拖曳，到达相应的位置后松开，然后单击右下角的自动填充下拉小三角，在弹出的4个选项中选择【填充序列】，即可成功输入“月份”，如图6-41所示。

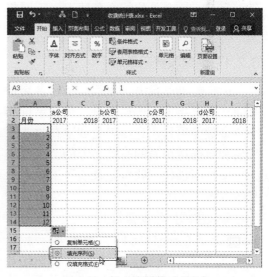

图 6-41　输入表格的“月份”

Step 04 选中B3:I14单元格区域，然后右击，从弹出的快捷菜单中选择【设置单元格格式】命令，即可弹出【设置单元格格式】对话框，选择【数字】选项卡，在【分

Step 07 在工作表中单击图表区的任意位置，其图表的四周会出现若干个小黑方块，然后按住鼠标左键不放拖动图表到合适的位置，即可调整图表的位置，如图6-34所示。

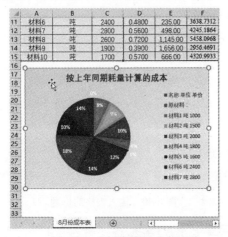

图 6-34　调整图表的位置

6.2　创建收费统计表

在企业中经常有一些临时性的统计记录和统计表，该类表能够清晰地反映出每年、每月、每个单位的交费情况，下面将为大家介绍收费统计表的制作方法。

6.2.1　创建收费记录表

在收费记录表中，每条记录包含交费时间、所属年度、所属月份、交费单位和交费金额等项目，且该表是创建在收费统计表和数据透视表的基础之上的。下面将为大家介绍创建"收费记录表"工作表的具体方法。

其具体的操作步骤如下：

Step 01 启动Excel 2016应用程序，新建一个工作簿，并将其命名为"收费统计表.xlsx"。然后双击Sheet1工作表标签，进入标签重命名状态，输入"收费记录表"名称，按【Enter】键确认后，并设置工作表标签颜色为"绿色"，用户也可以根据需要删除多余的工作表Sheet2和Sheet3，如图6-35所示。

图 6-35　新建"收费记录表"工作表

Step 02 在A1:E1单元格区域中输入工作表的标题，如图6-36所示。

图 6-36　输入工作表的标题

Step 03 在A2:E41单元格区域中的各个单元格中分别输入相应的内容，如图6-37所示。

图 6-37　输入表格的内容

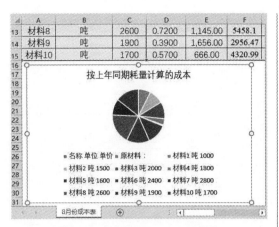

图 6-29 将饼图插入至工作表中

图 6-31 设置图表标题、图例、
数据标签等各项的显示位置

Step 03 用户可以根据需要在【图表工具栏】中选择【设计】选项卡,从弹出的【设计】栏内选择一种图表的样式和图表的布局,如图6-30所示。

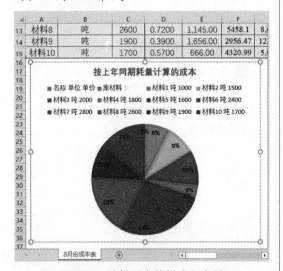

图 6-30 选择图表的样式和布局

Step 04 选择【图表工具栏】菜单下的【设计】选项卡,在【图表布局】组中根据需要设置图表标题及图例等各项的显示位置,显示效果如图6-31所示。

Step 05 也可以选择【格式】选项卡,打开【格式】选项栏,根据需要改变图表的形状及样式,其中包括形状的填充、形状的轮廓、形状的效果等。至此,整个图表绘制完成,显示效果如图6-32所示。

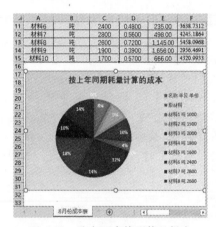

图 6-32 改变图表的形状及样式

Step 06 将鼠标光标再移动到图表区的边缘处,当其变为十字形状时,将其拖动到表格中的指定位置后释放,即可改变图表的大小,如图6-33所示。

图 6-33 改变图表的大小

第6章 企业成本费用的管理与核算

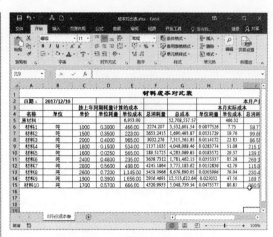

图 6-25 复制 L5 单元格公式

图 6-27 美化表格后的效果

Step 26 选中A6:A15单元格区域,然后右击,从弹出的快捷菜单中选择【设置单元格格式】命令,即可弹出【设置单元格格式】对话框,选择【对齐】选项卡,在【水平对齐】下拉列表框中选择【靠左(缩进)】选项,在【缩进】微调框中调整为"1",最后单击【确定】按钮,即可成功设置单元格区域的对齐方式,如图6-26所示。

6.1.2 绘制本期成本构成图

下面为大家介绍绘制饼图的方法,通过该图可以形象、直观地表现出本期成本的构成。

其具体的操作步骤如下:

Step 01 在 "8月份成本表" 工作表中选中A3单元格,然后按住【Shift】键不放,再单击L15单元格,即可选中用于绘图的数据,如图6-28所示。

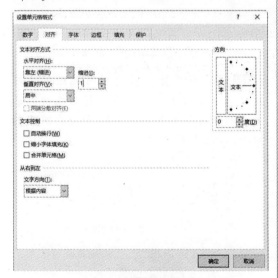

图 6-26 设置对齐格式

图 6-28 选中用于绘图的数据区域

Step 27 为了美化表格,可以设置表格的边框、取消网格线显示,以及设置表格标题字体的大小、字形加粗、字体居中显示等操作,如图6-27所示。

Step 02 切换到【插入】选项卡,单击【图表】组中的【饼图】下方的下三角按钮,然后从弹出下拉列表的【二维饼图】中选择【饼图】选项,即可在Excel表格中插入了需要的饼图,如图6-29所示。

109

	G	H	I	J
2				本月产量:
3			本月实际成本	
4	总成本	单位耗量	单位成本	总消耗量
5	52,708,537.57			
6	3,532,601.54	0.007753	7.75	58.77
7	1,690,493.87	0.013173		99.86
8	7,315,365.85	0.011417		86.55
9	4,048,088.46	0.028377		215.12
10	4,283,089.85	0.018357		139.16
11	1,781,462.15	0.035534		269.37
12	3,775,183.62	0.015284		115.86
13	8,679,890.05	0.0304		230.45
14	12,553,622.64	0.025032		189.76
15	5,048,739.54	0.047558		360.52

图 6-20 计算出本月实际成本的单位成本

	G	H	I	J	K
2				本月产量:	7580.69
3			本月实际成本		
4	总成本	单位耗量	单位成本	总消耗量	总成本
5	52,708,537.57				
6	3,532,601.54	0.007753	7.75	58.77	58,770.00
7	1,690,493.87	0.013173	19.76	99.86	149,790.00
8	7,315,365.85	0.011417	22.83	86.55	173,100.00
9	4,048,088.46	0.028377	51.08	215.12	387,216.00
10	4,283,089.85	0.018357	29.37	139.16	222,656.00
11	1,781,462.15	0.035534	85.28	269.37	646,488.00
12	3,775,183.62	0.015284	42.79	115.86	324,408.00
13	8,679,890.05	0.0304	79.04	230.45	599,170.00
14	12,553,622.64	0.025032	47.56	189.76	360,544.00
15	5,048,739.54	0.047558	80.85	360.52	612,884.00
16					

图 6-21 复制 I6 单元格公式

Step 22 选中 I5 单元格,然后在编辑栏中输入"=SUM(I6:I15)"求和公式,按【Enter】键确认后,即可计算出实际成本的单位成本之和,如图 6-22 所示。

	G	H	I	J	K
2				本月产量:	7580.69
3			本月实际成本		
4	总成本	单位耗量	单位成本	总消耗量	总成本
5	52,708,537.57		466.32		
6	3,532,601.54	0.007753	7.75	58.77	58,770.00
7	1,690,493.87	0.013173	19.76	99.86	149,790.00
8	7,315,365.85	0.011417	22.83	86.55	173,100.00
9	4,048,088.46	0.028377	51.08	215.12	387,216.00
10	4,283,089.85	0.018357	29.37	139.16	222,656.00
11	1,781,462.15	0.035534	85.28	269.37	646,488.00
12	3,775,183.62	0.015284	42.79	115.86	324,408.00
13	8,679,890.05	0.0304	79.04	230.45	599,170.00
14	12,553,622.64	0.025032	47.56	189.76	360,544.00
15	5,048,739.54	0.047558	80.85	360.52	612,884.00

图 6-22 计算实际成本的单位成本之和

Step 23 选中 L5:L15 单元格区域,然后右击,从弹出的快捷菜单中选择【设置单元格格式】命令,即可弹出【设置单元格格式】对话框,选择【数字】选项卡,在【分类】列表框中选择【百分比】选项,最后单击【确定】按钮,即可完成单元格区域的设置,如图 6-23 所示。

图 6-23 设置单元格格式为百分比

Step 24 选中 L5 单元格,然后在编辑栏中输入"=(G5-K5)/G5"公式,按【Enter】键确认后,即可计算出成本降低率,如图 6-24 所示。

	H	I	J	K	L	M
2			本月产量	7580.69		
3		本月实际成本				
4	单位耗量	单位成本	总消耗量	总成本	成本降低率	
5		466.3198		3535026	93.29%	
6	0.007753	7.752592	58.77	58770		
7	0.013173	19.75942	99.86	149790		
8	0.011417	22.83433	86.55	173100		
9	0.028377	51.07926	215.12	387216		
10	0.018357	29.37147	139.16	222656		
11	0.035534	85.28089	269.37	646488		
12	0.015284	42.79399	115.86	324408		
13	0.0304	79.03898	230.45	599170		
14	0.025032	47.56084	189.76	360544		
15	0.047558	80.84805	360.52	612884		

图 6-24 计算成本降低率

Step 25 选中 L5 单元格,然后将光标移到该单元格的右下角,当光标变为"+"形状时,按住左键不放往下拖曳,到达相应的位置后松开,即可完成公式的复制,其显示结果如图 6-25 所示。

Step 16 选中K6单元格,然后将光标移到该单元格的右下角,当光标变为"+"形状时,按住左键不放往下拖曳,到达相应的位置后松开,即可完成公式的复制,用户也可以适当调整单元格的大小,使内容能够完全显示出来,其显示结果如图6-16所示。

	G	H	I	J	K
2				本月产量:	7580.69
3			本月实际成本		
4	总成本	单位耗量	单位成本	总消耗量	总成本
5	52,708,537.57				
6	3,532,601.54			58.77	58,770.00
7	1,690,493.87			99.86	149,790.00
8	7,315,365.85			86.55	173,100.00
9	4,048,088.46			215.12	387,216.00
10	4,283,089.85			139.16	222,656.00
11	1,781,462.15			269.37	646,488.00
12	3,775,183.62			115.86	324,408.00
13	8,679,890.05			230.45	599,170.00
14	12,553,622.64			189.76	360,544.00
15	5,048,739.54			360.52	612,884.00

图6-16 复制K6单元格公式

Step 17 选中K5单元格,然后在编辑栏中输入"=SUM(K6:K15)"求和公式,按【Enter】键确认后,即可计算出本月实际成本的总成本之和,如图6-17所示。

K5		×	✓	fx	=SUM(K6:K15)	
	G	H	I	J	K	L
2				本月产量	7580.69	
3			本月实际成本			
4	总成本	单位耗量	单位成本	总消耗量	总成本	成本降低率
5	52,708,537.57				3,535,026.00	
6	3,532,601.54			58.77	58,770.00	
7	1,690,493.87			99.86	149,790.00	
8	7,315,365.85			86.55	173,100.00	
9	4,048,088.46			215.12	387,216.00	
10	4,283,089.85			139.16	222,656.00	
11	1,781,462.15			269.37	646,488.00	
12	3,775,183.62			115.86	324,408.00	
13	8,679,890.05			230.45	599,170.00	
14	12,553,622.64			189.76	360,544.00	
15	5,048,739.54			360.52	612,884.00	

图6-17 编制本月实际成本的"总成本"求和公式

Step 18 选中H5:H15单元格区域,设置单元格格式为【数值】,并设置【小数位数】的值为"4",再选中H6单元格,然后在编辑栏中输入"=J6/$K$2"公式,按【Enter】键确认后,即可计算出本月实际成本的单位耗量,如图6-18所示。

Step 19 选中H6单元格,然后将光标移到该单元格的右下角,当光标变为"+"形状时,按住左键不放往下拖曳,到达相应的位置后松开,即可完成公式的复制,用户也可以适当调整单元格的大小,使内容能够完全显示出来,其显示结果如图6-19所示。

	G	H	I	J
2				本月产量:
3		本月实际成本		
4	总成本	单位耗量	单位成本	总消耗量
5	52,708,537.57			
6	3,532,601.54	0.007753		58.77
7	1,690,493.87			99.86
8	7,315,365.85			86.55
9	4,048,088.46			215.12
10	4,283,089.85			139.16
11	1,781,462.15			269.37
12	3,775,183.62			115.86
13	8,679,890.05			230.45
14	12,553,622.64			189.76
15	5,048,739.54			360.52

图6-18 编制本月实际成本的"单位耗量"公式

	G	H	I	J
2				本月产量:
3		本月实际成本		
4	总成本	单位耗量	单位成本	总消耗量
5	52,708,537.57			
6	3,532,601.54	0.007753		58.77
7	1,690,493.87	0.013173		99.86
8	7,315,365.85	0.011417		86.55
9	4,048,088.46	0.028377		215.12
10	4,283,089.85	0.018357		139.16
11	1,781,462.15	0.035534		269.37
12	3,775,183.62	0.015284		115.86
13	8,679,890.05	0.0304		230.45
14	12,553,622.64	0.025032		189.76
15	5,048,739.54	0.047558		360.52
16				

图6-19 复制H6单元格公式

Step 20 选中I5:I15单元格区域,设置单元格格式为【货币】,并设置【货币符号】为【无】,再选中I6单元格,然后在编辑栏中输入"=K6/$K$2"公式,按【Enter】键确认后,即可计算出本月实际成本的单位成本,如图6-20所示。

Step 21 选中I6单元格,然后将光标移到该单元格的右下角,当光标变为"+"形状时,按住左键不放往下拖曳,到达相应的位置后松开,即可完成公式的复制,其显示结果如图6-21所示。

名称，按【Enter】键后，确认重命名操作成功；用户也可以根据需要删除多余的工作表Sheet2和Sheet3，如图6-69所示。

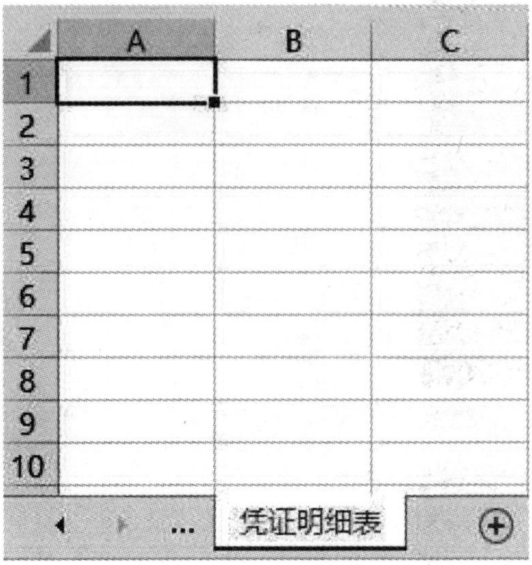

图 6-69　新建“数据透视表应用”工作簿

Step 02 打开本书第2章所创建的“凭证明细表”工作表，然后复制整个工作表，将其粘贴至“数据透视表应用.xlsx”工作簿的“凭证明细表”工作表中，如图6-70所示。

序号	所属月份	科目代码	借方金额	贷方金额	一级科目	二级科目
1	8	1001		-1100	现金	支出
2	8	1002		1100	银行存款（	存进
3	8	1003		160	银行存款（	存入
4	8	1241		-160	坏账准备	坏账
5	8	1121		2200	应收票据	票据1
6	8	1301		-2200	待摊费用	费用1
7	8	1604	698		在建工程	工程1
8	8	1602		786	累计折旧	机器
9	8	1701	596		无形资产	资产5
10	8	2151	285		应付工资	员工工资
11	8	2153	30		应付福利费	员工福利
12	8	2176		810	其他应交款	费用2
13	8	4201	3955.6		库存股	剩余
14	8	4101	298.7		盈余公积	入账
15	8	4103		3250	本年利润	总利润
16	8	4104	330		利润分配	按股份
17	8	5102		110	其他业务收	业务1
18	8	5301	36000	16000	主营业务收	产品1
19	8	5201		2050	劳务成本	成本1
20	8	5405		-2050	其他业务收	收入1
21	8	5601	12000	33000	主营业外支	支出1
22	8	5701		65000	所得税	支出2

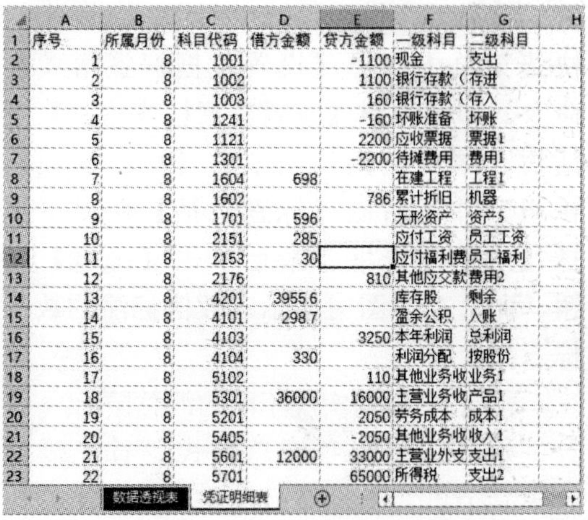

图 6-70　输入内容及数据

Step 03 在要创建数据透视表的工作表中选择任意一个单元格，切换到【插入】选项卡，在【表格】组中单击【数据透视表】按钮，即可弹出【创建数据透视表】对话框，如图6-71所示。

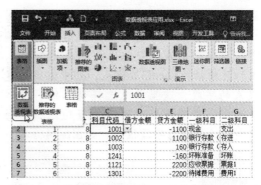

图 6-71　选择需要创建的数据透视表的数据源区域

Step 04 在打开的【创建数据透视表】对话框的【表/区域】栏的文本框后单击按钮，即可返回到工作表中选择需要创建的数据透视表的数据源区域，如图6-72所示。

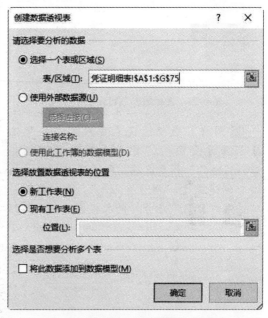

图 6-72　【创建数据透视表】对话框

Step 05 在【选择数据源】文本框中输入需要添加的数据源区域，单击按钮，将返回至【创建数据透视表】对话框中，如图6-73所示。

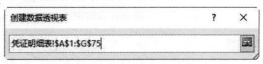

图 6-73　选择数据源区域

Step 06 选择放置数据透视表的位置，这里选择"新工作表"单选按钮，最后单击【确定】按钮，则在"数据透视表应用.xlsx"工作簿中插入Sheet2工作表，选中需要创建报表的字段，这里首先选择【二级科目】复选框，即可在数据透视表布局区域中创建所属二级科目字段报表，如图6-74所示。

图6-74 选择需要创建报表的字段

Step 07 同样在数据透视表字段列表框中选择"借方金额""贷方金额""一级科目""序号"等复选框，即可在透视布局区域中创建关于"借方金额""贷方金额""一级科目""序号"的各报表，如图6-75所示。

图6-75 完成透视表的创建

Step 08 为了美化表格，可以设置表格的边框，以及设置表格标题字体的大小、字形加粗、字体居中显示等操作；还可以根据需要重命名新建的工作表为"数据透视表"，并修改工作表标签的颜色为"紫色"，最后单击常用工具栏中的【保存】按钮，即可保存工作簿，其显示结果如图6-76所示。

图6-76 美化表格后的最终效果

6.4 疑难解惑

疑问1：如何快速地显示图表中的数值？

如果想要改变图表中数据标志的数值，只需要在饼图区域中右击，从弹出的快捷菜单中选择【设置数据标签格式】命令，即可弹出【设置数据标签格式】对话框，单击左侧列表中的【标签选项】按钮，并在右侧【标签包括】栏目下选择【值】复选框，最后单击【确定】按钮，即可在饼图中显示以数值标注的数据标志。

疑问2：如何实现不同的汇总显示？

如果想要改变汇总方式，首先需要选中某个单元格，然后右击，从弹出的快捷菜单中选择【值字段设置】命令，即可弹出【值字段设置】对话框，选择【汇总方式】选项卡，在【计算类型】列表框中选择【计数】选项，最后单击【确定】按钮，即可修改字段，实现不同汇总的显示方式。

第7章
企业员工工资的管理与核算

本章以制作工资表为例,运用Excel 2016的制表功能和设置表间关系的功能,解决了制作工资计算表时可能遇到的常见问题,形成一套较为完整的工资核算体系。此套体系可以通过录入员工基本信息和考勤记录等信息自动计算员工的工资。对于银行代发工资的企业,可以使用其中自动生成的银行代发表;对于发放现金的企业,可以使用零钱统计表,而且工资条也可以自动生成。

本章技能(已掌握的在方框中打钩)

☐ 归类制作工资信息表。
☐ 制作工资明细表。
☐ 编制工资零钱发放统计表。
☐ 编制银行发放表。
☐ 制作打印工资条。

7.1 制作工资信息表

工资信息表是使用Excel 2016对员工的个人所得税、个人属性信息及个人当月信息等进行计算的,本节将对此详细讲述归类制作工资信息表的具体方法。

7.1.1 创建个人所得税税率表

在创建工资信息时,个人所得税税率是一项很重要的内容。由于税率变动少,因此,在制作时往往单独创建一份个人所得税表,以便从中调用。

其具体的操作步骤如下:

Step 01 启动Excel软件,将会自动生成一个工作簿,然后保存并命名为"基础资料表.xlsx"。双击Sheet1工作表标签,输入工作表的名称为"基础资料表",并设置标签颜色为"浅蓝色"。接着对Sheet2、Sheet3工作表重命名和更改标签颜色,分别设置为"员工基础资料表""蓝色"及"相关资料""深蓝色",如图7-1所示。

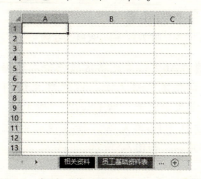

图 7-1 新建"基础资料表.xlsx"工作簿

Step 02 切换至"基础资料表"工作表,选中A1单元格,然后在该单元格中输入"工资表日期"信息;再选中B1单元格,设置单元格格式为【日期型】,接着输入日期为"2019/1/30";用户可以适当调整单元格的大小,以便于单元格内容能够完全显示,如图7-2所示。

图 7-2 输入工作表的日期

Step 03 在A5:F5单元格区域中输入表格的标题,并适当调整单元格大小,以使单元格内容能够完全显示出来,如图7-3所示。

图 7-3 输入表格的标题

Step 04 在A6:E15单元格区域中输入数据,并适当调整单元格大小,以便单元格内容能够完全显示出来,结果如图7-4所示。

Step 05 选中F6单元格,输入税收起征额为"5000",如图7-5所示。

图 7-4 输入表格中的数据

图 7-5 输入"起征额"

Step 06 为了美化表格,用户可以设置表格的边框、取消网络线的显示,以及设置表格标题文字的大小、字形加粗、字体颜色、背景填充颜色和标题居中显示等,其最终的显示效果如图7-6所示。

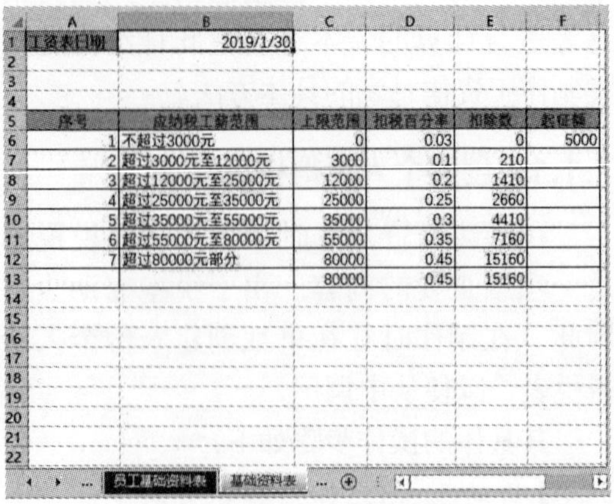

图 7-6 美化表格后的界面

7.1.2 创建个人属性信息表

单位员工的一些个人信息也是不常变更的,对该类信息也可以单独创建一份表格。

其具体的操作步骤如下:

Step 01 单击"员工基础资料表"工作表标签,将切换到"员工基础资料表"工作表,然后在A1:H1单元格区域中输入表格的标题,如图7-7所示。

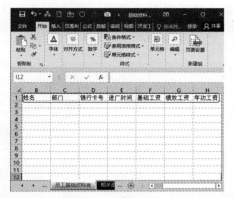

图7-7 输入"员工基础资料表"工作表标题

Step 02 选中A2:A20单元格区域,然后右击,从弹出的快捷菜单中选择【设置单元格格式】命令,即可弹出【设置单元格格式】对话框,选择【数字】选项卡,在【分类】列表框中选择【自定义】选项;在【类型】列表框中输入""YG-"0",最后单击【确定】按钮,即可完成设置,如图7-8所示。

图7-8 【设置单元格格式】对话框

Step 03 接着在A2:A20单元格区域中输入"员工代码",如图7-9所示。

图7-9 输入"员工代码"

Step 04 在B2:G20单元格区域中输入表格的数据,如图7-10所示。

图7-10 输入表格中的数据

注意:在输入"银行卡号"时,应先设置单元格格式为【文本】;再选中E2:E20单元格区域,然后右击,从弹出的快捷菜单中选择【设置单元格格式】命令,即可弹出【设置单元格格式】对话框,选择【数字】选项卡,在【分类】列表框中选择【自定义】选项;在【类型】列表框中选择【yyyy-mm-dd】内容,即可成功设置"进厂时间"的单元格格式,如图7-11所示。

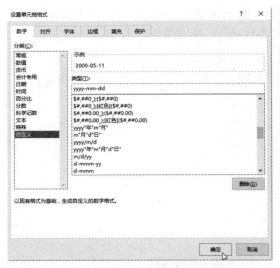

图 7-11　设置“进厂时间”单元格格式

Step 05 选中H2单元格，然后在编辑栏中输入“=DATEDIF(E2,基础资料表!$B$1,"Y")*50”公式，按【Enter】键后，即可计算出员工的“年功工资”，如图7-12所示。

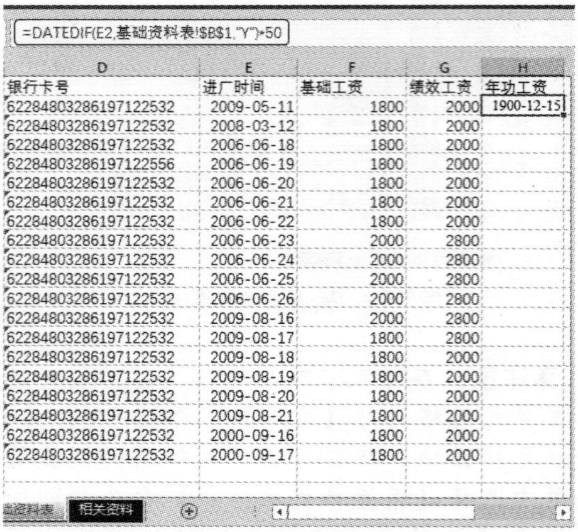

=DATEDIF(E2,基础资料表!$B$1,"Y")*50

D	E	F	G	H
银行卡号	进厂时间	基础工资	绩效工资	年功工资
62284803286197122532	2009-05-11	1800	2000	1900-12-15
62284803286197122532	2008-03-12	1800	2000	
62284803286197122532	2006-06-18	1800	2000	
62284803286197122556	2006-06-19	1800	2000	
62284803286197122532	2006-06-20	1800	2000	
62284803286197122532	2006-06-21	1800	2000	
62284803286197122532	2006-06-22	1800	2000	
62284803286197122532	2006-06-23	2000	2800	
62284803286197122532	2006-06-24	2000	2800	
62284803286197122532	2006-06-25	2000	2800	
62284803286197122532	2006-06-26	2000	2800	
62284803286197122532	2009-08-16	2000	2800	
62284803286197122532	2009-08-17	1800	2800	
62284803286197122532	2009-08-18	1800	2000	
62284803286197122532	2009-08-19	1800	2000	
62284803286197122532	2009-08-20	1800	2000	
62284803286197122532	2009-08-21	1800	2000	
62284803286197122532	2000-09-16	1800	2000	
62284803286197122532	2000-09-17	1800	2000	

图 7-12　编制“年功工资”公式

提示：公式为：“=DATEDIF(E2,基础资料表!$B$1,"Y")*50”指起始日期为“员工基础资料表”工作表中的E2单元格中的日期，结束日期为“基础资料表”工作表中B1单元格中的日期，两个时间段中整年的年数与50相乘，表示员工工作一整年的“年功工资”为50元，如果工作了N个整年，则“年功工资”则为N*50。

Step 06 再次选中H2单元格，将光标移到该单元格的右下角，当光标变为“+”形状时，按住左键不放往下拖曳，到达相应的位置后松开，即可完成公式的复制操作，如图7-13所示。

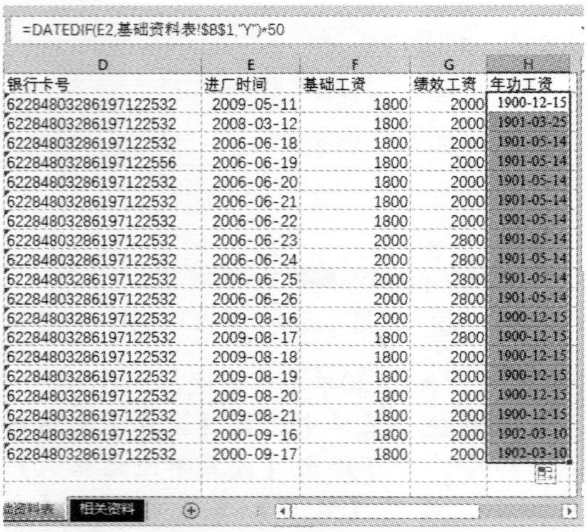

=DATEDIF(E2,基础资料表!$B$1,"Y")*50

D	E	F	G	H
银行卡号	进厂时间	基础工资	绩效工资	年功工资
62284803286197122532	2009-05-11	1800	2000	1900-12-15
62284803286197122532	2008-03-12	1800	2000	1901-03-25
62284803286197122532	2006-06-18	1800	2000	1901-05-14
62284803286197122556	2006-06-19	1800	2000	1901-05-14
62284803286197122532	2006-06-20	1800	2000	1901-05-14
62284803286197122532	2006-06-21	1800	2000	1901-05-14
62284803286197122532	2006-06-22	1800	2000	1901-05-14
62284803286197122532	2006-06-23	2000	2800	1901-05-14
62284803286197122532	2006-06-24	2000	2800	1901-05-14
62284803286197122532	2006-06-25	2000	2800	1901-05-14
62284803286197122532	2006-06-26	2000	2800	1901-05-14
62284803286197122532	2009-08-16	2000	2800	1900-12-15
62284803286197122532	2009-08-17	1800	2800	1900-12-15
62284803286197122532	2009-08-18	1800	2000	1900-12-15
62284803286197122532	2009-08-19	1800	2000	1900-12-15
62284803286197122532	2009-08-20	1800	2000	1900-12-15
62284803286197122532	2009-08-21	1800	2000	1900-12-15
62284803286197122532	2000-09-16	1800	2000	1902-03-10
62284803286197122532	2000-09-17	1800	2000	1902-03-10

图 7-13　复制 H2 单元格公式

Step 07 选中H2:H20单元格区域，然后右击，从弹出的快捷菜单中选择【设置单元格格式】命令，即可弹出【设置单元格格式】对话框，选择【数字】选项卡，在【分类】列表框中选择【常规】选项，最后单击【确定】按钮，即可完成单元格格式的设置。

Step 08 为了美化表格，可以设置表格的边框、取消网格线显示，以及设置表格标题字体的大小、字型加粗、标题填充颜色及标题居中显示等操作，如图7-14所示。

第7章
企业员工工资的管理与核算

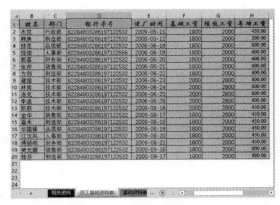

图 7-14 美化"员工基础资料表"工作表后的最终效果

7.1.3 创建个人当月信息表

员工个人当月的信息是一项重要的资料，也需要用一份独立的工作表来记录。下面将为大家介绍员工个人当月信息表的创建。

其具体的操作步骤如下：

Step 01 选择"相关资料"工作表，在A1:L1单元格区域中输入表格的标题，其显示结果如图7-15所示。

图 7-15 输入"相关资料"工作表的标题

Step 02 接着选中A2单元格，在编辑栏中输入"=员工基础资料表!A2"公式，按【Enter】键确认后，即可获取员工的代码，如图7-16所示。

Step 03 选中A2单元格，将光标移到该单元格的右下角，当光标变为"+"形状时，按住左键不放往下拖曳，到达相应的位置后松开，即可完成公式的复制操作，如图7-17所示。

图 7-16 编制"员工代码"公式

图 7-17 复制 A2 单元格公式

Step 04 选中B2单元格，然后在编辑栏中输入"=VLOOKUP(A2,员工基础资料表!A:C,2,0)"公式，按【Enter】键确认后，即可成功获取员工的姓名，如图7-18所示。

图 7-18 编制"姓名"公式

Step 05 选中B2单元格,将光标移到该单元格的右下角,当光标变为"+"形状时,按住左键不放往下拖曳,到达相应的位置后松开,即可完成公式的复制操作,如图7-19所示。

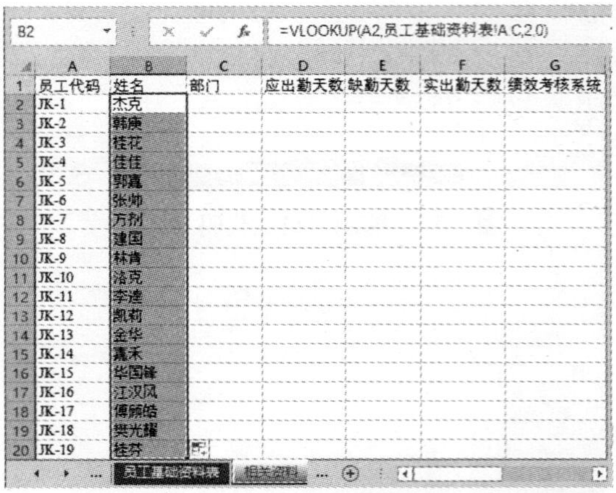

图 7-19 复制 B2 单元格公式

Step 06 选中C2单元格,然后在编辑栏中输入"=VLOOKUP(A2,员工基础资料表!A:C,3,0)"公式,按【Enter】键确认后,即可成功获取员工所属部门,如图7-20所示。

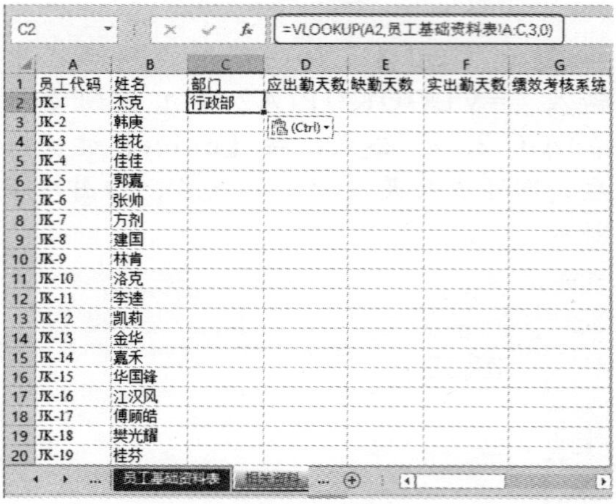

图 7-20 编制"部门"公式

Step 07 再次选中C2单元格,将光标移到该单元格的右下角,当光标变为"+"形状时,按住左键不放往下拖曳,到达相应的位置后松开,即可完成公式的复制,然后适当调整单元格的大小,使内容能够完全显示出来,其显示结果如图7-21所示。

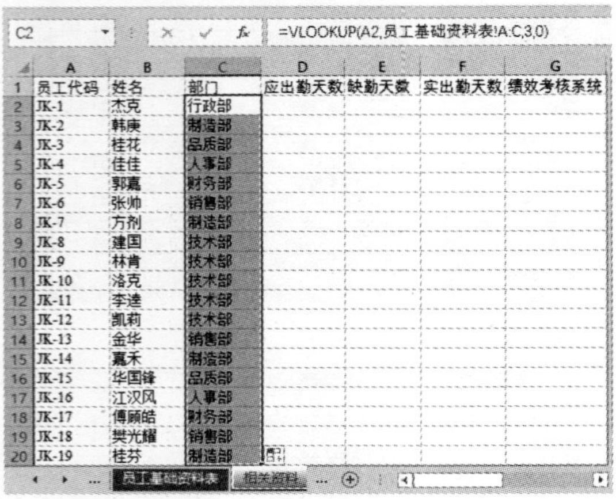

图 7-21 复制 C2 单元格公式

Step 08 在D2:E20单元格区域的各个单元格中分别输入"应出勤天数"和"缺勤天数"。再选中F2单元格,然后在编辑栏中输入"=D2-E2"公式,按【Enter】键确认后,即可计算出实出勤天数,如图7-22所示。

图 7-22 编制"实出勤天数"公式

Step 09 选中F2单元格,然后将光标移到该单元格的右下角,当光标变为"+"形状时,按住左键不放往下拖曳,到达相应的位置后松开,即可完成公式的复制,然后适当调整单元格的大小,使内容能够完全显示出来,其显示结果如图7-23所示。

Step 10 接着在G2:L20单元格区域中输入数据,其显示结果如图7-24所示。

F2 =D2-E2

员工代码	姓名	部门	应出勤天数	缺勤天数	实出勤天数	绩效考核系统
JK-1	杰克	行政部	28	1	27	
JK-2	韩庚	制造部	28	2	26	
JK-3	桂花	品质部	28	3	25	
JK-4	佳佳	人事部	28	4	24	
JK-5	郭嘉	财务部	28	5	23	
JK-6	张帅	销售部	28	6	22	
JK-7	方剂	制造部	28	7	21	
JK-8	建国	技术部	28	1	27	
JK-9	林肯	技术部	28	2	26	
JK-10	洛克	技术部	28	3	25	
JK-11	李逵	技术部	28	4	24	
JK-12	凯莉	技术部	28	1	27	
JK-13	金华	销售部	28	2	26	
JK-14	嘉禾	制造部	28	3	25	
JK-15	华国锋	品质部	28	4	24	
JK-16	江汉风	人事部	28	5	23	
JK-17	傅顾皓	财务部	28	1	27	
JK-18	樊光耀	销售部	28	2	26	
JK-19	桂芬	制造部	28	3	25	

图 7-23 复制 F2 单元格的公式

绩效考核系统	日常加班天数	节日加班天数	通讯补助	住宿费	养老保险
0.96		1	100		500
0.97	1	1		400	500
0.98	1	1			500
0.94			150		500
0.92					500
0.91	3	3	200		500
0.93	1	1			500
0.96	2	3	100	300	600
0.96	2	3	100	300	600
0.96	2	3	100	300	600
0.96	2	3	100	300	600
0.96	2	3	100	300	600
0.96	2	3	200	300	600
0.97	3	1		400	500
0.98	1	1			500
0.94			150		500
0.92					500
0.91	3	3	200		500
0.93	1	1		400	500

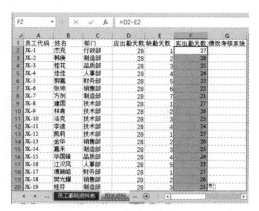

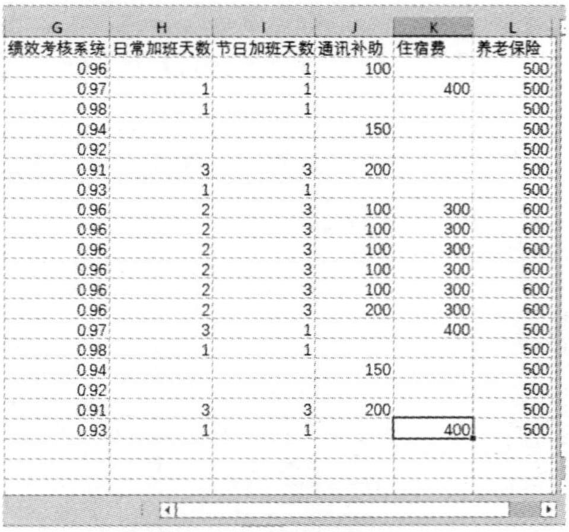

图 7-24 输入表格中的数据

Step 11 为了美化表格，可以设置表格的边框、取消网格线显示，以及设置表格标题字体的大小、字型加粗、标题填充颜色及标题居中显示等操作，如图7-25所示。

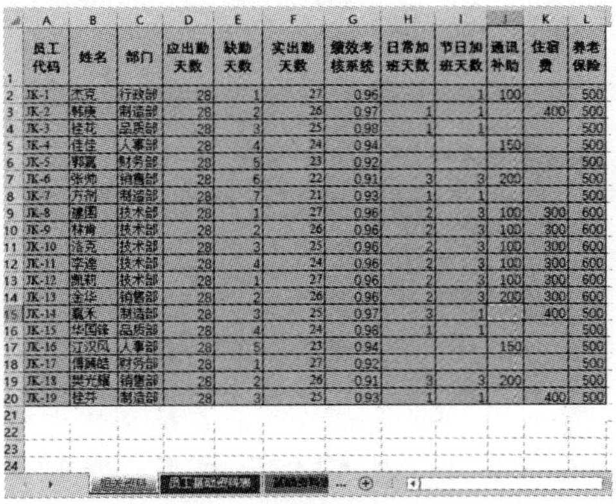

图 7-25 美化表格后的最终效果

7.2 制作工资明细表

任何企事业单位都离不开一个独有的工资管理系统，它不仅是一个单位管理薪资的重要手段，也是财务人员的一项重要的工作内容。使用Excel 2016可以快速制作各种工资明细表，而这些难题也将迎刃而解，不仅能有效地减轻薪资管理人员和财务人员的工作负担，还能提高工作效率、规范工资核算，同时也可为查询、汇总、管理工资数据提供极大的方便。

7.2.1 计算基础工资和绩效工资

下面将实现基础工资和绩效工资的计算，其具体的操作步骤如下：

Step 01 打开“基础资料表.xlsx”工作簿，插入一个新的工作表，将其命名为“工资明细表”，并修改标签颜色为“绿色”，如图7-26所示。

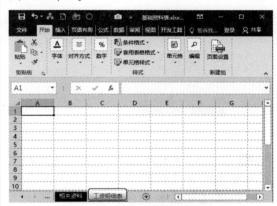

图 7-26 新建“工资明细表”工作表

Step 02 切换到【文件】选项卡，单击左侧列表中的【另存为】按钮，即可弹出【另存为】对话框，在【文件名】文本框中输入“工资明细表.xlsx”名称，单击【保存】按钮后，即可另存为该工作簿，如图7-27所示。

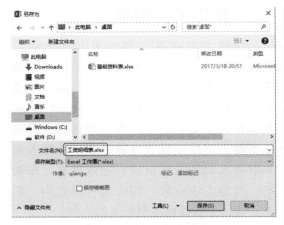

图 7-27 【另存为】对话框

Step 03 选中A1单元格，然后输入"工资明细表"信息，如图7-28所示。

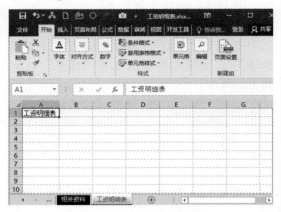

图 7-28 输入表头名称

Step 04 选中A2单元格，右击，从弹出的快捷菜单中选择【设置单元格格式】命令，即可弹出【设置单元格格式】对话框，选择【数字】选项卡，在【分类】列表框中选择【日期】选项；在【类型】列表框中选择"2012年3月14日"选项，如图7-29所示。

Step 05 单击【确定】按钮，返回"工资明细表"工作表，再次选中A2单元格，在编辑栏中输入"=基础资料表!B1"公式，按【Enter】键确认后，即可成功获取当前表日期，其显示结果如图7-30所示。

图 7-29 【设置单元格格式】对话框

图 7-30 编制 A2 单元格的日期

Step 06 接着在A3:Q3单元格区域的各个单元格中分别输入工作表的标题，并适当调整单元格的大小，如图7-31所示。

图 7-31 输入表格的标题

Step 07 选中A4单元格，然后在编辑栏中输入"=员工基础资料表!A2"公式，即可成功获取员工代码信息，如图7-32所示。

示出来，其显示结果如图7-35所示。

图7-32　编制"员工代码"公式

Step 08 选中A4单元格，将光标移到该单元格的右下角，当光标变为"+"形状时，按住左键不放往下拖曳，到达相应的位置后松开，即可完成公式的复制，用户也可以适当调整单元格的大小，使内容能够完全显示出来，其显示结果如图7-33所示。

图7-34　编制"部门"公式

图7-33　复制A4单元格公式

图7-35　复制B4单元格公式

Step 09 选中B4单元格，然后在编辑栏中输入"=VLOOKUP(A4,员工基础资料表!A:H,2,0)"公式，即可编制员工姓名信息，如图7-34所示。

Step 10 选中B4单元格，将光标移到该单元格的右下角，当光标变为"+"形状时，按住左键不放往下拖曳，到达相应的位置后松开，即可完成公式的复制，用户也可以适当调整单元格的大小，使内容能够完全显示

Step 11 选中C4单元格，然后在编辑栏中输入"=VLOOKUP(A4,员工基础资料表!A:H,3,0)"公式，按【Enter】键后，即可编制员工所属部门信息，如图7-36所示。

Step 12 选中C4单元格，将光标移到该单元格的右下角，当光标变为"+"形状时，按住左键不放往下拖曳，到达相应的位置后松开，即可完成公式的复制，用户也可以适当调整单元格的大小，使内容能够完全显示出来，其显示结果如图7-37所示。

资料!A:G,4,0)*VLOOKUP(A4,相关资料!A:G,6,0),0)"公式,即可计算员工的基础工资,如图7-38所示。

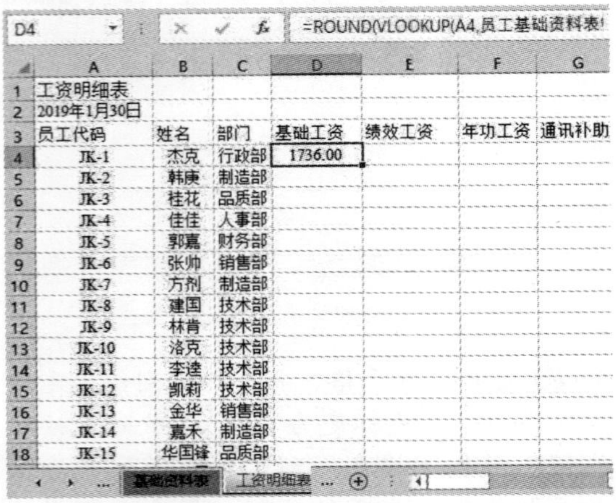

图7-36 编制"姓名"公式

图7-38 编制"基础工资"公式

Step 15 选中D4单元格,然后将光标移到该单元格的右下角,当光标变为"+"形状时,按住左键不放往下拖曳,到达相应的位置后松开,即可完成公式的复制。用户也可以适当调整单元格的大小,使内容能够完全显示出来,其显示结果如图7-39所示。

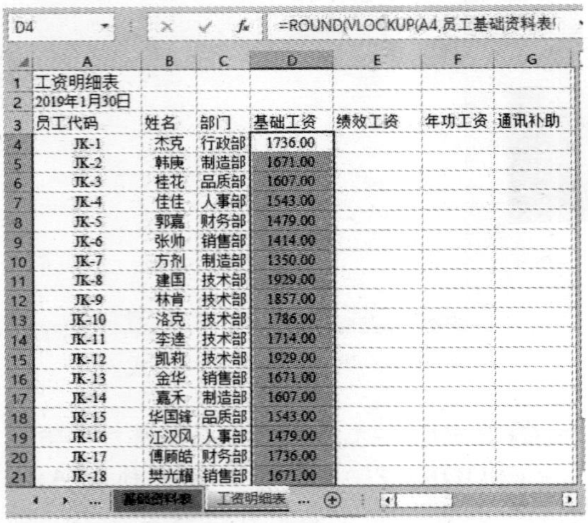

图7-37 复制C4单元格公式

图7-39 复制D4单元格公式

Step 13 选中D4:E22单元格区域,右击,从弹出的快捷菜单中选择【设置单元格格式】命令,即可弹出【设置单元格格式】对话框,选择【数字】选项卡,在【分类】列表框中选择【数值】选项;在右侧设置【小数位数】的值为"2",即可完成单元格格式的设置。

Step 14 选中D4单元格,在编辑栏中输入"=ROUND(VLOOKUP(A4,员工基础资料表!A:H,6,0)/VLOOKUP(A4,相关

Step 16 选中E4单元格,然后在编辑栏中输入"=ROUND(VLOOKUP(A4,员工基础资料表!A:H,7,0)*VLOOKUP(A4,相关资料!A:G,7,0),0)"公式,即可计算出员工的绩效工资,如图7-40所示。

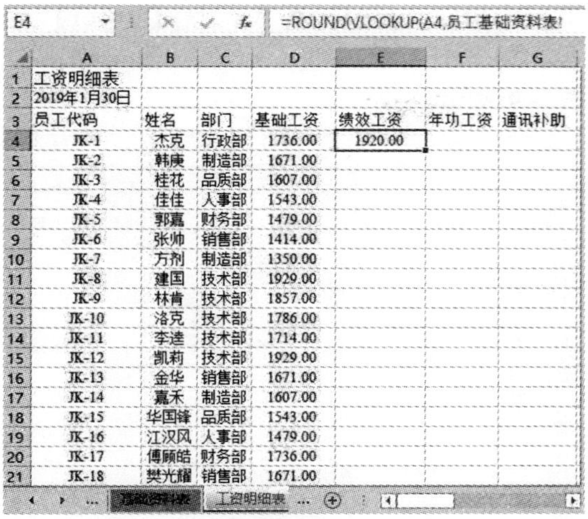

E4 =ROUND(VLOOKUP(A4,员工基础资料表!

	A	B	C	D	E	F	G
1	工资明细表						
2	2019年1月30日						
3	员工代码	姓名	部门	基础工资	绩效工资	年功工资	通讯补助
4	JK-1	杰克	行政部	1736.00	1920.00		
5	JK-2	韩庚	制造部	1671.00			
6	JK-3	桂花	品质部	1607.00			
7	JK-4	佳佳	人事部	1543.00			
8	JK-5	郭嘉	财务部	1479.00			
9	JK-6	张帅	销售部	1414.00			
10	JK-7	方剂	制造部	1350.00			
11	JK-8	建国	技术部	1929.00			
12	JK-9	林肯	技术部	1857.00			
13	JK-10	洛克	技术部	1786.00			
14	JK-11	李逵	技术部	1714.00			
15	JK-12	凯莉	技术部	1929.00			
16	JK-13	金华	销售部	1671.00			
17	JK-14	嘉禾	制造部	1607.00			
18	JK-15	华国锋	品质部	1543.00			
19	JK-16	江汉风	人事部	1479.00			
20	JK-17	傅顾皓	财务部	1736.00			
21	JK-18	樊光耀	销售部	1671.00			

基础资料表 工资明细表

图 7-40 编制“绩效工资”公式

Step 17 选中E4单元格，将光标移到该单元格的右下角，当光标变为“+”形状时，按住左键不放往下拖曳，到达相应的位置后松开，即可完成公式的复制。用户也可以适当调整单元格的大小，使内容能够完全显示出来，其显示结果如图7-41所示。

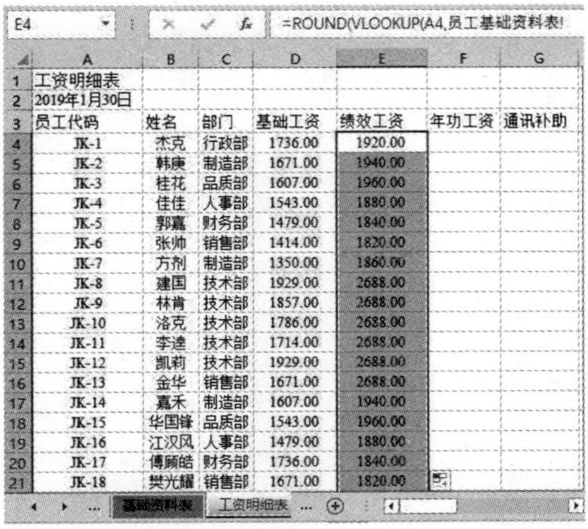

E4 =ROUND(VLOOKUP(A4,员工基础资料表!

	A	B	C	D	E	F	G
1	工资明细表						
2	2019年1月30日						
3	员工代码	姓名	部门	基础工资	绩效工资	年功工资	通讯补助
4	JK-1	杰克	行政部	1736.00	1920.00		
5	JK-2	韩庚	制造部	1671.00	1940.00		
6	JK-3	桂花	品质部	1607.00	1960.00		
7	JK-4	佳佳	人事部	1543.00	1880.00		
8	JK-5	郭嘉	财务部	1479.00	1840.00		
9	JK-6	张帅	销售部	1414.00	1820.00		
10	JK-7	方剂	制造部	1350.00	1860.00		
11	JK-8	建国	技术部	1929.00	2688.00		
12	JK-9	林肯	技术部	1857.00	2688.00		
13	JK-10	洛克	技术部	1786.00	2688.00		
14	JK-11	李逵	技术部	1714.00	2688.00		
15	JK-12	凯莉	技术部	1929.00	2688.00		
16	JK-13	金华	销售部	1671.00	2688.00		
17	JK-14	嘉禾	制造部	1607.00	1940.00		
18	JK-15	华国锋	品质部	1543.00	1960.00		
19	JK-16	江汉风	人事部	1479.00	1880.00		
20	JK-17	傅顾皓	财务部	1736.00	1840.00		
21	JK-18	樊光耀	销售部	1671.00	1820.00		

基础资料表 工资明细表

图 7-41 复制 E4 单元格公式

7.2.2 计算其他工资类型金额

下面实现员工日工资和加班工资的计算，以及住宿费和养老费公式的编制。

其具体的操作步骤如下：

Step 01 选中F4单元格，在编辑栏中输入“=VLOOKUP(A4,员工基础资料表!A:H,8,0)”公式，按【Enter】键后，即可计算出员工的年功工资，显示结果如图7-42所示。

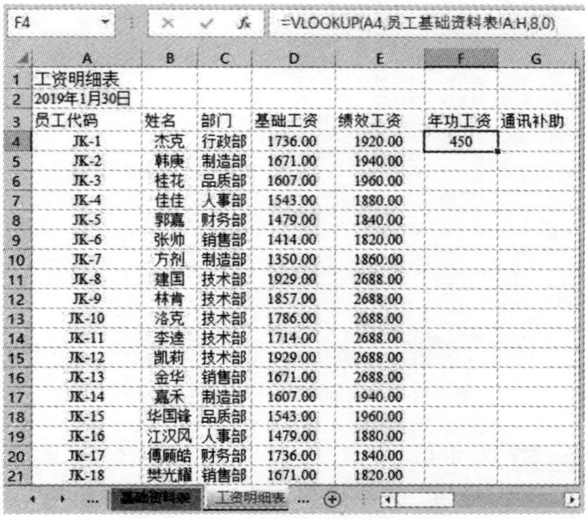

F4 =VLOOKUP(A4,员工基础资料表!A:H,8,0)

	A	B	C	D	E	F	G
1	工资明细表						
2	2019年1月30日						
3	员工代码	姓名	部门	基础工资	绩效工资	年功工资	通讯补助
4	JK-1	杰克	行政部	1736.00	1920.00	450	
5	JK-2	韩庚	制造部	1671.00	1940.00		
6	JK-3	桂花	品质部	1607.00	1960.00		
7	JK-4	佳佳	人事部	1543.00	1880.00		
8	JK-5	郭嘉	财务部	1479.00	1840.00		
9	JK-6	张帅	销售部	1414.00	1820.00		
10	JK-7	方剂	制造部	1350.00	1860.00		
11	JK-8	建国	技术部	1929.00	2688.00		
12	JK-9	林肯	技术部	1857.00	2688.00		
13	JK-10	洛克	技术部	1786.00	2688.00		
14	JK-11	李逵	技术部	1714.00	2688.00		
15	JK-12	凯莉	技术部	1929.00	2688.00		
16	JK-13	金华	销售部	1671.00	2688.00		
17	JK-14	嘉禾	制造部	1607.00	1940.00		
18	JK-15	华国锋	品质部	1543.00	1960.00		
19	JK-16	江汉风	人事部	1479.00	1880.00		
20	JK-17	傅顾皓	财务部	1736.00	1840.00		
21	JK-18	樊光耀	销售部	1671.00	1820.00		

基础资料表 工资明细表

图 7-42 编制“年功工资”公式

Step 02 选中F4单元格，将光标移到该单元格的右下角，当光标变为“+”形状时，按住左键不放往下拖曳，到达相应的位置后松开，即可完成公式的复制。用户也可以适当调整单元格的大小，使内容能够完全显示出来，其显示结果如图7-43所示。

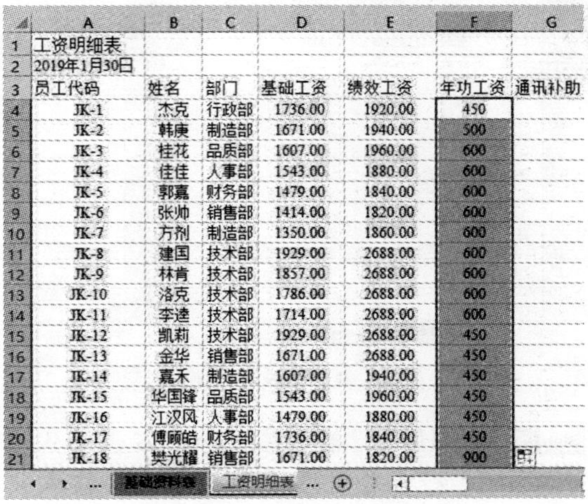

	A	B	C	D	E	F	G
1	工资明细表						
2	2019年1月30日						
3	员工代码	姓名	部门	基础工资	绩效工资	年功工资	通讯补助
4	JK-1	杰克	行政部	1736.00	1920.00	450	
5	JK-2	韩庚	制造部	1671.00	1940.00	500	
6	JK-3	桂花	品质部	1607.00	1960.00	600	
7	JK-4	佳佳	人事部	1543.00	1880.00	600	
8	JK-5	郭嘉	财务部	1479.00	1840.00	600	
9	JK-6	张帅	销售部	1414.00	1820.00	600	
10	JK-7	方剂	制造部	1350.00	1860.00	600	
11	JK-8	建国	技术部	1929.00	2688.00	600	
12	JK-9	林肯	技术部	1857.00	2688.00	600	
13	JK-10	洛克	技术部	1786.00	2688.00	600	
14	JK-11	李逵	技术部	1714.00	2688.00	600	
15	JK-12	凯莉	技术部	1929.00	2688.00	450	
16	JK-13	金华	销售部	1671.00	2688.00	450	
17	JK-14	嘉禾	制造部	1607.00	1940.00	450	
18	JK-15	华国锋	品质部	1543.00	1960.00	450	
19	JK-16	江汉风	人事部	1479.00	1880.00	450	
20	JK-17	傅顾皓	财务部	1736.00	1840.00	450	
21	JK-18	樊光耀	销售部	1671.00	1820.00	900	

基础资料表 工资明细表

图 7-43 复制 F4 单元格公式

Step 03 选中G4单元格，在编辑栏中输入“=VLOOKUP(A4,相关资料!A:J,10,0)”公式，按【Enter】键后，即可计算出员工的通讯补助金额，显示结果如图7-44所示。

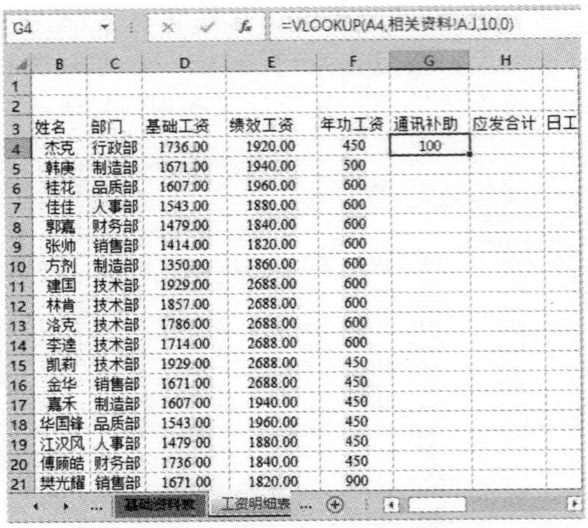

图7-44 编制"通讯补助"公式

Step 04 选中G4单元格，将光标移到该单元格的右下角，当光标变为"+"形状时，按住左键不放往下拖曳，到达相应的位置后松开，即可完成公式的复制。用户也可以适当调整单元格的大小，使内容能够完全显示出来，其显示结果如图7-45所示。

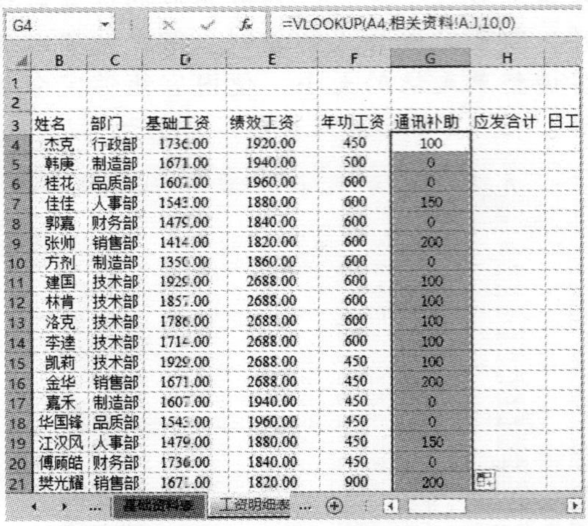

图7-45 复制G4单元格公式

Step 05 选中H4:I22单元格区域，右击，从弹出的快捷菜单中选择【设置单元格格式】命令，即可弹出【设置单元格格式】对话框，选择【数字】选项卡，在【分类】列表框中选择【数值】选项；在右侧设置小数位数的值为"2"，即可完成单元格格式的设置。

Step 06 选中H4单元格，在编辑栏中输入

"=SUM(D4:G4)"公式，按【Enter】键后，即可计算出应发合计值，显示结果如图7-46所示。

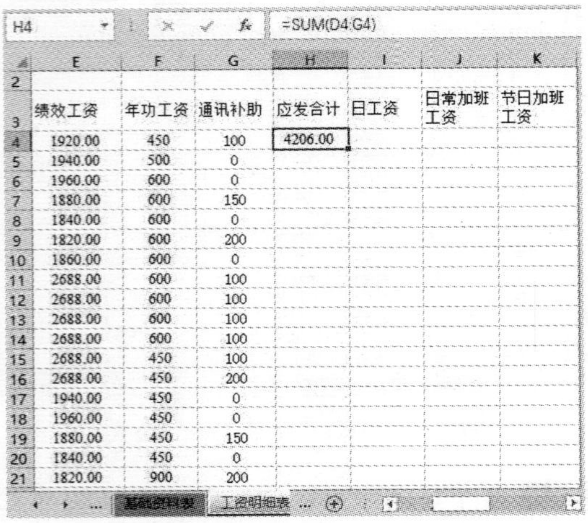

图7-46 编制"应发合计"公式

Step 07 选中H4单元格，然后将光标移到该单元格的右下角，当光标变为"+"形状时，按住左键不放往下拖曳，到达相应的位置后松开，即可完成公式的复制，用户也可以适当调整单元格的大小，使内容能够完全显示出来，其显示结果如图7-47所示。

图7-47 复制H4单元格公式

Step 08 选中I4单元格，在编辑栏中输入"=ROUND(H4/VLOOKUP(A4,相关资料!A:D,4,0),0)"公式，按【Enter】键后，即可计算出员工的日工资，显示结果如图7-48所示。

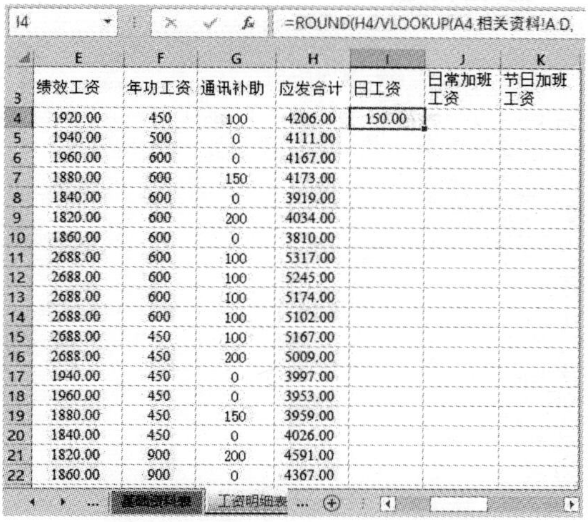

I4 =ROUND(H4/VLOOKUP(A4,相关资料!A:D,

3	E 绩效工资	F 年功工资	G 通讯补助	H 应发合计	I 日工资	J 日常加班工资	K 节日加班工资
4	1920.00	450	100	4206.00	150.00		
5	1940.00	500	0	4111.00			
6	1960.00	600	0	4167.00			
7	1880.00	600	150	4173.00			
8	1840.00	600	0	3919.00			
9	1820.00	600	200	4034.00			
10	1860.00	600	0	3810.00			
11	2688.00	600	100	5317.00			
12	2688.00	600	100	5245.00			
13	2688.00	600	100	5174.00			
14	2688.00	600	100	5102.00			
15	2688.00	450	100	5167.00			
16	2688.00	450	200	5009.00			
17	1940.00	450	0	3997.00			
18	1960.00	450	0	3953.00			
19	1880.00	450	150	3959.00			
20	1840.00	450	0	4026.00			
21	1820.00	900	200	4591.00			
22	1860.00	900	0	4367.00			

图 7-48　编制“日工资”公式

Step 09 选中I4单元格，将光标移到该单元格的右下角，当光标变为“+”形状时，按住左键不放往下拖曳，到达相应的位置后松开，即可完成公式的复制，用户也可以适当调整单元格的大小，使内容能够完全显示出来，其显示结果如图7-49所示。

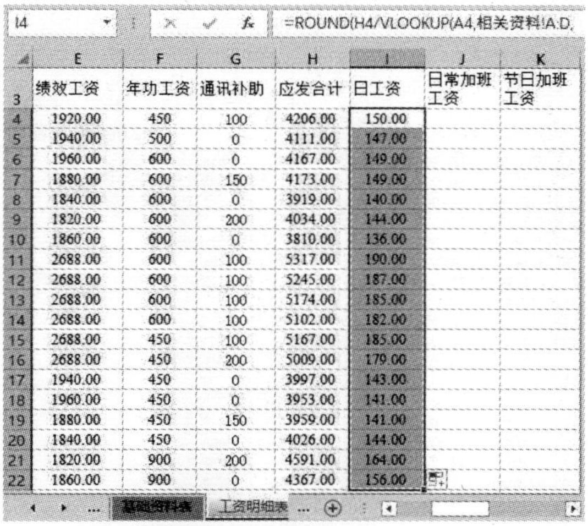

I4 =ROUND(H4/VLOOKUP(A4,相关资料!A:D,

3	E 绩效工资	F 年功工资	G 通讯补助	H 应发合计	I 日工资	J 日常加班工资	K 节日加班工资
4	1920.00	450	100	4206.00	150.00		
5	1940.00	500	0	4111.00	147.00		
6	1960.00	600	0	4167.00	149.00		
7	1880.00	600	150	4173.00	149.00		
8	1840.00	600	0	3919.00	140.00		
9	1820.00	600	200	4034.00	144.00		
10	1860.00	600	0	3810.00	136.00		
11	2688.00	600	100	5317.00	190.00		
12	2688.00	600	100	5245.00	187.00		
13	2688.00	600	100	5174.00	185.00		
14	2688.00	600	100	5102.00	182.00		
15	2688.00	450	100	5167.00	185.00		
16	2688.00	450	200	5009.00	179.00		
17	1940.00	450	0	3997.00	143.00		
18	1960.00	450	0	3953.00	141.00		
19	1880.00	450	150	3959.00	141.00		
20	1840.00	450	0	4026.00	144.00		
21	1820.00	900	200	4591.00	164.00		
22	1860.00	900	0	4367.00	156.00		

图 7-49　复制 I4 单元格公式

Step 10 选中J4单元格，在编辑栏中输入“=VLOOKUP(A4,相关资料!A:L,8,0)*I4*2”公式，按【Enter】键后，即可计算出员工的日常加班工资，显示结果如图7-50所示。

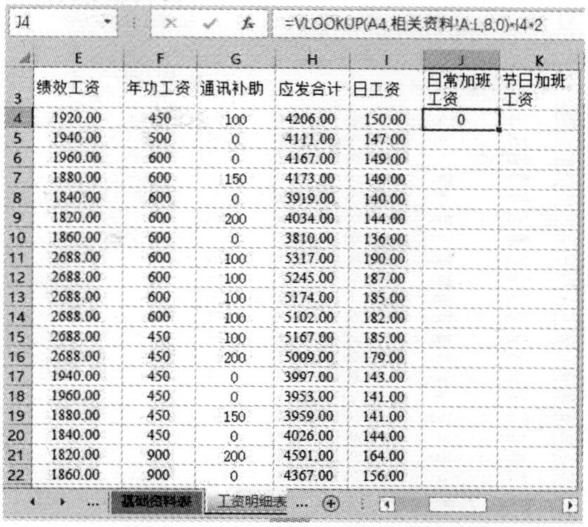

J4 =VLOOKUP(A4,相关资料!A:L,8,0)*I4*2

3	E 绩效工资	F 年功工资	G 通讯补助	H 应发合计	I 日工资	J 日常加班工资	K 节日加班工资
4	1920.00	450	100	4206.00	150.00	0	
5	1940.00	500	0	4111.00	147.00		
6	1960.00	600	0	4167.00	149.00		
7	1880.00	600	150	4173.00	149.00		
8	1840.00	600	0	3919.00	140.00		
9	1820.00	600	200	4034.00	144.00		
10	1860.00	600	0	3810.00	136.00		
11	2688.00	600	100	5317.00	190.00		
12	2688.00	600	100	5245.00	187.00		
13	2688.00	600	100	5174.00	185.00		
14	2688.00	600	100	5102.00	182.00		
15	2688.00	450	100	5167.00	185.00		
16	2688.00	450	200	5009.00	179.00		
17	1940.00	450	0	3997.00	143.00		
18	1960.00	450	0	3953.00	141.00		
19	1880.00	450	150	3959.00	141.00		
20	1840.00	450	0	4026.00	144.00		
21	1820.00	900	200	4591.00	164.00		
22	1860.00	900	0	4367.00	156.00		

图 7-50　编制“日常加班工资”公式

Step 11 选中J4单元格，将光标移到该单元格的右下角，当光标变为“+”形状时，按住左键不放往下拖曳，到达相应的位置后松开，即可完成公式的复制，用户也可以适当调整单元格的大小，使内容能够完全显示出来，其显示结果如图7-51所示。

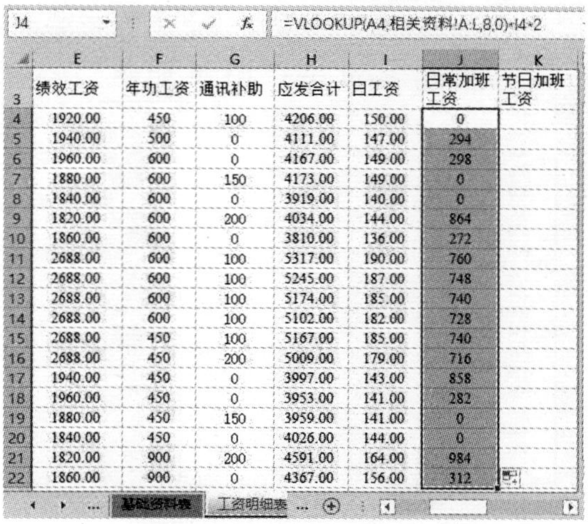

J4 =VLOOKUP(A4,相关资料!A:L,8,0)*I4*2

3	E 绩效工资	F 年功工资	G 通讯补助	H 应发合计	I 日工资	J 日常加班工资	K 节日加班工资
4	1920.00	450	100	4206.00	150.00	0	
5	1940.00	500	0	4111.00	147.00	294	
6	1960.00	600	0	4167.00	149.00	298	
7	1880.00	600	150	4173.00	149.00	0	
8	1840.00	600	0	3919.00	140.00	0	
9	1820.00	600	200	4034.00	144.00	864	
10	1860.00	600	0	3810.00	136.00	272	
11	2688.00	600	100	5317.00	190.00	760	
12	2688.00	600	100	5245.00	187.00	748	
13	2688.00	600	100	5174.00	185.00	740	
14	2688.00	600	100	5102.00	182.00	728	
15	2688.00	450	100	5167.00	185.00	740	
16	2688.00	450	200	5009.00	179.00	716	
17	1940.00	450	0	3997.00	143.00	858	
18	1960.00	450	0	3953.00	141.00	282	
19	1880.00	450	150	3959.00	141.00	0	
20	1840.00	450	0	4026.00	144.00	0	
21	1820.00	900	200	4591.00	164.00	984	
22	1860.00	900	0	4367.00	156.00	312	

图 7-51　复制 J4 单元格公式

Step 12 选中K4单元格，然后在编辑栏中输入“=VLOOKUP(A4,相关资料!A:L,9,0)*I4*3”公式，按【Enter】键后，即可计算出员工的节日加班工资，显示结果如图7-52所示。

Excel 财务与会计办公实战从入门到精通

图 7-52 编制"节日加班工资"公式

Step 13 选中K4单元格,将光标移到该单元格的右下角,当光标变为"+"形状时,按住左键不放往下拖曳,到达相应的位置后松开,即可完成公式的复制,用户也可以适当调整单元格的大小,使内容能够完全显示出来,其显示结果如图7-53所示。

图 7-53 复制K4单元格公式

Step 14 选中L4:L22单元格区域,设置单元格格式为【数值】型,并设置【小数位数】的值为"2",再选中L4单元格,然后在编辑栏中输入"=H4+J4+K4"公式,按【Enter】键后,即可计算出员工的工资合计值,显示结果如图7-54所示。

图 7-54 编制"工资合计"公式

Step 15 选中L4单元格,然后将光标移到该单元格的右下角,当光标变为"+"形状时,按住左键不放往下拖曳,到达相应的位置后松开,即可完成公式的复制,用户也可以适当调整单元格的大小,使内容能够完全显示出来,其显示结果如图7-55所示。

图 7-55 复制L4单元格公式

Step 16 选中N4单元格,然后在编辑栏中输入"=VLOOKUP(A4,相关资料!A:L,11,0)"公式,按【Enter】键后,即可计算出员工的住宿费,显示结果如图7-56所示。

Step 17 选中N4单元格,然后将光标移到该单元格的右下角,当光标变为"+"形状时,按住左键不放往下拖曳，到达相应的位置后松开，即可完成公式的复制，用户也可以适当调整单元格的大小，使内容能够完全显示出来，其显示结果如图7-57所示。

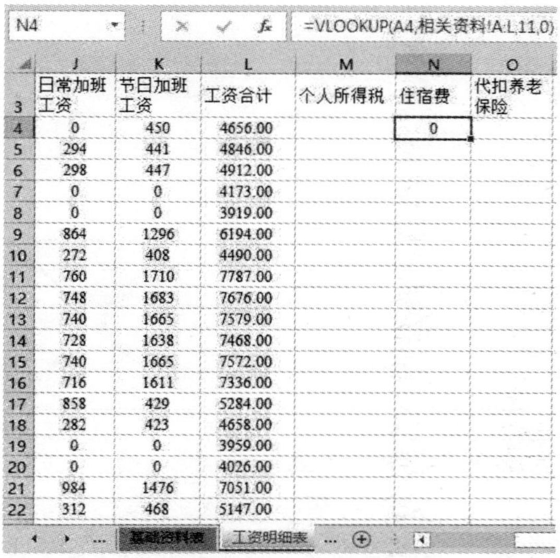
N4 =VLOOKUP(A4,相关资料!A:L,11,0)

3	日常加班工资	节日加班工资	工资合计	个人所得税	住宿费	代扣养老保险
4	0	450	4656.00		0	
5	294	441	4846.00			
6	298	447	4912.00			
7	0	0	4173.00			
8	0	0	3919.00			
9	864	1296	6194.00			
10	272	408	4490.00			
11	760	1710	7787.00			
12	748	1683	7676.00			
13	740	1665	7579.00			
14	728	1638	7468.00			
15	740	1665	7572.00			
16	716	1611	7336.00			
17	858	429	5284.00			
18	282	423	4658.00			
19	0	0	3959.00			
20	0	0	4026.00			
21	984	1476	7051.00			
22	312	468	5147.00			

图 7-56　编制“住宿费”公式

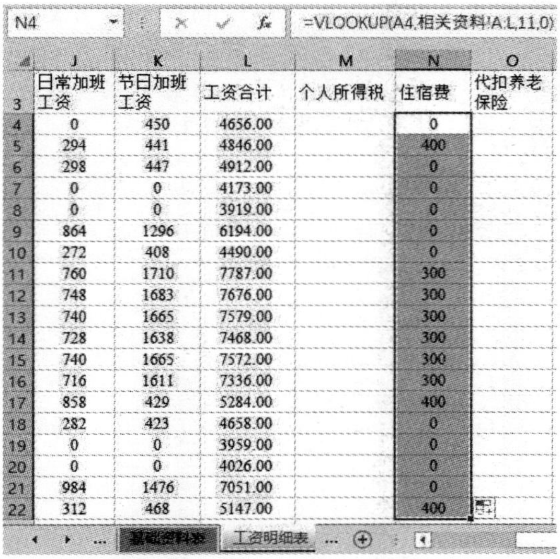
N4 =VLOOKUP(A4,相关资料!A:L,11,0)

3	日常加班工资	节日加班工资	工资合计	个人所得税	住宿费	代扣养老保险
4	0	450	4656.00		0	
5	294	441	4846.00		400	
6	298	447	4912.00		0	
7	0	0	4173.00		0	
8	0	0	3919.00		0	
9	864	1296	6194.00		0	
10	272	408	4490.00		0	
11	760	1710	7787.00		300	
12	748	1683	7676.00		300	
13	740	1665	7579.00		300	
14	728	1638	7468.00		300	
15	740	1665	7572.00		300	
16	716	1611	7336.00		300	
17	858	429	5284.00		400	
18	282	423	4658.00		0	
19	0	0	3959.00		0	
20	0	0	4026.00		0	
21	984	1476	7051.00		0	
22	312	468	5147.00		400	

图 7-57　复制 N4 单元格公式

Step 18 选中O4单元格，在编辑栏中输入“=VLOOKUP(A4,相关资料!A:L,12,0)”公式，按【Enter】键后，即可计算出员工的代扣养老保险，显示结果如图7-58所示。

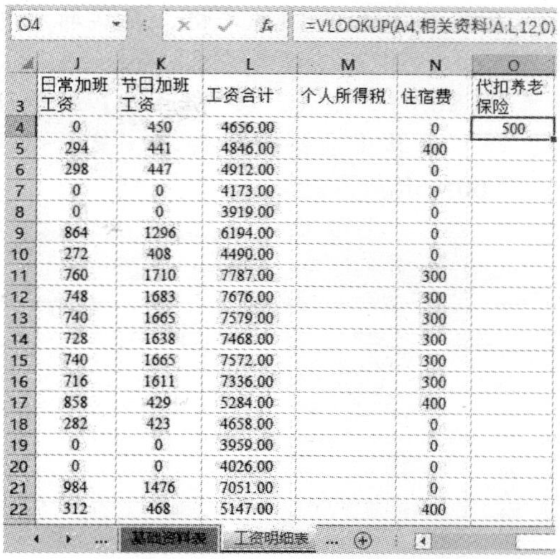
O4 =VLOOKUP(A4,相关资料!A:L,12,0)

3	日常加班工资	节日加班工资	工资合计	个人所得税	住宿费	代扣养老保险
4	0	450	4656.00		0	500
5	294	441	4846.00		400	
6	298	447	4912.00		0	
7	0	0	4173.00		0	
8	0	0	3919.00		0	
9	864	1296	6194.00		0	
10	272	408	4490.00		0	
11	760	1710	7787.00		300	
12	748	1683	7676.00		300	
13	740	1665	7579.00		300	
14	728	1638	7468.00		300	
15	740	1665	7572.00		300	
16	716	1611	7336.00		300	
17	858	429	5284.00		400	
18	282	423	4658.00		0	
19	0	0	3959.00		0	
20	0	0	4026.00		0	
21	984	1476	7051.00		0	
22	312	468	5147.00		400	

图 7-58　编制“代扣养老保险”公式

Step 19 选中O4单元格，将光标移到该单元格的右下角，当光标变为“+”形状时，按住左键不放往下拖曳，到达相应的位置后松开，即可完成公式的复制，用户也可以适当调整单元格的大小，使内容能够完全显示出来，其显示结果如图7-59所示。

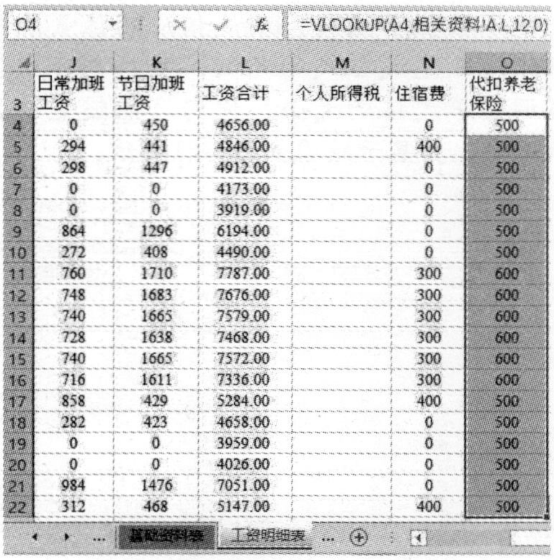
O4 =VLOOKUP(A4,相关资料!A:L,12,0)

3	日常加班工资	节日加班工资	工资合计	个人所得税	住宿费	代扣养老保险
4	0	450	4656.00		0	500
5	294	441	4846.00		400	500
6	298	447	4912.00		0	500
7	0	0	4173.00		0	500
8	0	0	3919.00		0	500
9	864	1296	6194.00		0	500
10	272	408	4490.00		0	500
11	760	1710	7787.00		300	600
12	748	1683	7676.00		300	600
13	740	1665	7579.00		300	600
14	728	1638	7468.00		300	600
15	740	1665	7572.00		300	600
16	716	1611	7336.00		300	600
17	858	429	5284.00		400	500
18	282	423	4658.00		0	500
19	0	0	3959.00		0	500
20	0	0	4026.00		0	500
21	984	1476	7051.00		0	500
22	312	468	5147.00		400	500

图 7-59　复制 O4 单元格公式

7.2.3 计算个人所得税

下面介绍个人所得税的计算方法，具体的操作步骤如下：

Step 01 在R3、S3、T3单元格中依次输入“应纳税所得额”“税率”“速算扣除数”等内容；选中R4单元格，在编辑栏中输入“=IF(L4>基础资料表!$F$6,L4-基础资料表!$F$6,0)”公式，按【Enter】键确认后，即可计算出应纳税所得额，显示结果如图7-60所示。

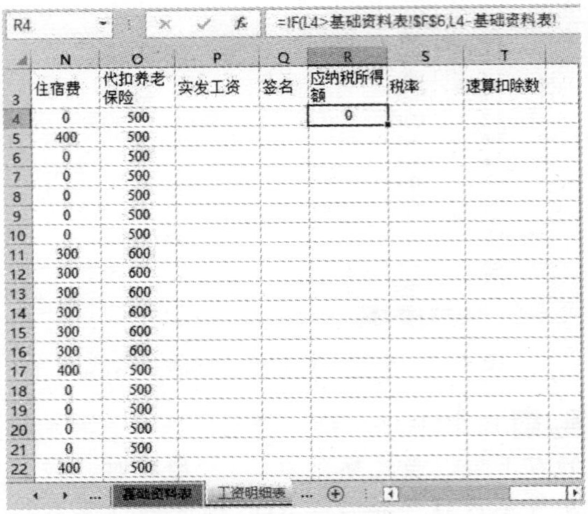

	N	O	P	Q	R	S	T
3	住宿费	代扣养老保险	实发工资	签名	应纳税所得额	税率	速算扣除数
4	0	500			0		
5	400	500					
6	0	500					
7	0	500					
8	0	500					
9	0	500					
10	0	500					
11	300	600					
12	300	600					
13	300	600					
14	300	600					
15	300	600					
16	300	600					
17	400	500					
18	0	500					
19	0	500					
20	0	500					
21	0	500					
22	400	500					

图 7-60　编制“应纳税所得额”公式

Step 02 选中R4单元格，将光标移到该单元格的右下角，当光标变为“+”形状时，按住左键不放往下拖曳，到达相应的位置后松开，即可完成公式的复制，用户也可以适当调整单元格的大小，使内容能够完全显示出来，其显示结果如图7-61所示。

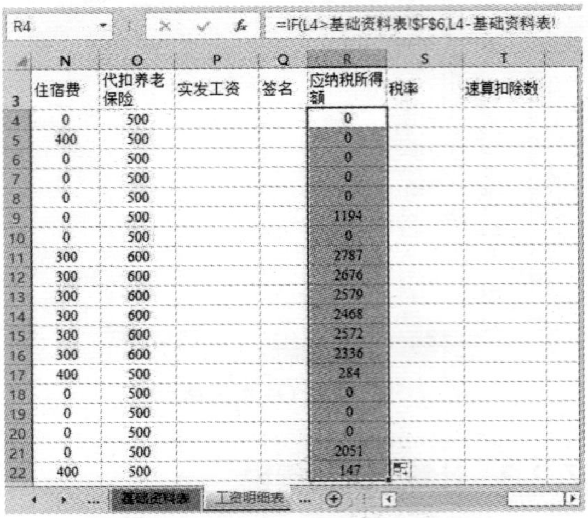

	N	O	P	Q	R	S	T
3	住宿费	代扣养老保险	实发工资	签名	应纳税所得额	税率	速算扣除数
4	0	500			0		
5	400	500			0		
6	0	500			0		
7	0	500			0		
8	0	500			0		
9	0	500			1194		
10	0	500			0		
11	300	600			2787		
12	300	600			2676		
13	300	600			2579		
14	300	600			2468		
15	300	600			2572		
16	300	600			2336		
17	400	500			284		
18	0	500			0		
19	0	500			0		
20	0	500			0		
21	0	500			2051		
22	400	500			147		

图 7-61　复制 R4 单元格公式

Step 03 选中S4单元格，设置单元格格式为【百分比】型，然后在编辑栏中输入“=IF(R4=0,0,LOOKUP(R4,基础资料表!$C$6:$C$15,基础资料表!$D$6:$D$15))”公式，按【Enter】键后，即可计算出税率值，显示结果如图7-62所示。

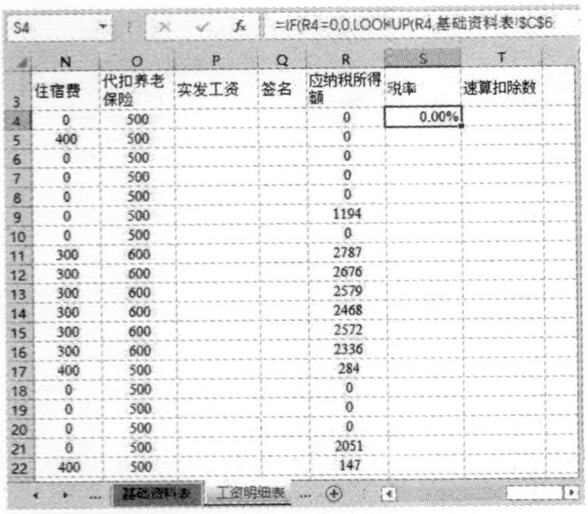

	N	O	P	Q	R	S	T
3	住宿费	代扣养老保险	实发工资	签名	应纳税所得额	税率	速算扣除数
4	0	500			0	0.00%	
5	400	500			0		
6	0	500			0		
7	0	500			0		
8	0	500			0		
9	0	500			1194		
10	0	500			0		
11	300	600			2787		
12	300	600			2676		
13	300	600			2579		
14	300	600			2468		
15	300	600			2572		
16	300	600			2336		
17	400	500			284		
18	0	500			0		
19	0	500			0		
20	0	500			0		
21	0	500			2051		
22	400	500			147		

图 7-62　编制“税率”公式

Step 04 选中S4单元格，将光标移到该单元格的右下角，当光标变为“+”形状时，按住左键不放往下拖曳，到达相应的位置后松开，即可完成公式的复制，用户也可以适当调整单元格的大小，使内容能够完全显示出来，其显示结果如图7-63所示。

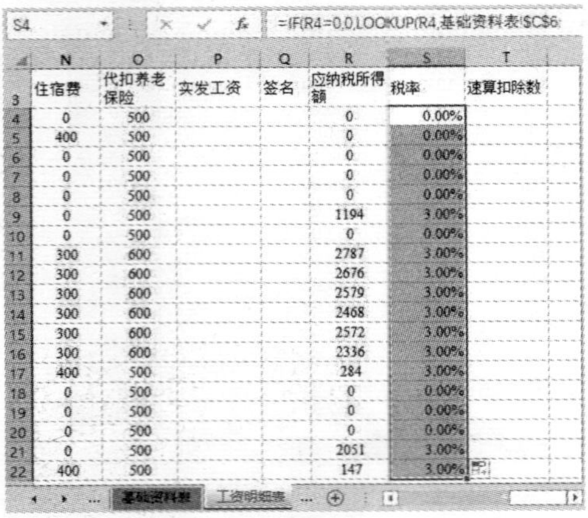

	N	O	P	Q	R	S	T
3	住宿费	代扣养老保险	实发工资	签名	应纳税所得额	税率	速算扣除数
4	0	500			0	0.00%	
5	400	500			0	0.00%	
6	0	500			0	0.00%	
7	0	500			0	0.00%	
8	0	500			0	0.00%	
9	0	500			1194	3.00%	
10	0	500			0	0.00%	
11	300	600			2787	3.00%	
12	300	600			2676	3.00%	
13	300	600			2579	3.00%	
14	300	600			2468	3.00%	
15	300	600			2572	3.00%	
16	300	600			2336	3.00%	
17	400	500			284	3.00%	
18	0	500			0	0.00%	
19	0	500			0	0.00%	
20	0	500			0	0.00%	
21	0	500			2051	3.00%	
22	400	500			147	3.00%	

图 7-63　复制 S4 单元格公式

Step 05 选中T4单元格，在编辑栏中输入“=IF(R4=0,0,LOOKUP(R4,基础资料表!$C$6:$C$15,基础资料表!$E$6:$E$15))”公式，按【Enter】键确认后，即可计算出速算扣除数值，显示结果如图7-64所示。

=IF(R4=0,0,LOOKUP(R4,基础资料表!$C$6:

O 代扣养老保险	P 实发工资	Q 签名	R 应纳税所得额	S 税率	T 速算扣除数
500			0	0.00%	0
500			0	0.00%	
500			0	0.00%	
500			0	0.00%	
500			0	0.00%	
500			1194	3.00%	
500			0	0.00%	
600			2787	3.00%	
600			2676	3.00%	
600			2579	3.00%	
600			2468	3.00%	
600			2572	3.00%	
600			2336	3.00%	
500			284	3.00%	
500			0	0.00%	
500			0	0.00%	
500			0	0.00%	
500			2051	3.00%	
500			147	3.00%	

基础资料表　工资明细表

图 7-64　编制“速算扣除数”公式

Step 06 选中T4单元格，将光标移到该单元格的右下角，当光标变为“+”形状时，按住左键不放往下拖曳，到达相应的位置后松开，即可完成公式的复制，用户也可以适当调整单元格的大小，使内容能够完全显示出来，其显示结果如图7-65所示。

=IF(R4=0,0,LOOKUP(R4,基础资料表!$C$6:

O 代扣养老保险	P 实发工资	Q 签名	R 应纳税所得额	S 税率	T 速算扣除数
500			0	0.00%	0
500			0	0.00%	0
500			0	0.00%	0
500			0	0.00%	0
500			0	0.00%	0
500			1194	3.00%	0
500			0	0.00%	0
600			2787	3.00%	0
600			2676	3.00%	0
600			2579	3.00%	0
600			2468	3.00%	0
600			2572	3.00%	0
600			2336	3.00%	0
500			284	3.00%	0
500			0	0.00%	0
500			0	0.00%	0
500			0	0.00%	0
500			2051	3.00%	0
500			147	3.00%	0

基础资料表　工资明细表

图 7-65　复制 T4 单元格公式

Step 07 选中M4:M22单元格区域，设置单元格格式为【数值】型，并设置【小数位数】的值为“2”，然后选中M4单元格，在编辑栏中输入“=R4*S4-T4”公式，按【Enter】键后，即可计算出个人所得税，显示结果如图7-66所示。

M4　=R4*S4-T4

	K 节日加班工资	L 工资合计	M 个人所得税	N 住宿费	O 代扣养老保险
4	450	4656.00	0.00	0	500
5	441	4846.00		400	500
6	447	4912.00		0	500
7	0	4173.00		0	500
8	0	3919.00		0	500
9	1296	6194.00		0	500
10	408	4490.00		0	500
11	1710	7787.00		300	600
12	1683	7676.00		300	600
13	1665	7579.00		300	600
14	1638	7468.00		300	600
15	1665	7572.00		300	600
16	1611	7336.00		300	600
17	429	5284.00		400	500
18	423	4658.00		0	500
19	0	3959.00		0	500
20	0	4026.00		0	500
21	1476	7051.00		0	500
22	468	5147.00		400	500

基础资料表　工资明细表

图 7-66　编制“个人所得税”公式

Step 08 选中M4单元格，将光标移到该单元格的右下角，当光标变为“+”形状时，按住左键不放往下拖曳，到达相应的位置后松开，即可完成公式的复制，用户也可以适当调整单元格的大小，使内容能够完全显示出来，其显示结果如图7-67所示。

M4　=R4*S4-T4

	K 节日加班工资	L 工资合计	M 个人所得税	N 住宿费	O 代扣养老保险	P 实发工资
4	450	4656.00	0.00	0	500	
5	441	4846.00	0.00	400	500	
6	447	4912.00	0.00	0	500	
7	0	4173.00	0.00	0	500	
8	0	3919.00	0.00	0	500	
9	1296	6194.00	35.82	0	500	
10	408	4490.00	0.00	0	500	
11	1710	7787.00	83.61	300	600	
12	1683	7676.00	80.28	300	600	
13	1665	7579.00	77.37	300	600	
14	1638	7468.00	74.04	300	600	
15	1665	7572.00	77.16	300	600	
16	1611	7336.00	70.08	300	600	
17	429	5284.00	8.52	400	500	
18	423	4658.00	0.00	0	500	
19	0	3959.00	0.00	0	500	
20	0	4026.00	0.00	0	500	
21	1476	7051.00	61.53	0	500	
22	468	5147.00	4.41	400	500	

基础资料表　工资明细表

图 7-67　复制 M4 单元格公式

Step 09 选中P4:P22单元格区域，设置单元格格式为【数值】型，并设置【小数位数】的值为“2”，再选中P4单元格，然后在编辑栏中输入“=L4-M4-N4-O4”公式，按【Enter】键后，即可计算出员工的实发工资，显示结果如图7-68所示。

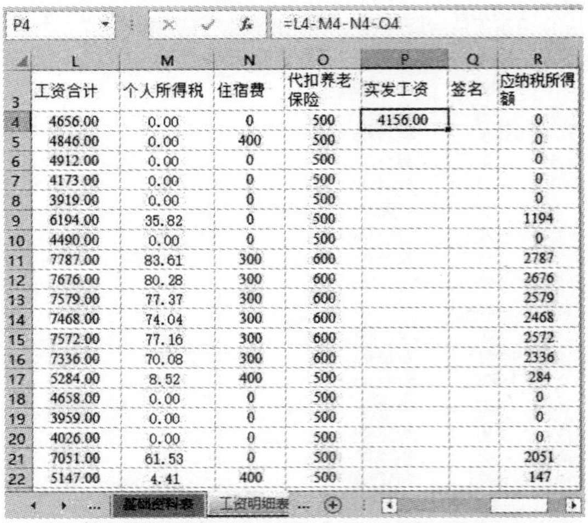

	L	M	N	O	P	Q	R
3	工资合计	个人所得税	住宿费	代扣养老保险	实发工资	签名	应纳税所得额
4	4656.00	0.00	0	500	4156.00		0
5	4846.00	0.00	400	500			0
6	4912.00	0.00	0	500			0
7	4173.00	0.00	0	500			0
8	3919.00	0.00	0	500			0
9	6194.00	35.82	0	500			1194
10	4490.00	0.00	0	500			0
11	7787.00	83.61	300	600			2787
12	7676.00	80.28	300	600			2676
13	7579.00	77.37	300	600			2579
14	7468.00	74.04	300	600			2468
15	7572.00	77.16	300	600			2572
16	7336.00	70.08	300	600			2336
17	5284.00	8.52	400	500			284
18	4658.00	0.00	0	500			0
19	3959.00	0.00	0	500			0
20	4026.00	0.00	0	500			0
21	7051.00	61.53	0	500			2051
22	5147.00	4.41	400	500			147

图 7-68 编制“实发工资”公式

Step 10 选中P4单元格，将光标移到该单元格的右下角，当光标变为“+”形状时，按住左键不放往下拖曳，到达相应的位置后松开，即可完成公式的复制，用户也可以适当调整单元格的大小，使内容能够完全显示出来，其显示结果如图7-69所示。

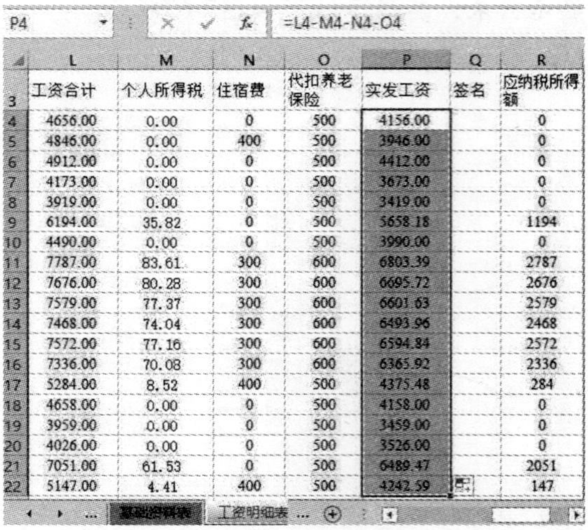

	L	M	N	O	P	Q	R
3	工资合计	个人所得税	住宿费	代扣养老保险	实发工资	签名	应纳税所得额
4	4656.00	0.00	0	500	4156.00		0
5	4846.00	0.00	400	500	3946.00		0
6	4912.00	0.00	0	500	4412.00		0
7	4173.00	0.00	0	500	3673.00		0
8	3919.00	0.00	0	500	3419.00		0
9	6194.00	35.82	0	500	5658.18		1194
10	4490.00	0.00	0	500	3990.00		0
11	7787.00	83.61	300	600	6803.39		2787
12	7676.00	80.28	300	600	6695.72		2676
13	7579.00	77.37	300	600	6601.63		2579
14	7468.00	74.04	300	600	6493.96		2468
15	7572.00	77.16	300	600	6594.84		2572
16	7336.00	70.08	300	600	6365.92		2336
17	5284.00	8.52	400	500	4375.48		284
18	4658.00	0.00	0	500	4158.00		0
19	3959.00	0.00	0	500	3459.00		0
20	4026.00	0.00	0	500	3526.00		0
21	7051.00	61.53	0	500	6489.47		2051
22	5147.00	4.41	400	500	4242.59		147

图 7-69 复制 P4 单元格公式

Step 11 选中A23单元格，输入“合计”标题，在D23:P23单元格区域的各个单元格中依次输入各项的求和公式，必要时可以设置单元格的格式，如图7-70所示。

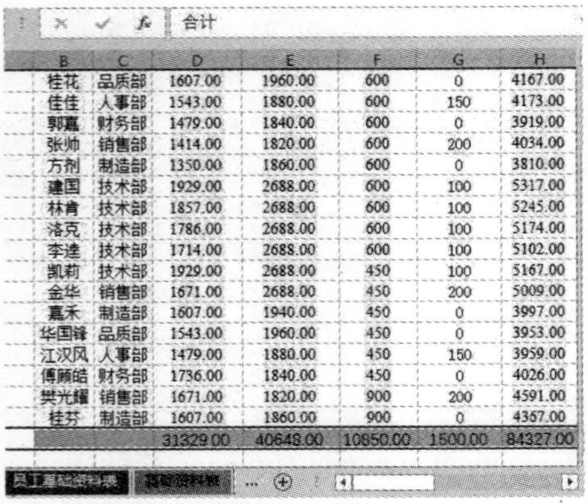

B	C	D	E	F	G	H
桂花	品质部	1607.00	1960.00	600	0	4167.00
佳佳	人事部	1543.00	1880.00	600	150	4173.00
郭嘉	财务部	1479.00	1840.00	600	0	3919.00
张帅	销售部	1414.00	1820.00	600	200	4034.00
方剂	制造部	1350.00	1860.00	600	0	3810.00
建国	技术部	1929.00	2688.00	600	100	5317.00
林肯	技术部	1857.00	2688.00	600	100	5245.00
洛克	技术部	1786.00	2688.00	600	100	5174.00
李逵	技术部	1714.00	2688.00	600	100	5102.00
凯莉	技术部	1929.00	2688.00	450	100	5167.00
金华	销售部	1671.00	2688.00	450	200	5009.00
嘉禾	制造部	1607.00	1940.00	450	0	3997.00
华国锋	品质部	1543.00	1960.00	450	0	3953.00
江汉风	人事部	1479.00	1880.00	450	150	3959.00
傅厕皓	财务部	1736.00	1840.00	450	0	4026.00
樊光耀	销售部	1671.00	1820.00	900	200	4591.00
桂芬	制造部	1607.00	1860.00	900	0	4367.00
		31329.00	40648.00	10850.00	1500.00	84327.00

图 7-70 编制各项“合计”公式

Step 12 选中A1:T1单元格区域，在【开始】选项卡下的【对齐方式】组中单击【合并后居中】按钮，即可完成合并操作，同时合并A2:T2单元格区域，并设置字体的字形、字号大小、加粗、居中显示与设置表格的边框、取消网格线显示等操作，如图7-71所示。

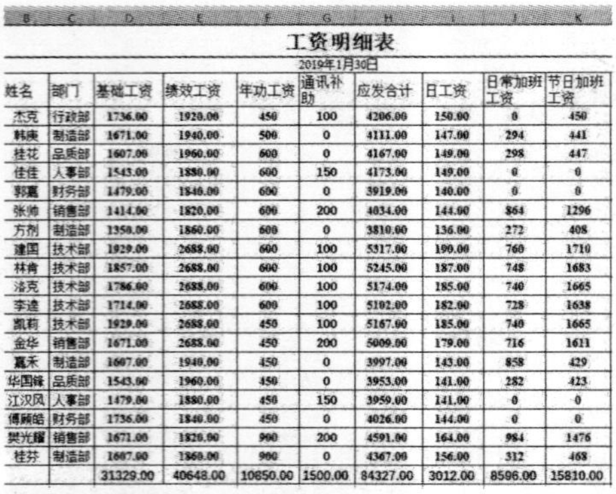

工资明细表

2019年1月30日

姓名	部门	基础工资	绩效工资	年功工资	通讯补助	应发合计	日工资	日常加班工资	节日加班工资
杰克	行政部	1736.00	1920.00	450	100	4206.00	150.00	0	450
韩庚	制造部	1671.00	1940.00	500	0	4111.00	147.00	294	441
桂花	品质部	1607.00	1960.00	600	0	4167.00	149.00	298	447
佳佳	人事部	1543.00	1880.00	600	150	4173.00	149.00	0	0
郭嘉	财务部	1479.00	1840.00	600	0	3919.00	140.00	0	0
张帅	销售部	1414.00	1820.00	600	200	4034.00	144.00	864	1296
方剂	制造部	1350.00	1860.00	600	0	3810.00	136.00	272	408
建国	技术部	1929.00	2688.00	600	100	5317.00	190.00	760	1710
林肯	技术部	1857.00	2688.00	600	100	5245.00	187.00	748	1683
洛克	技术部	1786.00	2688.00	600	100	5174.00	185.00	740	1665
李逵	技术部	1714.00	2688.00	600	100	5102.00	182.00	728	1638
凯莉	技术部	1929.00	2688.00	450	100	5167.00	185.00	740	1665
金华	销售部	1671.00	2688.00	450	200	5009.00	179.00	716	1611
嘉禾	制造部	1607.00	1940.00	450	0	3997.00	143.00	858	429
华国锋	品质部	1543.00	1960.00	450	0	3953.00	141.00	282	423
江汉风	人事部	1479.00	1880.00	450	150	3959.00	141.00	0	0
傅厕皓	财务部	1736.00	1840.00	450	0	4026.00	144.00	0	0
樊光耀	销售部	1671.00	1820.00	900	200	4591.00	164.00	984	1476
桂芬	制造部	1607.00	1860.00	900	0	4367.00	156.00	312	468
		31329.00	40648.00	10850.00	1500.00	84327.00	3012.00	8596.00	15810.00

图 7-71 美化表格后的最终效果

7.3 编制工资零钱发放统计表

本节将制作一张工资零钱发放统计表，该表也是在Excel 2016中完成的，工资零钱发放统计表主要适用于使用银行代发员工工资的企业。

第7章
企业员工工资的管理与核算

其具体的操作步骤如下：

Step 01 打开"工资明细表.xlsx"工作簿，插入一个新的工作表，将其命名为"零钱统计表"，并修改标签颜色为"红色"，将其另存工作簿并命名为"零钱统计表.xlsx"，如图7-72所示。

图 7-72　新建"零钱统计表"工作表

Step 02 在A1单元格及A2:J2单元格区域的各个单元格中分别输入各标题，如图7-73所示。

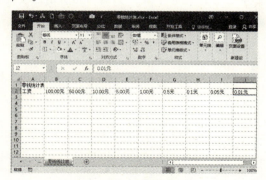

图 7-73　输入标题

Step 03 选中A3单元格，在编辑栏中输入"=工资明细表!P4"公式，按【Enter】键确认后，即可计算出员工的工资，如图7-74所示。

Step 04 选中A3单元格，将光标移到该单元格的右下角，当光标变为"+"形状时，按住左键不放往下拖曳，到达相应的位置后松开，即可完成公式的复制，并适当调整单元格的大小，使内容能够完全显示出来，其显示结果如图7-75所示。

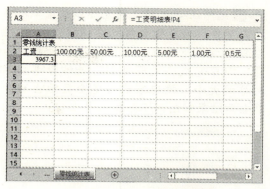

图 7-74　编制"工资"公式

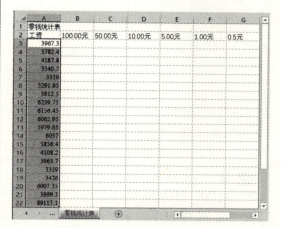

图 7-75　复制A3单元格公式

Step 05 选中B3单元格，在编辑栏中输入"=INT(A3/100)"公式，按【Enter】键确认后，即可计算出100元的个数，如图7-76所示。

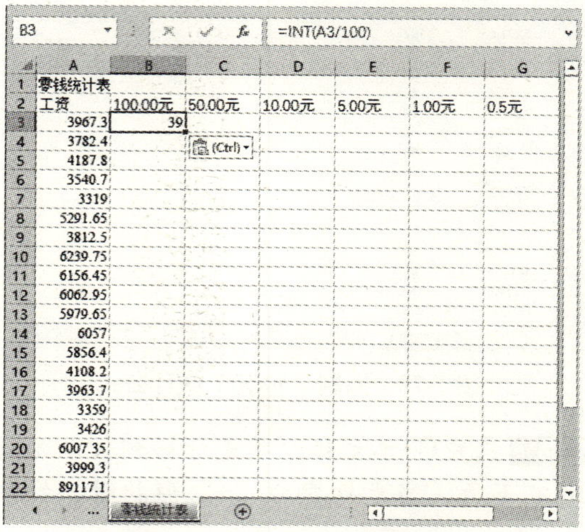

图 7-76　编制"100元"统计公式

Step 06 选中B3单元格，将光标移到该单元格的右下角，当光标变为“+”形状时，按住左键不放往下拖曳，到达相应的位置后松开，即可完成公式的复制，并适当调整单元格的大小，使内容能够完全显示出来，其显示结果如图7-77所示。

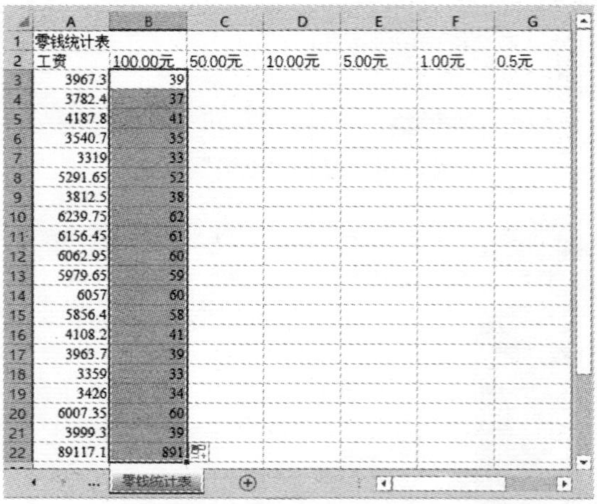

	A	B	C	D	E	F	G
1	零钱统计表						
2	工资	100.00元	50.00元	10.00元	5.00元	1.00元	0.5元
3	3967.3	39					
4	3782.4	37					
5	4187.8	41					
6	3540.7	35					
7	3319	33					
8	5291.65	52					
9	3812.5	38					
10	6239.75	62					
11	6156.45	61					
12	6062.95	60					
13	5979.65	59					
14	6057	60					
15	5856.4	58					
16	4108.2	41					
17	3963.7	39					
18	3359	33					
19	3426	34					
20	6007.35	60					
21	3999.3	39					
22	89117.1	891					

零钱统计表

图 7-77 复制 B3 单元格公式

Step 07 选中C3单元格，在编辑栏中输入“=MOD(INT(A3/50),2)”公式，按【Enter】键确认后，即可计算出员工的工资中包含50元的个数，如图7-78所示。

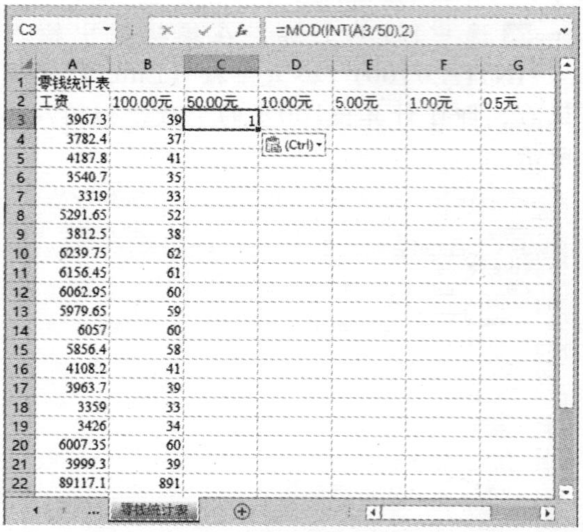

C3 =MOD(INT(A3/50),2)

	A	B	C	D	E	F	G
1	零钱统计表						
2	工资	100.00元	50.00元	10.00元	5.00元	1.00元	0.5元
3	3967.3	39	1				
4	3782.4	37					
5	4187.8	41					
6	3540.7	35					
7	3319	33					
8	5291.65	52					
9	3812.5	38					
10	6239.75	62					
11	6156.45	61					
12	6062.95	60					
13	5979.65	59					
14	6057	60					
15	5856.4	58					
16	4108.2	41					
17	3963.7	39					
18	3359	33					
19	3426	34					
20	6007.35	60					
21	3999.3	39					
22	89117.1	891					

(Ctrl)

零钱统计表

图 7-78 编制“50 元”统计公式

Step 08 选中C3单元格，将光标移到该单元格的右下角，当光标变为“+”形状时，按住左键不放往下拖曳，到达相应的位置后松开，即可完成公式的复制，并适当调整单元格的大小，使内容能够完全显示出来，其显示结果如图7-79所示。

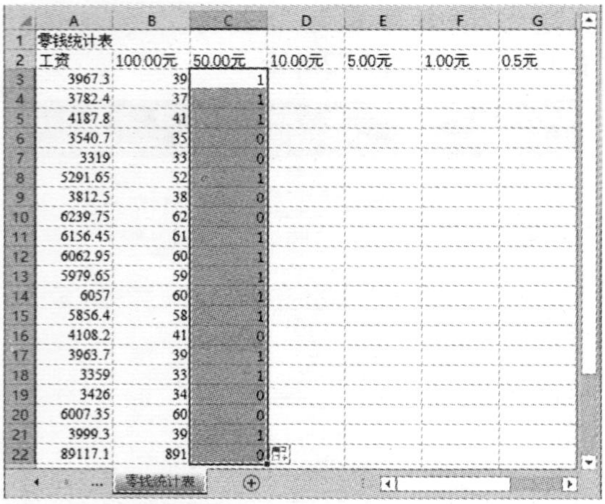

	A	B	C	D	E	F	G
1	零钱统计表						
2	工资	100.00元	50.00元	10.00元	5.00元	1.00元	0.5元
3	3967.3	39	1				
4	3782.4	37	1				
5	4187.8	41	1				
6	3540.7	35	0				
7	3319	33	0				
8	5291.65	52	1				
9	3812.5	38	0				
10	6239.75	62	0				
11	6156.45	61	1				
12	6062.95	60	1				
13	5979.65	59	1				
14	6057	60	1				
15	5856.4	58	1				
16	4108.2	41	0				
17	3963.7	39	1				
18	3359	33	1				
19	3426	34	0				
20	6007.35	60	0				
21	3999.3	39	1				
22	89117.1	891	0				

零钱统计表

图 7-79 复制 C3 单元格公式

Step 09 选中D3单元格，在编辑栏中输入“=INT(MOD(A3,50)/10)”公式，按【Enter】键确认后，即可计算出员工的工资中包含10元的个数，如图7-80所示。

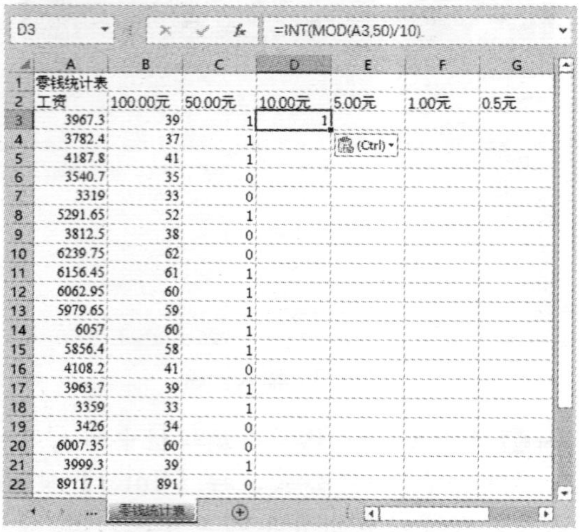

D3 =INT(MOD(A3,50)/10)

	A	B	C	D	E	F	G
1	零钱统计表						
2	工资	100.00元	50.00元	10.00元	5.00元	1.00元	0.5元
3	3967.3	39	1	1			
4	3782.4	37	1				
5	4187.8	41	1				
6	3540.7	35	0				
7	3319	33	0				
8	5291.65	52	1				
9	3812.5	38	0				
10	6239.75	62	0				
11	6156.45	61	1				
12	6062.95	60	1				
13	5979.65	59	1				
14	6057	60	1				
15	5856.4	58	1				
16	4108.2	41	0				
17	3963.7	39	1				
18	3359	33	1				
19	3426	34	0				
20	6007.35	60	0				
21	3999.3	39	1				
22	89117.1	891	0				

(Ctrl)

零钱统计表

图 7-80 编制“10 元”统计公式

Step 10 选中D3单元格，将光标移到该单元格的右下角，当光标变为“+”形状时，按住左键不放往下拖曳，到达相应的位置后松开，即可完成公式的复制，并适当调整单元格的大小，使内容能够完全显示出来，其显示结果如图7-81所示。

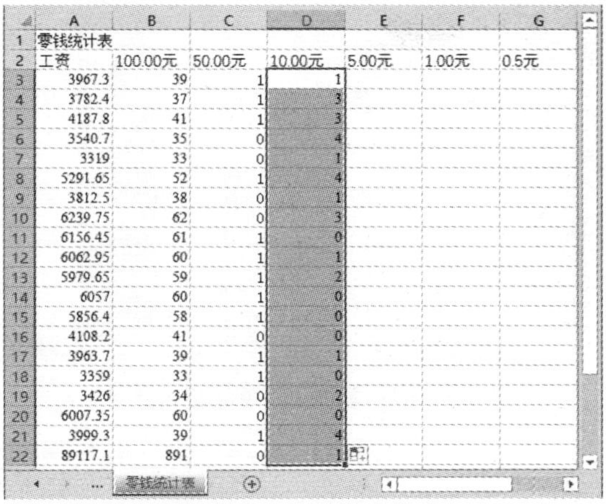

	A	B	C	D	E	F	G
1	零钱统计表						
2	工资	100.00元	50.00元	10.00元	5.00元	1.00元	0.5元
3	3967.3	39	1	1			
4	3782.4	37	1	3			
5	4187.8	41	1	3			
6	3540.7	35	0	4			
7	3319	33	0	1			
8	5291.65	52	1	4			
9	3812.5	38	0	1			
10	6239.75	62	0	3			
11	6156.45	61	1	0			
12	6062.95	60	1	1			
13	5979.65	59	1	2			
14	6057	60	1	0			
15	5856.4	58	1	0			
16	4108.2	41	0	0			
17	3963.7	39	1	1			
18	3359	33	1	0			
19	3426	34	0	2			
20	6007.35	60	0	0			
21	3999.3	39	1	4			
22	89117.1	891	0	1			

图 7-81　复制 D3 单元格公式

Step 11 选中E3单元格，在编辑栏中输入“=MOD(INT(A3/5),2)”公式，按【Enter】键确认后，即可计算出员工的工资中包含5元的个数，如图7-82所示。

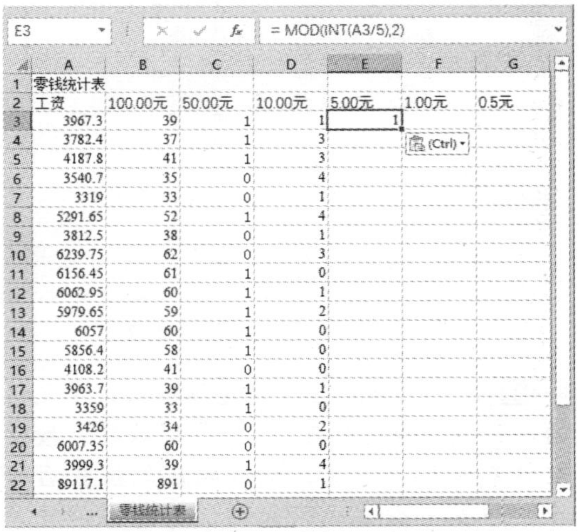

E3　= MOD(INT(A3/5),2)

	A	B	C	D	E	F	G
1	零钱统计表						
2	工资	100.00元	50.00元	10.00元	5.00元	1.00元	0.5元
3	3967.3	39	1	1	1		
4	3782.4	37	1	3			
5	4187.8	41	1	3			
6	3540.7	35	0	4			
7	3319	33	0	1			
8	5291.65	52	1	4			
9	3812.5	38	0	1			
10	6239.75	62	0	3			
11	6156.45	61	1	0			
12	6062.95	60	1	1			
13	5979.65	59	1	2			
14	6057	60	1	0			
15	5856.4	58	1	0			
16	4108.2	41	0	0			
17	3963.7	39	1	1			
18	3359	33	1	0			
19	3426	34	0	2			
20	6007.35	60	0	0			
21	3999.3	39	1	4			
22	89117.1	891	0	1			

图 7-82　编制“5 元”统计公式

Step 12 选中E3单元格，将光标移到该单元格的右下角，当光标变为“+”形状时，按住左键不放往下拖曳，到达相应的位置后松开，即可完成公式的复制，并适当调整单元格的大小，使内容能够完全显示出来，其显示结果如图7-83所示。

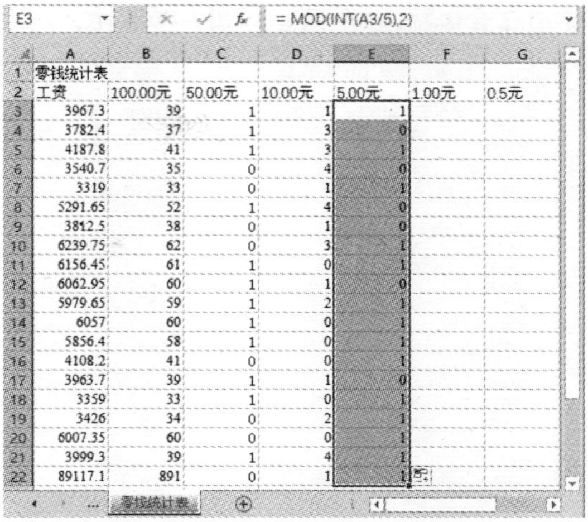

E3　= MOD(INT(A3/5),2)

	A	B	C	D	E	F	G
1	零钱统计表						
2	工资	100.00元	50.00元	10.00元	5.00元	1.00元	0.5元
3	3967.3	39	1	1	1		
4	3782.4	37	1	3	0		
5	4187.8	41	1	3	1		
6	3540.7	35	0	4	0		
7	3319	33	0	1	1		
8	5291.65	52	1	4	0		
9	3812.5	38	0	1	0		
10	6239.75	62	0	3	1		
11	6156.45	61	1	0	1		
12	6062.95	60	1	1	0		
13	5979.65	59	1	2	1		
14	6057	60	1	0	1		
15	5856.4	58	1	0	1		
16	4108.2	41	0	0	1		
17	3963.7	39	1	1	0		
18	3359	33	1	0	1		
19	3426	34	0	2	1		
20	6007.35	60	0	0	1		
21	3999.3	39	1	4	1		
22	89117.1	891	0	1	1		

图 7-83　复制 E3 单元格公式

Step 13 选中F3单元格，在编辑栏中输入“=INT(MOD(A3,5))”公式，按【Enter】键确认后，即可计算出员工的工资中包含1元的个数，如图7-84所示。

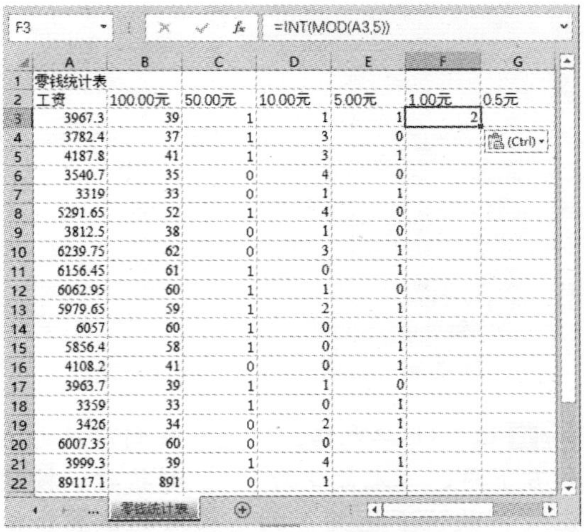

F3　=INT(MOD(A3,5))

	A	B	C	D	E	F	G
1	零钱统计表						
2	工资	100.00元	50.00元	10.00元	5.00元	1.00元	0.5元
3	3967.3	39	1	1	1	2	
4	3782.4	37	1	3	0		
5	4187.8	41	1	3	1		
6	3540.7	35	0	4	0		
7	3319	33	0	1	1		
8	5291.65	52	1	4	0		
9	3812.5	38	0	1	0		
10	6239.75	62	0	3	1		
11	6156.45	61	1	0	1		
12	6062.95	60	1	1	0		
13	5979.65	59	1	2	1		
14	6057	60	1	0	1		
15	5856.4	58	1	0	1		
16	4108.2	41	0	0	1		
17	3963.7	39	1	1	0		
18	3359	33	1	0	1		
19	3426	34	0	2	1		
20	6007.35	60	0	0	1		
21	3999.3	39	1	4	1		
22	89117.1	891	0	1	1		

图 7-84　编制“1 元”统计公式

Step 14 选中F3单元格，将光标移到该单元格的右下角，当光标变为“+”形状时，按住左键不放往下拖曳，到达相应的位置后松开，即可完成公式的复制，并适当调整单元格的大小，使内容能够完全显示出来，其显示结果如图7-85所示。

Step 15 选中G3单元格，在编辑栏中输入“=MOD(INT(A3*2),2)”公式，按【Enter】键确认后，即可计算出员工的工资中包含0.5元的个数,如图7-86所示。

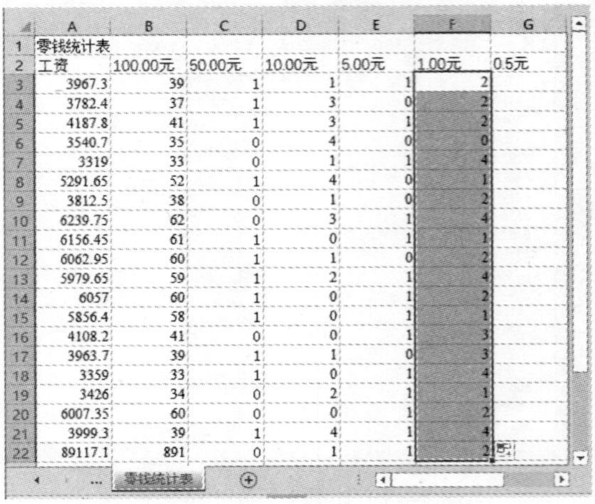

图7-85 复制F3单元格公式

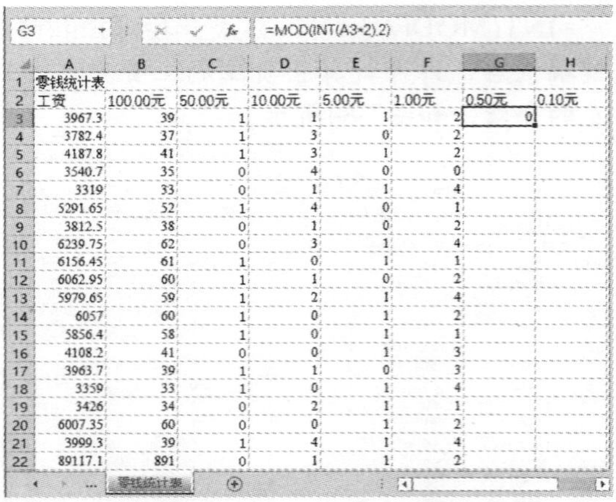

图7-86 编制"0.5元"统计公式

Step 16 选中G3单元格,将光标移到该单元格的右下角,当光标变为"+"形状时,按住左键不放往下拖曳,到达相应的位置后松开,即可完成公式的复制,并适当调整单元格的大小,使内容能够完全显示出来,其显示结果如图7-87所示。

Step 17 选中H3单元格,在编辑栏中输入"=INT(MOD(A3*10,5))"公式,按【Enter】键确认后,即可计算出员工的工资中包含0.1元的个数,如图7-88所示。

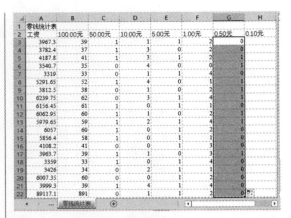

图7-87 复制G3单元格公式

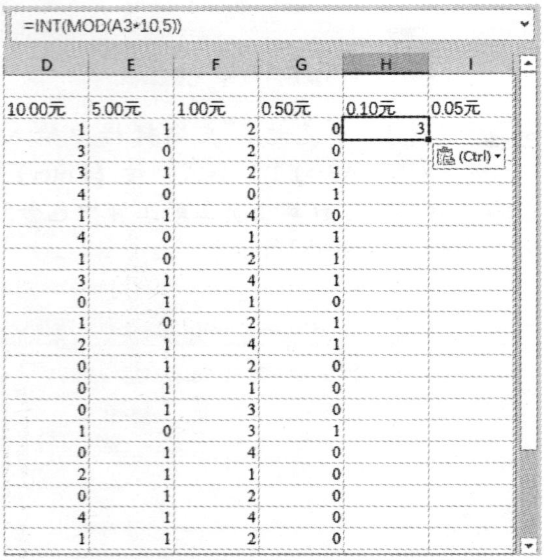

图7-88 编制"0.1元"统计公式

Step 18 选中H3单元格,将光标移到该单元格的右下角,当光标变为"+"形状时,按住左键不放往下拖曳,到达相应的位置后松开,即可完成公式的复制,并适当调整单元格的大小,使内容能够完全显示出来,其显示结果如图7-89所示。

Step 19 选中I3单元格,在编辑栏中输入"=MOD(INT(A3*20),2)"公式,按【Enter】键确认后,即可计算出员工的工资中包含0.05元的个数,如图7-90所示。

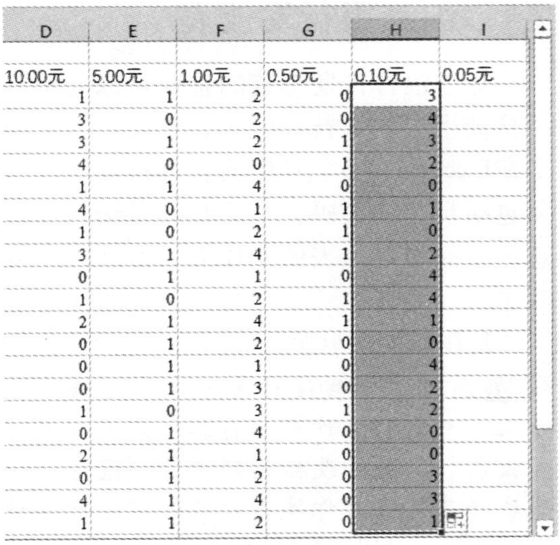

图 7-89 复制 H3 单元格公式

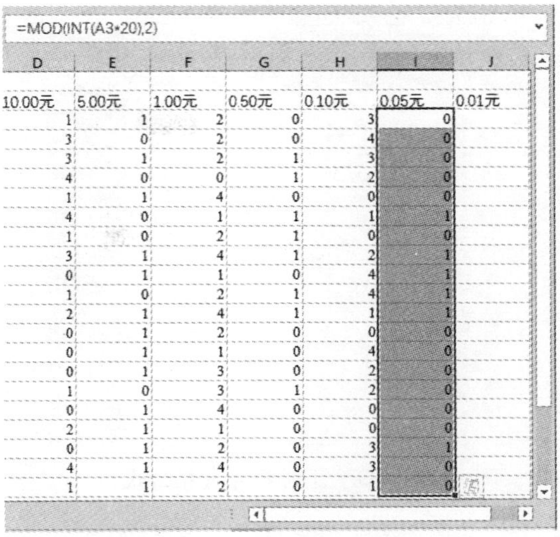

图 7-91 复制 I3 单元格公式

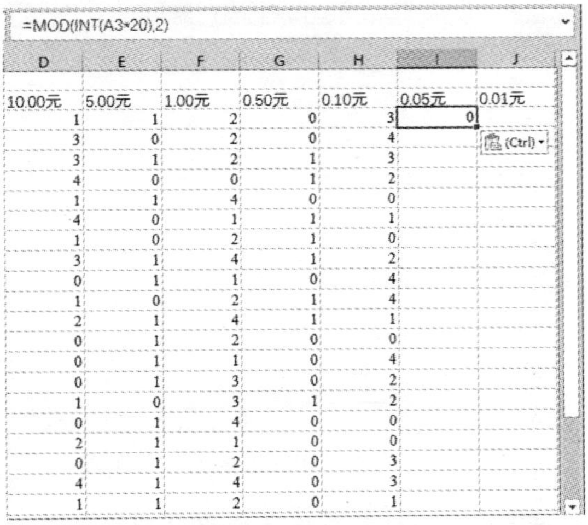

图 7-90 编制"0.05 元"统计公式

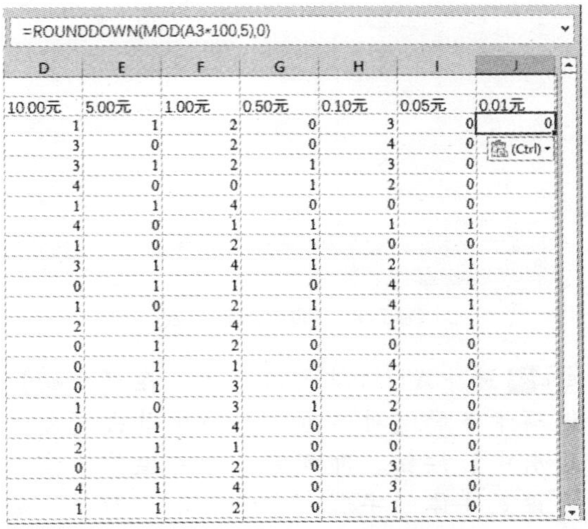

图 7-92 编制"0.01 元"统计公式

Step 20 选中 I3 单元格，将光标移到该单元格的右下角，当光标变为"+"形状时，按住左键不放往下拖曳，到达相应的位置后松开，即可完成公式的复制，并适当调整单元格的大小，使内容能够完全显示出来，其显示结果如图7-91所示。

Step 21 选中 J3 单元格，在编辑栏中输入 "=ROUNDDOWN(MOD(A3*100,5),0)" 公式，按【Enter】键确认后，即可计算出员工的工资中包含0.01元的个数，如图7-92所示。

Step 22 选中 J3 单元格，将光标移到该单元格的右下角，当光标变为"+"形状时，按住左键不放往下拖曳，到达相应的位置后松开，即可完成公式的复制，并适当调整单元格的大小，使内容能够完全显示出来，其显示结果如图7-93所示。

Step 23 选中 A23 单元格，输入"合计"名称，在B23:J23单元格区域的各个单元格中依次输入零钱总计公式，最终结果如图7-94所示。

7.4 编制银行发放表

对于银行代发工资的企业可以使用其中自动生成的银行代发表,银行代发表也是在Excel 2016中制作的。银行发放表主要包括员工的代码、工资及银行卡号等信息。下面将对该表的制作方法做进一步的阐述。

具体的操作步骤如下：

Step 01 打开"零钱统计表.xlsx"工作簿,插入一个新的工作表,将其命名为"银行发放表",并修改标签颜色为"橙色",然后将其另存工作簿并命名为"银行发放表.xlsx",如图7-96所示。

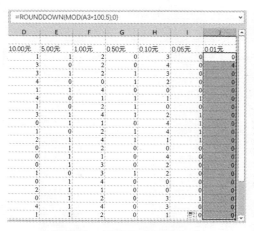

图 7-93 复制J3单元格公式

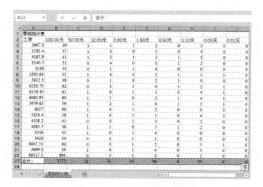

图 7-94 编制求和公式

Step 24 选中A1:J1单元格区域,在【开始】选项卡下的【对齐方式】组中单击【合并后居中】按钮,即可完成合并操作。接着再设置字体的字形、字号大小、加粗、居中显示,以及设置表格的边框、取消网格线显示和取消零值显示等操作,如图7-95所示。

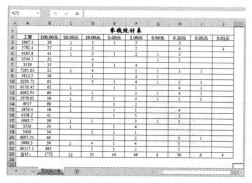

图 7-95 美化表格后的效果

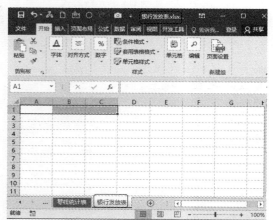

图 7-96 新建"银行发放表"工作表

Step 02 在A1:D1单元格区域中分别输入各标题,如图7-97所示。

图 7-97 输入表格的标题

第7章
企业员工工资的管理与核算

Step 03 选中A2单元格,在编辑栏中输入"=工资明细表!A4"公式,按【Enter】键后,即可成功编制"员工代码"公式,如图7-98所示。

图 7-98 编制"员工代码"公式

Step 04 选中A2单元格,将光标移到该单元格的右下角,当光标变为"+"形状时,按住左键不放往下拖曳,到达相应的位置后松开,即可完成公式的复制,并适当调整单元格的大小,使内容能够完全显示出来,其显示结果如图7-99所示。

图 7-99 复制 A2 单元格公式

Step 05 选中B2单元格,在编辑栏中输入"=工资明细表!B4"公式,按【Enter】键后,即可成功编制"员工姓名"公式,如图7-100所示。

图 7-100 编制"姓名"公式

Step 06 选中B2单元格,将光标移到该单元格的右下角,当光标变为"+"形状时,按住左键不放往下拖曳,到达相应的位置后松开,即可完成公式的复制,并适当调整单元格的大小,使内容能够完全显示出来,其显示结果如图7-101所示。

图 7-101 复制 B2 单元格公式

Step 07 选中C2单元格,在编辑栏中输入"=工资明细表!P4"公式,按【Enter】键后,即可成功编制"员工工资"公式,如图7-102所示。

Step 08 选中C2单元格,将光标移到该单元格的右下角,当光标变为"+"形状时,按住左键不放往下拖曳,到达相应的位置后松开,即可完成公式的复制,并适当调整单元格的大小，使内容能够完全显示出来，其显示结果如图7-103所示。

制"员工的银行卡号"公式，如图7-106所示。

图 7-102　编制"工资"公式

图 7-104　【设置单元格格式】对话框

图 7-103　复制C2单元格公式

图 7-105　使用千位分隔符后的效果

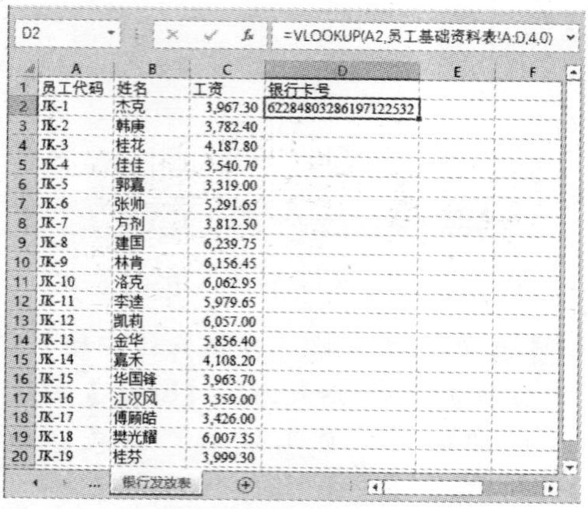

Step 09 选中C2:C20单元格区域，右击，从弹出的快捷菜单中选择【设置单元格格式】命令，即可弹出【设置单元格格式】对话框，选择【数字】选项卡，在【分类】列表框中选择【数值】，并选择【使用千位分隔符】复选框，如图7-104所示。

Step 10 单击【确定】按钮，即可完成设置，设置后的显示结果如图7-105所示。

Step 11 选中D2单元格，在编辑栏中输入"=VLOOKUP(A2,员工基础资料表!A:D,4,0)"公式，按【Enter】键后，即可成功编

图 7-106　编制"银行卡号"公式

Step 12 选中D2单元格，将光标移到该单元格的右下角，当光标变为“+”形状时，按住左键不放往下拖曳，到达相应的位置后松开，即可完成公式的复制，并适当调整单元格的大小，使内容能够完全显示出来，其显示结果如图7-107所示。

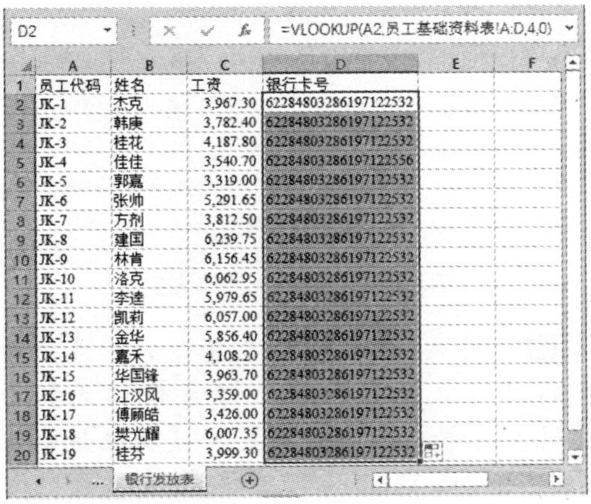

D2 =VLOOKUP(A2,员工基础资料表!A:D,4,0)

员工代码	姓名	工资	银行卡号
JK-1	杰克	3,967.30	62284803286197122532
JK-2	韩庚	3,782.40	62284803286197122532
JK-3	桂花	4,187.80	62284803286197122532
JK-4	佳佳	3,540.70	62284803286197122556
JK-5	郭嘉	3,319.00	62284803286197122532
JK-6	张帅	5,291.65	62284803286197122532
JK-7	方剂	3,812.50	62284803286197122532
JK-8	建国	6,239.75	62284803286197122532
JK-9	林肯	6,156.45	62284803286197122532
JK-10	洛克	6,062.95	62284803286197122532
JK-11	李逵	5,979.65	62284803286197122532
JK-12	凯莉	6,057.00	62284803286197122532
JK-13	金华	5,856.40	62284803286197122532
JK-14	嘉禾	4,108.20	62284803286197122532
JK-15	华国锋	3,963.70	62284803286197122532
JK-16	江汉风	3,359.00	62284803286197122532
JK-17	傅顾皓	3,426.00	62284803286197122532
JK-18	樊光耀	6,007.35	62284803286197122532
JK-19	桂芬	3,999.30	62284803286197122532

银行发放表

图 7-107　复制 D2 单元格公式

Step 13 为了美化表格，可以设置表格的边框、取消网格线显示，以及设置表格标题字体的大小、字形加粗、字体居中显示等操作，如图7-108所示。

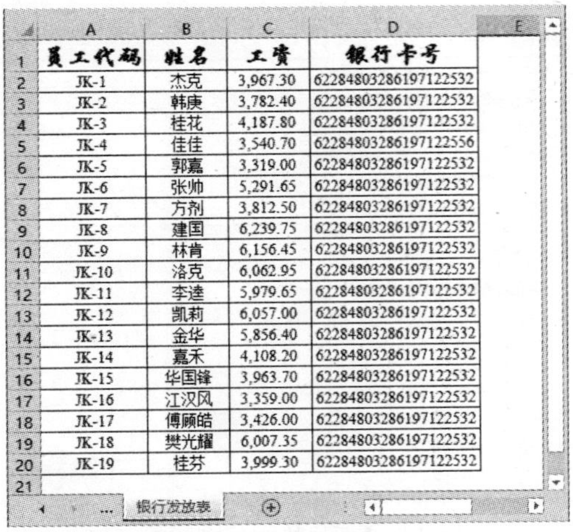

员工代码	姓名	工资	银行卡号
JK-1	杰克	3,967.30	62284803286197122532
JK-2	韩庚	3,782.40	62284803286197122532
JK-3	桂花	4,187.80	62284803286197122532
JK-4	佳佳	3,540.70	62284803286197122556
JK-5	郭嘉	3,319.00	62284803286197122532
JK-6	张帅	5,291.65	62284803286197122532
JK-7	方剂	3,812.50	62284803286197122532
JK-8	建国	6,239.75	62284803286197122532
JK-9	林肯	6,156.45	62284803286197122532
JK-10	洛克	6,062.95	62284803286197122532
JK-11	李逵	5,979.65	62284803286197122532
JK-12	凯莉	6,057.00	62284803286197122532
JK-13	金华	5,856.40	62284803286197122532
JK-14	嘉禾	4,108.20	62284803286197122532
JK-15	华国锋	3,963.70	62284803286197122532
JK-16	江汉风	3,359.00	62284803286197122532
JK-17	傅顾皓	3,426.00	62284803286197122532
JK-18	樊光耀	6,007.35	62284803286197122532
JK-19	桂芬	3,999.30	62284803286197122532

银行发放表

图 7-108　美化表格后的效果

7.5　打印工资条

工资条是发放工资时交给职工的工资项目清单，其数据来源于工资表。由于工资条是发放给职工个人的，所以，每个月发放的职工工资条应该包括工资中各个部分的项目名称和具体的数值。使用Excel 2016进行工资条的处理由于非常灵活，因此备受会计人员的青睐。

当工资条制作完毕后，接下来的程序就是将工资条打印出来了，以发放到每一位相应员工的手中。其具体的操作步骤如下：

Step 01 打开“银行发放表.xlsx”工作簿，插入一个新的工作表，将其命名为“工资条表”，并修改标签颜色为“黄色”，将其另存为工作簿并命名为“工资条表.xlsx”，如图7-109所示。

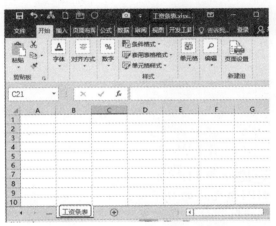

图 7-109　新建“工资条表”工作表

Step 02 选中A1单元格，在编辑栏中输入“=IF(MOD(ROW(),3)=0,"",IF(MOD(ROW(),3)=1,工资明细表!A$3,INDEX(工资明细表!$A:$Q,INT((ROW()-1)/3)+4,COLUMN())))”公式，按【Enter】键确认后，即可成功编制“工资条”公式，如图7-110所示。

Step 03 选中A1单元格，将光标移到该单元格的右下角，当光标变为“+”形状时，按住鼠标左键不放往右边拖曳，到达相应的位置后松开，即可完成复制操作，如图7-111所示。

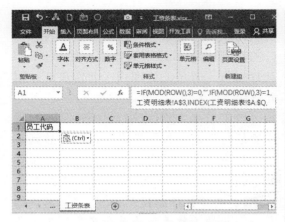

图 7-110 编制"工资条"公式

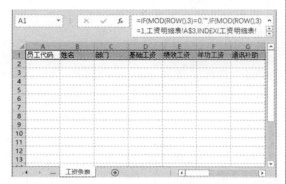

图 7-111 复制 A1 单元格公式

Step 04 选中 A1:P1 单元格区域,将光标移动到 P1 单元格的右下角,当光标变为"+"形状时,按住左键不放往下拖曳,到达相应的位置后松开,即可完成公式的复制操作,如图 7-112 所示。

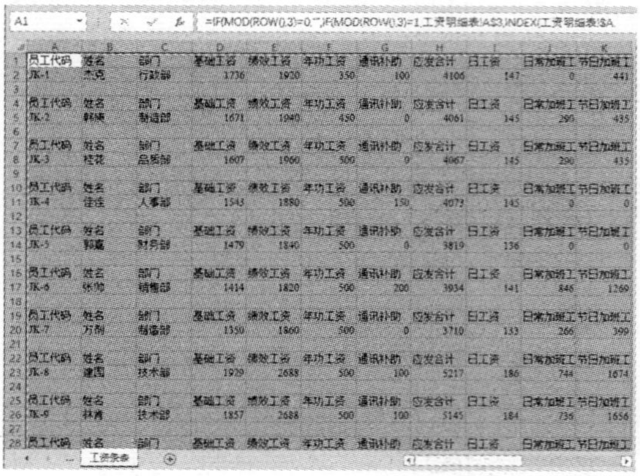

图 7-112 复制 A1 单元格格式

Step 05 至此,整个"工资条表"工作表的创建基本已经完成,如图 7-113 所示。

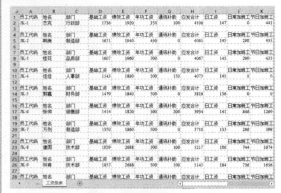

图 7-113 创建整个工作表完成

Step 06 选中 A1 单元格,在【开始】选项卡下的【样式】组中单击【条件格式】→【突出显示单元格规则】→【其他规则】按钮,即可弹出【新建格式规则】对话框,然后在【只为包含以下内容的单元格设置格式】下拉列表框中依次选择【单元格值】→【不等于】选项,在右侧的文本框中输入"=$A$3"公式,如图 7-114 所示。

图 7-114 【新建格式规则】对话框

Step 07 单击【格式】按钮,将会弹出【设置单元格格式】对话框,选择【边框】选项卡,预置边框样式为【外边框】,单击【确定】按钮,返回【新建格式规则】对话框，最后单击【确定】按钮，即可完成设置。

Step 08 选中A1单元格，在【开始】选项卡下的【剪贴板】组中单击【格式刷】按钮，当光标变为形状时，选中A1:P56单元格区域，格式复制完成，光标也将恢复为常态，如图7-115所示。

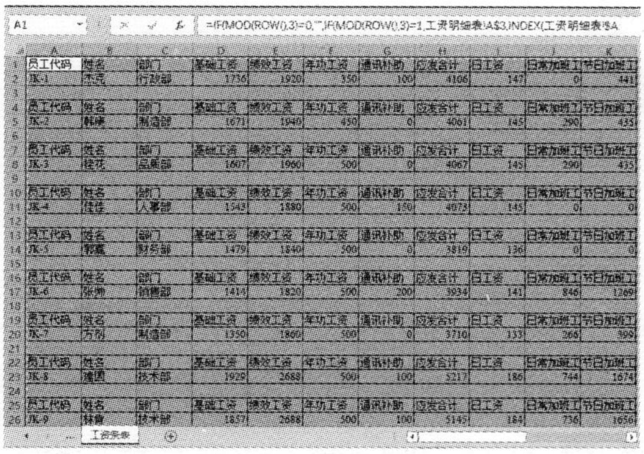

图7-115 使用格式刷复制条件格式

Step 09 为了美化表格，可以设置取消网格线显示，以及设置表格标题字体的大小、字形加粗、字体居中显示等操作，如图7-116所示。

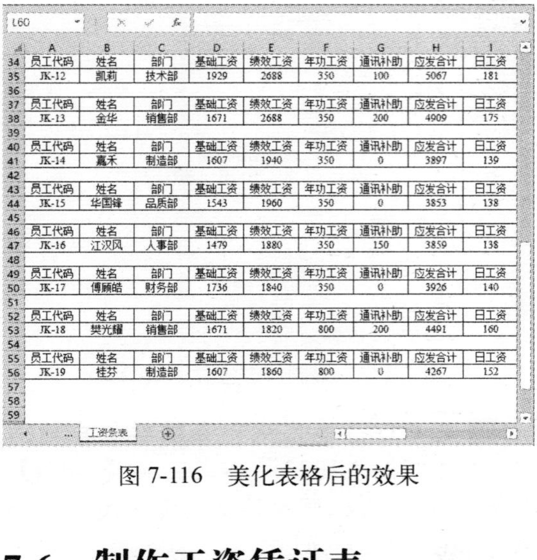

图7-116 美化表格后的效果

7.6 制作工资凭证表

本节将制作一张工资凭证表，该表也是在Excel 2016中完成的，它主要包括"根据工资表做计提处理""发放工资""支付代扣款"三个方面的内容。

其具体的操作步骤如下：

Step 01 打开"工资条表.xlsx"工作簿，插入一个新的工作表，将其命名为"工资凭证表"，并修改标签颜色为"大红色"，然后将其另存为工作簿并命名为"工资凭证表.xlsx"，如图7-117所示。

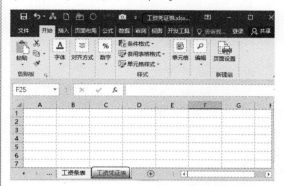

图7-117 新建"工资凭证表"工作表

Step 02 在B1、C3、D4等单元格中分别输入"1.根据工资表做计提处理""借：成本费用类科目""贷：应付工资"，并适当调整单元格的大小。

Step 03 在B8、C10、D11、D12、D13和D14单元格区域中分别输入"2.发放工资""借：应付工资""贷：货币资金类科目""其他应付款/住宿费""其他应付款/个人所得税""其他应付款/养老保险"。

Step 04 在B16、C18、D19、D20、D21等单元格中分别输入"3.支付代扣款""借：其他应付款/住宿费""其他应付款/个人所得税""其他应付款/养老保险""贷：货币资金科目"。为了使分录对齐显示，可以在输入明细时在字段的前面留几个空格，如图7-118所示。

Step 05 选中G3单元格，在编辑栏中输入"=工资明细表!L23"公式内容，按【Enter】键确认后，即可编制成本费用类的科目，如图7-119所示。

图 7-118　编制工资表中的各分录

图 7-119　编制成本费用类科目公式

Step 06 选中G3:G21单元格区域，右击，从弹出的快捷菜单中选择【设置单元格格式】命令，即可弹出【设置单元格格式】对话框，选择【数字】选项卡，在分类列表框中选择【数值】选项，并设置【小数位数】的值为"2"，最后单击【确定】按钮，即可成功设置，如图7-120所示。

图 7-120　【设置单元格格式】对话框

Step 07 选中G4单元格，在编辑栏中输入"=工资明细表!L23"公式，按【Enter】键后，即可编制贷方的应付工资公式，如图7-121所示。

图 7-121　编制贷方应付工资公式

Step 08 选中G10单元格，在编辑栏中输入"=工资明细表!L23"公式，按【Enter】键后，即可编制借方的应付工资公式，如图7-122所示。

图 7-122　编制借方应付工资公式

Step 09 选中G11单元格，在编辑栏中输入"=工资明细表!P23"公式，按【Enter】键后，即可编制贷方的货币资金类科目公式，如图7-123所示。

Step 10 选中G12单元格，在编辑栏中输入"=工资明细表!N23"公式，按【Enter】键后，即可编制贷方住宿费公式，如图7-124所示。

图 7-123　编制贷方货币资金科目公式

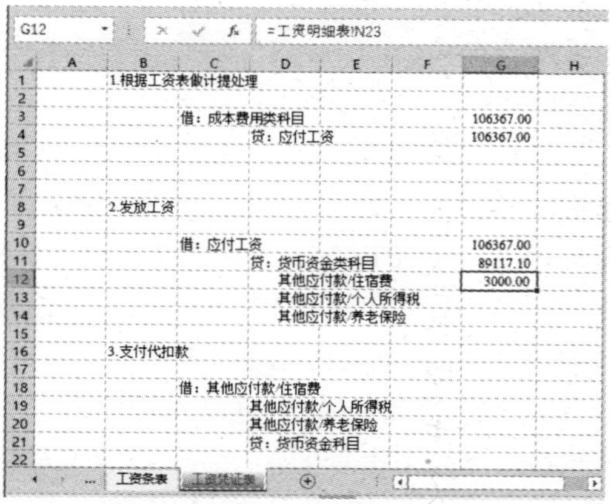

图 7-124　编制贷方住宿费公式

Step 11 选中G13单元格，在编辑栏中输入"=工资明细表!M23"公式，按【Enter】键后，即可编制贷方的个人所得税公式，如图7-125所示。

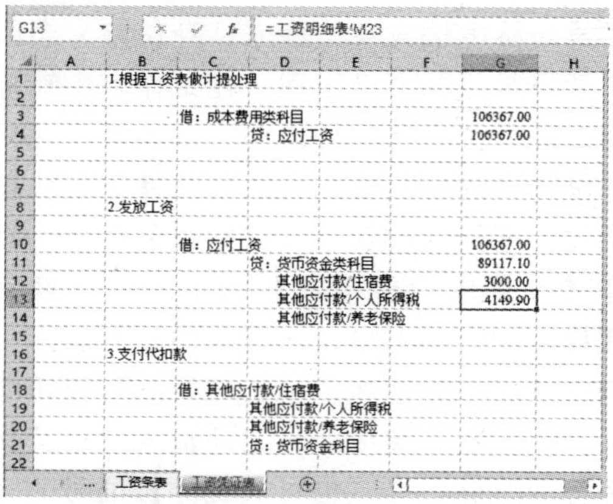

图 7-125　编制贷方个人所得税公式

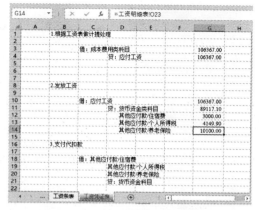

Step 12 选中G14单元格，在编辑栏中输入"=工资明细表!O23"公式，按【Enter】键后，即可编制贷方的养老保险公式，如图7-126所示。

图 7-126　编制贷方的养老保险公式

Step 13 选中G18单元格，在编辑栏中输入"=工资明细表!N23"公式，按【Enter】键后，即可编制借方住宿费公式，如图7-127所示。

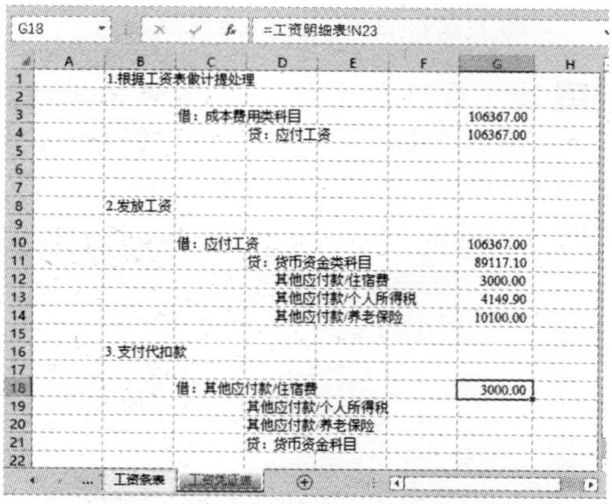

图 7-127　编制借方住宿费公式

Step 14 选中G19单元格，在编辑栏中输入"=工资明细表!M23"公式，按【Enter】键后，即可编制借方的个人所得税公式，如图7-128所示。

Step 15 选中G20单元格，在编辑栏中输入"=工资明细表!O23"公式，按【Enter】键后，即可编制借方养老保险公式，如图7-129所示。

图 7-128　编制借方的个人所得税公式

图 7-129　编制借方养老保险公式

Step 16 选中 G21 单元格，在编辑栏中输入"=SUM(G18:G20)"公式，按【Enter】键后，即可编制借方的货币资金科目公式，如图 7-130 所示。

图 7-130　编制借方的货币资金科目公式

Step 17 为了美化表格，可以设置取消网格线显示，以及设置表格标题字体的大小、字形加粗、字体居中显示等操作，如图 7-131 所示。

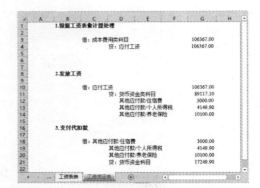

图 7-131　美化表格后的最终效果

7.7　疑难解惑

疑问1：如何从身份证号码中获取出生日期呢？

假设 A1 单元格中有一个身份证号码，单击 A2 单元格，在编辑栏中输入"=TEXT(MID(A1,7,6+(LEN(A1)=18)*2),"#-00-00")*1"公式，并设置 A2 单元格格式为"日期型"格式，这样在 A2 单元格中就会显示出 A1 单元格中的身份证号码主人的出生日期。

疑问2：如何在单元格中输入身份证号？

解答：在将数据格式设置为【数值】且【小数位数】为零的单元格中输入18位数的身份证号时，身份证的后3位会以"0"来显示。如果向数据格式为"常规"的单元格中输入身份证号，身份证号会以科学计数法的形式出现。在工作表中输入身份证号主要有两种方法：①选中要输入身份证号的单元格，右击，从弹出的快捷菜单中选择【设置单元格格式】命令，打开【设置单元格格式】对话框，切换到【数字】选项卡中，在【分类】列表框中选择【文本】选项，单击【确定】按钮即可。②在输入身份证号之前输入一个英文状态下的单引号，也可实现身份证号的完整输入。

第 8 章 企业固定资产的管理与核算

本章以固定资产核算为例,根据使用者录入的设备原值、使用年限、残值率等信息,自动生成年折旧额、月折旧额等数据,形成手工输入和自动计算相结合的固定资产台账表,将财务人员从枯燥、烦琐的手工计算提取月折旧工作中解放出来。

本章技能(已掌握的在方框中打钩)

☐ 录入固定资产初始卡片。
☐ 固定资产折旧的计提。
☐ 用图表法进行折旧分析。
☐ 查询固定资产。

8.1 录入固定资产初始卡片

固定资产卡片的录入通常采用设置输入格式文件的方式。不同性质的单位其固定资产卡片的格式差别也较大。即使是同一个性质的单位,由于可能采用不同的核算和管理方式,因此,卡片的项目也会不同,但是方法基本类似。

8.1.1 设置卡片的基本信息

固定资产信息卡是指记录固定资产购置、使用、折旧和处置等各方面信息的Excel工作表,是固定资产手工记录向计算机管理的一个衔接。信息卡的建立要求把企业现有固定资产重新进行核对,按照统一的格式将各项固定资产的有关信息全部录入到Excel工作表中。

其具体的操作步骤如下:

Step 01 启动Excel 2016应用程序,新建一个工作簿并将其命名为"固定资产管理.xlsx"。接着双击工作表标签Sheet1,并将其重命名为"固定资产卡片",如图8-1所示。

图 8-1 "固定资产管理"工作簿

Step 02 输入固定资产信息卡的各个项目，并根据需要设置工作表的格式，如图8-2所示。

图8-2 输入标题项目

> **注意**：固定资产信息卡尽可能保持手工账目与计算机信息卡的科目与内容相一致，并通过编号将其一一对应起来，保证企业会计记录的连续性。

Step 03 建立起固定资产信息卡，并设置好各个记录科目后，就可以开始核对现有固定资产，然后将正确信息录入信息卡中。为了便于信息的输入，并确保信息资料的准确性，应对"使用状况"列进行数据有效性控制。这里只需要选中单元格F3，然后在【数据】选项卡下的【数据工具】组中单击【数据验证】右侧的下三角按钮，从弹出的下拉列表中选择【数据验证】选项，即可打开【数据验证】对话框，如图8-3所示。

图8-3 设置F3单元格的数据验证

Step 04 切换到【设置】选项卡，在【允许】下拉列表框中选择【序列】选项；在【来源】文本框中输入"在用,季节性停用,停用"文本信息，如图8-4所示。

图8-4 【数据验证】对话框

Step 05 单击【确定】按钮，便完成了对"使用状况"有效性的设置；然后将F3单元格的有效性控制复制到该列的其他单元格，如图8-5所示。

图8-5 填充"使用状况"列的其他单元格

Step 06 对"增加方式"列进行有效性控制。只需要选中G3单元格，然后在【数据】选项卡下的【数据工具】组中单击【数据验证】右侧的下三角按钮，从弹出的下拉列表中选择【数据验证】选项，即可打开【数据验证】对话框。切换至【设置】选项卡，在【允许】下拉列表框中选择【序

第8章
企业固定资产的管理与核算

列】选项;在"来源"文本框中输入"直接购入,在建工程转入,捐赠,投资者投入,调拨"文本信息,其他参数的设置如图8-6所示。最后,将此单元格中的设置填充到该列的其他单元格中。

图8-6 输入使用状况参数

Step 07 使用同样的方法对"减少方式"列进行有效性控制。在"来源"文本框中输入"出售,报废,调拨,投资"文本信息,然后将此设置填充到该列的其他单元格中。

Step 08 对"部门名称"列进行有效性控制,可以在"来源"文本框中输入"财务部,人事部,销售部,车间,办公室,厂部",然后将此设置填充到该列的其他单元格中。

Step 09 对"折旧方法"列进行有效性控制。在"来源"文本框中输入"平均年限法,双倍余额递减法,年数总和法,工作量法",然后将此设置填充到该列的其他单元格中即可。

◎注意:在输入有效性控制时,各个项目之间必须用英文状态下的逗号隔开。若使用中文状态下的逗号,系统则默认所输入的内容为一个项目。

8.1.2 输入卡片的内容

建立起固定资产信息卡,并设定好各个记录科目后,就可以开始核对现有固定资产,将正确信息输入到信息卡中。为了便于信息的输入,并确保信息资料的准确性,用户可以利用Excel 2016中的【数据验证】功能对单元格中的数据信息进行有效性设置后,可以使用固定资产卡片的输入更加快捷、方便。其具体的操作步骤如下:

Step 01 在"固定资产卡片"工作表中输入卡片内容时,对于卡片的编号、固定资产的编号及固定资产的名称等项目可以直接输入,而使用状况、增加方式、减少方式及折旧方法等可以进行选择性输入。但对于设置了有效性的单元格,需要从有效性控制的下拉按钮中选择所需要的选项,如图8-7所示。

图8-7 输入卡片信息

◎注意:用户在A3(固定资产编号)单元格中输入"00001"时,将会直接显示一个"1",出现这种情况,一般是由于单元格格式不相符合造成的,为此,用户可以对其进行单元格格式的设置。只需要右击该单元格,从弹出的快捷菜单中选择【设置单元格格式】命令,即可弹出【设置单元格格式】对话框,然后切换至【数字】选项卡,在左侧的【分类】列表框中选择【自定义】选项,在右侧的【类型】文本框中输入"00000"即可。

当然对于"开始使用日期""原值""净残值"及"本年折旧额"等列的格式也可以在【设置单元格格式】对话框的【自定义】选项中进行设置,设置成功后,可以根据需要分别将此单元格格式填充到该列的其他单元格中。

Step 02 选中M3单元格,在编辑栏中输入"=K3*L3"公式,按【Enter】键确认后,即可计算出净残值。当然,用户根据需要也可以将此公式填充到该列的其他单元格中,如图8-8所示。

图 8-8 计算净残值

Step 03 按照以上操作方法,用户可以输入更多的固定资产卡片的内容,如图8-9所示。

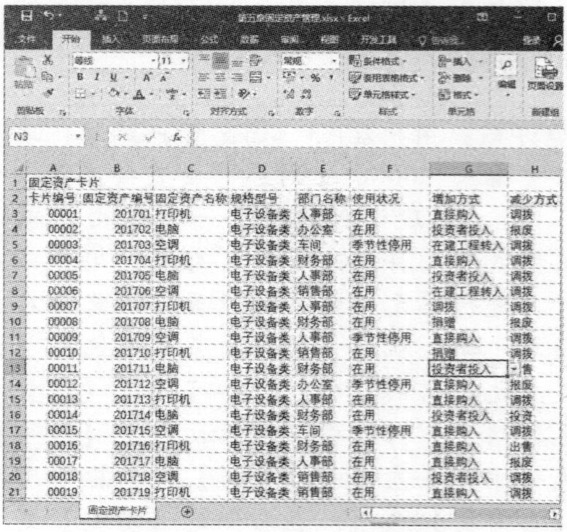

图 8-9 输入更多卡片内容

8.1.3 固定资产的新增

固定资产新增是指通过企业自建、投资者以资产形式新增投资、接受捐赠、直接购买、部门调拨等途径增加企业的固定资产存量。其中就涉及固定资产项下的资产增加,另一方面还会因固定资产新增的途径不同而相应地引起现金、应付账款、权益等科目的资产发生变化,以及现金的流动。该过程中,核心在于新增资产价值的确定。

1. 直接输入

根据新增固定资产的资料,即可得到该项资产的基本信息。用户可以将这些信息直接输入到固定资产卡片中。输入成功后的显示结果如图8-10所示。

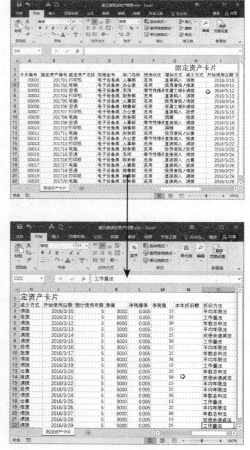

图 8-10 直接输入固定资产新增

第8章
企业固定资产的管理与核算

2. 利用"记录单"输入信息

选中一个已经输入信息的单元格,然后单击自定义快速访问工具栏上的【记录单】按钮,即可查看该工作表的第1条记录的数据信息。单击右侧的【新建】按钮,即可得到一张空白的记录单,接着在新记录单中输入新增固定资产的信息,输入完毕后,最后单击【关闭】按钮,即可在工作表中插入一行新的数据信息,其显示结果如图8-11所示。

> 提示:若用户在【数据】选项卡下找不到【记录单】选项,只需要切换到【文件】选项卡,从弹出的下拉列表中,单击【选项】按钮,即可弹出【Excel 选项】对话框,在左侧窗格中选择【自定义功能区】选项,切换至【自定义功能区】面板,然后在右侧【主选项卡】列表中选择【插入】选项卡,并单击【创建组】按钮,即可在【插入】选项卡下方创建一个【新建组(自定义)】选项;再在【从下列位置选择命令】下拉列表框中选择【不在功能区中的命令】选项列表中的【记录单】命令项,最后单击【添加】按钮,此时【记录单】命令添加到右侧的列表框中。

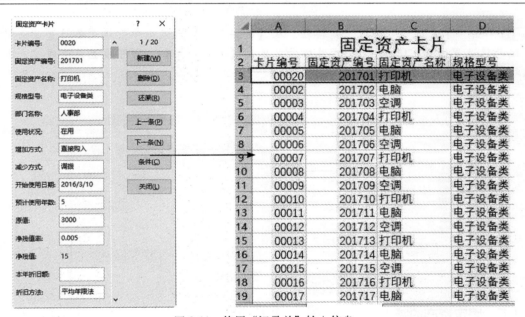

图8-11 使用"记录单"输入信息

8.1.4 固定资产部门调拨

固定资产在部门间的调拨是资源在企业内部的优化配置,通过资产调拨可以提高资产的使用效率,最大可能地发挥其使用价值。因此,这一过程也是固定资产管理中很重要的一个方面。同时该过程涉及两个以上的部门,财务记录上有一定的复杂性,下面将为大家介绍使用Excel 2016是如何实现这一过程的处理的。

对于折旧已计提完的固定资产,可进行报废处理。例如,卡片的编号为"00005"的电脑折旧已计提完毕,减少此笔业务的具体操作步骤如下:

Step 01 选中固定资产卡片的标题栏,在【数据】选项卡下的【排序和筛选】组中单击【筛选】按钮,即可进入到筛选状态,如图8-12所示。

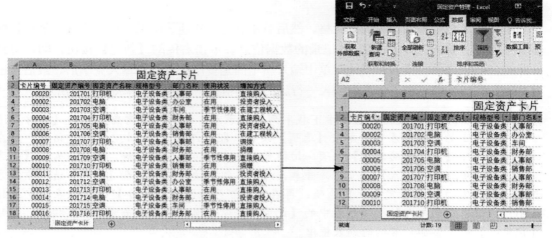

图 8-12 进入筛选状态

Step 02 单击"卡片编号"列下三角按钮,从【数字筛选】列表框中选择需要设置筛选的卡片编号,这里选择"00005"的卡片编号,单击【确定】按钮,即可设置筛选成功,其筛选后的结果如图8-13所示。

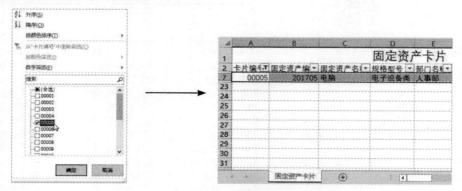

图 8-13 筛选结果

8.1.5 固定资产的减少

与固定资产新增相对,固定资产还可以通过投资、报废、出售、部门调拨等途径减少,只有固定资产存量增减的动态平衡,才能保障企业的正常动作。

例如,要将运输部门的编号为"00007"的打印机调拨给人事部使用,在Excel工作表中调拨此固定资产的具体操作步骤如下:

Step 01 选中固定资产卡片的标题栏,在【数据】选项卡下的【排序和筛选】组中单击【筛选】按钮,即可进入到筛选状态。

Step 02 单击"卡片编号"列下三角按钮,从【数字筛选】列表框中选择需要设置筛选的卡片编号,这里选择"00007",并单击【确定】按钮,即可设置筛选成功,其筛选后的结果。

Step 03 选中H8单元格,单击该单元格旁边的倒三角按钮,从弹出的下拉列表中选择"调拨"选项即可,如图8-14所示。

图 8-14 选择"调拨"选项

Step 04 这样在下个月的月初，当对调拨的固定资产卡片进行修改时，则可将编号为"00007"的打印机所属部门名称由原来的"办公室"改为"人事部"，增加方式由原来的"直接购入"改为"调拨"即可，如图 8-15 所示。

图 8-15 调拨后的调整

8.2 固定资产折旧的计提

计提折旧的方法可以分为直线法和加速法两种。其中直线法包括平均年限法和工作量法，而加速法包括双倍余额法和年数总和法。

企业在具体计提折旧时，一般是按月计提折旧，当月增加的固定资产当月不计提折旧，而是从下月开始计提折旧；当月减少的固定资产当月照提折旧，从下个月起不再计提折旧。固定资产提足折旧后，不论能否继续使用，均不再计提折旧；提前报废的固定资产也不再补提折旧。

8.2.1 固定资产的折旧函数介绍

折旧函数是 Excel 2016 的强大功能之一，也是处理固定资产折旧的一种快速计算的方法。下面将对固定资产的折旧函数进行详细介绍。

1. 直线折旧法

直线折旧法又被称为平均年限法，它是根据固定资产的原值、预计净残值及预计清理费用，然后按照预计使用年限平均计算折旧的一种方法。用直线折旧法计算的每个月份和年份的折旧数额都是相等的。其计算公式如下：

年折旧率＝(固定资产－净残值)/使用年限

月折旧率＝年折旧率/12

月折旧额＝固定资产原价×月折旧率

2. 直接折旧函数——SLN 函数

函数格式：SLN(cost，salvage，life)

函数功能：用来返回某一项资产在一个期间中的线性折旧值。

- cost：资产原值。
- salvage：资产在折旧期末的价值（有时也称为资产残值）。
- life：折旧期限（有时也称为资产的使用寿命）。

3. 双倍余额递减法

双倍余额递减法是在不考虑固定资产残值的情况下，根据每期期初固定资产账面余额和双倍的直线法折旧率计算固定资产折旧的一种方法，此种计算方法以加速的比率计算折旧。折旧在第一阶段是最高的，在后继阶段中会减少，其计算公式如下：

年折旧率＝2/预计的使用年限×100%

年折旧额=(固定资产原值-预计净残值)×年折旧率

月折旧率=年折旧率/12

月折旧额=固定资产年初账面余额×月折旧率

4. 双倍余额递减函数——DDB函数

函数格式：DDB(cost, salvage, life, period, factor)

函数功能：计算一项资产在给定的期间内的折旧值。

- cost：资产原值。
- salvage：资产在折旧期末的价值（有时也称为资产残值）。此值可以是0。
- life：折旧期限（有时也称作资产的使用寿命）。
- period：需要计算折旧值的期间。period必须使用与life相同的单位。
- factor：余额递减速率。如果factor被省略，则假设为2（双倍余额递减法）。

5. 年数总和法

年数总和法是将固定资产的原值减去预计净值后的值，乘以一个逐年递减的分数计算每年的折旧额。其计算公式如下：

年折旧率=(预计使用年限-已使用年限)/[预计使用年限×(预计使用年限+1)/2]×100%

年折旧额=(固定资产原值-预计使用年限)×年折旧率

月折旧率=年折旧率/12

月折旧额=(固定资产原价-预计净残值)×月折旧率

6. 年数总和函数——SYD函数

函数格式：SYD (cost, salvage, life, per)

函数功能：返回某项资产按年限总和折旧法计算的指定期间的折旧值。

- cost：为资产原值。
- salvage：为资产在折旧期末的价值（有时也称为资产残值）。
- life：为折旧期限（有时也称作资产的使用寿命）。
- per：为期间，其单位与life相同。

7. DAYS360函数

函数格式：DAYS360（start_date, end_date, method）

函数功能：按照一年360天（每月以30天计算，一年共计12个月）的算法，返回两个日期间相差的天数。

- start_date：用于计算期间天数的开始日期。
- end_date：用于计算期间天数的终止日期。
- method：为一个逻辑值，它指定了在计算中是采用欧洲方法还是美国方法。

8. INT函数

函数格式：INT（number）

函数功能：将数字向下舍入到最接近的整数。

- number：表示进行向下舍入取整的实数。

8.2.2 固定资产折旧计提前的准备

为了方便、正确地计算每一项固定资产的折旧额，在计提折旧之前要根据当前日期计算每一项固定资产已提折旧月份和年份。

其具体的操作步骤如下：

Step 01 打开"固定资产管理"工作簿，单击"固定资产卡片"工作表标签，将其切换至"固定资产卡片"工作表中。选中K列，然后在【开始】选项卡下的【单元格】组中单击【插入】右侧的下三角按钮，从弹出的下拉列表中选择【插入工作表列】选项，将依次插入"当前日期"列、"已提

第8章
企业固定资产的管理与核算

折旧月份"列、"已提折旧年份"列及"本年已提月份"列，如图8-16所示。

图8-16 插入新增项目

Step 02 选中K3:K23单元格，然后设置该单元格格式为【日期】类型，接着选中K3单元格，输入当前日期为"2017/3/15"，按【Enter】键确认后，再选中K3单元格，并将光标移到该单元格的右下角，当光标变为"+"形状时，按住左键不放往下拖曳，到达相应的位置后松开，即可完成K3:K23单元格的当前日期复制操作，如图8-17所示。

图8-17 输入当前日期

Step 03 选中L3单元格，在编辑栏中输入"=INT(DAYS360(I3,K3)/30)"公式，按【Enter】键确认后，即可计算已提折旧月份。当然，用户根据需要也可以将此公式填充到该列的其他单元格中，如图8-18所示。

Step 04 选中L3单元格，并将光标移到该单元格的右下角，当光标变为"+"形状时，

按住左键不放往下拖曳，到达相应的位置后松开，即可完成L3单元格公式的复制操作，如图8-19所示。

图8-18 计算已提折旧月份

图8-19 复制L3单元格公式

Step 05 选中M3单元格，在编辑栏中输入"=L3/12"公式，按【Enter】键后，即可计算已提折旧年份。当然，用户根据需要也可以将此公式填充到该列的其他单元格中，如图8-20所示。

图8-20 计算已提折旧年份

Step 06 选中M3单元格，并将光标移到该单元格的右下角，当光标变为“+”形状时，按住左键不放往下拖曳，到达相应的位置后松开，即可完成M3单元格公式的复制操作，如图8-21所示。

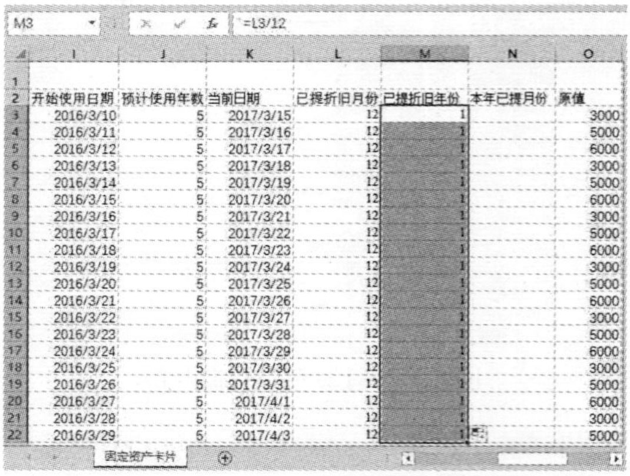

	I	J	K	L	M	N	O
2	开始使用日期	预计使用年数	当前日期	已提折旧月份	已提折旧年份	本年已提月份	原值
3	2016/3/10	5	2017/3/15	12	1		3000
4	2016/3/11	5	2017/3/16	12	1		5000
5	2016/3/12	5	2017/3/17	12	1		6000
6	2016/3/13	5	2017/3/18	12	1		3000
7	2016/3/14	5	2017/3/19	12	1		5000
8	2016/3/15	5	2017/3/20	12	1		6000
9	2016/3/16	5	2017/3/21	12	1		3000
10	2016/3/17	5	2017/3/22	12	1		5000
11	2016/3/18	5	2017/3/23	12	1		6000
12	2016/3/19	5	2017/3/24	12	1		3000
13	2016/3/20	5	2017/3/25	12	1		5000
14	2016/3/21	5	2017/3/26	12	1		6000
15	2016/3/22	5	2017/3/27	12	1		3000
16	2016/3/23	5	2017/3/28	12	1		5000
17	2016/3/24	5	2017/3/29	12	1		6000
18	2016/3/25	5	2017/3/30	12	1		3000
19	2016/3/26	5	2017/3/31	12	1		5000
20	2016/3/27	5	2017/4/1	12	1		6000
21	2016/3/28	5	2017/4/2	12	1		3000
22	2016/3/29	5	2017/4/3	12	1		5000

图 8-21　复制 M3 单元格公式

Step 07 选中N3单元格，根据需要输入“本年已提月份”值，如图8-22所示。

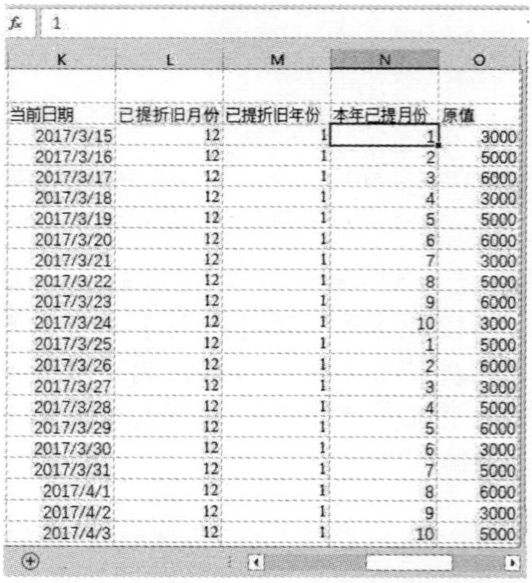

K	L	M	N	O
当前日期	已提折旧月份	已提折旧年份	本年已提月份	原值
2017/3/15	12	1	1	3000
2017/3/16	12	1	2	5000
2017/3/17	12	1	3	6000
2017/3/18	12	1	4	3000
2017/3/19	12	1	5	5000
2017/3/20	12	1	6	6000
2017/3/21	12	1	7	3000
2017/3/22	12	1	8	5000
2017/3/23	12	1	9	6000
2017/3/24	12	1	10	3000
2017/3/25	12	1	1	5000
2017/3/26	12	1	2	6000
2017/3/27	12	1	3	3000
2017/3/28	12	1	4	5000
2017/3/29	12	1	5	6000
2017/3/30	12	1	6	3000
2017/3/31	12	1	7	5000
2017/4/1	12	1	8	6000
2017/4/2	12	1	9	3000
2017/4/3	12	1	10	5000

图 8-22　输入“本年已提月份”值

8.2.3　固定资产的折旧计提

在计提固定资产折旧时，首先应考虑该固定资产的折旧方法，不同的固定资产计提折旧的方法是不尽相同的。

其具体的操作步骤如下：

Step 01 计提方法为双倍余额法的固定资产折旧，首先应选中R3单元格，在编辑栏中输入“=DDB(O3,Q3,J3,M3,2)”公式，按【Enter】键后，即可计算出本年折旧额，如图8-23所示。

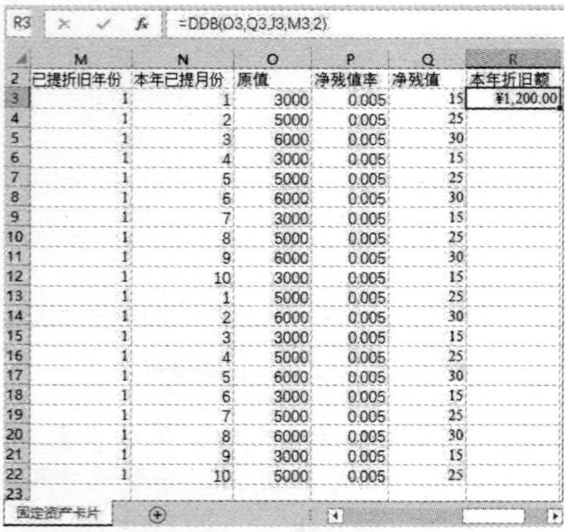

	M	N	O	P	Q	R
2	已提折旧年份	本年已提月份	原值	净残值率	净残值	本年折旧额
3	1	1	3000	0.005	15	¥1,200.00
4	1	2	5000	0.005	25	
5	1	3	6000	0.005	30	
6	1	4	3000	0.005	15	
7	1	5	5000	0.005	25	
8	1	6	6000	0.005	30	
9	1	7	3000	0.005	15	
10	1	8	5000	0.005	25	
11	1	9	6000	0.005	30	
12	1	10	3000	0.005	15	
13	1	1	5000	0.005	25	
14	1	2	6000	0.005	30	
15	1	3	3000	0.005	15	
16	1	4	5000	0.005	25	
17	1	5	6000	0.005	30	
18	1	6	3000	0.005	15	
19	1	7	5000	0.005	25	
20	1	8	6000	0.005	30	
21	1	9	3000	0.005	15	
22	1	10	5000	0.005	25	

图 8-23　计算出本年折旧额

Step 02 分别在R5、R7、R13单元格中输入“=DDB(O5,Q5,J5,M5,2)”“=DDB(O7,Q7,J7,M7,2)”和“=DDB(O13,Q13,J13,M13,2)”公式，按【Enter】键确认后，即可计算出R5、R7、R13单元格的本年折旧额，如图8-24所示。

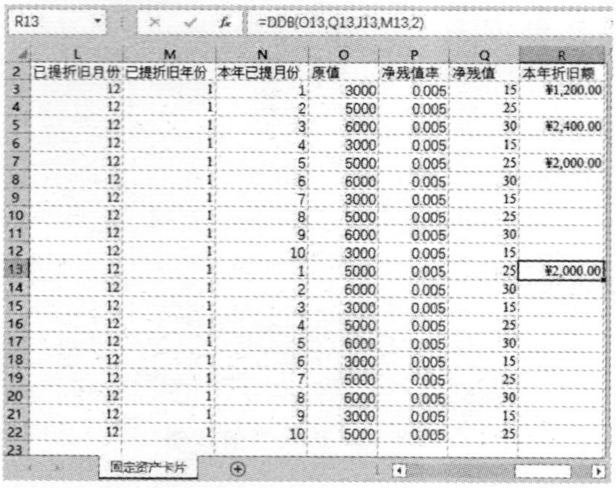

	L	M	N	O	P	Q	R
2	已提折旧月份	已提折旧年份	本年已提月份	原值	净残值率	净残值	本年折旧额
3	12	1	1	3000	0.005	15	¥1,200.00
4	12	1	2	5000	0.005	25	
5	12	1	3	6000	0.005	30	¥2,400.00
6	12	1	4	3000	0.005	15	
7	12	1	5	5000	0.005	25	¥2,000.00
8	12	1	6	6000	0.005	30	
9	12	1	7	3000	0.005	15	
10	12	1	8	5000	0.005	25	
11	12	1	9	6000	0.005	30	
12	12	1	10	3000	0.005	15	
13	12	1	1	5000	0.005	25	¥2,000.00
14	12	1	2	6000	0.005	30	
15	12	1	3	3000	0.005	15	
16	12	1	4	5000	0.005	25	
17	12	1	5	6000	0.005	30	
18	12	1	6	3000	0.005	15	
19	12	1	7	5000	0.005	25	
20	12	1	8	6000	0.005	30	
21	12	1	9	3000	0.005	15	
22	12	1	10	5000	0.005	25	

图 8-24　计算 R5、R7、R13 单元格的本年折旧额

Step 03 计提方法为平均年限法的固定资产折旧，选中R4单元格，在编辑栏中输入“=SLN(O4,Q4,J4)/12*N4”公式，按【Enter】键后，即可计算出本年折旧额，如图8-25所示。

R4 =SLN(O4,Q4,J4)/12*N4

	M	N	O	P	Q	R
2	已提折旧年份	本年已提月份	原值	净残值率	净残值	本年折旧额
3	1	1	3000	0.005	15	¥1,200.00
4	1	2	5000	0.005	25	¥165.83
5	1	3	6000	0.005	30	¥2,400.00
6	1	4	3000	0.005	15	
7	1	5	5000	0.005	25	¥2,000.00
8	1	6	6000	0.005	30	
9	1	7	3000	0.005	15	
10	1	8	5000	0.005	25	
11	1	9	6000	0.005	30	
12	1	10	3000	0.005	15	
13	1	1	5000	0.005	25	¥2,000.00
14	1	2	6000	0.005	30	
15	1	3	3000	0.005	15	
16	1	4	5000	0.005	25	
17	1	5	6000	0.005	30	
18	1	6	3000	0.005	15	
19	1	7	5000	0.005	25	
20	1	8	6000	0.005	30	
21	1	9	3000	0.005	15	
22	1	10	5000	0.005	25	
23						

定资产卡片

图 8-25　计算本年折旧额

注意： 在计提折旧之前，应该先注意查看是否有已提足折旧的固定资产，或者有提前报废的固定资产，或者是当月减少的固定资产，在这几种情况下本月都不应计提折旧。

计算时若涉及的日期单位不同，则必须进行转换，以使提折时间与提折额等的年月单位保持一致。

Step 04 分别在R6、R8、R9、R10、R11、R12、R14、R16、R18、R19、R21单元格区域中输入“=SLN(O6,Q6,J6)/12*N6”“=SLN(O8,Q8,J8)/12*N8”“=SLN(O9,Q9,J9)/12*N9”“=SLN(O10,Q10,J10)/12*N10”“=SLN(O11,Q11,J11)/12*N11”“=SLN(O12,Q12,J12)/12*N12”“=SLN(O14,Q14,J14)/12*N14”“=SLN(O16,Q16,J16)/12*N16”“=SLN(O18,Q18,J18)/12*N18”“=SLN(O19,Q19,J19)/12*N19”和“=SLN(O21,Q21,J21)/12*N21”等公式，按【Enter】键确认后，即可计算出R6、R8、R9、R10、R11、R12、R14、R16、R18、R19、R21单元格的本年折旧额，如图8-26所示。

Step 05 计提折旧方法为年数总和法，只需要在R15单元格中输入“=SYD(O7,Q7,J7, M7)”公式，按【Enter】键后，即可计算出R15单元格中的本年折旧额，如图8-27所示。

=SLN(O21,Q21,J21)/12*N21

M	N	O	P	Q	R
已提折旧年份	本年已提月份	原值	净残值率	净残值	本年折旧额
1	1	3000	0.005	15	¥1,200.00
1	2	5000	0.005	25	¥165.83
1	3	6000	0.005	30	¥2,400.00
1	4	3000	0.005	15	¥199.00
1	5	5000	0.005	25	¥2,000.00
1	6	6000	0.005	30	¥597.00
1	7	3000	0.005	15	¥348.25
1	8	5000	0.005	25	¥663.33
1	9	6000	0.005	30	¥895.50
1	10	3000	0.005	15	¥497.50
1	1	5000	0.005	25	¥2,000.00
1	2	6000	0.005	30	¥199.00
1	3	3000	0.005	15	
1	4	5000	0.005	25	¥331.67
1	5	6000	0.005	30	
1	6	3000	0.005	15	298.5
1	7	5000	0.005	25	¥580.42
1	8	6000	0.005	30	
1	9	3000	0.005	15	¥447.75
1	10	5000	0.005	25	

固定资产卡片

图 8-26　计提方法为平均年限法的本年折旧额

R15 =SYD(O7,Q7,J7,M7)

	L	M	N	O	P	Q	R
2	已提折旧月份	已提折旧年份	本年已提月份	原值	净残值率	净残值	本年折旧额
3	12	1	1	3000	0.005	15	¥1,200.00
4	12	1	2	5000	0.005	25	¥165.83
5	12	1	3	6000	0.005	30	¥2,400.00
6	12	1	4	3000	0.005	15	¥199.00
7	12	1	5	5000	0.005	25	¥2,000.00
8	12	1	6	6000	0.005	30	¥597.00
9	12	1	7	3000	0.005	15	¥348.25
10	12	1	8	5000	0.005	25	¥663.33
11	12	1	9	6000	0.005	30	¥895.50
12	12	1	10	3000	0.005	15	¥497.50
13	12	1	1	5000	0.005	25	¥2,000.00
14	12	1	2	6000	0.005	30	¥199.00
15	12	1	3	3000	0.005	15	¥1,658.33
16	12	1	4	5000	0.005	25	¥331.67
17	12	1	5	6000	0.005	30	
18	12	1	6	3000	0.005	15	298.5
19	12	1	7	5000	0.005	25	¥580.42
20	12	1	8	6000	0.005	30	
21	12	1	9	3000	0.005	15	¥447.75
22	12	1	10	5000	0.005	25	
23							

固定资产卡片

图 8-27　计算出 R15 单元格中的本年折旧额

Step 06 分别在R17、R20、R22单元格中输入“=SYD(O17,Q17,J17,M17)”“=SYD(O20,Q20,J20,M20)”和“=SYD(O22,Q22,J22,M22)”公式，按【Enter】键确认后，即可计算出R17、R20、R22单元格的本年折旧额，如图8-28所示。

	L	M	N	O	P	Q	R
2	已提折旧月份	已提折旧年份	本年已提月份	原值	净残值率	净残值	本年折旧额
3	12	1	1	3000	0.005	15	¥1,200.00
4	12	1	2	5000	0.005	25	¥165.83
5	12	1	3	6000	0.005	30	¥2,400.00
6	12	1	4	3000	0.005	15	¥199.00
7	12	1	5	5000	0.005	25	¥2,000.00
8	12	1	6	6000	0.005	30	¥597.00
9	12	1	7	3000	0.005	15	¥348.25
10	12	1	8	5000	0.005	25	¥663.33
11	12	1	9	6000	0.005	30	¥895.50
12	12	1	10	3000	0.005	15	¥497.50
13	12	1	1	5000	0.005	25	¥2,000.00
14	12	1	2	6000	0.005	30	¥199.00
15	12	1	3	3000	0.005	15	¥1,658.33
16	12	1	4	5000	0.005	25	¥331.67
17	12	1	5	6000	0.005	30	¥1,990.00
18	12	1	6	3000	0.005	15	298.5
19	12	1	7	5000	0.005	25	¥580.42
20	12	1	8	6000	0.005	30	¥1,990.00
21	12	1	9	3000	0.005	15	¥447.75
22	12	1	10	5000	0.005	25	¥1,658.33
23							

固定资产卡片

图 8-28　计算计提折旧方法为年数总和法的本年折旧额

8.3 用图表法进行折旧分析

如果用户想直观地了解某设备每年度的折旧费用、总折旧额和剩余价值等详情时，可以通过用图表的方式表现出来。

8.3.1 平均年限法图表分析

平均年限法折旧也称为直线折旧法，是我国普遍使用的一种折旧方法。下面将为大家介绍使用图表查看直线折旧法所求解的折旧费，具体的操作步骤如下：

Step 01 在"固定资产卡片"工作表中双击Sheet2工作表标签，将其命名为"平均年限法"名称，然后在A1到H17单元格中输入相应的表格项目，如图8-29所示。

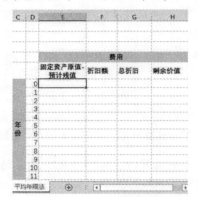

图 8-29 插入"平均年限法"工作表

Step 02 选中H6单元格，在编辑栏中输入"=$B$1"公式，按【Enter】键后，即可计算出"0个年份的剩余价值"，如图8-30所示。

图 8-30 计算0个年份的剩余价值

Step 03 选中E7单元格，在编辑栏中输入"=B1-B2"公式，按【Enter】键后，即可计算出"1个年份的固定资产原值-预计残值"，如图8-31所示。

图 8-31 计算1个年份的固定资产原值-预计残值

Step 04 复制单元格E7中的数值到该列单元格的其余单元格中，如图8-32所示。

图 8-32 复制E7中数值到该列的其他单元格

💡**注意**：这里不能使用序列填充柄向下填充，否则会复制公式得出不同的结果。

Step 05 选中F7单元格，在编辑栏中输入"=SLN($B$1,$B$2,$B$3)"公式，按【Enter】键后，即可计算出1个年度的折旧费，如图8-33所示。

第 8 章
企业固定资产的管理与核算

图 8-33　计算各年度的折旧费

Step 06 复制单元格F7中的数值到该列单元格的其余单元格中，由于是直线折旧法，所以，计算出来的每年折旧费是相等的，如图8-34所示。

图 8-34　复制 F7 单元格公式

Step 07 选中G7单元格，在编辑栏中输入"=D7*E7"公式，按【Enter】键后，即可计算出总折旧费，如图8-35所示。

图 8-35　计算总折旧费

Step 08 选中G7单元格，将光标移到单元格的右下角，当光标变为"+"形状时，按住鼠标左键不放往下拖曳，拖到适当的位置松开，即可完成公式的复制，用户可以根据自己的需要调整G列的列宽，使得单元格中的内容能够完全显示出来，如图8-36所示。

图 8-36　复制 G7 单元格公式

Step 09 选中H7单元格，在编辑栏中输入"=$H$6-G7"公式，按【Enter】键后，即可计算每年提取折旧后的剩余价值，如图8-37所示。

图 8-37　计算每年提取折旧后的剩余价值

Step 10 选中H7单元格，将光标移到单元格的右下角，当光标变为"+"形状时，按住鼠标左键不放往下拖曳，拖到适当的位置松开，即可完成公式的复制，用户可以根据自己的需要调整H列的列宽，使单元格中的内容能够完全显示出来，如图8-38所示。

图 8-38　复制H7单元格公式

接下来启动图表向导开始作图，由于图表向导操作比较简单，这里只对关键步骤进行说明，具体的操作步骤如下：

Step 01 选中E5:H5、E7:H17单元格，然后在【插入】选项卡下的【图表】组中单击【散点图】下方的下三角按钮，从弹出的下拉列表中选择一种图表的样式，如图8-39所示。

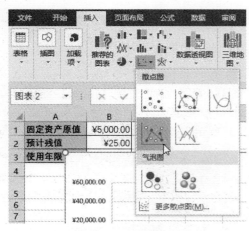

图 8-39　插入一种图表样式

Step 02 选中其中一种图表类型后，系统将会自动将该图表插入到"平均年限法"工作表中，如图8-40所示。

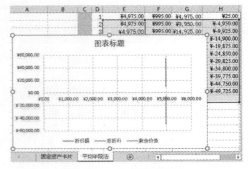

图 8-40　成功插入图表

Step 03 选择【图表工具】菜单下的【设计】选项卡，可以根据需要从弹出的【设计】栏内选择一种图表的样式和图表的布局，如图8-41所示。

图 8-41　选择一种图表的样式和图表的布局

Step 04 选择【图表工具】菜单下的【设计】选项卡，在【图表布局】组中根据需要设置图表标题及图例等各项的显示位置，效果如图8-42所示。

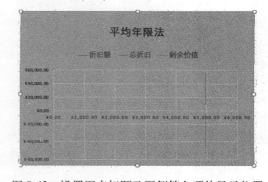

图 8-42　设置图表标题及图例等各项的显示位置

Step 05 选择【格式】选项卡，打开【格式】选项栏，根据需要改变图表的形状及样式，包括形状的填充、形状的轮廓、形状的效果等，显示效果如图8-43所示。

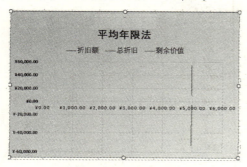

图 8-43　设置图表的轮廓、形状

8.3.2　余额递减法图表分析

接下来将为大家介绍利用图表分析余额递减法折旧，具体的操作步骤如下：

Step 01 把前面刚创建过的“平均年限法”工作表内容复制至Sheet3工作表中，并将其工作表改名为“余额递减法”，然后清除单元格区域F6:H17中的数据，如图8-44所示。

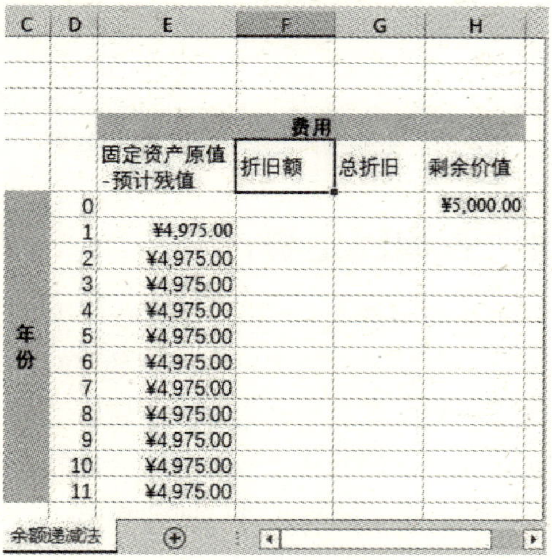

C	D	E	F	G	H
		费用			
		固定资产原值-预计残值	折旧额	总折旧	剩余价值
年份	0				¥5,000.00
	1	¥4,975.00			
	2	¥4,975.00			
	3	¥4,975.00			
	4	¥4,975.00			
	5	¥4,975.00			
	6	¥4,975.00			
	7	¥4,975.00			
	8	¥4,975.00			
	9	¥4,975.00			
	10	¥4,975.00			
	11	¥4,975.00			

余额递减法

图 8-44　新建“余额递减法”工作表

Step 02 选中F7单元格，在编辑栏中输入“=DB（$B$1,$B$2,$B$3,D7,12）”公式，按【Enter】键后，即可计算出折旧额，如图8-45所示。

=DB($B$1,$B$2,$B$3,D7,12)

C	D	E	F	G	H
		费用			
		固定资产原值-预计残值	折旧额	总折旧	剩余价值
年份	0				¥5,000.00
	1	¥4,975.00	¥3,265.00		
	2	¥4,975.00			
	3	¥4,975.00			
	4	¥4,975.00			
	5	¥4,975.00			
	6	¥4,975.00			
	7	¥4,975.00			
	8	¥4,975.00			
	9	¥4,975.00			
	10	¥4,975.00			
	11	¥4,975.00			

余额递减法

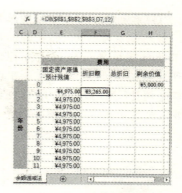

图 8-45　计算折旧费

Step 03 选中F7单元格，将光标移到单元格的右下角，当光标变为“+”形状时，按住鼠标左键不放往下拖曳，拖到适当的位置松开，即可完成公式的复制，用户可以根据自己的需要调整F列的列宽，使得单元格中的内容能够完全显示出来，如图8-46所示。

=DB($B$1,$B$2,$B$3,D7,12)

C	D	E	F	G	H
		费用			
		固定资产原值-预计残值	折旧额	总折旧	剩余价值
年份	0				¥5,000.00
	1	¥4,975.00	¥3,265.00		
	2	¥4,975.00	¥1,132.96		
	3	¥4,975.00	¥393.14		
	4	¥4,975.00	¥136.42		
	5	¥4,975.00	¥47.34		
	6	¥4,975.00	#NUM!		
	7	¥4,975.00	#NUM!		
	8	¥4,975.00	#NUM!		
	9	¥4,975.00	#NUM!		
	10	¥4,975.00	#NUM!		
	11	¥4,975.00	#NUM!		

余额递减法

图 8-46　复制 F7 单元格公式

Step 04 选中G7单元格，在编辑栏中输入“=G6+F7”公式，按【Enter】键确认后，即可计算出总折旧金额，如图8-47所示。

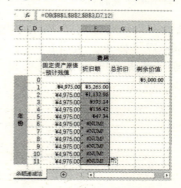

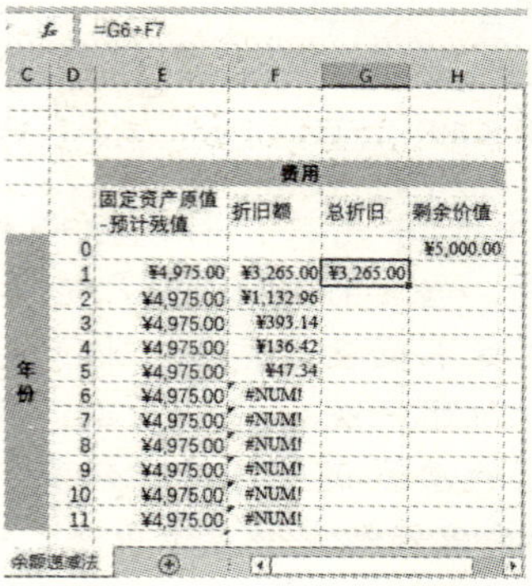

=G6+F7

C	D	E	F	G	H
		费用			
		固定资产原值-预计残值	折旧额	总折旧	剩余价值
年份	0				¥5,000.00
	1	¥4,975.00	¥3,265.00	¥3,265.00	
	2	¥4,975.00	¥1,132.96		
	3	¥4,975.00	¥393.14		
	4	¥4,975.00	¥136.42		
	5	¥4,975.00	¥47.34		
	6	¥4,975.00	#NUM!		
	7	¥4,975.00	#NUM!		
	8	¥4,975.00	#NUM!		
	9	¥4,975.00	#NUM!		
	10	¥4,975.00	#NUM!		
	11	¥4,975.00	#NUM!		

余额递减法

图 8-47　计算总折旧额

Step 05 选中G7单元格，将光标移到单元格的右下角，当光标变为"+"形状时，按住鼠标左键不放往下拖曳，拖到适当的位置松开，即可完成公式的复制，用户可以根据自己的需要调整G列的列宽，使单元格中的内容能够完全显示出来，如图8-48所示。

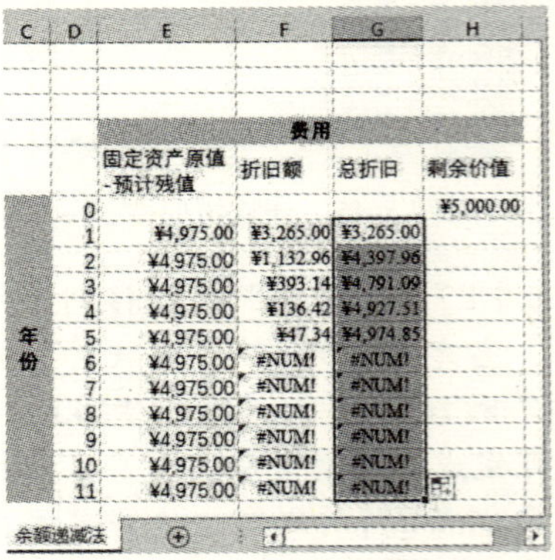

图8-48 复制G8单元格公式

Step 06 选中H7单元格，在编辑栏中输入"=$H$6-G7"公式，按【Enter】键确认后，即可计算出折旧后各年度的固定资产剩余价值，如图8-49所示。

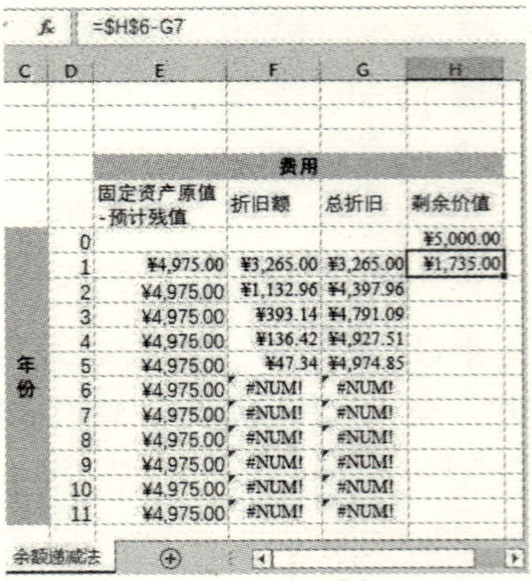

图8-49 计算固定资产剩余价值

Step 07 选中H7单元格，将光标移到单元格的右下角，当光标变为"+"形状时，按住鼠标左键不放往下拖曳，拖到适当的位置松开，即可完成公式的复制，用户可以根据自己的需要调整H列的列宽，使得单元格中的内容能够完全显示出来，如图8-50所示。

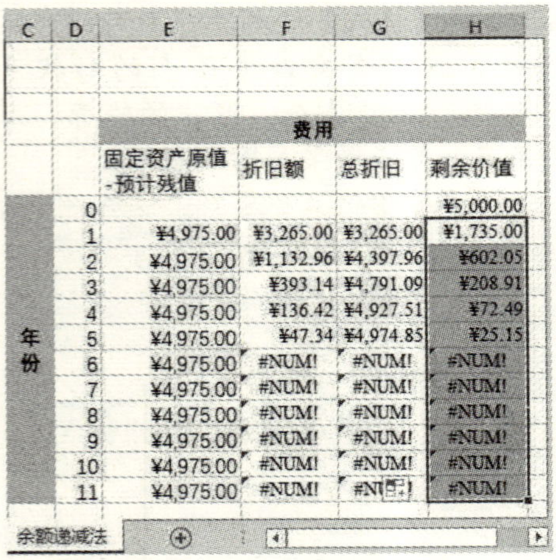

图8-50 复制H7单元格公式

Step 08 以E5:H5、E7:H17单元格区域创建图表，具体的操作方法这里不再介绍了，图表的最终效果如图8-51所示。

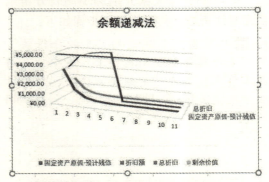

图8-51 余额递减法折旧图表最终效果

8.4 查询固定资产

当企业已经建立起固定资产数据库，并按月对每项固定资产进行折旧处理时，如果将这一数据库用于日常的固定资产管理，首先就要掌握如何在该数据库中查询特定的固定资产，本节将对此进行详细阐述。

8.4.1 按部门查询固定资产

可以使用筛选功能对工作表中的数据进行查询，例如，要查询所有属于生产车间的固定资产，其具体的操作步骤如下：

Step 01 切换到"固定资产卡片"工作表，选中固定资产卡片的标题栏，然后在【数据】选项卡下的【排序和筛选】组中单击【筛选】按钮，即可进入筛选状态。

Step 02 单击"部门名称"列的下三角按钮，从弹出的下拉列表中选择【文本筛选】下的【自定义筛选】选项，将会弹出【自定义自动筛选方式】对话框，在【部门名称】下拉列表框中选择【等于】选项，在其右侧的下拉列表框中选择部门名称为"财务部"选项，如图8-52所示。

图 8-53 按部门查询结果

8.4.2 按照使用年限查询固定资产

还可以设定条件或者范围对数据进行精确筛选，假如要查询预计使用年限超过10年以上的固定资产，其具体的操作步骤如下：

Step 01 选中固定资产卡片的标题栏，然后在【数据】选项卡下的【排序和筛选】组中单击【筛选】按钮，即可进入筛选状态。

Step 02 单击"使用状况"列的下三角按钮，从弹出的下拉列表中选择【文本筛选】菜单下的【自定义筛选】选项，将会弹出【自定义自动筛选方式】对话框，如图8-54所示。

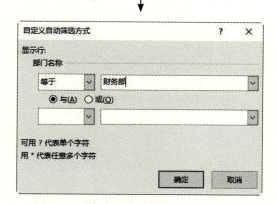

图 8-52 【自定义自动筛选方式】对话框

Step 03 单击【确定】按钮，即可成功筛选出部门名称为"财务部"的记录，最终筛选结果如图8-53所示。

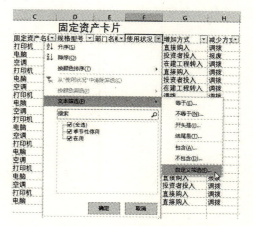

图 8-54 进入筛选状态

Step 03 在【使用状况】下拉列表框中选择【等于】选项，在其右侧的下拉列表框中选择【在用】选项，如图8-55所示。

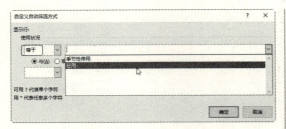

图 8-55 【自定义自动筛选方式】对话框

Step 04 单击【确定】按钮，即可成功设置筛选，最终筛选结果如图8-56所示。

卡片编号	固定资产编号	固定资产名称	规格型号	部门名称	使用状况	增加方式
00020	201701	打印机	电子设备类	人事部	在用	直接购入
00002	201702	电脑	电子设备类	办公室	在用	投资者投入
00004	201704	打印机	电子设备类	财务部	在用	直接购入
00005	201705	电脑	电子设备类	人事部	在用	投资者投入
00006	201706	空调	电子设备类	销售部	在用	在建工程转入
00007	201707	打印机	电子设备类	人事部	在用	调拨
00008	201708	电脑	电子设备类	财务部	在用	捐赠
00010	201710	打印机	电子设备类	销售部	在用	捐赠
00011	201711	电脑	电子设备类	财务部	在用	投资者投入
00013	201713	打印机	电子设备类	人事部	在用	直接购入
00014	201714	电脑	电子设备类	财务部	在用	投资者投入
00016	201716	打印机	电子设备类	财务部	在用	直接购入
00017	201717	电脑	电子设备类	人事部	在用	直接购入
00018	201718	空调	电子设备类	销售部	在用	投资者投入
00019	201719	打印机	电子设备类	销售部	在用	直接购入
00020	201720	电脑	电子设备类	财务部	在用	直接购入

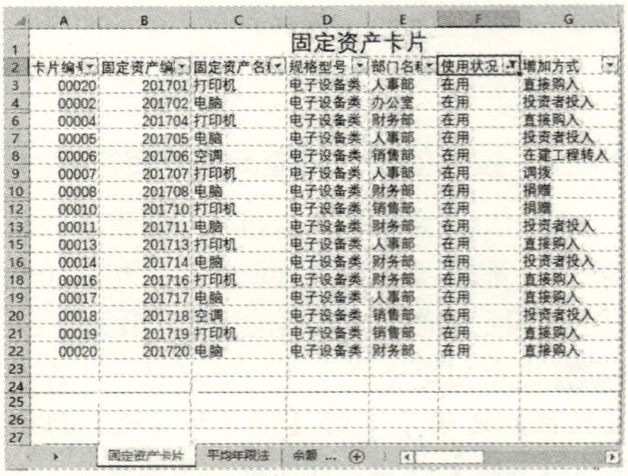

图 8-56 最终筛选结果

8.5 疑难解惑

疑问1：有时在单元格中输入“00001”时，为什么会直接显示一个“1”呢？

出现这种情况，一般是由于单元格格式不相符造成的，为此用户可以对其进行单元格格式的设置。只需要右击该单元格，从弹出的快捷菜单中选择【设置单元格格式】命令，即可弹出【设置单元格格式】对话框，然后切换至【数字】选项卡，在左侧的【分类】列表框中选择【自定义】选项，在右侧的【类型】文本框中输入“00001”即可。

疑问2：为什么在【数据】选项卡下找不到【记录单】选项呢？

出现这种情况，首先需要切换到【文件】选项卡，从弹出的下拉列表中单击【选项】按钮，即可弹出【Excel 选项】对话框，在左侧窗格中选择【自定义功能区】选项，切换至【自定义功能区】面板，然后在右侧【主选项卡】列表中选择【插入】选项卡，并单击【创建组】按钮，即可在【插入】选项卡下方创建一个【新建组（自定义）】选项；再在【从下列位置选择命令】下拉列表中选择【不在功能区中的命令】选项列表中的【记录单】选项，最后单击【添加】按钮，此时【记录单】命令添加到右侧的列表框中。

第 9 章 企业往来账务的管理与核算

往来账务是指企业在业务处理过程中所发生的涉及应收、应付、预收、预付等会计事项的业务，而最为典型的是应收账款和应付账款。对往来账务进行管理是企业财务管理的重要内容，同时也是管理企业流动资产的一个重要组成部分。

本章技能（已掌握的在方框中打钩）
- ☐ 往来业务初始设置。
- ☐ 制作应收账款明细账和总账。
- ☐ 创建催款单。
- ☐ 提取坏账。
- ☐ 创建应付账款明细和总账。

9.1 往来业务初始设置

往来业务的初始设置包括往来单位编码和名称定义（包含作为企业债务人的客户和作为企业债权人的供货商），以及期初余额的方向设置与金额的录入等。

往来业务初始设置的具体操作步骤如下：

Step 01 启动 Excel 2016 应用程序，新建一个工作簿，将其命名为"往来业务管理.xlsx"，然后插入一张新的工作表，将其命名为"往来客户一览表"，并修改标签颜色为"红色"，最后按【Enter】键后，确认命名操作成功，如图 9-1 所示。

Step 02 在 A1:D1 单元格中输入表格的标题，该表格中包括的项目有客户代码、客户名称、借或贷、期初余额等，如图 9-2 所示。

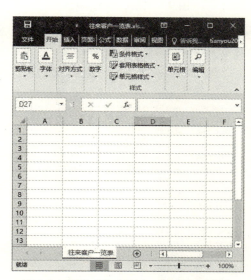

图 9-1 新建"往来客户一览表"工作表

Step 03 在 A2:B20 单元格区域中输入表格的内容，如图 9-3 所示。

客户代码	客户名称	借或贷	期初余额

图 9-2　输入表格的标题

客户代码	客户名称	借或贷	期初余额
KH001	a公司		
KH002	b公司		
KH003	c公司		
KH004	d公司		
KH005	e公司		
KH006	f公司		
KH007	g公司		
KH008	h公司		
KH009	t公司		
KH010	j公司		
KH011	k公司		
KH012	q公司		
KH013	x公司		
KH014	n公司		
KH015	m公司		
KH016	r公司		

图 9-3　输入表格的内容

Step 04 在D2:D20单元格区域中输入各单位应收账款的期初余额，如图9-4所示。

客户代码	客户名称	借或贷	期初余额
KH001	a公司		6626
KH002	b公司		5656
KH003	c公司		4154
KH004	d公司		0
KH005	e公司		0
KH006	f公司		0
KH007	g公司		4875
KH008	h公司		41655
KH009	t公司		54566
KH010	j公司		4156
KH011	k公司		56145
KH012	q公司		56555
KH013	x公司		4656
KH014	n公司		5664
KH015	m公司		4796
KH016	r公司		46454

图 9-4　输入各单位应收账款的期初余额

Step 05 为了美化表格，可以设置表格的边框、标题的大小、加粗，以及文本居中显示、背景填充色等，如图9-5所示。

客户代码	客户名称	借或贷	期初余额
KH001	a公司		6626
KH002	b公司		5656
KH003	c公司		4154
KH004	d公司		0
KH005	e公司		0
KH006	f公司		0
KH007	g公司		4875
KH008	h公司		41655
KH009	t公司		54566
KH010	j公司		4156
KH011	k公司		56145
KH012	q公司		56555
KH013	x公司		4656
KH014	n公司		5664
KH015	m公司		4796
KH016	r公司		46454

图 9-5　美化表格

Step 06 选中C2单元格，然后在公式编辑栏中输入“=IF(D2=0,"","借")”公式内容，按【Enter】键后，即可设置期初余额的方向，如图9-6所示。

C2　=IF(D2=0,"","借")

客户代码	客户名称	借或贷	期初余额
KH001	a公司	借	6626
KH002	b公司		5656
KH003	c公司		4154
KH004	d公司		0
KH005	e公司		0
KH006	f公司		0
KH007	g公司		4875
KH008	h公司		41655
KH009	t公司		54566
KH010	j公司		4156
KH011	k公司		56145
KH012	q公司		56555
KH013	x公司		4656
KH014	n公司		5664
KH015	m公司		4796
KH016	r公司		46454

图 9-6　设置期初余额的方向

Step 07 选中C2单元格，将光标移到该单元格的右下角，当光标变为“+”形状时，按住左键不放往下拖曳，到达C20单元格位置后松开，即可将C2单元格中的内容复制到C20单元格中，如图9-7所示。

第9章
企业往来账务的管理与核算

注意：由于"应收账款"属于资产类账户，所以，借方记增加，贷方需记减少，期末余额在借方，表示尚未收回的款项。

图9-7 复制C2单元格内容

Step 08 切换到【公式】选项卡，然后单击【定义的名称】组中【定义名称】右侧的下三角按钮，从弹出的下拉列表中选择【定义名称】选项，即可弹出【新建名称】对话框，如图9-8所示。

图9-8 执行"定义名称"命令

Step 09 在【名称】文本框中输入"sncode"，在【引用位置】文本框中输入"=OFFSET(往来客户一览表!$A$1,1,,COUNTA(往来客户一览表!$A:$A)-1)"公式内容，最后单击【确定】按钮，即可关闭【新建名称】对话框，如图9-9所示。

图9-9 【新建名称】对话框

Step 10 在该工作表的F列至I列单元格区域中输入供应商一览表，该表格包含的项目有供应商编号、供应商名称、借或贷和期初余额，如图9-10所示。

图9-10 输入F列至I列单元格内容

Step 11 在F2:G20、I20单元格中输入企业所有供应商的编号、名称和对应的期初数值，如图9-11所示。

	F	G	H	I
1	供应商编号	供应商名称	借或贷	期初余额
2	CK001	HJK		5600
3	CK002	JH		0
4	CK003	YH		0
5	CK004	DG		5646
6	CK005	JB		5674
7	CK006	JH		5647
8	CK007	JK		1565
9	CK008	GH		4645
10	CK009	DT		5878
11	CK010	ZE		5846
12	CK011	CG		4646
13	CK012	DU		5415
14	CK013	BH		24545
15	CK014	IJ		457
16	CK015	IO		1250

图9-11 输入企业所有供应商的编号、名称和对应的期初数值

Step 12 采用与上述同样的方法，进行美化表格操作，效果如图9-12所示。

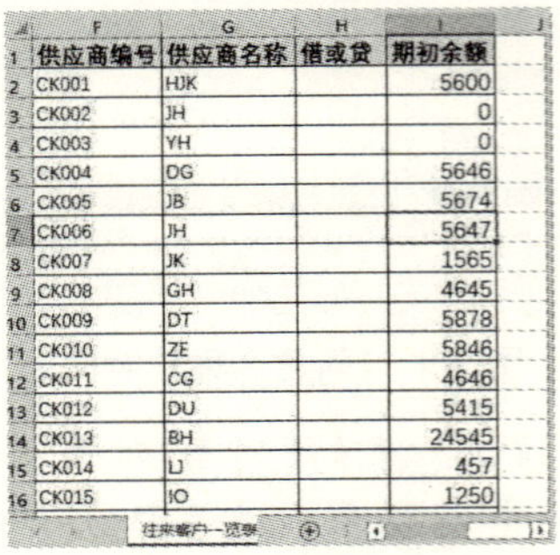

供应商编号	供应商名称	借或贷	期初余额
CK001	HJK		5600
CK002	JH		0
CK003	YH		0
CK004	DG		5646
CK005	JB		5674
CK006	JH		5647
CK007	JK		1565
CK008	GH		4645
CK009	DT		5878
CK010	ZE		5846
CK011	CG		4646
CK012	DU		5415
CK013	BH		24545
CK014	LJ		457
CK015	IO		1250

图 9-12　美化表格操作

Step 13 选中H2单元格，然后在公式编辑栏中输入“=IF(D2=0,"","贷")”公式内容，按【Enter】键后，即可设置期初余额的方向，如图9-13所示。

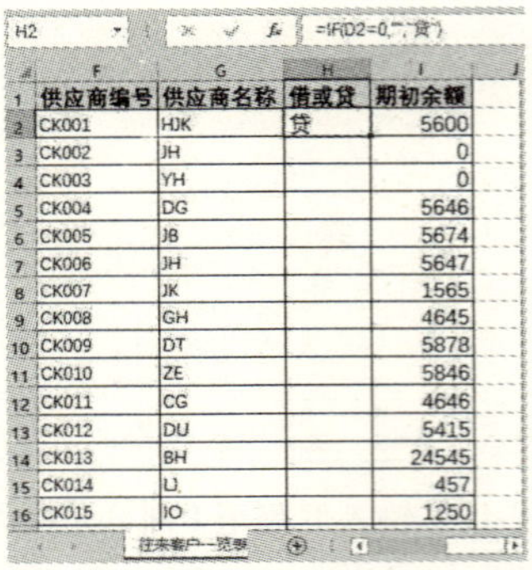

供应商编号	供应商名称	借或贷	期初余额
CK001	HJK	贷	5600
CK002	JH		0
CK003	YH		0
CK004	DG		5646
CK005	JB		5674
CK006	JH		5647
CK007	JK		1565
CK008	GH		4645
CK009	DT		5878
CK010	ZE		5846
CK011	CG		4646
CK012	DU		5415
CK013	BH		24545
CK014	LJ		457
CK015	IO		1250

图 9-13　设置供应商一览表期初余额的方向

Step 14 选中H2单元格，然后将光标移到该单元格的右下角，当光标变为“+”形状时，按住左键不放往下拖曳，到达H20单元格位置后松开，即可将H2单元格中的内容复制到H20单元格中，如图9-14所示。

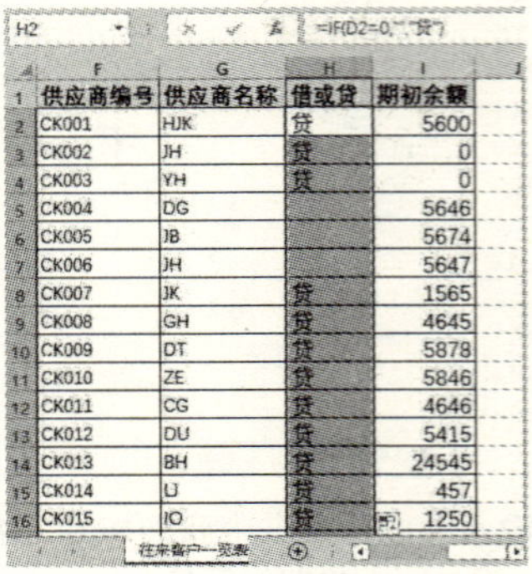

供应商编号	供应商名称	借或贷	期初余额
CK001	HJK	贷	5600
CK002	JH	贷	0
CK003	YH	贷	0
CK004	DG		5646
CK005	JB		5674
CK006	JH		5647
CK007	JK	贷	1565
CK008	GH	贷	4645
CK009	DT	贷	5878
CK010	ZE	贷	5846
CK011	CG	贷	4646
CK012	DU	贷	5415
CK013	BH	贷	24545
CK014	LJ	贷	457
CK015	IO	贷	1250

图 9-14　复制 H2 单元格公式

提示： 企业与客户之间产生的业务形成企业的“应收账款”，属资产类账户，故余额应在“借”方；而企业与供应商之间的业务形成企业的“应付账款”，属于负债类账户，故余额应在“贷”方。

Step 15 采用与上述同样的方法，在【公式】选项卡下的【定义的名称】组中单击【定义名称】右侧的下三角按钮，从弹出的下拉列表中选择【定义名称】选项，即可弹出【新建名称】对话框，在【名称】文本框中输入“gfscode”，在【引用位置】文本框中输入“=OFFSET(往来客户一览表!$F$1,1, ,COUNTA(往来客户一览表!$F:$F)-1)”公式内容，最后单击【确定】按钮，即可关闭【新建名称】对话框，如图9-15所示。

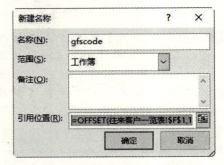

图 9-15　【新建名称】对话框

Step 16 该工作表的最终效果如图9-16所示，该工作表中同时存放客户清单和供应商清单。

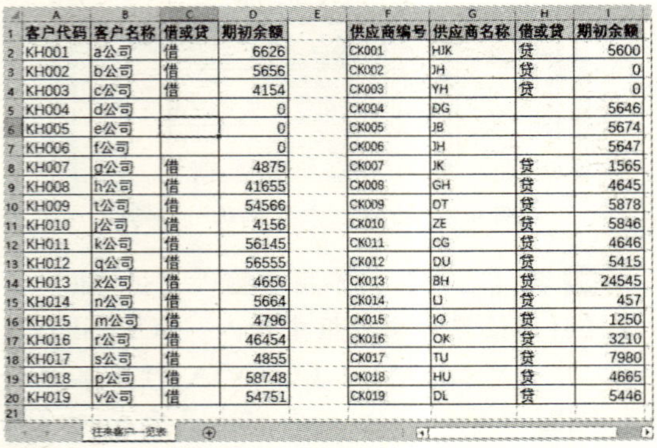

客户代码	客户名称	借或贷	期初余额		供应商编号	供应商名称	借或贷	期初余额
KH001	a公司	借	6626		CK001	HJK	贷	5600
KH002	b公司	借	5656		CK002	JH	贷	0
KH003	c公司	借	4154		CK003	YH	贷	0
KH004	d公司		0		CK004	DG		5646
KH005	e公司		0		CK005	JB		5674
KH006	f公司		0		CK006	JH		5647
KH007	g公司	借	4875		CK007	JK	贷	1565
KH008	h公司	借	41655		CK008	GH	贷	4645
KH009	t公司	借	54566		CK009	DT	贷	5878
KH010	j公司	借	4156		CK010	ZE	贷	5846
KH011	k公司	借	56145		CK011	CG	贷	4646
KH012	q公司	借	56555		CK012	DU	贷	5415
KH013	x公司	借	4656		CK013	BH	贷	24545
KH014	n公司	借	5664		CK014	LJ	贷	457
KH015	m公司	借	4796		CK015	IO	贷	1250
KH016	r公司	借	46454		CK016	OK	贷	3210
KH017	s公司	借	4855		CK017	TU	贷	7980
KH018	p公司	借	58748		CK018	HU	贷	4665
KH019	v公司	借	54751		CK019	DL	贷	5446

图 9-16　最终显示效果

9.2 应收账款明细账和总账

应收账款账户是用于记录企业因销售产品而应向购货单位收取的价款及对代垫项结算情况的账户。该账户通常按购货单位的名称设置,以便提供与各个购买单位的结算情况。

9.2.1 创建应收账款明细账

在用Excel管理应收账款时,由于Excel工作簿中的一个工作表就有65536行,足以登记企业每个月的应收账款明细账,而Excel中丰富的函数可以随时提取需要的数据。因此,为了便于管理和数据分析,可以将所有的应收账款明细账登记在一个工作表中,而不必像传统的手工做账那样每一个单位都单独设置为一个工作表。

其创建应收账款明细账的具体操作步骤如下:

Step 01 打开"往来业务管理.xlsx"工作簿,然后插入一个新工作表,将其命名为"应收账款明细"名称,并设置工作表标签颜色为"深蓝色",最后单击【保存】按钮,即可保存该工作表,如图9-17所示。

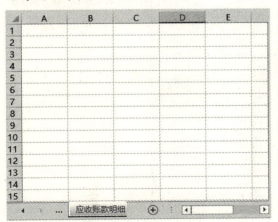

图 9-17 插入"应收账款明细"工作表

Step 02 在A1:F1单元格区域中输入表格的标题,如图9-18所示。

图 9-18 输入表格的标题

Step 03 通常,明细账款都应该在业务发生的当天内进行登记,所以,可以使用函数自动输入日期,只需要选中A2单元格,然后在公式编辑栏中输入"=NOW()"公式内容,按【Enter】键后,即可返回系统的当前日期,如图9-19所示。

图 9-19 输入日期公式

Step 04 选中A2单元格,然后将光标移到该单元格的右下角,当光标变为"+"形状时,按住左键不放往下拖曳,到达A20单元格位置后松开,即可将A2单元格中的内容复制到A20单元格中,如图9-20所示。

Step 05 选中B2单元格,然后在【数据】选项卡下的【数据工具】组中单击【数据验证】右边的下三角按钮,从弹出的下拉列表中选择【数据验证】选项,即可弹出【数据验证】对话框,如图9-21所示。

图9-20 复制A2单元格公式

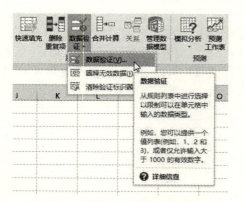

图9-21 执行"数据验证"命令

Step 06 切换到【设置】选项卡,在【允许】下拉列表框中选择【序列】选项;在【来源】文本框中需要输入"=sncode"公式,如图9-22所示。

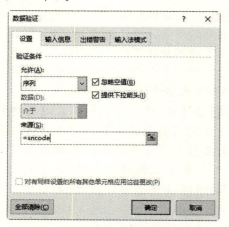

图9-22 【数据验证】对话框

Step 07 单击【确定】按钮,即可关闭【数据验证】对话框,此时再次选中B2单元格,则该单元格的右侧将会显示一个下拉按钮,若单击该下拉按钮,可以弹出客户代码下拉列表,如图9-23所示。

图9-23 "客户代码"下拉列表

Step 08 选中B2单元格,然后将光标移到该单元格的右下角,当光标变为"+"形状时,按住左键不放往下拖曳,到达B20单元格位置后松开,即可将B2单元格中的内容复制到B20单元格中,如图9-24所示。

	A	B	C	D	E
1	日期	客户代码	客户名称	摘要栏	借方发生额
2	2017/3/10	KH001			
3	2017/3/11	KH002			
4	2017/3/12	KH003			
5	2017/3/13	KH004			
6	2017/3/14	KH005			
7	2017/3/15	KH006			
8	2017/3/16	KH007			
9	2017/3/17	KH008			
10	2017/3/18	KH009			
11	2017/3/19	KH010			
12	2017/3/20	KH011			
13	2017/3/21	KH012			
14	2017/3/22	KH013			
15	2017/3/23	KH014			
16	2017/3/24	KH015			

图9-24 复制B2单元格公式

Step 09 选中C2单元格，然后在公式编辑栏中输入"=VLOOKUP(B2,往来客户一览表!$A$2:$B$20,2,FALSE)"公式内容，按【Enter】键后，即可根据B列中的客户代码，获取客户名称信息，如图9-25所示。

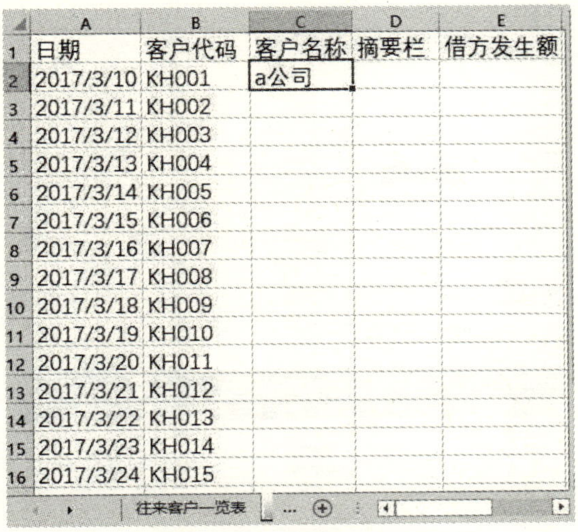

图9-25 获取"客户名称"值

Step 10 选中C2单元格，将光标移到该单元格的右下角，当光标变为"+"形状时，按住左键不放往下拖曳，到达C20单元格位置后松开，即可将C2单元格中的内容复制到C20单元格中，如图9-26所示。

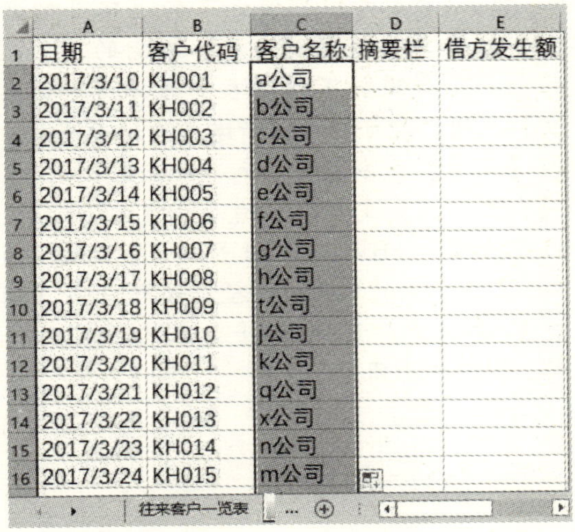

图9-26 复制C2单元格公式

Step 11 在D2:D20单元格区域中，根据发生的业务输入相应的摘要信息，如图9-27所示。

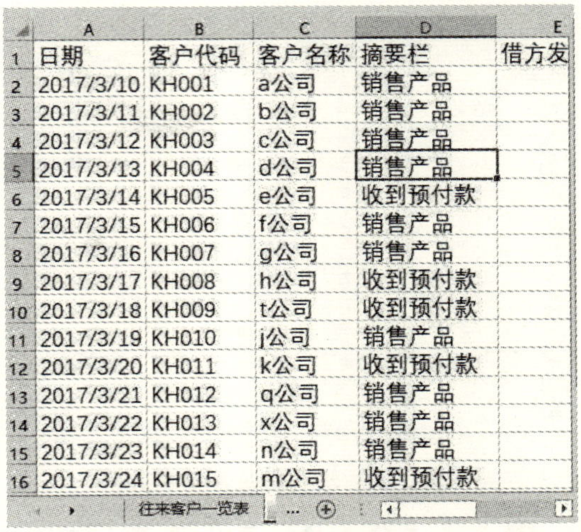

图9-27 输入摘要信息

Step 12 选中E2:F20单元格区域，然后右击，从弹出的快捷菜单中选择【设置单元格格式】命令，即可弹出【设置单元格格式】对话框，在【数字】选项卡的【分类】列表框中选择【会计专用】类型，在【货币符号】下拉列表框中选择适当的货币符号，此时还可以在【小数位数】文本框中设置小数的位数，如图9-28所示。

图9-28 【设置单元格格式】对话框

Step 13 根据发生的业务，在E列和F列单元格区域中输入借贷方发生额，如图9-29所示。

图9-29 输入借贷方发生额

Step 14 为了美化表格，可以设置表格的边框、取消网格线显示，以及设置表格标题字体的大小、字形加粗、字体居中显示等操作，最终显示效果如图9-30所示。

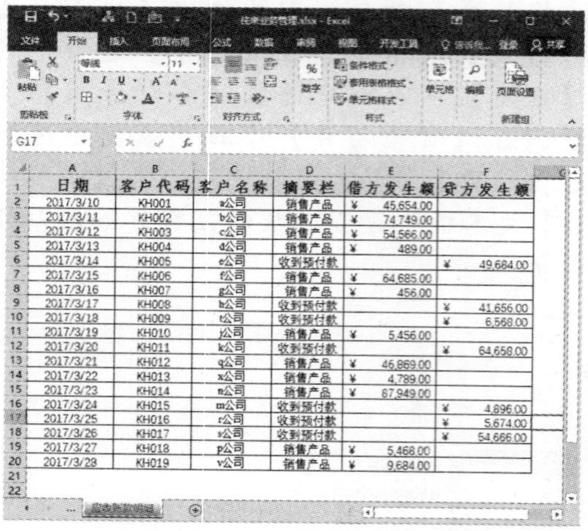

图9-30 美化表格后的最终显示效果

9.2.2 创建应收账款汇总表

明细账只能反映具体的每一笔经济业务，却难以反映整个应收账款的情况，所以，还应对各个客户在该期间的收付情况进行汇总，以便于准确地掌握企业的债权情况，具体的操作步骤如下：

Step 01 打开"往来业务管理.xlsx"工作簿，插入一个新工作表，将其命名为"往来业务汇总"名称，并设置工作表标签颜色为"绿色"，单击【保存】按钮，即可保存

该工作表，如图9-31所示。

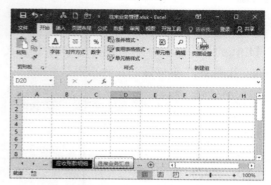

图9-31 插入一张新"往来业务汇总"工作表

Step 02 在A1:H1单元格区域中输入表格的标题，如图9-32所示。

图9-32 输入表格标题

Step 03 在【公式】选项卡下的【定义的名称】组中单击【定义名称】右侧的下三角按钮，从弹出的下拉列表中选择【定义名称】选项，即可弹出【新建名称】对话框，在【名称】文本框中输入"sncode1"，在【引用位置】文本框中输入"=OFFSET(应收账款明细!$B$1,1, ,COUNTA(应收账款明细!$B:$B)-1)"公式内容，最后单击【确定】按钮，即可关闭【新建名称】对话框，如图9-33所示。

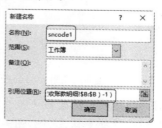

图9-33 【新建名称】对话框

Step 04 选中A2单元格，在公式编辑栏中输入"=IF(ROW(1:1)>ROUND (SUM(1/COUNTIF(sncode1,sncode1)),0),"",INDEX(sncode1,SMALL(IF(MATCH (sncode1,sncode1,0)=ROW(sncode1)-1,ROW(sncode1)-1),ROW(1:1))))"公式内容，最后按【Ctrl+Shift+Enter】组合键，即可生成数组公式，如图9-34所示。

注意：在输入数组公式时，不要手动输入数组公式标志大括号"{}"，只需要按【Ctrl+Shift+Enter】组合键，系统将会自动生成。否则，Excel将不会识别公式，而会将它们认为是字符串来处理。

图9-34 输入数组公式从明细账中提取客户代码

Step 05 选中A2单元格，将光标移到该单元格的右下角，当光标变为"+"形状时，按住左键不放往下拖曳，到达A20单元格位置后松开，即可将A2单元格中的内容复制到A20单元格中，如图9-35所示。

图9-35 复制A2单元格公式

Step 06 选中B2单元格，在公式编辑栏中输入"=VLOOKUP($A2,往来客户一览表!$A$2:$D$20,2,FALSE)"公式内容，按【Enter】键后，即可取出同行的A列中的单元格中客户代码对应的名称，如图9-36所示。

图9-36 获取客户名称

Step 07 选中B2单元格，将光标移到该单元格的右下角，当光标变为"+"形状时，按住左键不放往下拖曳，到达B20单元格位置后松开，即可将B2单元格中的内容复制到B20单元格中，如图9-37所示。

图9-37 复制B2单元格公式

Step 08 选中C2单元格，在公式编辑栏中输入"=IF(D2<>0,"","借")"公式内容，按【Enter】键后，即可设置上期结余的方向，如图9-38所示。

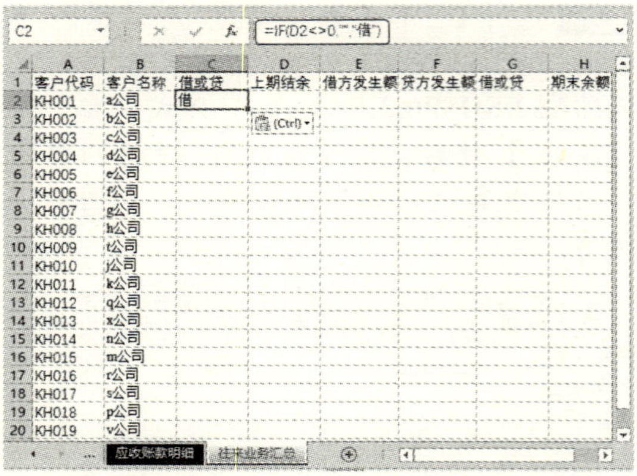

图 9-38 设置上期结余的方向

Step 09 选中C2单元格,将光标移到该单元格的右下角,当光标变为"+"形状时,按住左键不放往下拖曳,到达C20单元格位置后松开,即可将C2单元格中的内容复制到C20单元格中,如图9-39所示。

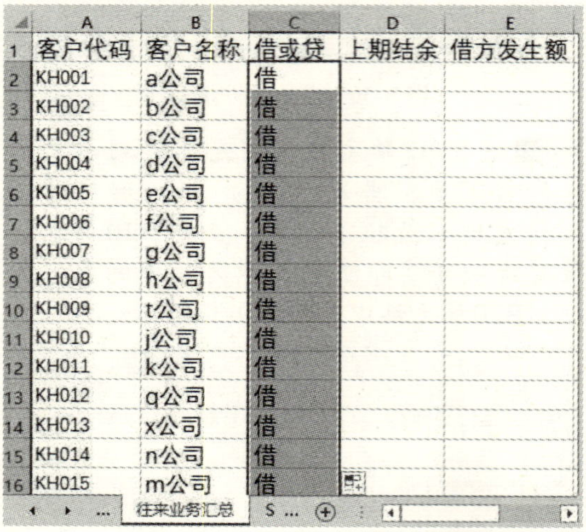

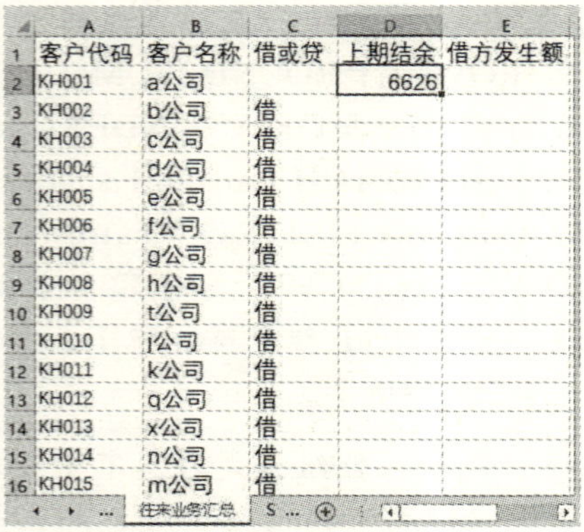

图 9-40 提取上期结余数

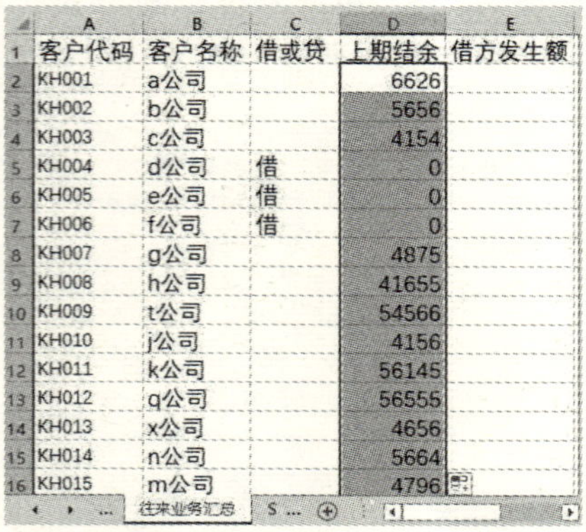

图 9-39 复制 C2 单元格公式

Step 10 选中D2单元格,在公式编辑栏中输入"=VLOOKUP(A2,往来客户一览表!$A$2:$D$20,4,FALSE)"公式内容,按【Enter】键后,即可提取上期结余数,如图9-40所示。

Step 11 选中D2单元格,将光标移到该单元格的右下角,当光标变为"+"形状时,按住左键不放往下拖曳,到达D20单元格位置后松开,即可将D2单元格中的内容复制到D20单元格中,如图9-41所示。

图 9-41 复制 D2 单元格公式

Step 12 选中E2单元格,在公式编辑栏中输入"=SUMIF(应收账款明细!$B$2:$F$20,往来业务汇总!$A2,应收账款明细!$E$2:$E$20)"公式内容,按【Enter】键后,即可以客户代码为求和条件,汇总本期间该客户借方发生额总额,如图9-42所示。

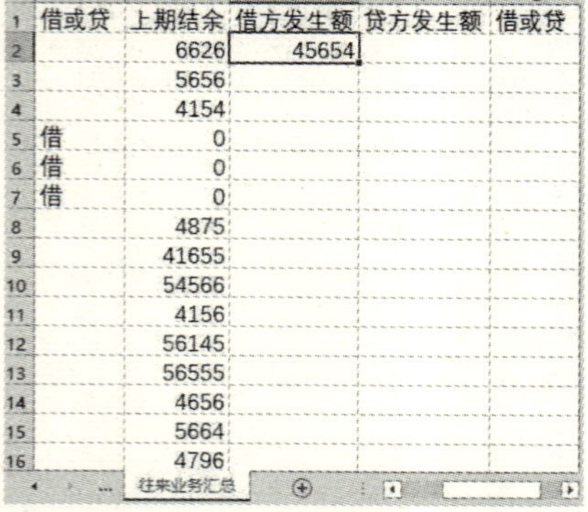

图 9-42 计算借方发生额

Step 13 选中E2单元格,将光标移到该单元格的右下角，当光标变为"+"形状时，按住左键不放往下拖曳，到达E20单元格位置后松开，即可将E2单元格中的内容复制到E20单元格中，如图9-43所示。

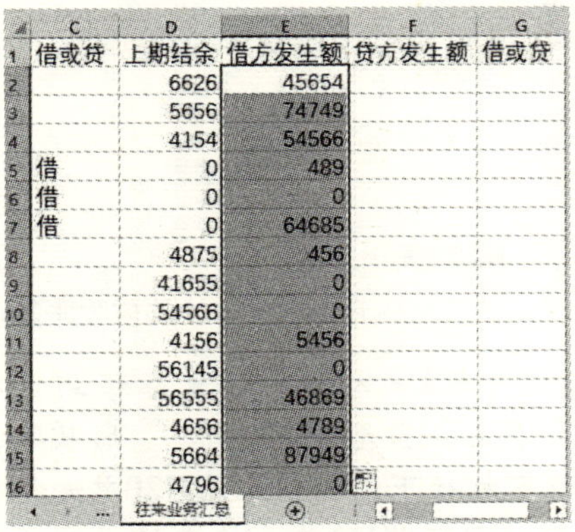

图9-43　复制E2单元格公式

Step 14 同理，选中F2单元格，在公式编辑栏中输入"=SUMIF(应收账款明细!$B$2:$F$20,往来业务汇总!$A2,应收账款明细!$F$2:$F$20)"公式内容，按【Enter】键后，即可按客户汇总本期间内贷方发生额总额，如图9-44所示。

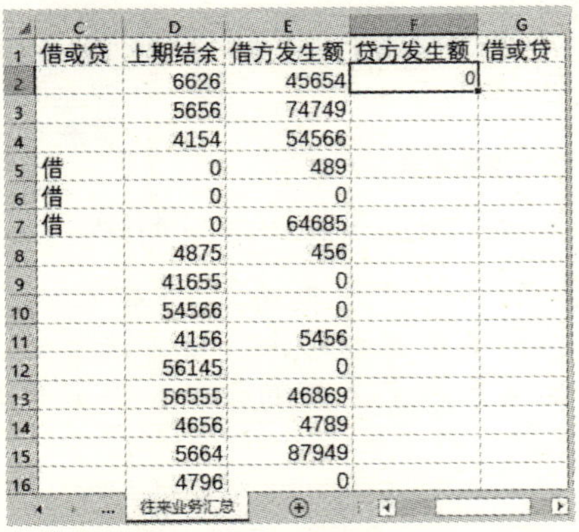

图9-44　按客户汇总本期间内贷方发生额总额

Step 15 选中F2单元格，将光标移到该单元格的右下角，当光标变为"+"形状时，按住左键不放往下拖曳，到达F20单元格位置后松开，即可将F2单元格中的内容复制到F20单元格中，如图9-45所示。

Step 16 选中C2单元格，右击，从弹出的快捷菜单中选择【复制】命令，如图9-46所示。

图9-45　复制F2单元格公式

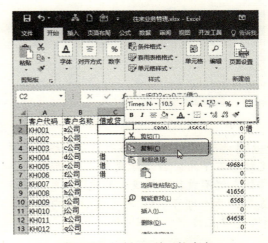

图9-46　复制C2单元格内容

Step 17 选中G2单元格，右击，从弹出的快捷菜单中选择【选择性粘贴】命令，即可弹出【选择性粘贴】对话框，在【粘贴】选项组中选择【公式】单选按钮，如图9-47所示。

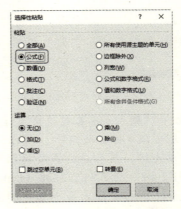

图9-47　【选择性粘贴】对话框

Step 18 单击【确定】按钮，返回"往来业务汇总"工作表，此时，可以从编辑栏中看到"=IF(H2<>0,"借","")"公式内容，其复制过来的公式自动将原公式中对单元格D2的引用更改为对单元格H2的引用，如图9-48所示。

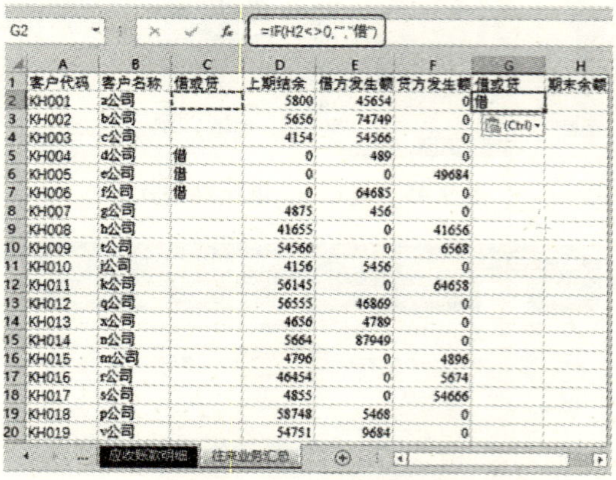

图9-50　计算出该月末每个客户的应收账款余额

Step 21 选中H2单元格，将光标移到该单元格的右下角，当光标变为"+"形状时，按住左键不放往下拖曳，到达H20单元格位置后松开，即可将H2单元格中的内容复制到H20单元格中，如图9-51所示。

图9-48　复制公式结果

Step 19 选中G2单元格，然后将光标移到该单元格的右下角，当光标变为"+"形状时，按住左键不放往下拖曳，到达G20单元格位置后松开，即可将G2单元格中的内容复制到G20单元格中，如图9-49所示。

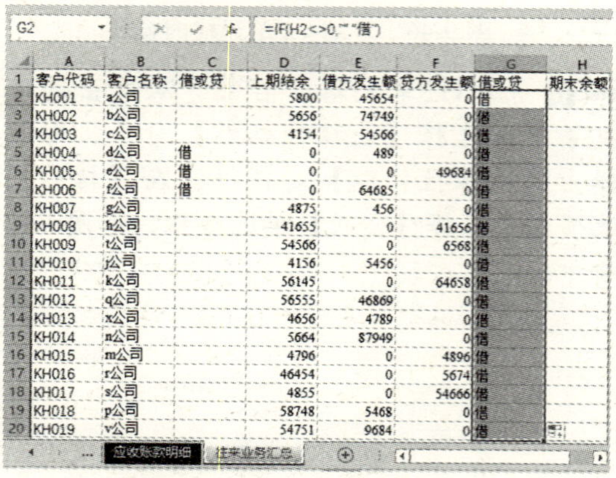

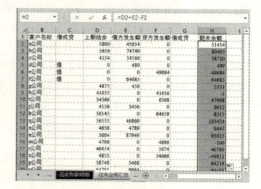

图9-51　复制H2单元格公式

Step 22 选中A21单元格，然后输入"合计"，并求出上期结余、借方发生额、贷方发生额和期末余额的合计，其最终显示效果如图9-52所示。

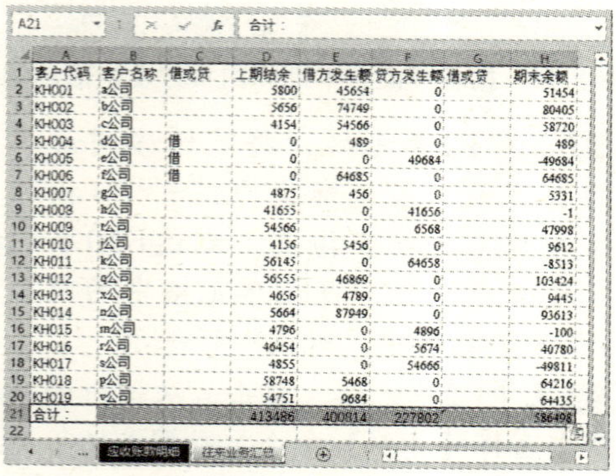

图9-49　复制G2单元格公式

Step 20 由于"期初数+本期借方发生额-本期贷方发生额=期末余额"，所以，需要选中H2单元格，然后在公式编辑栏中输入"=D2+E2-F2"公式内容，按【Enter】键后，即可计算出该月末每个客户的应收账款余额，如图9-50所示。

图9-52　计算合计栏内容

Step 23 为了美化表格，可以设置表格的边框、取消网格线显示，以及设置表格标题字体的大小、字形加粗、字体居中显示等操作，其最终显示效果如图9-53所示。

客户代码	客户名称	借或贷	上期结余	借方发生额	贷方发生额	借或贷	期末余额
KH001	a公司		5800	45654	0		51454
KH002	b公司		5656	74749	0		80405
KH003	c公司		4154	54566	0		58720
KH004	d公司	借	0	489	0		489
KH005	e公司	借	0	0	49684		-49684
KH006	f公司	借	0	64685	0		64685
KH007	g公司		4875	456	0		5331
KH008	h公司		41655	0	41656		-1
KH009	t公司		54566	0	6568		47998
KH010	j公司		4156	5456	0		9612
KH011	k公司		56145	0	64658		-8513
KH012	q公司		56555	46869	0		103424
KH013	x公司		4656	4789	0		9445
KH014	n公司		5664	87949	0		93613
KH015	m公司		4796	0	4896		-100
KH016	r公司		46454	0	5674		40780
KH017	s公司		4855	0	54666		-49811
KH018	p公司		58748	5468	0		64216
KH019	v公司		54751	9684	0		64435
合计			413486	400814	227802		586498

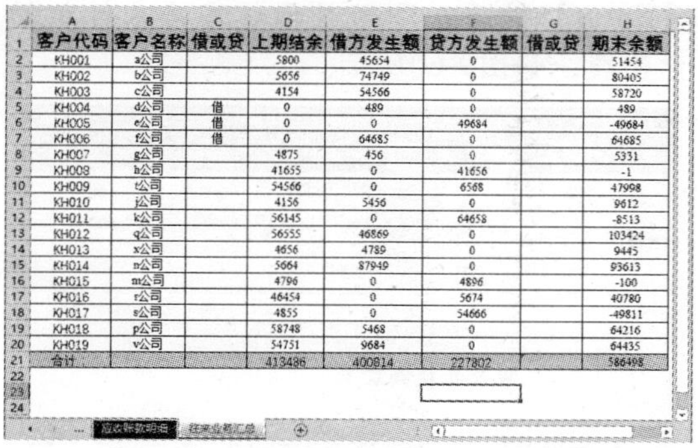

图 9-53　美化表格后的最终显示效果

9.3　创建催款单

统计出来了各单位的应收账款余额，接下来所要做的工作就是进行催款。一般情况下，可以采用发送电子邮件的方式进行催款。

催款单中主要包含对方单位的名称和所欠贷款金额，其设计催款单的具体操作步骤如下：

Step 01 打开“往来业务管理.xlsx”工作簿，插入一个新工作表，将其命名为“催款单”名称，并设置工作表标签颜色为“红色”，最后单击【保存】按钮，即可保存该工作表，如图9-54所示。

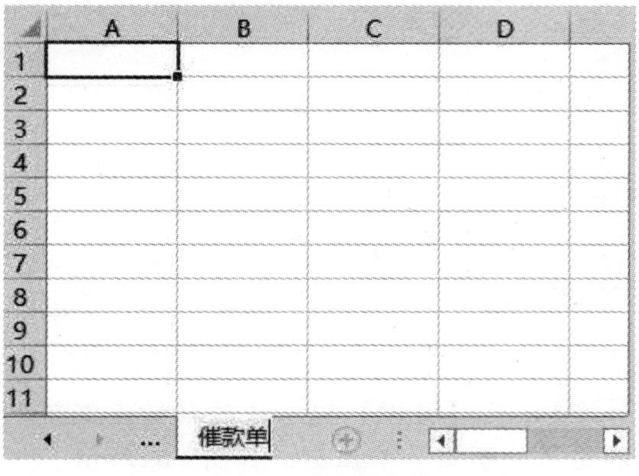

图 9-54　插入“催款单”工作表

Step 02 在A1、A2、A4:C4、E4、A1:B1、E6:E9单元格各区域中输入催款单的内容，如图9-55所示。

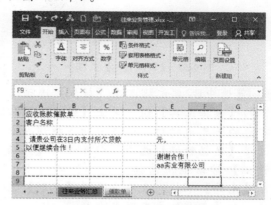

图 9-55　输入催款单内容

Step 03 为了美化表格，可以设置合并单元格居中操作、取消网格线显示，以及设置单元格字体的大小、字形加粗等操作，其最终显示效果如图9-56所示。

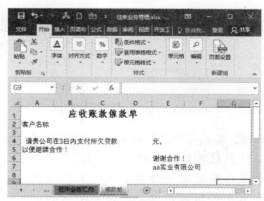

图 9-56　美化表格后的效果

Step 04 为了将客户名称设置为可选择的下拉列表，首先需要选中A2单元格，然后在【公式】菜单下的【定义的名称】组中单击【定义名称】右侧的三角按钮，从弹出的下拉列表中选择【定义名称】选项，即可弹出【新建名称】对话框，在【名称】文本框中输入“ckdan”，在【引用位置】文本框中输入“=往来业务汇总!$B$2:$B$10”公式内容，最后单击【确定】按钮，即可关闭【新建名称】对话框，如图9-57所示。

图 9-57 【新建名称】对话框

Step 05 选中B2单元格,在【数据】选项卡下的【数据工具】组中单击【数据验证】右边的下三角按钮,从弹出的下拉列表中选择【数据验证】选项,即可弹出【数据验证】对话框,选择【设置】选项卡,在【允许】下拉列表框中选择【序列】选项;在【来源】文本框中输入"=ckdan"公式,如图9-58所示。

图 9-58 【数据验证】对话框

Step 06 单击【确定】按钮,即可关闭【数据验证】对话框,此时,选中B2单元格,则该单元格右侧将会显示一个下拉按钮,单击该下拉按钮,将会弹出下拉列表,可以根据需要选择不同的客户名称进行查看,如图9-59所示。

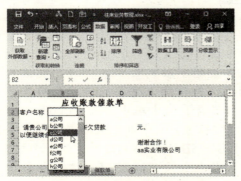

图 9-59 "客户名称"下拉列表

Step 07 选中D4单元格,设置该单元格格式为【会计专用】格式,在公式编辑栏中输入"=VLOOKUP($B$2,往来业务汇总!B2:H21,4,FALSE)"公式内容,按【Enter】键后,即可显示该客户未付款的贷款数,如图9-60所示。

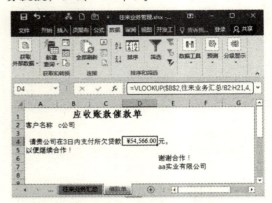

图 9-60 输入公式

Step 08 切换到【插入】选项卡,然后单击【插图】组中【形状】右侧的下三角按钮,从弹出的下拉列表中选择【基本形状】栏目下的【椭圆】选项,如图9-61所示。

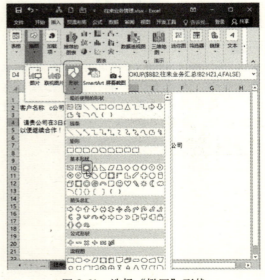

图 9-61 选择"椭圆"形状

Step 09 按住【Shift】键,拖动鼠标在催款单的签名处绘制一个正圆,如图9-62所示。

第 9 章　企业往来账务的管理与核算

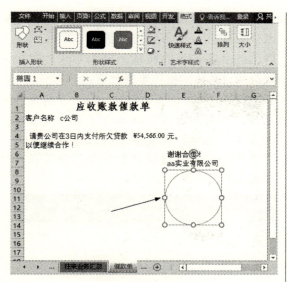

图 9-62　绘制一个正圆

Step 10 右击绘制的正圆，从弹出的快捷菜单中选择【设置形状格式】命令，即可弹出【设置形状格式】对话框，设置正圆为透明，红色的1.5磅线条，如图9-63所示。

图 9-63　【设置形状格式】对话框

Step 11 在【插入】选项卡下的【文本】组中单击【艺术字】按钮，即可插入一个艺术字样式，在【请在此键入你自己的内容】区域中输入公司的名字，并适当调整艺术字的形状，最终绘制效果如图9-64所示。

图 9-64　插入艺术字

Step 12 在圆内绘制一个五角星形，如图9-65所示。

图 9-65　绘制一个五角星

Step 13 按住【Shift】键，单击选中所有的自选图形，然后右击，从弹出的快捷菜单中选择【组合】菜单下的【组合】命令，即可将这些自选图形组合为一个对象，如图9-66所示。

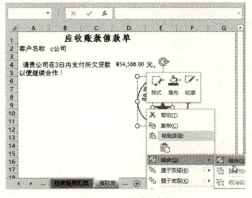

图 9-66　组合对象

Step 14 当再次打开文件时,它们的位置就不易发生变化了,如图9-67所示。

图 9-67 最终效果

9.4 提取坏账

坏账是指因债务人破产或者死亡,以其破产财产或者遗产清偿后,仍然不能收回的应收账款,或者因债务人逾期未履行偿债义务超过3年仍然不能收回的应收账款。在实际工作中,企业常常实行坏账准确金制度,采用备抵法,对每期应收账款中可能发生的坏账损失预先予以估计计入管理费用,设置专用的"坏账准备"账户。

通常企业提取坏账的方式有如下3种:
①账龄分析法,是指按应收账款拖欠的时间长短来估计坏账损失的方法。
②赊销百分比法,是指根据赊销金额的百分比估计坏账损失的方法。
③应收账款余额百分比法,是指按应收账款余额的一定比例计算提取坏账准备的方法,一般可以按年末应收账款金额的千分之三至千分之五进行计提。

9.4.1 余额百分比法提取坏账

在实际工作中,通常是在年末的时候才进行坏账提取,同时企业还可以根据自身的特点选择适当的坏账提取方式。下面以应收账款余额百分比法为例,假定前面得出的各客户应收账款余额为年末应收账款余额,具体的操作步骤如下:

Step 01 打开"往来业务管理.xlsx"工作簿,插入一个新工作表,将其命名为"提取坏账准备"名称,并设置工作表标签颜色为"黄色",单击【保存】按钮,即可保存该工作表,如图9-68所示。

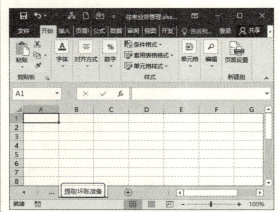

图 9-68 新建"提取坏账准备"工作表

Step 02 在A1:E1单元格区域中输入表格的标题,如图9-69所示。

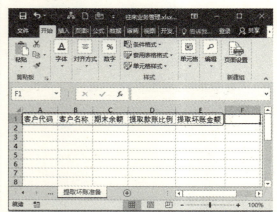

图 9-69 输入表格的标题

Step 03 选中A2单元格,在公式编辑栏中输入"=往来业务汇总!A2"公式内容,按【Enter】键后,即可获取客户的代码,如图9-70所示。

第 9 章
企业往来账务的管理与核算

图 9-70 获取客户的代码

Step 04 选中A2单元格,然后将光标移到该单元格的右下角,当光标变为"+"形状时,按住左键不放往下拖曳,到达A20单元格位置后松开,即可将A2单元格中的内容复制到A20单元格中,如图9-71所示。

图 9-71 复制 A2 单元格公式

Step 05 选中B2单元格,在公式编辑栏中输入"=VLOOKUP($A2,往来客户一览表!$A$2:$D$20,2,FALSE)"公式内容,按【Enter】键后,即可获取客户名称信息,如图9-72所示。

Step 06 选中B2单元格,将光标移到该单元格的右下角,当光标变为"+"形状时,按住左键不放往下拖曳,到达B20单元格位置后松开,即可将B2单元格中的内容复制到B20单元格中,如图9-73所示。

图 9-72 获取客户名称信息

图 9-73 复制 B2 单元格公式

Step 07 选中C2单元格,在公式编辑栏中输入"=往来业务汇总!H2"公式内容,按【Enter】键后,即可计算提取应收账款的期末余额,如图9-74所示。

图 9-74 计算提取应收账款的期末余额

187

Step 08 选中C2单元格，将光标移到该单元格的右下角，当光标变为“+”形状时，按住左键不放往下拖曳，到达C20单元格位置后松开，即可将C2单元格中的内容复制到C20单元格中，如图9-75所示。

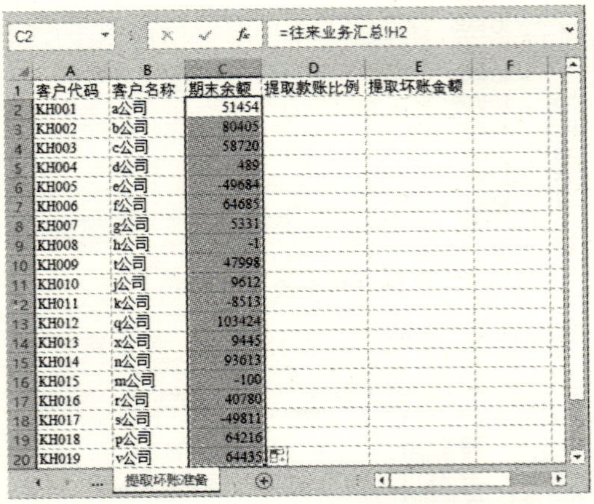

C2 =往来业务汇总!H2

客户代码	客户名称	期末余额	提取款账比例	提取坏账金额
KH001	a公司	51454		
KH002	b公司	80405		
KH003	c公司	58720		
KH004	d公司	489		
KH005	e公司	-49684		
KH006	f公司	64685		
KH007	g公司	5331		
KH008	h公司	-1		
KH009	t公司	47998		
KH010	j公司	9612		
KH011	k公司	-8513		
KH012	q公司	103424		
KH013	x公司	9445		
KH014	n公司	93613		
KH015	m公司	-100		
KH016	r公司	40780		
KH017	s公司	-49811		
KH018	p公司	64216		
KH019	v公司	64435		

提取坏账准备

图 9-75　复制 C2 单元格公式

Step 09 在D2:D20单元格中输入企业定的提取比例，如图9-76所示。

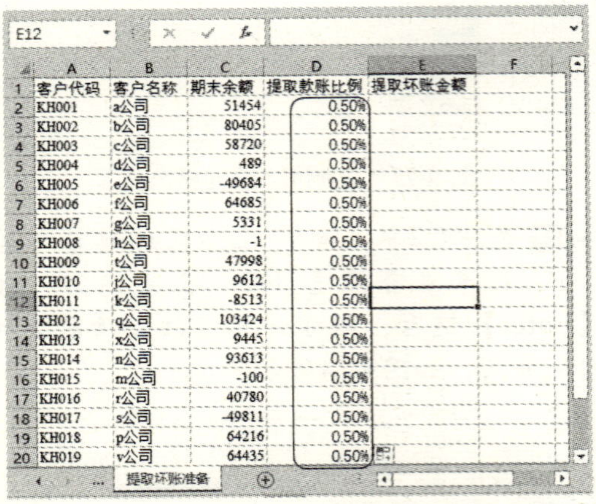

E12

客户代码	客户名称	期末余额	提取款账比例	提取坏账金额
KH001	a公司	51454	0.50%	
KH002	b公司	80405	0.50%	
KH003	c公司	58720	0.50%	
KH004	d公司	489	0.50%	
KH005	e公司	-49684	0.50%	
KH006	f公司	64685	0.50%	
KH007	g公司	5331	0.50%	
KH008	h公司	-1	0.50%	
KH009	t公司	47998	0.50%	
KH010	j公司	9612	0.50%	
KH011	k公司	-8513	0.50%	
KH012	q公司	103424	0.50%	
KH013	x公司	9445	0.50%	
KH014	n公司	93613	0.50%	
KH015	m公司	-100	0.50%	
KH016	r公司	40780	0.50%	
KH017	s公司	-49811	0.50%	
KH018	p公司	64216	0.50%	
KH019	v公司	64435	0.50%	

提取坏账准备

图 9-76　输入企业定的提取比例

Step 10 选中E2单元格，在公式编辑栏中输入“=C2*D2”公式内容，按【Enter】键后，即可计算出其他应提取的坏账金额，如图9-77所示。

Step 11 选中E2单元格，将光标移到该单元格的右下角，当光标变为“+”形状时，按住左键不放往下拖曳，到达E20单元格位置后松开，即可将E2单元格中的内容复制到E20单元格中，如图9-78所示。

E2 =C2*D2

客户代码	客户名称	期末余额	提取款账比例	提取坏账金额
KH001	a公司	51454	0.50%	257.27
KH002	b公司	80405	0.50%	
KH003	c公司	58720	0.50%	
KH004	d公司	489	0.50%	
KH005	e公司	-49684	0.50%	
KH006	f公司	64685	0.50%	
KH007	g公司	5331	0.50%	
KH008	h公司	-1	0.50%	
KH009	t公司	47998	0.50%	
KH010	j公司	9612	0.50%	
KH011	k公司	-8513	0.50%	
KH012	q公司	103424	0.50%	
KH013	x公司	9445	0.50%	
KH014	n公司	93613	0.50%	
KH015	m公司	-100	0.50%	
KH016	r公司	40780	0.50%	
KH017	s公司	-49811	0.50%	
KH018	p公司	64216	0.50%	
KH019	v公司	64435	0.50%	

提取坏账准备

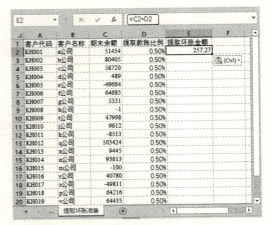

图 9-77　计算出其他应提取的坏账金额

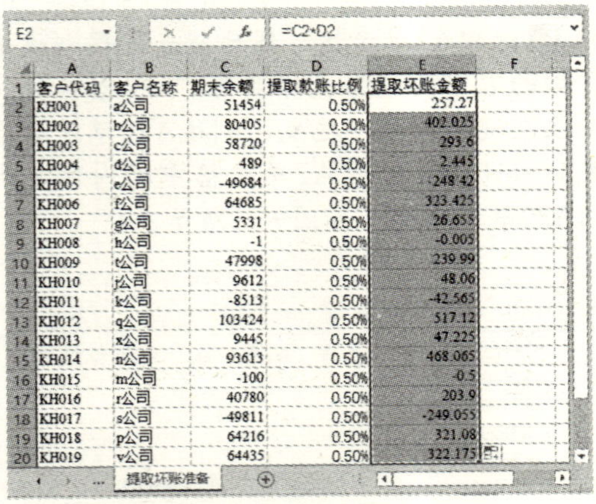

E2 =C2*D2

客户代码	客户名称	期末余额	提取款账比例	提取坏账金额
KH001	a公司	51454	0.50%	257.27
KH002	b公司	80405	0.50%	402.025
KH003	c公司	58720	0.50%	293.6
KH004	d公司	489	0.50%	2.445
KH005	e公司	-49684	0.50%	-248.42
KH006	f公司	64685	0.50%	323.425
KH007	g公司	5331	0.50%	26.655
KH008	h公司	-1	0.50%	-0.005
KH009	t公司	47998	0.50%	239.99
KH010	j公司	9612	0.50%	48.06
KH011	k公司	-8513	0.50%	-42.565
KH012	q公司	103424	0.50%	517.12
KH013	x公司	9445	0.50%	47.225
KH014	n公司	93613	0.50%	468.065
KH015	m公司	-100	0.50%	-0.5
KH016	r公司	40780	0.50%	203.9
KH017	s公司	-49811	0.50%	-249.055
KH018	p公司	64216	0.50%	321.08
KH019	v公司	64435	0.50%	322.175

提取坏账准备

图 9-78　复制 E2 单元格公式

Step 12 为了美化表格，可以设置表格的边框、取消网格线显示，以及设置表格标题字体的大小、字形加粗、字体居中显示等操作，其最终显示效果如图9-79所示。

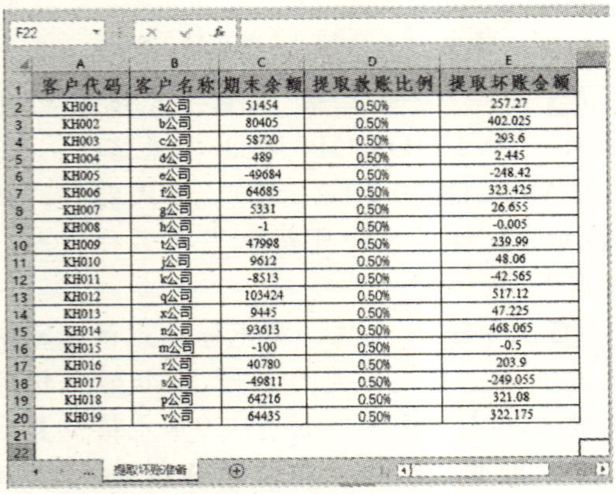

F22

客户代码	客户名称	期末余额	提取款账比例	提取坏账金额
KH001	a公司	51454	0.50%	257.27
KH002	b公司	80405	0.50%	402.025
KH003	c公司	58720	0.50%	293.6
KH004	d公司	489	0.50%	2.445
KH005	e公司	-49684	0.50%	-248.42
KH006	f公司	64685	0.50%	323.425
KH007	g公司	5331	0.50%	26.655
KH008	h公司	-1	0.50%	-0.005
KH009	t公司	47998	0.50%	239.99
KH010	j公司	9612	0.50%	48.06
KH011	k公司	-8513	0.50%	-42.565
KH012	q公司	103424	0.50%	517.12
KH013	x公司	9445	0.50%	47.225
KH014	n公司	93613	0.50%	468.065
KH015	m公司	-100	0.50%	-0.5
KH016	r公司	40780	0.50%	203.9
KH017	s公司	-49811	0.50%	-249.055
KH018	p公司	64216	0.50%	321.08
KH019	v公司	64435	0.50%	322.175

提取坏账准备

图 9-79　美化表格后的最终效果

9.4.2 坏账准备结构分析

为了更直观地反应出与公司有业务往来的客户，哪些单位更容易出现坏账，可以使用图表进行分析，以便企业及时采取有效的措施进行控制，其具体的操作步骤如下：

Step 01 在"提取坏账准备"工作表中选中A1:E20单元格区域，即可选中用于绘图的数据，如图9-80所示。

图9-80 选择用于绘图的数据源

Step 02 在【插入】选项卡下的【图表】组中单击【饼图】按钮，从弹出的下拉菜单的【二维饼图】中选择【二维饼图】选项，即可在Excel表格中插入了需要的饼图，如图9-81所示。

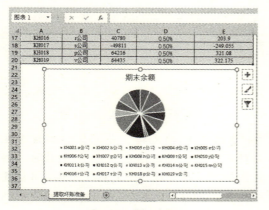

图9-81 插入饼图

Step 03 选择【图表工具】菜单下的【设计】选项卡，在【图表样式】组中根据需要选择一种图表的样式和图表的布局，效果如图9-82所示。

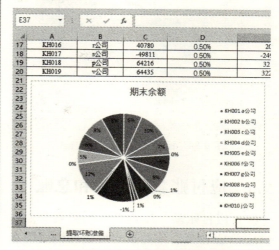

图9-82 选择图表的样式和布局

Step 04 选择【图表工具】菜单下的【设计】选项卡，在【图表布局】组中根据需要设置图表标题及图例等各项的显示位置，效果如图9-83所示。

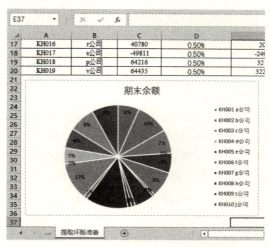

图9-83 设置图表标题、图例等各项的显示位置

Step 05 也可以选择【格式】选项卡，打开【格式】选项栏，根据需要改变图表的形状及样式，其中包括形状的填充、形状的轮廓、形状的效果等，效果如图9-84所示。

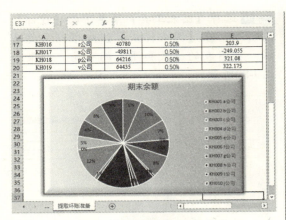

图 9-84　设置图表的形状及样式

图 9-85　新建"应付账款明细"工作表

图 9-86　输入表格的标题

9.5　应付账款明细账和总账

"应付账款"账户是专门归集企业与供应单位之间债务关系的形成和清偿情况的有关数据。当因材料采购而发生应付账款及代垫运费时，记入该账户贷方，表示债务的发生；当付出现金、银行存款或以其他资产偿还债务时，记入账户借方，表示债务的清偿。在实际工作中，"应付账款"明细账应按各供应单位名称设置，以具体反映与各个供应单位之间的债务结算情况。

9.5.1　创建应付账款明细账

由于Excel的一张工作表容量非常大，而且在Excel中可以非常方便地提取数据，所以，可以将各供应商的明细账记录在一张工作表中，具体的操作步骤如下：

Step 01 打开"往来业务管理.xlsx"工作簿，插入一个新工作表，将其命名为"应付账款明细"名称，并设置工作表标签颜色为"浅绿色"，单击【保存】按钮，即可保存该工作表，如图9-85所示。

Step 02 在A1:F1单元格区域中输入表格的标题，如图9-86所示。

Step 03 通常，明细账款都应该在业务发生的当天内进行登记，所以，可以使用函数自动输入日期，只需要选中A2单元格，然后在公式编辑栏中输入"=NOW()"公式内容，按【Enter】键后，即可返回系统的当前日期，如图9-87所示。

图 9-87　返回系统当前日期

Step 04 选中A2单元格，将光标移到该单元格的右下角，当光标变为"+"形状时，按住左键不放往下拖曳，到达A20单元格位置后松开，即可将A2单元格中的内容复制到A20单元格中，如图9-88所示。

第9章
企业往来账务的管理与核算

图9-88 复制A2单元格公式

Step 05 选中B2单元格，在【数据】选项卡下的【数据工具】组中单击【数据验证】右侧的下三角按钮，从弹出的下拉列表中选择【数据验证】选项，即可弹出【数据验证】对话框，如图9-89所示。

图9-89 执行"数据验证"命令

Step 06 切换到【设置】选项卡，然后在【允许】下拉列表框中选择【序列】选项；在【来源】文本框中需要输入"=gfscode"公式，如图9-90所示。

Step 07 单击【确定】按钮，即可关闭【数据验证】对话框，此时再次选中B2单元格，则该单元格的右侧将会显示一个下拉按钮，单击该下拉按钮，可以弹出"供应商代码"下拉列表，如图9-91所示。

图9-90 【数据验证】对话框

图9-91 "供应商代码"下拉列表

Step 08 选中B2单元格，将光标移到该单元格的右下角，当光标变为"+"形状时，按住左键不放往下拖曳，到达B20单元格位置后松开，即可将B2单元格中的内容复制到B20单元格中，如图9-92所示。

图9-92 复制B2单元格公式

Step 09 选中C2单元格，在公式编辑栏中输入"=VLOOKUP(B2,往来客户一览表!$F$2:$I$20,2,FALSE)"公式内容，按【Enter】键后，即可根据供应商代码，获取供应商名称，如图9-93所示。

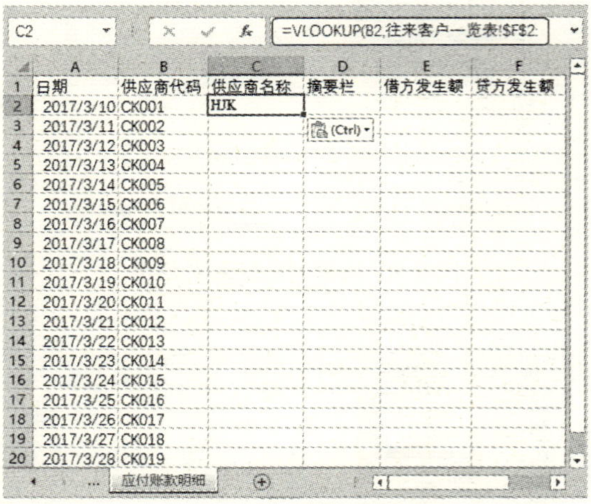

图 9-93　获取供应商名称

Step 10 选中C2单元格，将光标移到该单元格的右下角，当光标变为"+"形状时，按住左键不放往下拖曳，到达C20单元格位置后松开，即可将C2单元格中的内容复制到C20单元格中，如图9-94所示。

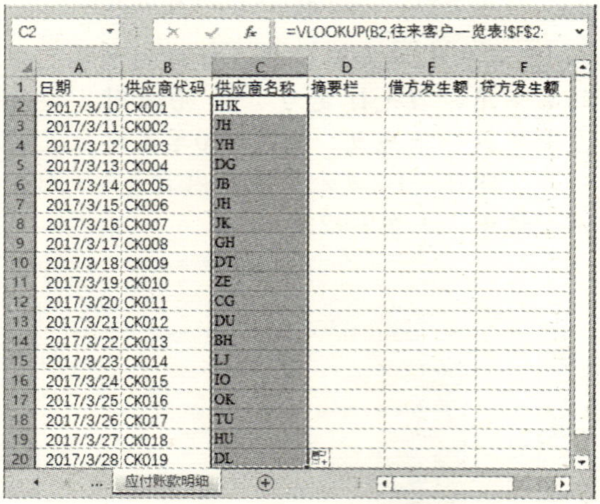

图 9-94　复制 C2 单元格公式

Step 11 在D2:D20单元格区域中，根据发生的业务，输入相应的摘要信息，如图9-95所示。

图 9-95　输入摘要信息

Step 12 选中E2:F20单元格区域，然后右击，从弹出的快捷菜单中选择【设置单元格格式】命令，即可弹出【设置单元格格式】对话框，在【数字】选项卡中的【分类】列表框中选择【会计专用】类型，在【货币符号】下拉列表框中选择适当的货币符号，此时还可以在【小数位数】文本框中设置小数的位数，单击【确定】按钮，即可成功设置，如图9-96所示。

图 9-96　【设置单元格格式】对话框

Step 13 根据发生的业务，在E列和F列单元格区域中输入借贷方发生额，如图9-97所示。

	日期	供应商代码	供应商名称	摘要栏	借方发生额	贷方发生额
2	2017/3/10	CK001	HJK	材料采购	¥ 4,133.00	
3	2017/3/11	CK002	JH	材料采购	¥ 4,688.00	
4	2017/3/12	CK003	YH	材料采购	¥ 5,685.00	
5	2017/3/13	CK004	DG	材料采购	¥ 4,649.00	
6	2017/3/14	CK005	JB	结算材料		¥ 5,694.00
7	2017/3/15	CK006	JH	结算材料		¥ 5,566.00
8	2017/3/16	CK007	JK	材料采购	¥ 4,989.00	
9	2017/3/17	CK008	GH	材料采购	¥ 2,546.00	
10	2017/3/18	CK009	DT	结算材料		¥ 4,968.00
11	2017/3/19	CK010	ZE	材料采购	¥ 5,647.00	
12	2017/3/20	CK011	CG	材料采购	¥ 5,687.00	
13	2017/3/21	CK012	DU	结算材料		¥ 4,989.00
14	2017/3/22	CK013	BH	材料采购	¥ 5,968.00	
15	2017/3/23	CK014	LJ	材料采购	¥ 6,566.00	
16	2017/3/24	CK015	IO	结算材料		¥ 7,987.00
17	2017/3/25	CK016	OK	材料采购	¥ 4,564.00	
18	2017/3/26	CK017	TU	材料采购	¥ 8,799.00	
19	2017/3/27	CK018	HU	结算材料		¥ 4,485.00
20	2017/3/28	CK019	DL	材料采购	¥ 4,899.00	

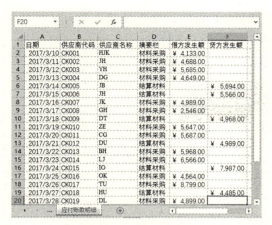

图 9-97　输入借贷方发生额

Step 14 为了美化表格，可以设置表格的边框、取消网格线显示，以及设置表格标题字体的大小、字形加粗、字体居中显示等操作，最终显示效果如图9-98所示。

图 9-98　美化后的最终效果

9.5.2　创建应付账款汇总表

同应收账款一样，企业也要定期对应付账款进行汇总，根据汇总情况掌握企业现阶段的债务并及时清偿债务，具体的操作步骤如下：

Step 01 打开“往来业务管理.xlsx”工作簿，插入一个新工作表，将其命名为“应付账款汇总”名称，并设置工作表标签颜色为“大红色”，最后单击【保存】按钮，即可保存该工作表，如图9-99所示。

Step 02 在A1:H1单元格区域中输入表格的标题，如图9-100所示。

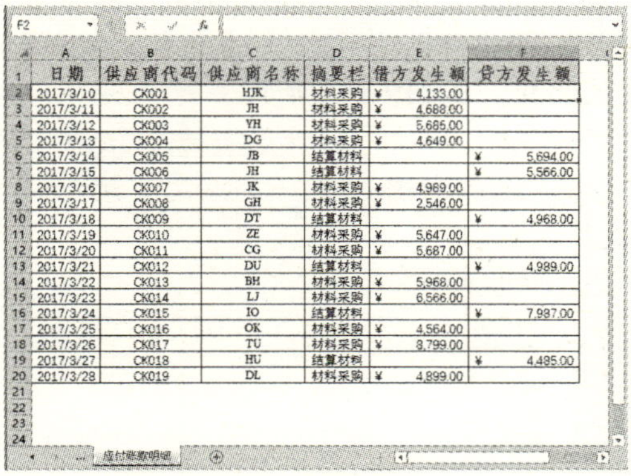

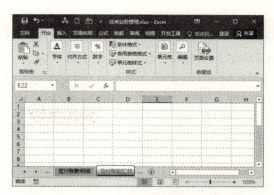

图 9-99　新建“应付账款汇总”工作表

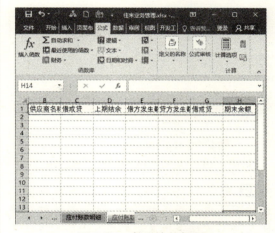

图 9-100　输入表格标题

Step 03 在【公式】选项卡下的【定义的名称】组中单击【定义名称】右侧的下三角按钮，从弹出的下拉列表中选择【定义名称】选项，即可弹出【新建名称】对话框，在【名称】文本框中输入“gfscode1”，在【引用位置】文本框中输入“=OFFSET(应付账款明细!$B$1,1, ,COUNTA(应付账款明细!$B:$B)-1）”公式内容，最后单击【确定】按钮，即可关闭【新建名称】对话框，如图9-101所示。

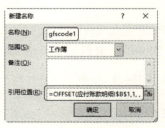

图 9-101　【新建名称】对话框

Step 04 选中A2单元格,在公式编辑栏中输入"=IF(ROW(1:1)>ROUND(SUM(1/COUNTIF(gfscode1,gfscode1)),0),"",INDEX(gfscode1,SMALL(IF(MATCH(gfscode1,gfscode1,0)=ROW(gfscode1)-1,ROW(gfscode1)-1),ROW(1:1))))"公式内容,最后按【Ctrl+Shift+Enter】组合键,即可生成数组公式,如图9-102所示。

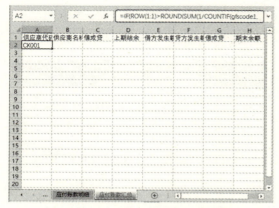

图 9-102 从明细表中提取供应商代码

Step 05 选中A2单元格,将光标移到该单元格的右下角,当光标变为"+"形状时,按住左键不放往下拖曳,到达A20单元格位置后松开,即可将A2单元格中的内容复制到A20单元格中,如图9-103所示。

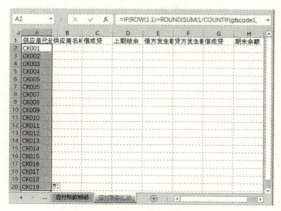

图 9-103 复制A2单元格公式

Step 06 选中B2单元格,在公式编辑栏中输入"=VLOOKUP($A2,往来客户一览表!$F$2:$I$20,2,FALSE)"公式内容,按

【Enter】键后,即可根据供应商代码提取供应商名称,如图9-104所示。

图 9-104 提取供应商名称

Step 07 选中B2单元格,将光标移到该单元格的右下角,当光标变为"+"形状时,按住左键不放往下拖曳,到达B20单元格位置后松开,即可将B2单元格中的内容复制到B20单元格中,如图9-105所示。

图 9-105 复制B2单元格公式

Step 08 选中C2单元格,在公式编辑栏中输入"=IF(D2<>0,"","借")"公式内容,按【Enter】键后,即可设置余额的方向,如图9-106所示。

Step 09 选中C2单元格,将光标移到该单元格的右下角,当光标变为"+"形状时,按住左键不放往下拖曳,到达C20单元格位置后松开,即可将C2单元格中的内容复制到C20单元格中,如图9-107所示。

图 9-106　设置余额的方向

图 9-107　复制 C2 单元格公式

Step 10 选中D2单元格，在公式编辑栏中输入"=VLOOKUP($A2,往来客户一览表!$F$2:$I$20,4,FALSE)"公式内容，按【Enter】键后，即可提取上期结余数，如图9-108所示。

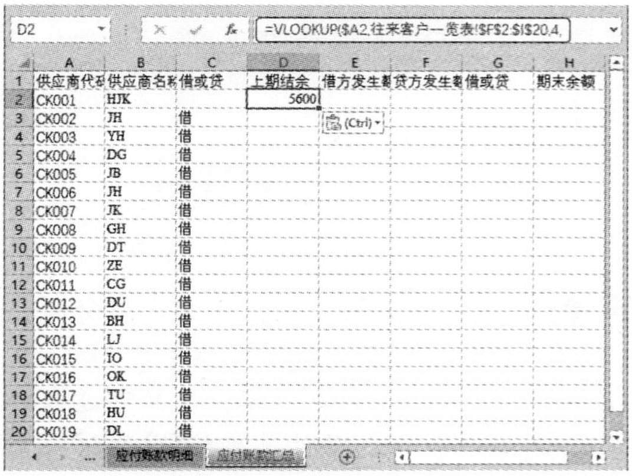

图 9-108　提取上期结余数

Step 11 选中D2单元格，将光标移到该单元格的右下角，当光标变为"+"形状时，按住左键不放往下拖曳，到达D20单元格位置后松开，即可将D2单元格中的内容复制到D20单元格中，如图9-109所示。

图 9-109　复制 D2 单元格公式

Step 12 选中E2单元格，在公式编辑栏中输入"=SUMIF(应付账款明细!$B$2:$F$20,应付账款汇总!$A2,应付账款明细!$E$2:$E$20)"公式内容，按【Enter】键后，即可计算借方发生额合计，如图9-110所示。

图 9-110　计算借方发生额合计

Step 13 选中E2单元格，将光标移到该单元格的右下角，当光标变为"+"形状时，按住左键不放往下拖曳，到达E20单元格位置后松开，即可将E2单元格中的内容复制到E20单元格中，如图9-111所示。

图 9-111 复制 E2 单元格公式

Step 14 同理，选中F2单元格，在公式编辑栏中输入"=SUMIF(应付账款明细!$B$2:$F$20,应付账款汇总!$A2,应付账款明细!$F$2:$F$20)"公式内容，按【Enter】键后，即可计算贷方发生额总额，如图9-112所示。

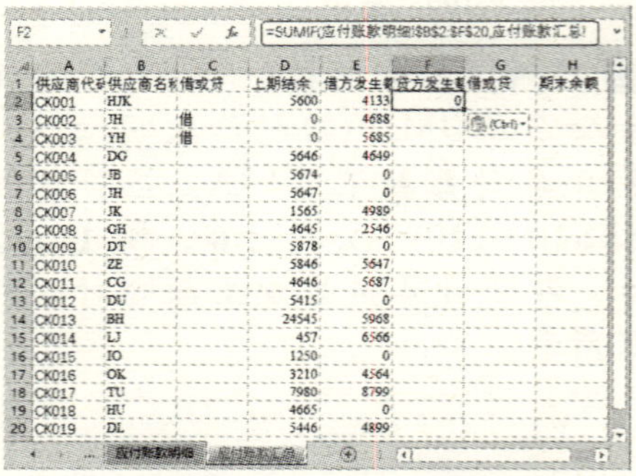

图 9-112 计算贷方发生额总额

Step 15 选中F2单元格，将光标移到该单元格的右下角，当光标变为"+"形状时，按住左键不放往下拖曳，到达F20单元格位置后松开，即可将F2单元格中的内容复制到F20单元格中，如图9-113所示。

图 9-113 复制 F2 单元格公式

Step 16 选中C2单元格，右击，从弹出的快捷菜单中选择【复制】命令，如图9-114所示。

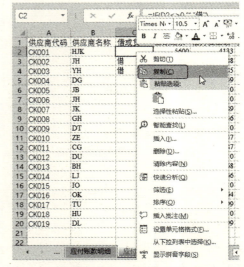

图 9-114 复制 C2 单元格内容

Step 17 选中G2单元格，右击，从弹出的快捷菜单中选择【选择性粘贴】命令，即可弹出【选择性粘贴】对话框，在【粘贴】选项组中选择【公式】单选按钮，如图9-115所示。

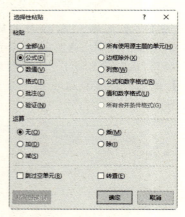

图 9-115 【选择性粘贴】对话框

Step 18 单击【确定】按钮，返回"应付账款汇总"工作表，可以从编辑栏中看到"=IF(H2<>0,"","借")"公式内容，其复制过来的公式自动将原公式中对单元格D2的引用更改为对单元格H2的引用，如图9-116所示。

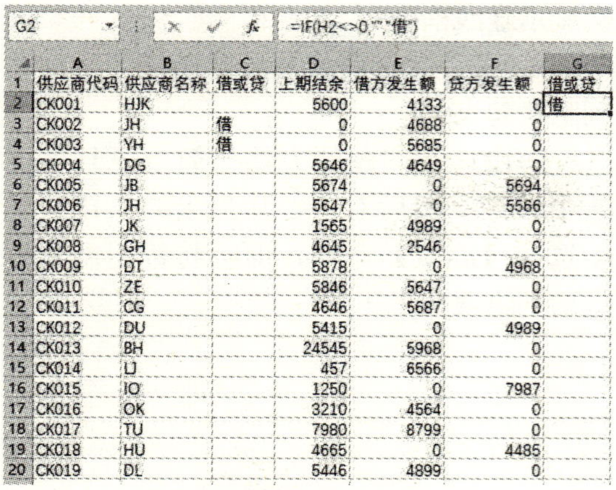

图 9-116 编辑 G2 单元格公式

Step 19 选中 G2 单元格，将光标移到该单元格的右下角，当光标变为"+"形状时，按住左键不放往下拖曳，到达 G20 单元格位置后松开，即可将 G2 单元格中的内容复制到 G20 单元格中，如图 9-117 所示。

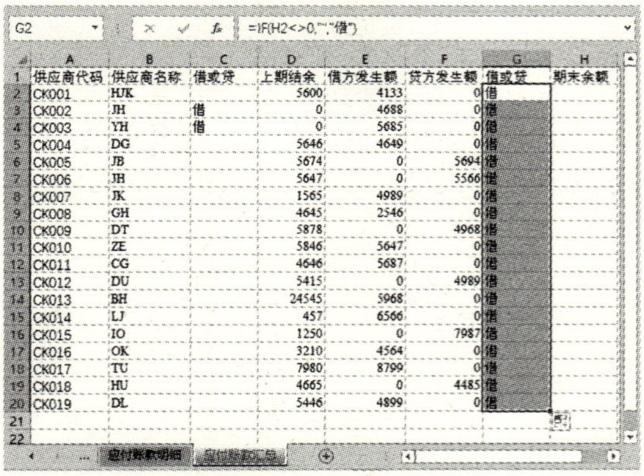

图 9-117 复制 G2 单元格公式

Step 20 由于"期初数+本期借方发生额−本期贷方发生额=期末余额"，所以，需要选中 H2 单元格，在公式编辑栏中输入"=D2+E2-F2"公式内容，按【Enter】键后，即可计算出该月末每个客户的应付账款余额，如图 9-118 所示。

Step 21 选中 H2 单元格，将光标移到该单元格的右下角，当光标变为"+"形状时，按住左键不放往下拖曳，到达 H20 单元格位置后松开，即可将 H2 单元格中的内容复制到 H20 单元格中，如图 9-119 所示。

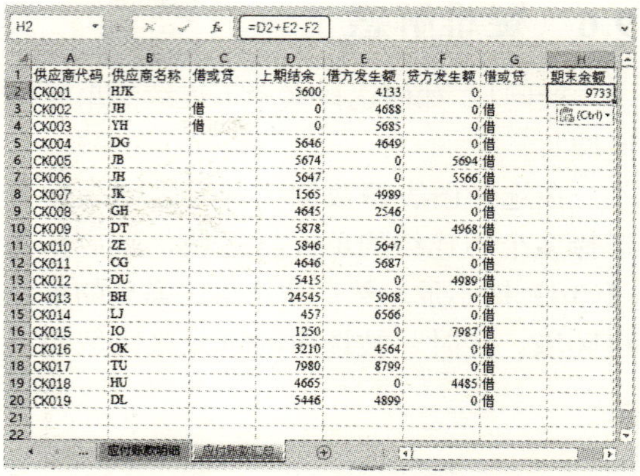

图 9-118 计算出该月末每个客户的应付账款余额

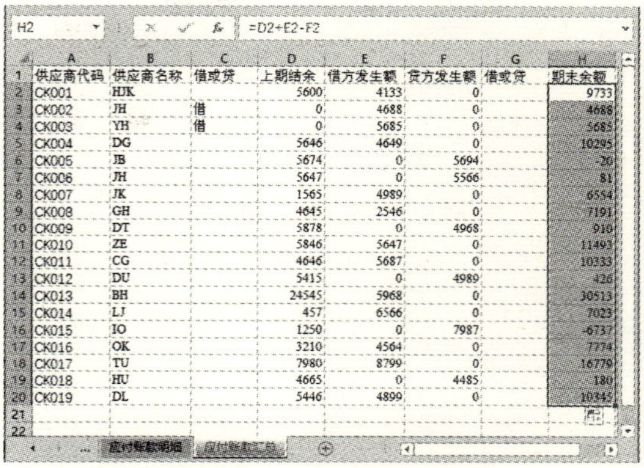

图 9-119 复制 H2 单元格公式

Step 22 为了美化表格，可以设置表格的边框、取消网格线显示，以及设置表格标题字体的大小、字形加粗、字体居中显示等操作，最终显示效果如图 9-120 所示。

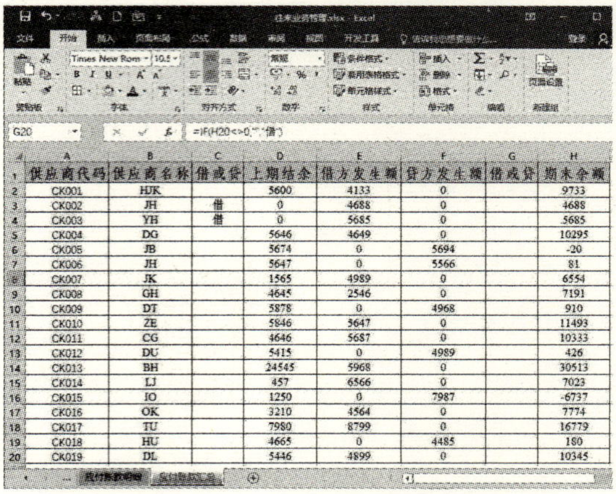

图 9-120 美化表格后的最终显示效果

9.6 疑难解惑

疑问1：如何选择多个不连续的单元格区域？

在选择图表源数据区域时，如果需要选择多个不连续的单元格区域，则应按住【Ctrl】键不放，然后依次单击需要的单元格区域。此时，被选中的单元格区域四周会显示虚线框。

疑问2：如何将表格中暂不需要的辅助列隐藏起来？

解决这个问题的方法很简单，只需要选中该列，然后右击，从弹出的快捷菜单中选择【隐藏】命令，即可将暂不需要的辅助列隐藏起来。

第10章
使用 Excel 分析企业财务状况

本章主要介绍了如何使用Excel 2016进行财务报表分析的方法和具体操作过程。财务报表分析的方法主要有比率分析、趋势分析、比较分析和综合分析。相信通过本章的学习，能帮助财务人员迅速、准确地完成财务分析工作。

本章技能（已掌握的在方框中打钩）
- ☐ Excel在财务比率分析中的应用。
- ☐ 财务状况的趋势分析。
- ☐ 企业间财务状况的比较分析。
- ☐ 财务状况综合分析。

10.1 财务报表分析的方法

财务分析为企业的投资者、债权人、经营者及其他关心企业的组织或个人了解企业过去、评价企业现状、预测企业未来，做出正确决策提供准确的信息或依据。财务分析的方法有很多，主要的方法包括以下几种：

1. 比率分析法

比率分析法是指把某些彼此存在关联的项目加以对比，计算出比率，据以确定经济活动的变动程度的分析方法。比率以相对数的形式揭示了数据之间的内在联系，同时也克服了绝对值给人们带来的误区。

比率分析法的优点是计算简便、计算结果容易判断，而且可以使某些指标在不同规模的企业之间进行比较，甚至也能在一定程度上超越行业间的差别进行比较。但采用这一方法时应该注意构成比率指标的分子和分母两个项目具有相关性，且在计算的时间、范围等方面保持口径一致。

比率分析中常用的财务比率有以下几个：

（1）相关比率

相关比率是同一时期财务报表及有关财会资料中两项相关数值的比率。这类比率包括反映偿债能力的比率、反映营运能力的比率和反映盈利能力的比率等。

（2）结构比率

结构比率是财务报表中某项目的数值与各相关项目构成的总体合计值的比率。这类比率揭示了部分与整体的关系，通过不同时期结构比率的比较还可以揭示其变化趋势。如存货与流动资产的比率、流动资产与全部资产的比率等都属于这类比率。

（3）动态比率

动态比率是财务报表及有关财会资料中某项不同时期的两项数值的比率。这类比率又分为定基比率和环比比率，可分别从不同角度揭示某项财务指标的变化趋势和发展速度。

由于比率指标具有计算简便、计算结果容易判断的优点，因而，比率分析法在财务分析中占有十分重要的地位。

2. 趋势分析法

趋势分析法又称水平分析法，是指将连续数期的财务报表的金额并列起来，比较其相同项目的增减变动金额和幅度，据以判断企业财务状况和经营成果发展变化趋势的一种方法。财务报表的比较，具体包括资产负债表比较、利润表比较、现金流量表比较等。比较时，既要计算出报表中有关项目增减变动的绝对额，又要计算出其增减变动的百分比。

趋势分析法根据选择对比基期的不同又可分为定比分析和环比分析两种方法。定比分析是指以某一时期为固定的基期，其他各期均与该基期基数进行比较分析；环比分析是指每一期均以前一期为基数进行对比分析。

当然，在采用趋势分析法时，必须注意以下问题：第一，所对比指标的计算口径必须一致；第二，应剔除偶发性项目的影响；第三，应运用例外原则对某项有显著变动的指标做重点分析。第四，衡量标准的科学性。

3. 结构分析法

结构分析法是指对财务报表主要项目的构成情况进行分析，一般是以财务报表中的某个总体指标为100%，再计算出其各组成项目占该总体指标的百分比，并可进一步比较各个项目百分比的增减变动，以此来判断企业财务活动的变化趋势。这种方法比前述两种方法更能准确地分析企业财务活动的发展趋势，它既可用于同一企业不同时期财务状况的纵向比较，又可用于不同企业之间的横向比较。同时，这种方法能消除不同时期（不同企业）之间业务规模差异的影响，有利于分析企业的耗费水平和盈利水平。

4. 图解分析法

图解分析法就是将企业连续几个会计期间的主要财务数据或财务指标绘制成图，并通过图形构成或走势来判断企业的财务状况和经营成果。这种方法具有简单、直观的优点，因此，能够使分析者发现一些其他方法不易发现的问题。

5. 综合分析法

综合分析法就是对企业的各项财务数据和财务指标进行系统、综合的分析，以便对企业的财务状况和经营成果进行全面、合理的评价。综合分析法主要有财务比率综合评分法、杜邦分析法等，其中杜邦分析法在企业财务分析中应用最多。

10.2 财务比率的分析

比率分析法是对财务报表中的有关项目进行对比而得出一系列的财务比率，并以此揭示财务状况的一种分析方法。比率分析是财务分析的核心。财务报表中含有大量的数据，用户可以根据需要计算出很多有意义的比率分析值，从而揭示出企业经营管理各个方面的状况。

10.2.1 财务比率分析的具体指标

不同的财务分析人员在进行比率分析

时采用的指标体系是不完全相同的，主要可划分为以下4种：变现能力比率、资产管理比率、负债比率和盈利能力比率。

1. 变现能力比率

变现能力是企业产生现金的能力，取决于可以在近期转变为现金的流动资产的多少。反映变现能力的比率指标主要有流动比率和速动比率两种。

（1）流动比率

流动比率是流动资产除以流动负债的比值。其计算公式如下：

$$流动比率 = \frac{流动资产}{流动负债}$$

其中流动比率是衡量企业短期偿债能力的一个重要的指标。一般来说，流动比率为2∶1比较合理。如果比率过低，则表明该企业可能要出现债务问题；如果比率过高，则表明该企业的资金未得到有效的利用。

（2）速动比率

速动比率是从流动资产中扣除存货部分，再除以流动负债的比值。其计算公式如下：

$$速动比率 = \frac{流动资产-存货}{流动负债}$$

速动比率比流动比率更能表明企业的偿债能力。一般来说，正常的速动比率为1∶1比较合理。如果比率过低，则表明该企业的偿债能力偏低；如果比率过高，则表明该企业的资金未得到有效的利用。

2. 资产管理比率

资产管理比率是用来衡量公司在资产管理方面的效率的财务比率，又被称为营运效率比率。资产管理比率主要包括存货周转率、应收账款周转率、流动资产周转率、总资产周转率和固定资产周转率等。

（1）营业周期

营业周期是指从取得存货开始到销售存货并收回现金为止的这段时间。其长短取决于存货周转天数和应收账款周转天数。

其计算公式如下：

营业周期 = 存货周转天数 + 应收账款周转天数

一般情况下，营业周期短，说明资金周转的速度快；营业周期长，说明资金周转的速度慢。

（2）存货周转率

存货周转率是衡量和评价企业购入存货、投入生产及销售收回货款等各个环节管理状况的综合性指标，也被称为存货周转次数。其计算公式如下：

$$存货周转率 = \frac{销售成本}{平均存货};$$

$$平均存货 = \frac{期初存货余额+期末存货余额}{2}$$

存货周转率可以反映企业的销售效率和存货使用效率。一般情况下，企业存货周转率越高，则说明存货周转的速度越快，企业的销售能力就越强。

（3）存货周转天数

用时间表示的存货周转率就是存货周转天数。其计算公式如下：

$$存货周转天数 = \frac{360}{存货周转率} = \frac{360 \times 平均存货}{销售成本}$$

存货周转天数表示存货周转一次所需要的时间，天数越短，则说明存货周转得越快。

（4）应收账款周转率

应收账款周转率是指年度内应收账款转变为现金的平均次数。其计算公式如下：

$$应收账款周转率 = \frac{销售收入}{平均应收账款};$$

$$平均应收账款 = \frac{期初应收账款+期末应收账款}{2}$$

应收账款周转率可以反映企业应收账款的变现速度和管理的效率。应收账款的周转率越高，说明企业催收应收账款的速度越快；如果过低，则说明企业催收账款的效率太低，这样会影响企业资金的利用率和现金的正常周转。

（5）应收账款周转天数

用时间表示的应收账款周转速度就是应收账款周转天数，也叫平均收现期。其计算公式如下：

$$应收账款周转天数 = \frac{360}{应收账款周转率} = \frac{360 \times 平均应收账款}{销售收入}$$

应收账款周转天数表示应收账款周转一次所需的天数，天数越短，说明企业应收账款周转的速度越快。

（6）流动资产周转率

流动资产周转率是销售收入与流动资产平均余额的比率。其计算公式如下：

$$流动资产周转率 = \frac{销售收入}{平均流动资产}；$$

$$平均流动资产 = \frac{流动资产期初余额 + 流动资产期末余额}{2}$$

流动资产周转率可以反映企业在一个会计年度内流动资产周转的速度。周转率越高，说明企业流动资产的利用效率越高。

（7）总资产周转率

总资产周转率是企业销售收入与平均资产总额的比率。其计算公式如下：

$$总资产周转率 = \frac{销售收入}{平均资产总额}；$$

$$平均资产总额 = \frac{期初资产总额 + 期末资产总额}{2}$$

总资产周转率用来分析企业全部资产的使用效率。如果比率转低，则说明企业利用其资产进行经营的效率较差，这样会降低企业的获利能力。

（8）固定资产周转率

固定资产周转率是企业销售收入与固定资产平均净值的比率。其计算公式如下：

$$固定资产周转率 = \frac{销售收入}{固定资产平均净值}$$

$$固定资产平均净值 = \frac{期初固定资产净值 + 期末固定资产净值}{2}$$

固定资产周转率主要用于分析对厂房、设备等固定资产的利用效率，比率越高，说明固定资产的利用率就越高，管理水平也越高。

3. 负债比率

负债比率是指债务和资产、净资产的关系，可以反映出企业偿付到期长期债务的能力。负债比率主要包括资产负债率、产权比率、有形净值债务率和获取利息倍数等指标。

（1）资产负债率

资产负债率是企业负债总额与资产总额的比率。其计算公式如下：

$$资产负债率 = \frac{负债总额}{资产总额} \times 100\%$$

资产负债率可以反映企业偿还债务的综合能力，比率越高，表明企业的偿还能力越差；反之，则表明偿还的能力越强。

（2）产权比率

产权比率是企业负债总额与股东权利总额的比率，也叫负债权益比率。其计算公式如下：

$$产权比率 = \frac{负债总额}{股东权益} \times 100\%$$

产权比率可以反映出债权人提供资金与股东所提供资金的对比关系。该比率越低，说明企业的长期财务状况越好，债权人贷款的安全越有保障，企业的财务风险越小。

（3）有形净值债务率

有形净值债务率是企业负债总额与有形净值的百分比。有形净值是股东权益减去无形资产净值后的净值，即股东具有所有权的有形资产的净值。其计算公式如下：

$$有形净值债务率 = \frac{负债总额}{股东权益 - 无形资产净值} \times 100\%$$

有形净值债务率实际上是产权比率的延伸，该比率越低，说明企业财务的风险越小。

（4）获取利息倍数

获取利息倍数是指企业经营业务收益与利息费用的比例，也叫利息保障倍数。其计算公式如下：

$$获取利息倍数 = \frac{息税前利润}{利息费用}$$

获取信息倍数用以衡量企业偿付借款利息的能力。一般来说，企业的获取利息倍数至少要大于1，否则，就难以偿付账务及利息。

4. 盈利能力比率

盈利能力就是企业赚取利润的能力。企业的盈利能力指标已越来越受到投资人、债权人的重视。评价盈利能力的财务比率主要有销售毛利率、销售净利率、资产报酬率、权益报酬率等。

（1）销售毛利率

销售毛利率也称为毛利率，是企业的销售毛利与销售收入净额的比率。其计算公式如下：

$$销售毛利率 = \frac{销售毛利}{销售收入净额} \times 100\% ;$$

$$销售毛利 = 销售收入 - 销售成本$$

销售毛利率越大，说明在销售收入净额中销售成本所占的比重越小，企业通过销售获取利润的能力就越强。

（2）销售净利率

销售净利率是企业净利润与销售收入净额的比率。其计算公式如下：

$$销售净利率 = \frac{净利润}{销售收入净额} \times 100\%$$

销售净利率可以反映企业赚取利润的能力。销售净利率越高，企业通过扩大销售获取收益的能力就越强。

（3）资产报酬率

资产报酬率也称为投资报酬率，是企业在一定的时期内的净利润与平均资产总额的比率。其计算公式如下：

$$资产报酬率 = \frac{净利润}{平均资产总额} \times 100\%$$

资产报酬率可以反映企业资产的利用效率，比率越高，则说明企业的获利能力越强。

（4）权益报酬率

权益报酬率也称净资产收益率，是一定时期内企业的净利润与股东权益平均总额的比率。其计算公式如下：

$$权益报酬率 = \frac{净利润}{股东权益平均总额} \times 100\% ;$$

$$股东权益平均总额 = \frac{期初股东权益 + 期末股东权益}{2}$$

权益报酬率可以反映出企业股东获取投资报酬的高低，比率越高，则说明企业的获利能力越强。

10.2.2 获取分析数据信息

在财务分析中，用于分析的数据主要来源于"资产负债表"和"损益表"。为了便于对数据进行获取，可以将"资产负债表"和"损益表"中的数据复制到同一个工作簿中。其具体的操作步骤如下：

Step 01 启动Excel 2016应用程序，新建一个工作簿，将其命名为"财务分析.xlsx"，然后双击Sheet1工作表标签并将其重命名为"资产负债表"，如图10-1所示。

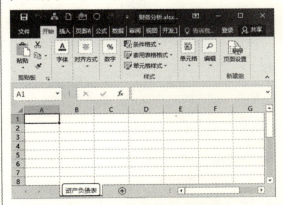

图10-1 "财务分析"工作簿

Step 02 打开已建好的"资产负债表"工作簿，并切换至"资产负债表"工作表中。

然后选定需要复制的数据区域，右击，从弹出的快捷菜单中选择【复制】命令或直接单击工具栏中的【复制】按钮；再切换至“财务分析”工作簿中的“资产负债表”工作表中，同样右击，从弹出的快捷菜单中选择【选择性粘贴】命令，即可弹出【选择性粘贴】对话框，如图10-2所示。

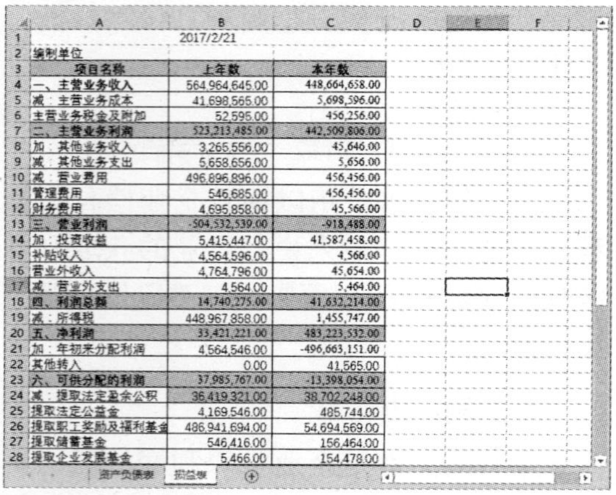

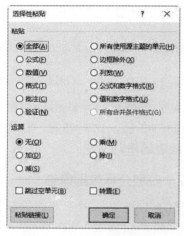

图 10-2 【选择性粘贴】对话框

Step 03 用户可以根据需要选择一种粘贴的类型，最后单击【确定】按钮，返回工作表中，结果如图10-3所示。

资产负债表							
编制单位：			2017/11/28				
资产	行次	年初数	期末数	及所有者	行次	年初数	期末数
流动资金				流动负债			
货币资金	1	58.8	568.1	短期借款	46	数据	
短期投资	2	127.7		应付票据	47	26.2	
应收票据	3	658.8		应付账款	48	123.9	104.5
应收股利	4	679.4		预收账款	49	562.3	4.5
应收账款	5	55.6	6.7	应付工资	51	5.6	506.9
其他应收款	6	13.8	1.2	应付福利费	52	589.2	5.5
预付账款	7	5.9	0.7	未交税金	53	46.2	45.2
应收补贴款	8	78.7		应付股利	54	7.9	
存货	9	68.9	527.1	其他应交款	55	1	7.5
待摊费用	10	86.5	563.2	其他应付款	50	5.7	-1.5
一年内到期的长期	21	26.8		预提费用	56	1.7	
其他流动资产	24	26.4		一年内到期的长期	58	76.5	
		15.2		流动负债合	65	0.5	672.7
动资产合	31	68.2	1667.1			26.6	
长期投资		596.5		长期负债		0.7	
长期股权投资	32	586.3		长期借款	66	5.6	
长期债权投资	34	1549.7		应付债券	67	1.7	

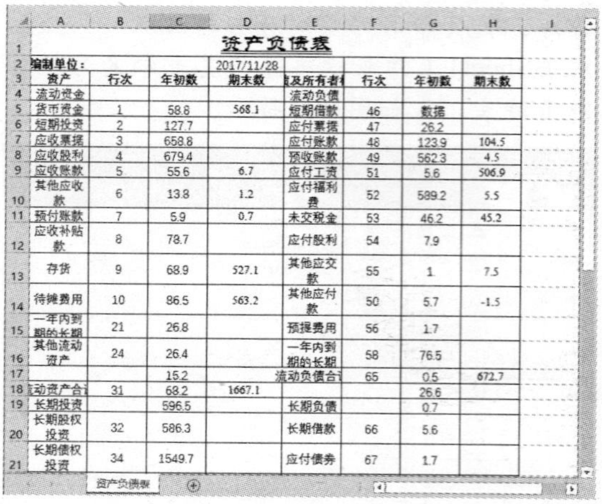

图 10-3 资产负债表

Step 04 采用与上述同样的方法，将已建好的“损益表”工作表中的数据复制到“财务分析”工作簿的“损益表”工作表中，如图10-4所示。

	2017/2/21	
编制单位		
项目名称	上年数	本年数
一、主营业务收入	564,964,645.00	448,664,658.00
减：主营业务成本	41,698,565.00	5,698,596.00
主营业务税金及附加	52,595.00	456,256.00
二、主营业务利润	523,213,485.00	442,509,806.00
加：其他业务收入	3,265,556.00	45,646.00
减：其他业务支出	5,658,656.00	5,656.00
减：营业费用	496,896,896.00	456,456.00
管理费用	546,685.00	456,456.00
财务费用	4,695,858.00	45,566.00
三、营业利润	-504,532,539.00	-918,488.00
加：投资收益	5,415,447.00	41,587,458.00
补贴收入	4,564,596.00	4,566.00
营业外收入	4,764,796.00	45,654.00
减：营业外支出	4,564.00	5,464.00
四、利润总额	14,740,275.00	41,632,214.00
减：所得税	448,967,858.00	1,455,747.00
五、净利润	33,421,221.00	483,223,532.00
加：年初未分配利润	4,564,546.00	-496,663,151.00
其他转入	0.00	41,565.00
六、可供分配的利润	37,985,767.00	-13,398,054.00
减：提取法定盈余公积	36,419,321.00	38,702,248.00
提取法定公益金	4,169,546.00	485,744.00
提取职工奖励及福利基金	486,941,694.00	54,694,569.00
提取储蓄基金	546,416.00	156,464.00
提取企业发展基金	5,466.00	154,478.00

图 10-4 损益表

10.2.3 建立比率分析模型

财务比率分析模型主要包括变现能力比率、资产管理比率、负债比率和盈利能力比率4个指标项目。

建立财务比率分析模型的具体操作步骤如下：

Step 01 在“财务分析”工作簿中双击Sheet3工作表标签，并将其重新命名为“财务比率分析”，然后输入各个指标项目并对其进行格式化，效果如图10-5所示。

Step 02 由于流动比率=流动资产/流动负债，所以，需要在单元格B3中输入公式“=资产负债表!D18/资产负债表!H17”，然后按【Enter】键或者直接单击编辑栏中的【输入】按钮✓确认输入，即可成功计算出“流动比率”，其显示结果如图10-6所示。

Step 03 由于速动比率=（流动资产−存货）/流动负债，所以，需要在单元格B4中输入公式“=(资产负债表!D18-资产负债表!D13)/资产负债表!H17”，然后按【Enter】键或者直接单击编辑栏中的【输入】按钮 确认输入，即可成功计算出“速动比率”，其显示结果如图10-7所示。

第 10 章
使用 Excel 分析企业财务状况

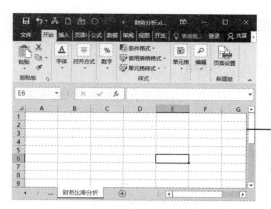

图 10-5　财务比率分析表

图 10-6　计算出"流动比率"

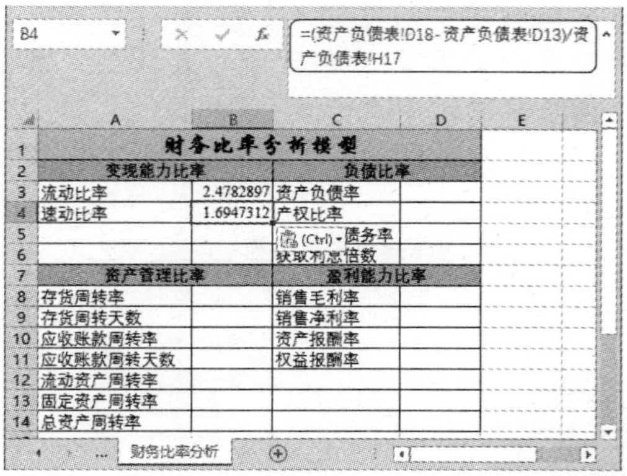

图 10-7　计算出"速动比率"

Step 04 由于资产负债率=负债总额/资产总额，所以，需要在单元格D3中输入公式"=(资产负债表!H17/资产负债表!D38)*100%"，然后按【Enter】键或者直接单击编辑栏中的【输入】按钮✓确认输入，即可成功计算出"资产负债率"，其显示结果如图10-8所示。

图 10-8　计算出"资产负债率"

Step 05 由于产权比率=负债总额/股东权益，所以，需要在单元格D4中输入公式"=资产负债表!H17/资产负债表!H36"，然后按【Enter】键或者直接单击编辑栏中的【输入】按钮✓确认输入，即可成功计算出"产权比率"，其显示结果如图10-9所示。

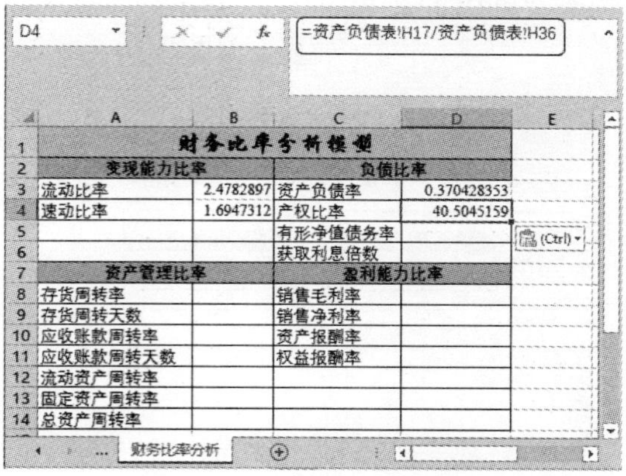

图 10-9　计算出"产权比率"

Step 06 由于有形净值债务率=负债总额/（股东权益-无形资产净值），所以，需要在单元格D5中输入公式“=资产负债表!H17/资产负债表!H36”，然后按【Enter】键或者直接单击编辑栏中的【输入】按钮✓确认输入，即可成功计算出“有形净值债务率”，其显示结果如图10-10所示。

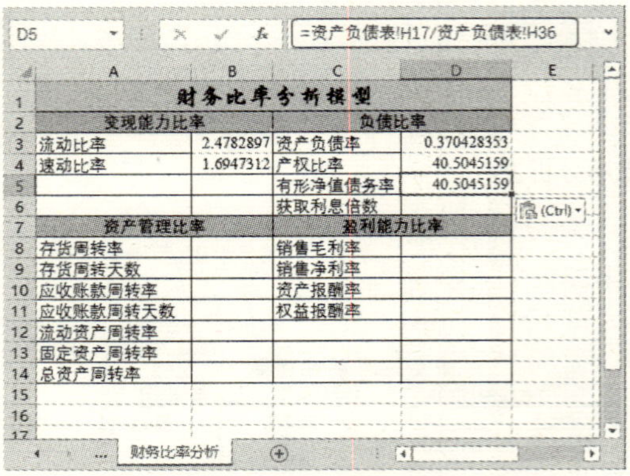

D5 =资产负债表!H17/资产负债表!H36

	A	B	C	D
1	财务比率分析模型			
2	变现能力比率		负债比率	
3	流动比率	2.4782897	资产负债率	0.370428353
4	速动比率	1.6947312	产权比率	40.5045159
5			有形净值债务率	40.5045159
6			获取利息倍数	
7	资产管理比率		盈利能力比率	
8	存货周转率		销售毛利率	
9	存货周转天数		销售净利率	
10	应收账款周转率		资产报酬率	
11	应收账款周转天数		权益报酬率	
12	流动资产周转率			
13	固定资产周转率			
14	总资产周转率			

图 10-10　计算出“有形净值债务率”

注意： 由于资产负债表中没有涉及无形资产科目的发生额，所以，在单元格D5中输入公式时只能输入“=资产负债表!H17/资产负债表!H36”，计算出有形净值债务率的值。

Step 07 由于获取利息倍数=息税前利润/利息费用，所以，需要在单元格D6中输入公式“=(损益表!D19+损益表!D13)/损益表!D13”，然后按【Enter】键或者直接单击编辑栏中的【输入】按钮确认输入，即可成功计算出“获取利息倍数”，其显示结果如图10-11所示。

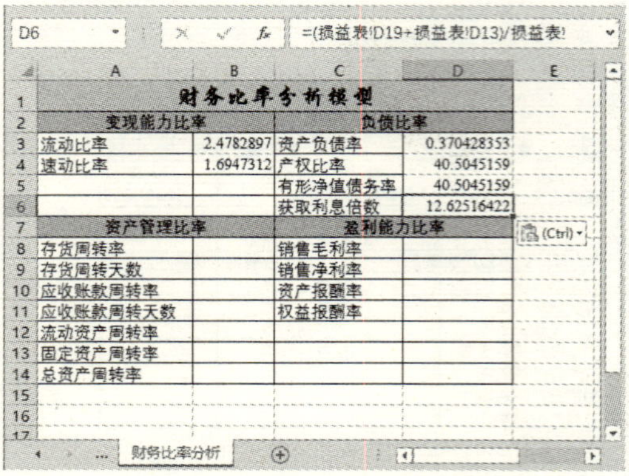

D6 =(损益表!D19+损益表!D13)/损益表!

	A	B	C	D
1	财务比率分析模型			
2	变现能力比率		负债比率	
3	流动比率	2.4782897	资产负债率	0.370428353
4	速动比率	1.6947312	产权比率	40.5045159
5			有形净值债务率	40.5045159
6			获取利息倍数	12.62516422
7	资产管理比率		盈利能力比率	
8	存货周转率		销售毛利率	
9	存货周转天数		销售净利率	
10	应收账款周转率		资产报酬率	
11	应收账款周转天数		权益报酬率	
12	流动资产周转率			
13	固定资产周转率			
14	总资产周转率			

图 10-11　计算出“获取利息倍数”

Step 08 由于存货周转率=销售成本/平均存货（平均存货=[期初存货余额+期末存货余额]/2），所以，需要在单元格B8中输入公式“=2*损益表!D6/(资产负债表!C13+资产负债表!D13)”，然后按【Enter】键或者直接单击编辑栏中的【输入】按钮✓确认输入，即可成功计算出“存货周转率”，其显示结果如图10-12所示。

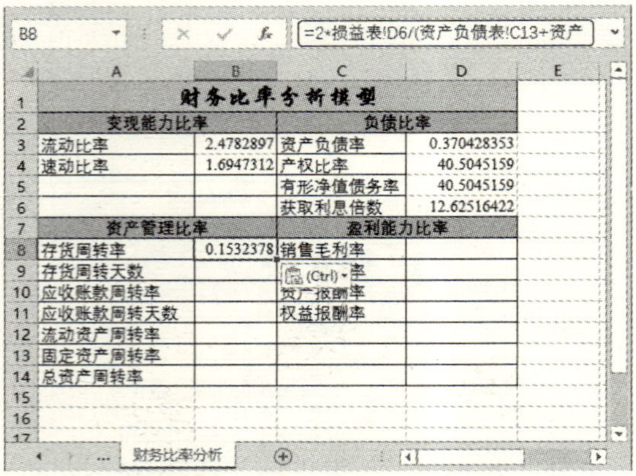

B8 =2*损益表!D6/(资产负债表!C13+资产

	A	B	C	D
1	财务比率分析模型			
2	变现能力比率		负债比率	
3	流动比率	2.4782897	资产负债率	0.370428353
4	速动比率	1.6947312	产权比率	40.5045159
5			有形净值债务率	40.5045159
6			获取利息倍数	12.62516422
7	资产管理比率		盈利能力比率	
8	存货周转率	0.1532378	销售毛利率	
9	存货周转天数		销售净利率	
10	应收账款周转率		资产报酬率	
11	应收账款周转天数		权益报酬率	
12	流动资产周转率			
13	固定资产周转率			
14	总资产周转率			

图 10-12　计算出“存货周转率”

Step 09 由于存货周转天数=360/存货周转率，所以，需要在单元格B9中输入公式“=360/B8”，然后按【Enter】键或者直接单击编辑栏中的【输入】按钮 确认输入，即可成功计算出“存货周转天数”，其显示结果如图10-13所示。

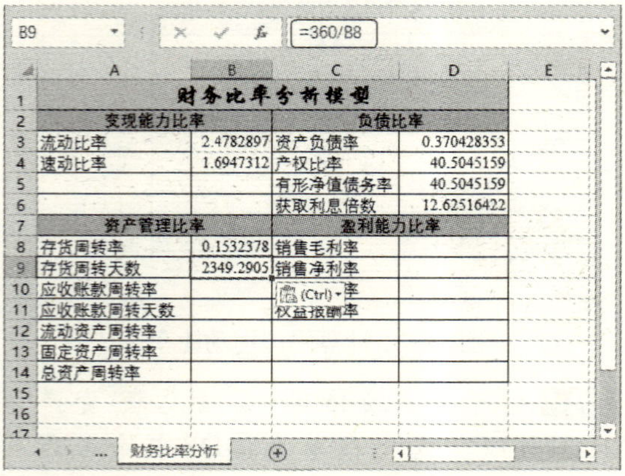

B9 =360/B8

	A	B	C	D
1	财务比率分析模型			
2	变现能力比率		负债比率	
3	流动比率	2.4782897	资产负债率	0.370428353
4	速动比率	1.6947312	产权比率	40.5045159
5			有形净值债务率	40.5045159
6			获取利息倍数	12.62516422
7	资产管理比率		盈利能力比率	
8	存货周转率	0.1532378	销售毛利率	
9	存货周转天数	2349.2905	销售净利率	
10	应收账款周转率		资产报酬率	
11	应收账款周转天数		权益报酬率	
12	流动资产周转率			
13	固定资产周转率			
14	总资产周转率			

图 10-13　计算出“存货周转天数”

Step 10 由于应收账款周转率=销售收入/平均应收账款（平均应收账款=[期初应收账款+期末应收账款]/2），所以，需要在单

第 10 章
使用 Excel 分析企业财务状况

元格B10中输入公式"=2*损益表!D5/(资产负债表!C9+资产负债表!D9)",然后按【Enter】键或者直接单击编辑栏中的【输入】按钮✓确认输入,即可成功计算出"应收账款周转率",其显示结果如图10-14所示。

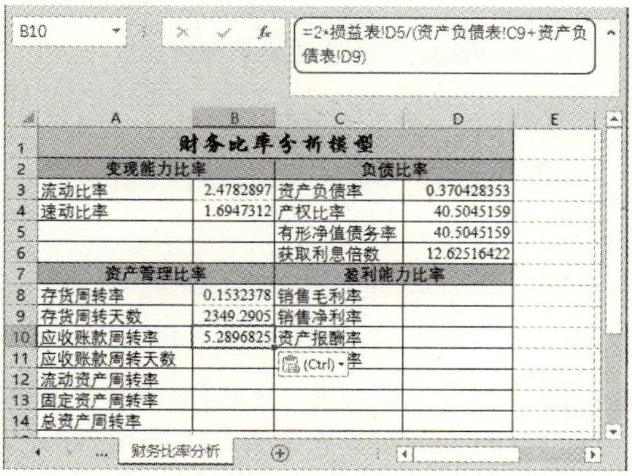

图10-14　计算出"应收账款周转率"

Step 11 由于应收账款周转天数=360/应收账款周转率,所以,需要在单元格B14中输入公式"=360/B10",然后按【Enter】键或者直接单击编辑栏中的【输入】按钮确认输入,即可成功计算出"应收账款周转天数",其显示结果如图10-15所示。

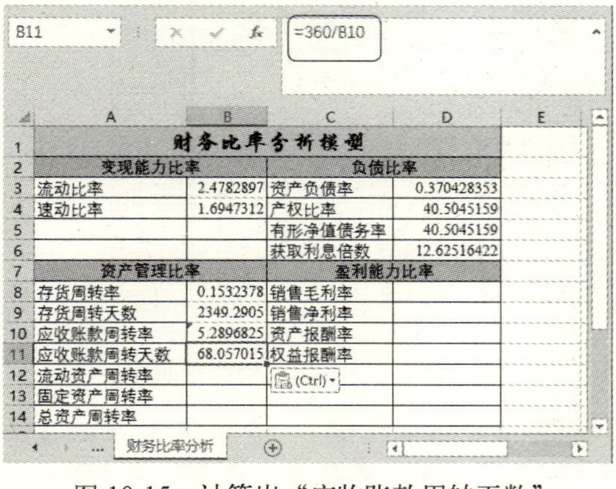

图10-15　计算出"应收账款周转天数"

Step 12 由于流动资产周转率=销售收入/平均流动资产(平均流动资产=[期初流动资产+期末流动资产]/2),所以,需要在单元格B12中输入公式"=2*损益表!D5/(资产负债表!C18+资产负债表!D18)",然后按【Enter】键或者直接单击编辑栏中的【输入】按钮✓确认输入,即可成功计算出"流动资产周转率",其显示结果如图10-16所示。

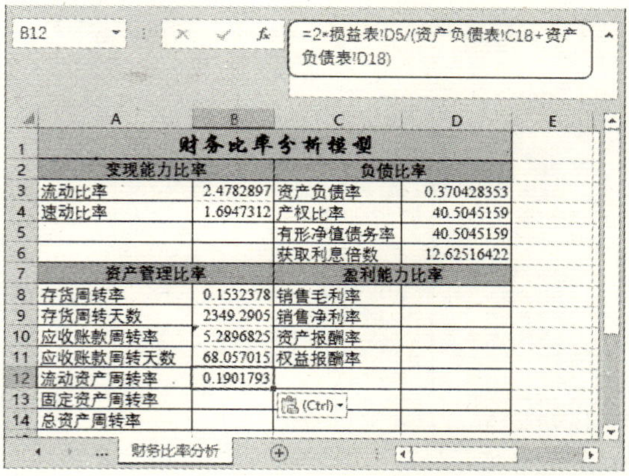

图10-16　计算出"流动资产周转率"

Step 13 由于固定资产周转率=销售收入/固定资产平均净值,所以,需要在单元格B13中输入公式"=2*损益表!D5/(资产负债表!C26+资产负债表!D26)",然后按【Enter】键或者直接单击编辑栏中的【输入】按钮 确认输入,即可成功计算出"固定资产周转率",其显示结果如图10-17所示。

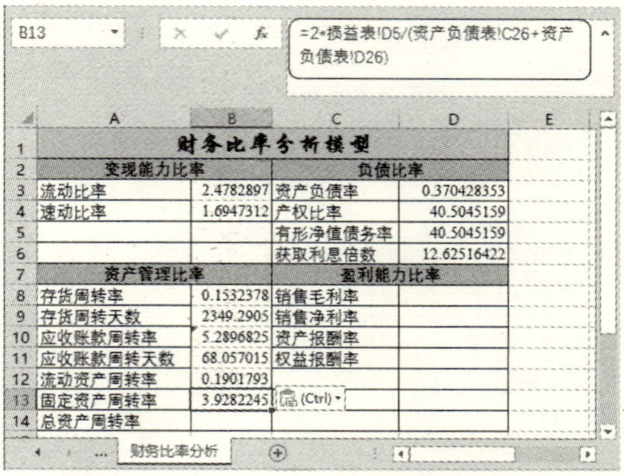

图10-17　计算出"固定资产周转率"

Step 14 由于总资产周转率=销售收入/平均资产总额(平均资产总额=[期初资产总额+期末资产总额]/2),所以,需要在单元格B14中输入公式"=2*损益表!D5/(资产负债表!C38+资产负债表!D38)",然后按

207

【Enter】键或者直接单击编辑栏中的【输入】按钮 ✓ 确认输入,即可成功计算出"总资产周转率",其显示结果如图10-18所示。

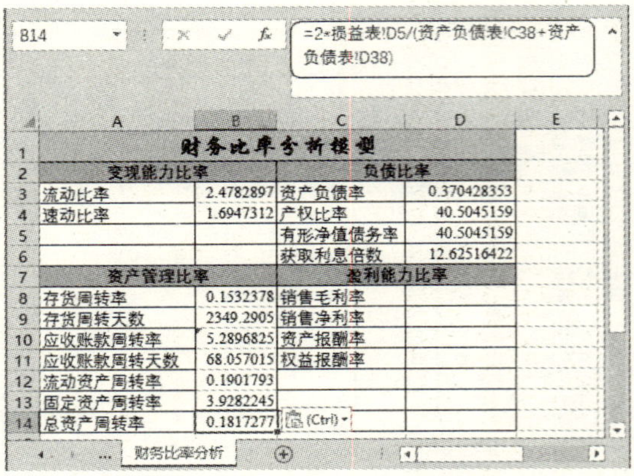

图10-18 计算出"总资产周转率"

Step 15 由于销售毛利率=销售毛利/销售收入(销售毛利=销售收入-销售成本),所以,需要在单元格D8中输入公式"=(损益表!D5-损益表!D6)/损益表!D5",然后按【Enter】键或者直接单击编辑栏中的【输入】按钮 确认输入,即可成功计算出"销售毛利率",其显示结果如图10-19所示。

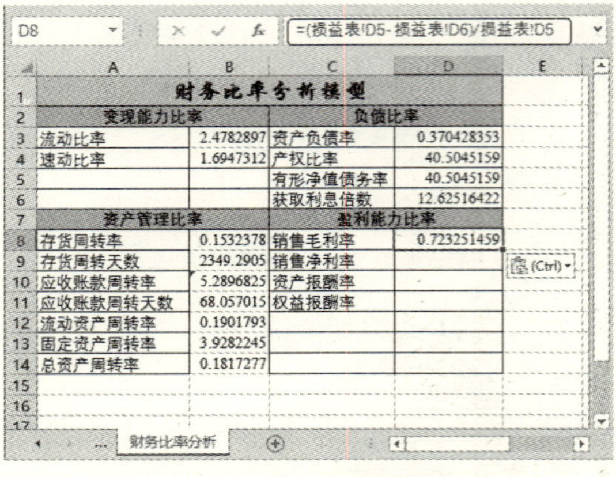

图10-19 计算出"销售毛利率"

Step 16 由于销售净利率=净利润/销售收入净额,所以需要在单元格D9中输入公式"=损益表!D21/损益表!D5",然后按【Enter】键或者直接单击编辑栏中的【输入】按钮 ✓ 确认输入,即可成功计算出"销售净利率",其显示结果如图10-20所示。

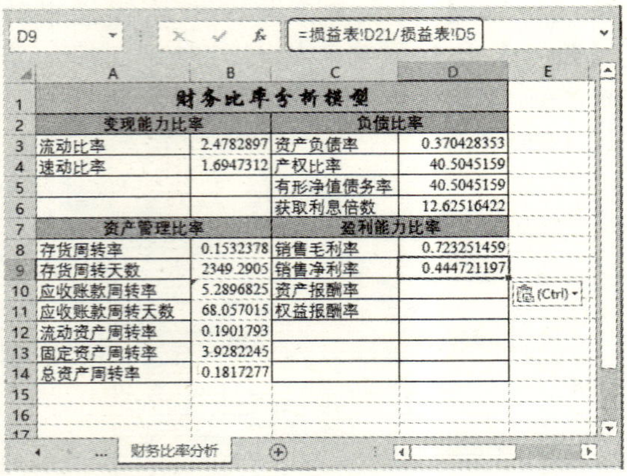

图10-20 计算出"销售净利率"

Step 17 由于资产报酬率=净利润/平均资产总额,所以,需要在单元格D10中输入公式"=2*损益表!D21/(资产负债表!C38+资产负债表!D38)",然后按【Enter】键或者直接单击编辑栏中的【输入】按钮 确认输入,即可成功计算出"资产报酬率",其显示结果如图10-21所示。

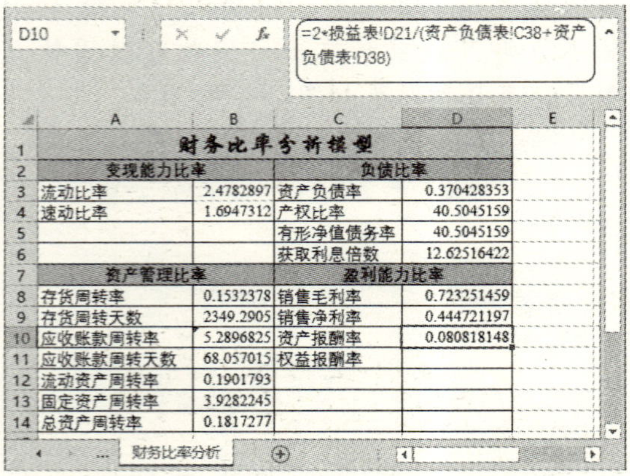

图10-21 计算出"资产报酬率"

Step 18 由于权益报酬率=净利润/股东权益平均总额,所以,需要在单元格D14中输入公式"=2*损益表!D21/(资产负债表!G36+资产负债表!H36)",然后按【Enter】键或者直接单击编辑栏中的【输入】按钮 ✓ 确认输入,即可成功计算出"权益报酬率",其显示结果如图10-22所示。

	A	B	C	D
1	财务比率分析模型			
2	变现能力比率		负债比率	
3	流动比率	2.4782897	资产负债率	0.370428353
4	速动比率	1.6947312	产权比率	40.5045159
5			有形净值债务率	40.5045159
6			获取利息倍数	12.62516422
7	资产管理比率		盈利能力比率	
8	存货周转率	0.1532378	销售毛利率	0.723251459
9	存货周转天数	2349.2905	销售净利率	0.444721197
10	应收账款周转率	5.2896825	资产报酬率	0.080818148
11	应收账款周转天数	68.057015	权益报酬率	0.016356638
12	流动资产周转率	0.1901793		
13	固定资产周转率	3.9282245		
14	总资产周转率	0.1817277		

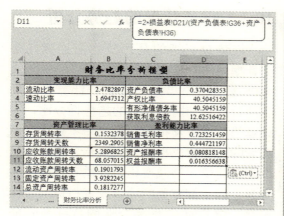

图 10-22　计算出“权益报酬率”

Step 19 根据实现的需要，计算出财务比率分析表中的各个指标项目后，其最终显示结果如图10-23所示。

	A	B	C	D
1	财务比率分析模型			
2	变现能力比率		负债比率	
3	流动比率	2.4782897	资产负债率	0.370428353
4	速动比率	1.6947312	产权比率	40.5045159
5			有形净值债务率	40.5045159
6			获取利息倍数	12.62516422
7	资产管理比率		盈利能力比率	
8	存货周转率	0.1532378	销售毛利率	0.723251459
9	存货周转天数	2349.2905	销售净利率	0.444721197
10	应收账款周转率	5.2896825	资产报酬率	0.080818148
11	应收账款周转天数	68.057015	权益报酬率	0.016356638
12	流动资产周转率	0.1901793		
13	固定资产周转率	3.9282245		
14	总资产周转率	0.1817277		

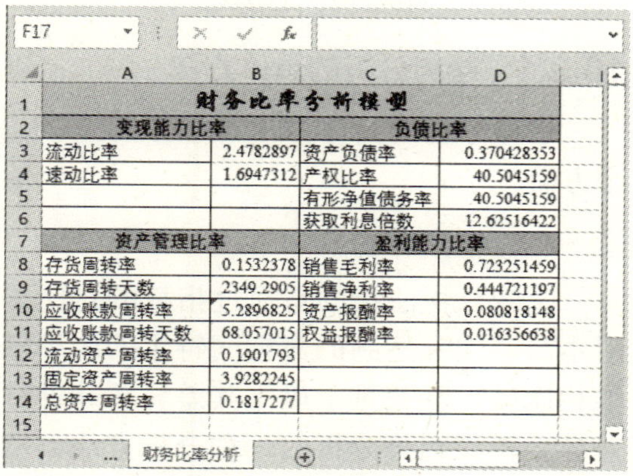

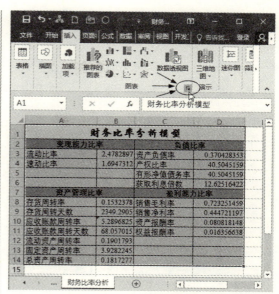

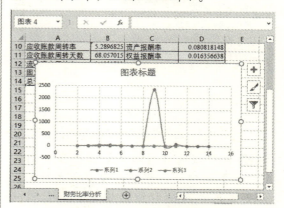

图 10-23　“财务比率分析模型”最终显示效果

10.2.4　创建比率分析图表

相比较单纯的数据表格而言，图表具有良好的视觉效果，从中可以方便地对数据进行查看、对比和分析。特别是在进行财务分析时，建立比率分析图表更能有效地说明企业所面临的问题。

创建比率分析图表的具体步骤如下：

Step 01 选择【插入】选项卡下的【图表】组，由于财务比率分析表格中的数据很多，因此，在这里根据需要单击【图表】右侧的下三角按钮，从弹出的下拉列表中选择一种合适的图表类型，如图10-24所示。

	A	B	C	D
1	财务比率分析模型			
2	变现能力比率		负债比率	
3	流动比率	2.4782897	资产负债率	0.370428353
4	速动比率	1.6947312	产权比率	40.5045159
5			有形净值债务率	40.5045159
6			获取利息倍数	12.62516422
7	资产管理比率		盈利能力比率	
8	存货周转率	0.1532378	销售毛利率	0.723251459
9	存货周转天数	2349.2905	销售净利率	0.444721197
10	应收账款周转率	5.2896825	资产报酬率	0.080818148
11	应收账款周转天数	68.057015	权益报酬率	0.016356638
12	流动资产周转率	0.1901793		
13	固定资产周转率	3.9282245		
14	总资产周转率	0.1817277		

图 10-24　选择一种图表类型

Step 02 单击某一个选中的图表类型后，系统将会自动将该图表插入到“财务比率分析”工作表中，如图10-25所示。

图 10-25　将图表插入工作区

Step 03 用户可以根据需要选择【图表工具栏】菜单下的【设计】选项卡，在【图表样式】组中根据需要选择一种图表的样式和图表的布局，如图10-26所示。

Step 04 选择【图标工具】菜单下的【设计】选项卡，在【图表布局】组中根据需要设置图表标题及图例等各项的显示位置，如图10-27所示。

10.3 财务状况的趋势分析

趋势分析指的是比较企业连续几个会计期间的会计报表或指标,以第一年或另外选择某一年份为基础,计算每一期各项目对基期同一项目的趋势百分比,或计算趋势比率及指数,形成一系列具有可比性的百分数或指数,以揭示各期财务状况和营业情况增减变化的性质和方向。投资者可以了解有关的项目或者指标的变化趋势,并以此来预测企业的持续经营能力、财务状况变动趋势、盈利能力和未来财务状况,从一个较长的时期来动态地分析公司状况。其分析方法主要有比较分析法、比较百分比法和图解法。

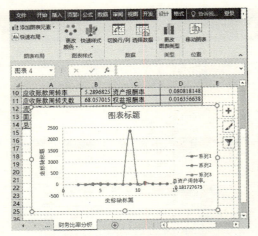

图 10-26 选择图表的布局效果

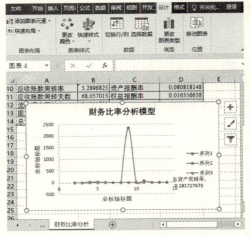

图 10-27 选择图表和图例显示的位置

10.3.1 趋势分析的具体方法

趋势分析的具体方法可以分为以下几个方面。

1. 比较分析法

比较分析法指的是通过指标的对比,对本公司实际达到的数据同特定的各种标准相比较,从数量上确定其差异,并进行差异分析或趋势分析的一种分析方法。从而可以对公司的持续经营能力、财务状况变动趋势、盈利能力做出分析,从一个较长的时期来动态地分析公司状况。

在实际工作中,一般有两种方式进行指标对比。

(1)本期实际发生额与前期实际发生额对比

该方法是将本期的实际发生额与前期的实际发生额进行对比,可以了解某项业务的发展过程和发展趋势,其计算公式如下:

本期实际发生额较前期的绝对变动额
=本期实际发生额-前期实际发生额

本期实际发生额为前期实际发生额的

Step 05 也可以选择【格式】选项卡,打开【格式】选项栏,根据需要改变图标的形状及样式,包括形状的填充、形状的轮廓、形状的效果等,如图10-28所示。

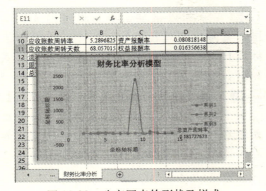

图 10-28 改变图表的形状及样式

百分比=本期实际发生额/前期实际发生额

本期实际发生额为前期实际发生额的增减百分比=本期实际发生额为前期实际发生额的百分比-100%

(2) 不同时期的同类指标对比

不同时期的同类指标对比是指对企业连续几个时期的某个同类指标进行对比，分析该指标的增减变化程度，以评定业务的发展趋势。实际上，对不同时期的同类指标进行对比时，可以选取某个时期的数据为基期，然后将各个时期的指标与基期指标进行对比，这种方法是定基比。还可以将各个时期的指标都和前一期进行对比，这种方法是环比。

比较分析法侧重比较，因为财务比率只有在与行业水平或本企业以往同期水平相比较后才有意义，而取得不同期的数据，一般在编制比较财务报表时，即采用将连续两年或以上的财务报表并列填报在一起的形式，对有关数据进行比较分析，揭示的数据所代表的真实含义，这样才能避免失误。

使用比较分析法时，要注意比较指标的可比性，所谓指标的可比性，是指相互比较的指标，必须在指标内容、时间长度、计算口径、计价基础等方面一致。

2. 比较百分比法

比较百分比法是在上述两种比较分析法的基础上发展起来的一种方法，它是将数据用百分比的方式来表示，并借此判断事物的发展趋势。

3. 图解法

图解法指的是将企业几个连续会计期间的财务数据或者财务指标绘制成图表，并根据直观的图形发展趋势来判断企业的经营状况及盈利能力，能够使分析者发现一些在报表中不易发现的财务关系或某些现象。

10.3.2 分析企业财务状况的趋势

在进行财务趋势分析时，最常用的方法就是图解法。图解法就是把企业连续几个会计期间的财务数据或者财务指标绘制成图，然后根据图形走势来判断企业财务状况及其变化趋势。

建立财务趋势分析模型的具体操作步骤如下：

Step 01 打开"财务分析"工作簿，然后插入一张新工作表并将其重命名为"财务趋势分析"，同时输入连续几个期间的财务指标数据，如图10-29所示。

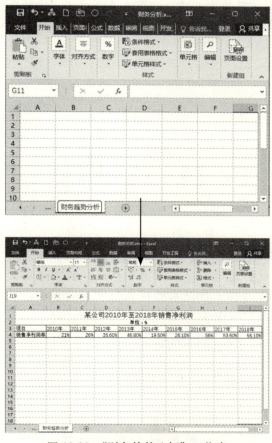

图 10-29 "财务趋势分析"工作表

Step 02 选中单元格区域"A3:J4"，在【插入】选项卡下的【图表】组中单击【柱形图】按钮，从弹出的下拉列表中选择一种图表的类型，如图10-30所示。

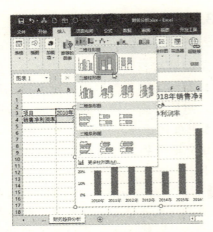

图 10-30 选择柱形图表

Step 03 选中其中一种图表类型后,系统将会自动将该图表插入到"财务趋势分析"工作表中,如图10-31所示。

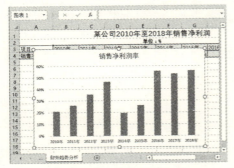

图 10-31 将图表插入工作区

Step 04 选择【图表工具栏】菜单下的【设计】选项卡,在【图表样式】组中根据需要选择一种图表的样式和图表的布局,效果如图10-32所示。

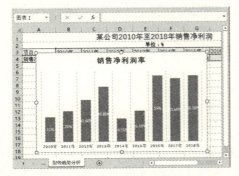

图 10-32 设置图表的样式和图表的布局

Step 05 选择【图标工具】菜单下的【设计】选项卡,在【图表布局】组中根据需要设置图表标题及图例等各项的显示位置,如图10-33所示。

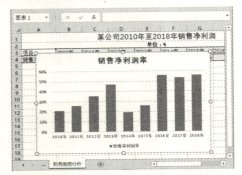

图 10-33 设置图表标题与图例的显示位置

Step 06 切换到【格式】选项卡,根据需要改变图表的形状及样式。包括形状的填充、形状的轮廓、形状的效果等,如图10-34所示。

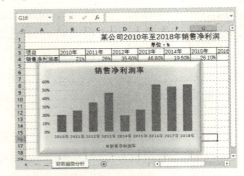

图 10-34 设置图表的形状及样式

Step 07 由于趋势分析的表现方式多数为折线图,所以,可将上面的柱形图转换成折线图,其操作方法与柱形图方法相似,这里不再赘述,如图10-35所示。

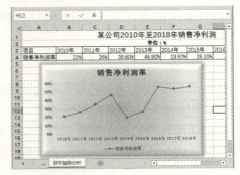

图 10-35 折线图

10.4 企业间财务状况的比较分析

比较分析是通过主要项目或者指标数值变化的对比确定出差异，从而分析和判断企业经营及财务状况的一种分析方法。

在进行财务比率分析时，用户可能会发现无法判断其高低。但是如果将其与企业历年的财务比率进行比较，或者与同行业、同规模的其他企业进行比较，则容易发现问题，从而为查找差距提供线索。

10.4.1 财务状况比较分析的具体方法

如果财务人员要利用财务比较分析法来分析企业财务信息，首先应建立财务比较分析表。财务人员要正确把握企业中各项财务比率的重要性系数和标准值，查阅大量信息，分析企业的现实状况和以往的历史资料，合理进行判断，得出各项财务比率的重要程度，即为重要性系统，以及各项财务比率在现有条件下的最优值，即为财务比率的标准值。所以，该方法能否有效使用，关键在于财务人员的准确判断和素质。

10.4.2 分析企业间的财务状况

在实际工作中，通常以"标准财务比率"或者"理想财务比率"为基础来进行比较和分析，下面就以"标准财务比率"分析法为例，其进行财务分析的具体操作步骤如下：

Step 01 在"财务分析"工作簿中插入一张新的工作表并重命名为"财务比较分析"，然后输入合适的财务比率项目名称，并输入相应的信息，如图10-36所示。

Step 02 根据需要在"B3:B14"单元格区域中分别输入标准财务比率值，如图10-37所示。

图 10-36 输入财务比较分析中的各个项目

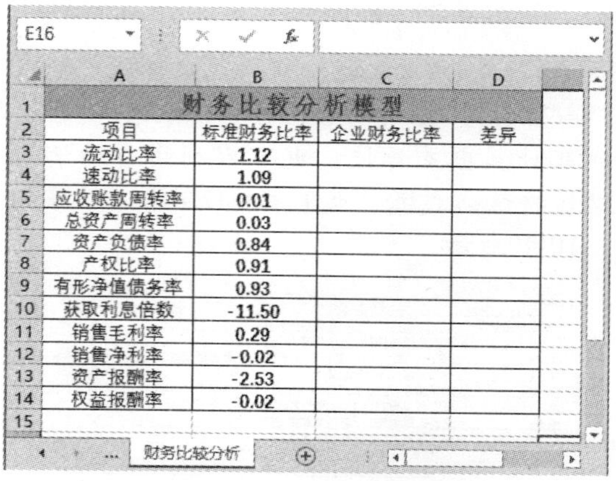

图 10-37 分别输入标准财务比率值

Step 03 在"企业财务比率分析"一栏中，参照上面所讲过的设置财务比率分析表中各项内容的方法，分别输入计算各个财务比率值，结果如图10-38所示。

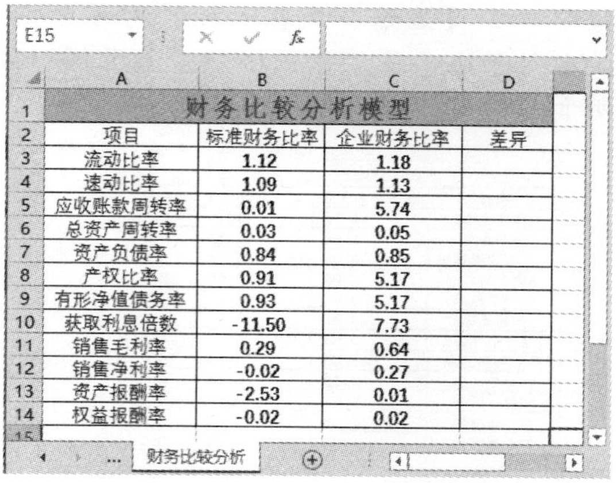

图 10-38 分别输入计算各个财务比率值

Step 04 在【公式】选项卡下的【公式审核】组中单击【显示公式】按钮，即可切换至显示财务比率指标公式的工作区域中，如图10-39所示。

财务比较分析模型

标准财务比率	企业财务比率
1.12	=资产负债表!D18/资产负债表!H17
1.09	=(资产负债表!D18-资产负债表!D13)/资产负债表!H17
0.01	=2*损益表!D5/(资产负债表!C9+资产负债表!D9)
0.03	=2*损益表!D5/(资产负债表!C38+资产负债表!D38)
0.84	=([财务分析11.xlsx]资产负债表!H12/[财务分析11.xlsx]资产负债表!D21)
0.91	=资产负债表!H17/资产负债表!H36
0.93	=资产负债表!H17/资产负债表!H36
-11.5	=(损益表!D19+损益表!D13)/损益表!D13
0.29	=(损益表!D5-损益表!D6)/损益表!D5
-0.02	=损益表!D21/损益表!D5
-2.53	=2*损益表!D21/(资产负债表!C38+资产负债表!D38)
-0.02	=2*损益表!D21/(资产负债表!G36+资产负债表!H36)

图 10-39　显示财务比率指标公式

Step 05 选中D3单元格，在公式编辑栏中输入"=C3-B3"公式内容，按【Enter】键后，即可计算出差异值，也可以利用自动填充功能将该公式填充至单元格D14中，结果如图10-40所示。

财务比较分析模型

标准财务比率	企业财务比率	差异
1.12	=资产负债表!D18/资产负债表!H17	=C3-B3
1.09	=(资产负债表!D18-资产负债表!D13)/资产负债表!H17	=C4-B4
0.01	=2*损益表!D5/(资产负债表!C9+资产负债表!D9)	=C5-B5
0.03	=2*损益表!D5/(资产负债表!C38+资产负债表!D38)	=C6-B6
0.84	=([财务分析11.xlsx]资产负债表!H12/[财务分析11.x	=C7-B7
0.91	=资产负债表!H17/资产负债表!H36	=C8-B8
0.93	=资产负债表!H17/资产负债表!H36	=C9-B9
-11.5	=(损益表!D19+损益表!D13)/损益表!D13	=C10-B10
0.29	=(损益表!D5-损益表!D6)/损益表!D5	=C11-B11
-0.02	=损益表!D21/损益表!D5	=C12-B12
-2.53	=2*损益表!D21/(资产负债表!C38+资产负债表!D38)	=C13-B13
-0.02	=2*损益表!D21/(资产负债表!G36+资产负债表!H36)	=C14-B14

图 10-40　输入计算差异的公式

Step 06 在【公式】选项卡下的【公式审核】组中单击【显示公式】按钮，即可返回显示财务比率值工作区域中，如图10-41所示。

财务比较分析模型

项目	标准财务比率	企业财务比率	差异
流动比率	1.12	1.18	0.06
速动比率	1.09	1.13	0.04
应收账款周转率	0.01	5.74	5.73
总资产周转率	0.03	0.05	0.02
资产负债率	0.84	0.85	0.01
产权比率	0.91	5.17	4.26
有形净值债务率	0.93	5.17	4.24
获取利息倍数	-11.50	7.73	19.23
销售毛利率	0.29	0.64	0.35
销售净利率	-0.02	0.27	0.29
资产报酬率	-2.53	0.01	2.54
权益报酬率	-0.02	0.02	0.04

图 10-41　显示财务比率值工作区域

10.5　财务状况综合分析

利用比率分析和趋势分析只能单一分析财务报表中的数据，并不能全面地评价一个企业的财务状况和经营发果，只有对各种财务指标进行系统的分析，才能对企业的财务状况做出合理的判断。

10.5.1　财务状况综合分析的具体方法

财务人员还需要对企业进行综合的财务分析。财务状况综合分析指的是通过对各种指标进行综合的、系统的分析，对企业的财务状况做出全面、综合的评价，从而揭示企业总体的财务状况。

综合分析法主要包括财务比率综合分析法和杜邦分析法两种。

1. 财务比率综合分析法

财务比率综合分析法是反映企业财务报表中各个项目之间的对比关系，利用这种关系来揭示企业的财务状况。但是，一项财务比率只能反映企业某一个方面的财务状况。为了能够进行综合的财务分析，财务人员可以编制各种比率分析表来对企业的财务状况进行评分。

2. 杜邦分析法

利用财务比率来进行综合分析时，可以了解企业各方面的财务状况，但不能反映企业各方面财务状况之间的关系。例如，利用比率分析可以分析企业的偿债能力、资金周转状况及获利能力财务状况，但不能反映出三者之间存在的关系。

实际上，各种财务比率之间都存在一定的相互关系。因此，进行财务分析时，应该将企业的财务状况看作一个系统，内部各种因素都是相互依存、相互作用的，财务分析者必须对整个系统进行综合分析，只有这样，才能全面地了解一个企业的财务状况。杜邦分析法就是利用这几种主要的财务比率之间的关系来综合分析企业的财务状况。

杜邦分析法（又称杜邦财务分析体系）简称杜邦体系，是利用各主要财务比率指标间的内在联系，对企业财务状况及经济效益进行综合系统分析评价的方法。该体系是以净资产收益率为龙头，以资产净利率和权益乘数为核心，重点揭示企业获利能力及权益乘数对净资产收益率的影响，以及各相关指标间的相互影响作用关系。

10.5.2 企业财务状况的综合分析

为了进行综合的财务分析，可以编制财务比率汇总表，将反映偿债能力、营运能力和获利能力的比率进行归类，得出各方面的综合状况。财务比率综合分析常采用的一种方法称为指数法，运用指数法编制综合分析模型的操作步骤如下：

Step 01 在“财务分析”工作簿中插入一个工作表并对其命名为“财务比率综合分析”名称，然后输入各个财务比率指标，如图10-42所示。

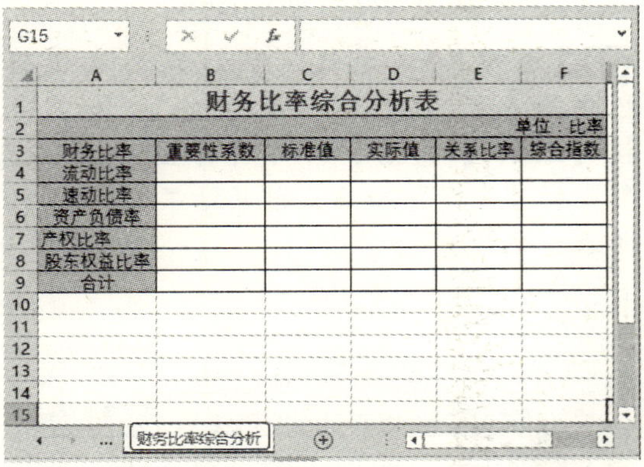
财务比率综合分析表
单位：比率

财务比率	重要性系数	标准值	实际值	关系比率	综合指数
流动比率					
速动比率					
资产负债率					
产权比率					
股东权益比率					
合计					

图 10-42 “财务比率综合分析”工作表

Step 02 在“财务比率综合分析”工作表中输入各个财务指标的“重要性系数”，并利用SUM函数计算其“合计”值，如图10-43所示。

Step 03 在工作表中输入各财务比率的“标准值”。各财务比率的标准值就是现阶段各财务比率的最优值，如图10-44所示。

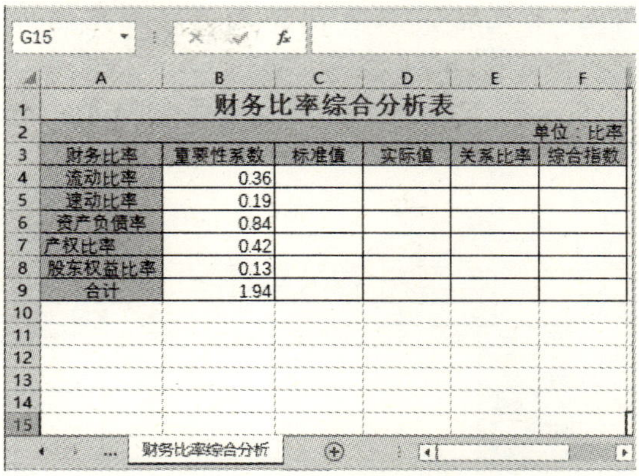
财务比率综合分析表
单位：比率

财务比率	重要性系数	标准值	实际值	关系比率	综合指数
流动比率	0.36				
速动比率	0.19				
资产负债率	0.84				
产权比率	0.42				
股东权益比率	0.13				
合计	1.94				

图 10-43 输入“重要性系数”

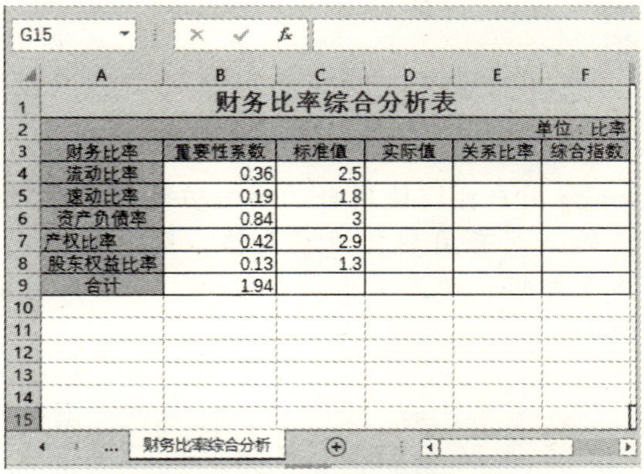
财务比率综合分析表
单位：比率

财务比率	重要性系数	标准值	实际值	关系比率	综合指数
流动比率	0.36	2.5			
速动比率	0.19	1.8			
资产负债率	0.84	3			
产权比率	0.42	2.9			
股东权益比率	0.13	1.3			
合计	1.94				

图 10-44 输入“标准值”

Step 04 输入各财务指标的“实际值”。实际值即为比率分析法分析财务报表时计算的各个财务指标的数值，如图10-45所示。

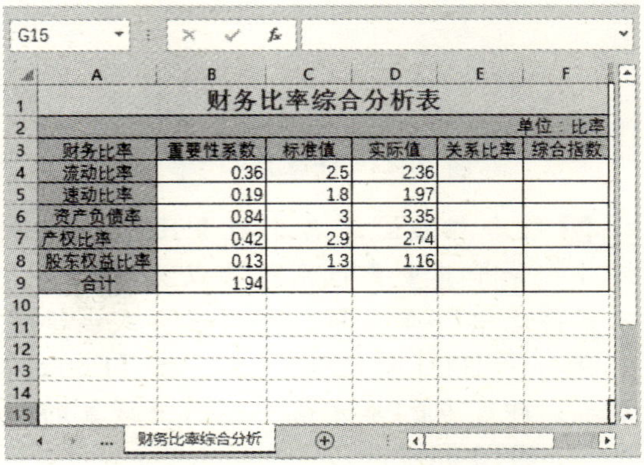
财务比率综合分析表
单位：比率

财务比率	重要性系数	标准值	实际值	关系比率	综合指数
流动比率	0.36	2.5	2.36		
速动比率	0.19	1.8	1.97		
资产负债率	0.84	3	3.35		
产权比率	0.42	2.9	2.74		
股东权益比率	0.13	1.3	1.16		
合计	1.94				

图 10-45 输入“实际值”

Step 05 根据需要计算"关系比率",关系比率就是实际值与标准值之比。只需要选中E4单元格,然后在公式编辑栏中输入"=D4/C4"公式内容,按【Enter】键后,即可在单元格E4中显示出计算的结果,如图10-46所示。

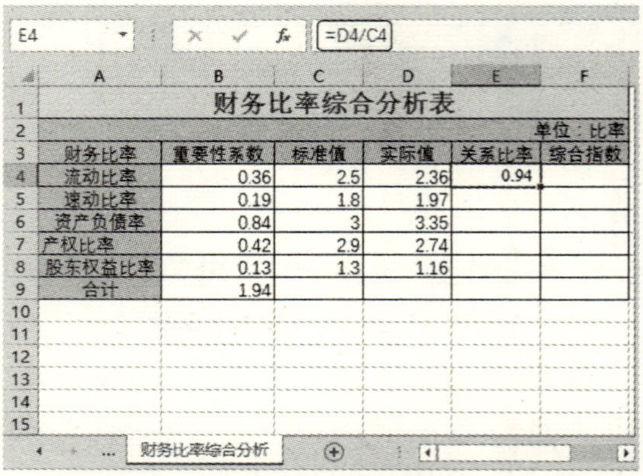

图 10-46　在单元格 E4 内输入公式

Step 06 用户可以使用自动填充功能将E4单元格的公式套用到其他单元格,则其他单元格也都将自动显示出计算结果,如图10-47所示。

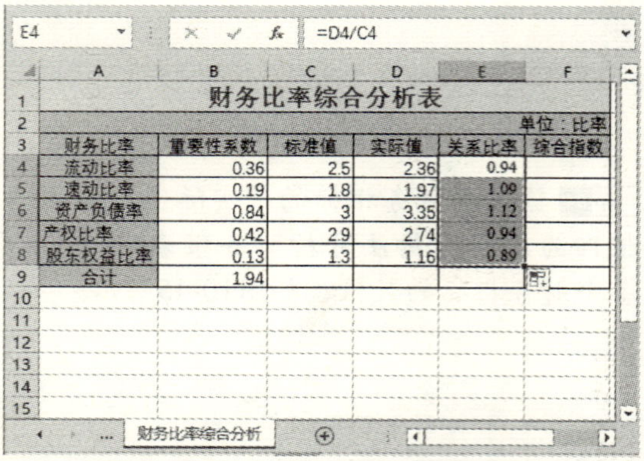

图 10-47　计算关系比率

Step 07 综合指数就是各个财务比率的综合评分,等于其重要性系数乘以关系比率,只需要选中F4单元格,然后在公式编辑栏中输入"=B4*E4"公式内容,按【Enter】键后,即可在F4单元格中显示出计算的结果,如图10-48所示。

Step 08 同样,用户也可以使用自动填充功能将F4单元格的公式套用到其他单元格,则其他单元格也都将自动显示出计算结果,结果如图10-49所示。

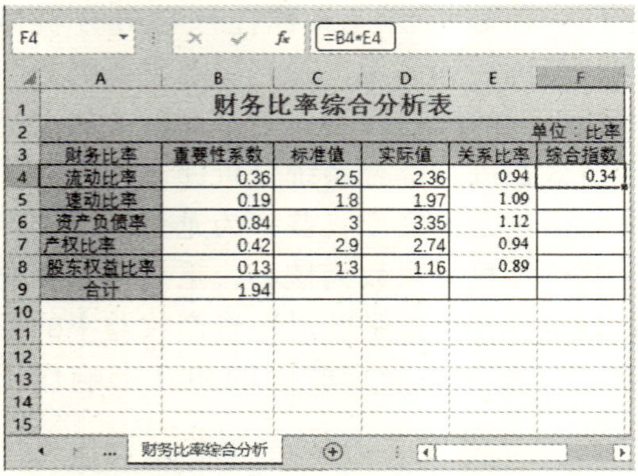

图 10-48　在单元格 F4 中输入公式

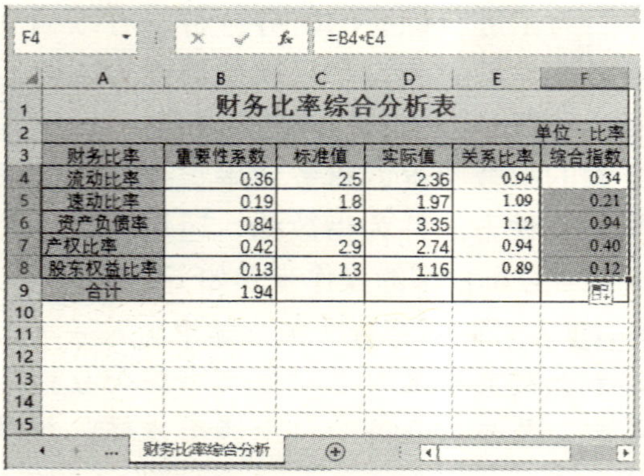

图 10-49　计算综合指数

Step 09 选中F9单元格,然后在公式编辑栏中输入"=SUM(F4:F8)"公式内容,按【Enter】键后,即可计算出"综合指数"的"合计"项目,计算结果如图10-50所示。

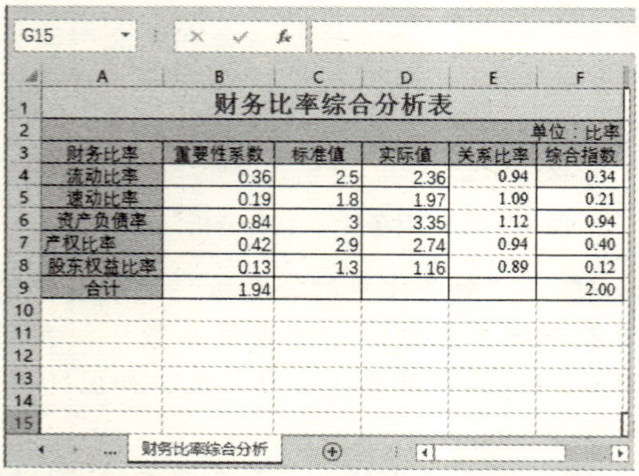

图 10-50　计算"综合指数"的"合计"项目

10.5.2 杜邦分析

杜邦分析方法实际上是一种分解财务比率的方法，它是将有关的分析指标按照内在的联系排列起来，从而解释指标变动的原因及变动的趋势，为采取措施指明了方向。

利用财务比率进行分析，虽然可以了解企业各个方面的财务状况，但是却不能反映企业各个方面财务状况之间的关系。而杜邦分析法就是利用主要的几种财务比率之间的关系来综合地分析企业的财务状况。

1. 杜邦分析指标

杜邦分析是对企业的财务状况进行的综合分析，它主要通过几种主要的财务指标之间的关系，直观、明了地反映出企业的财务状况。

(1) 权益净利率

权益净利率是杜邦分析系统图的核心，是所有财务比率中综合性最强、最具有代表性的一个指标。其计算公式如下：

权益净利率=资产净利率×权益乘数

权益净利率可以反映出所有者投入资金的获利能力，可以反映出权益筹资和投资等各种经营活动的效率。

(2) 权益乘数

权益乘数表示企业的负债程度，权益乘数越大，企业的负债程度就越高。其计算公式如下：

$$权益乘数 = \frac{1}{1-资产负债率}$$

权益乘数主要受资产负债率的影响，负债比率越大，权益乘数就越高，此时企业有较高的负债程度，能给企业带来较大的杠杆利益，同时也会给企业带来越大的风险。

(3) 资产净利率

资产净利率是销售净利率与总资产周转率的乘积，其计算公式如下：

资产净利率=销售净利率×总资产周转率

2. 建立杜邦分析模型

在了解杜邦分析法中常用的几种指标后，下面将为大家介绍如何建立杜邦分析模型的。

其具体的操作步骤如下：

Step 01 在"财务分析"工作簿中插入一张新的工作表并将其重命名为"杜邦分析"，输入各个项目的名称，如图10-51所示。

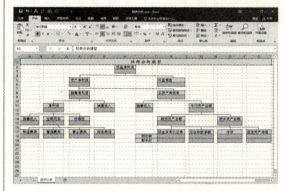

图 10-51　输入指标项目

Step 02 由于杜邦分析模型中的"销售收入""制造费用""管理费用""营业费用""财务费用""所得税""现金及有价证券""应收账款""存货"及"固定资产净值"等项目的数值是直接来源于"资产负债表"和"利润表"的，因此，这里可以直接引用工作表中的数据，引用后的显示结果如图10-52所示。

图 10-52　直接引用"资产负债表"和"利润表"中的数据

Step 03 利用前面介绍的计算各种指标的方法计算出其他各项目的数值，如图10-53所示。

图 10-53　计算出其他项目的比率值

Step 04 切换到【公式】选项卡，单击【公式审核】组中的【显示公式】按钮，即可切换至显示杜邦分析指标公式的工作区域中，如图10-54所示。

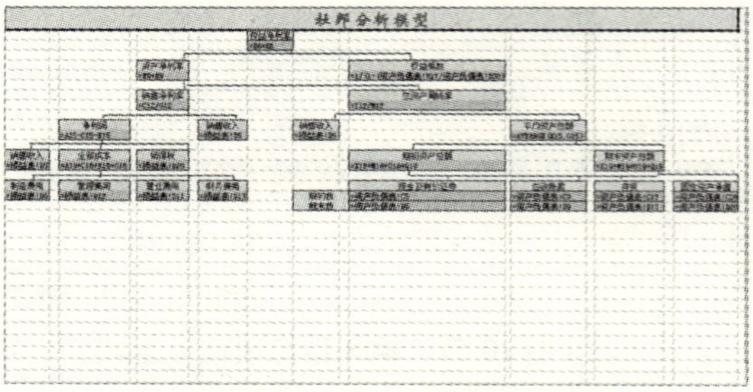

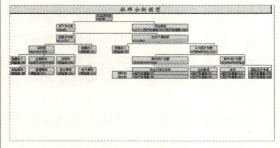

图 10-54　显示出所有的公式

3. 编辑杜邦分析模型

对设计生成的杜邦分析模型还需要进一步的编辑才能够达到满意的效果。

Excel工作表是由一个小个的单元格组成的，通常情况下单元格之间用网格线隔开。为了使杜邦分析模型看起来整体性更强，可以改变工作表显示的状态，即去掉网格线。

其具体的操作步骤如下：

Step 01 选中需要隐藏网络线的"杜邦分析"工作表，在【页面布局】选项卡下的【工作表选项】组中选择【网络线】栏目下的【查看】复选项。若选中，则表示显示网格线；若取消选择，则表示隐藏网格线。取消选择【查看】复选项后的显示效果如图10-55所示。

图 10-55　去掉网格线效果

Step 02 选中H3、E6、K6、E9和K9等单元格，右击，从弹出的快捷菜单中选择【设置单元格格式】命令，即可弹出【设置单元格格式】对话框，根据需要设置数字类型为5位无符号【会计专用】型，如图10-56所示。

图 10-56　【设置单元格格式】对话框

Step 03 单击【确定】按钮，即可在工作区中查看设置的最终效果，如图10-57所示。

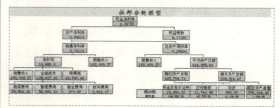

图 10-57　杜邦分析模型最终显示效果

10.6 疑难解惑

疑问1：在"财务比率分析模型"工作表中对各项目进行求值时，为什么输入公式后，某单元格内将会出现"#DIV/0!"的乱码字样？

出现以上这种现象的原因是由于引用的公式指标位置不正确或公式输入有误所导致。

疑问2：为什么在输入公式中，会出现"#NAME?"错误信息？

出现此情况一般是在公式中使用了Excel所不能识别的文本，如使用了不存在的名称。若想解决此问题，只需要切换到【公式】选项卡，然后在【定义的名称】组中单击【定义名称】下三角按钮，从弹出的下拉列表中选择【定义名称】选项，即可打开【定义名称】对话框。如果所需名称没有被列出，在【名称】文本框中输入相应的名称，再单击【确定】按钮即可。

第 11 章
使用 Excel 编制会计报表

本章将根据凭证汇总表和总账年初数生成的总账表,通过编制公式自动生成资产负债表。本章中所讲述的例子都是在第4章"凭证汇总表"的基础上生成的、对外报送的财务报表,是财务工作的最终产物。当操作者完成凭证录入后,资产负债表也就随之生成了。

本章技能(已掌握的在方框中打钩)

☐ 完善资产负债表所需数据。
☐ 创建资产负债表。
☐ 创建现金流量表。
☐ 预处理现金流量表。
☐ 编制损益表。
☐ 预处理现金流量表。
☐ 创建损益表分析图表。

11.1 完善资产负债表所需数据

资产负债表是反映企业在一定会计期末账务状况的一个静态报表。表内各项目"年初数"应根据上年末的"期末数"填列,"期末数"主要应根据有关账户的期末余额填列。

11.1.1 复制凭证明细表和凭证汇总表

由于编制资产负债表需要用到各账户的期初和期末数,这里需要将前面第4章中创建的凭证明细表、凭证汇总表、总分类账表复制到一个新工作簿中。

其具体的操作步骤如下:

Step 01 启动Excel 2016应用程序,则会自动新建一个工作簿,保存并命名为"资产负债表.xlsx"。双击Sheet1工作表标签,进入标签重命名状态,输入"资产负债表",并设置工作表标签的颜色为"红色",单击【保存】按钮,即可成功保存工作簿,如图11-1所示。

Step 02 复制第4章中的"总账表"工作表到"资产负债表.xlsx"工作簿中,如图11-2所示。

Step 03 将凭证明细和凭证汇总表也复制到当前工作簿中,如图11-3所示。

图 11-1　新建“资产负债表”工作簿

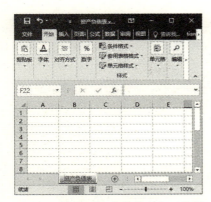

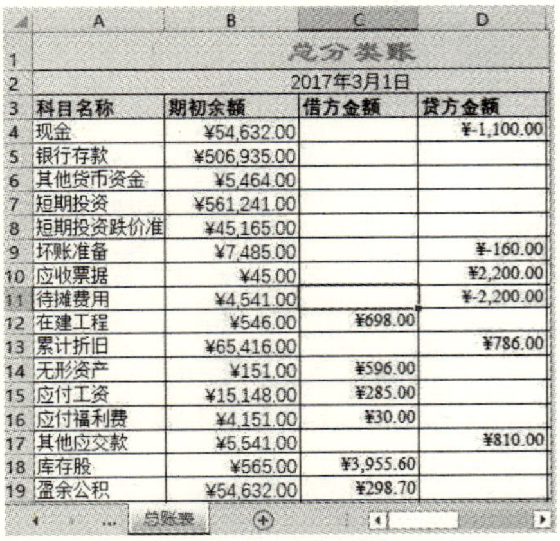

	A	B	C	D
1	总分类账			
2	2017年3月1日			
3	科目名称	期初余额	借方金额	贷方金额
4	现金	¥54,632.00		¥-1,100.00
5	银行存款	¥506,935.00		
6	其他货币资金	¥5,464.00		
7	短期投资	¥561,241.00		
8	短期投资跌价准	¥45,165.00		
9	坏账准备	¥7,485.00		¥-160.00
10	应收票据	¥45.00		¥2,200.00
11	待摊费用	¥4,541.00		¥-2,200.00
12	在建工程	¥546.00	¥698.00	
13	累计折旧	¥65,416.00		¥786.00
14	无形资产	¥151.00	¥596.00	
15	应付工资	¥15,148.00	¥285.00	
16	应付福利费	¥4,151.00	¥30.00	
17	其他应交款	¥5,541.00		¥810.00
18	库存股	¥565.00	¥3,955.60	
19	盈余公积	¥54,632.00	¥298.70	

图 11-2　复制“总账表”工作表

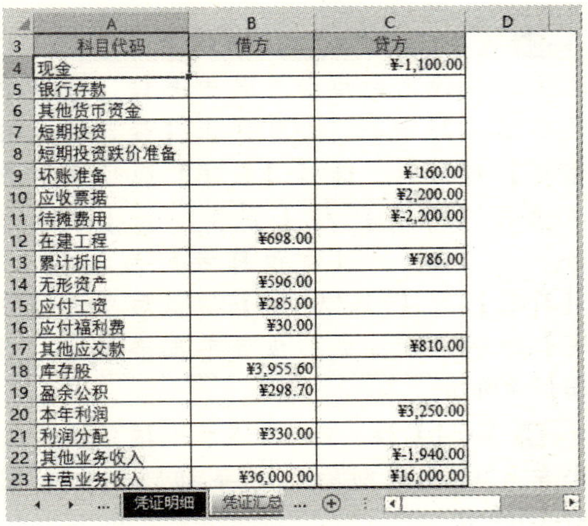

	A	B	C	D
3	科目代码	借方	贷方	
4	现金		¥-1,100.00	
5	银行存款			
6	其他货币资金			
7	短期投资			
8	短期投资跌价准备			
9	坏账准备		¥-160.00	
10	应收票据		¥2,200.00	
11	待摊费用		¥-2,200.00	
12	在建工程	¥698.00		
13	累计折旧		¥786.00	
14	无形资产	¥596.00		
15	应付工资	¥285.00		
16	应付福利费	¥30.00		
17	其他应交款		¥810.00	
18	库存股	¥3,955.60		
19	盈余公积	¥298.70		
20	本年利润		¥3,250.00	
21	利润分配	¥330.00		
22	其他业务收入		¥-1,940.00	
23	主营业务收入	¥36,000.00	¥16,000.00	

图 11-3　复制“凭证明细表”和
“凭证汇总表”工作表

Step 04 由于凭证汇总表中含有引用其他工作表的公式，如图11-4所示，此时工作表中的公式为对原工作簿的链接。

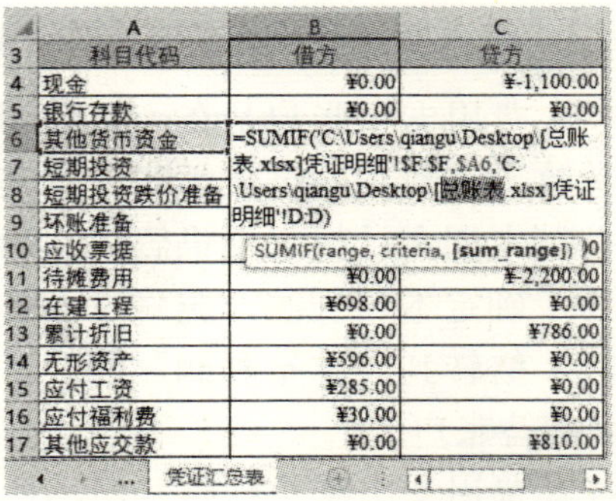

	A	B	C
3	科目代码	借方	贷方
4	现金	¥0.00	¥-1,100.00
5	银行存款	¥0.00	¥0.00
6	其他货币资金	=SUMIF('C:\Users\qiangu\Desktop\[总账表.xlsx]凭证明细'!$F:$F,$A6,'C:\Users\qiangu\Desktop\[总账表.xlsx]凭证明细'!D:D)	
7	短期投资		
8	短期投资跌价准备		
9	坏账准备		
10	应收票据	SUMIF(range, criteria, [sum_range])	0
11	待摊费用	¥0.00	¥-2,200.00
12	在建工程	¥698.00	¥0.00
13	累计折旧	¥0.00	¥786.00
14	无形资产	¥596.00	¥0.00
15	应付工资	¥285.00	¥0.00
16	应付福利费	¥30.00	¥0.00
17	其他应交款	¥0.00	¥810.00

图 11-4　公式显示为链接

Step 05 在编辑栏中更改公式，将其中对总账表工作簿中凭证明细工作表的链接引用更改为对当前工作簿中凭证录入工作表的引用。如图11-5所示，在编辑栏中选定链接工作簿的路径，按【Delete】键，将连同路径的单引号一起删除。

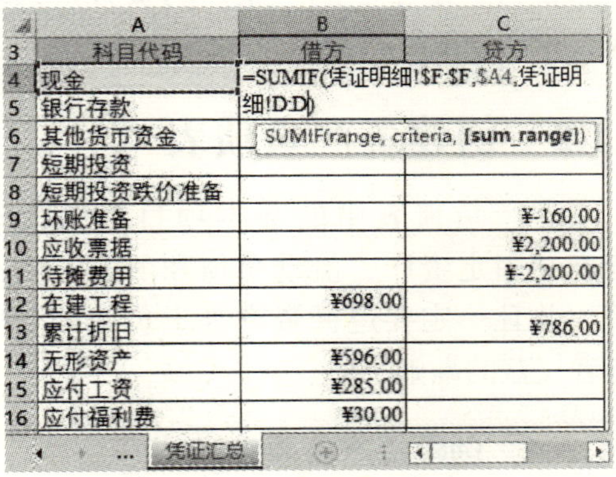

	A	B	C
3	科目代码	借方	贷方
4	现金	=SUMIF(凭证明细!$F:$F,$A4,凭证明细!D:D)	
5	银行存款		
6	其他货币资金	SUMIF(range, criteria, [sum_range])	
7	短期投资		
8	短期投资跌价准备		
9	坏账准备		¥-160.00
10	应收票据		¥2,200.00
11	待摊费用		¥-2,200.00
12	在建工程	¥698.00	
13	累计折旧		¥786.00
14	无形资产	¥596.00	
15	应付工资	¥285.00	
16	应付福利费	¥30.00	

图 11-5　更改公式

Step 06 更改所有的公式，更改以后的公式如图11-6所示。

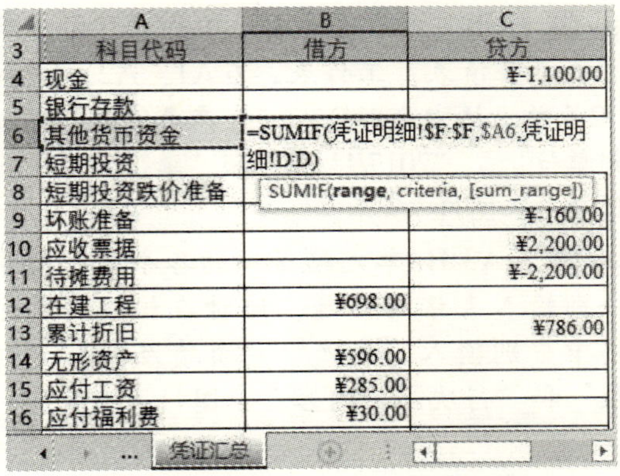

	A	B	C
3	科目代码	借方	贷方
4	现金		¥-1,100.00
5	银行存款		
6	其他货币资金	=SUMIF(凭证明细!$F:$F,$A6,凭证明细!D:D)	
7	短期投资		
8	短期投资跌价准备	SUMIF(range, criteria, [sum_range])	
9	坏账准备		¥-160.00
10	应收票据		¥2,200.00
11	待摊费用		¥-2,200.00
12	在建工程	¥698.00	
13	累计折旧		¥786.00
14	无形资产	¥596.00	
15	应付工资	¥285.00	
16	应付福利费	¥30.00	

图 11-6　更改后的公式

11.1.2 收入费用支出账户的结转和结清

收入费用支出账户是在一定期间内汇集各项收入和费用的过渡性账户，其目的是为编制本期会计报表提供资料。因此，期末为了确定本期利润，应将过渡性账户的余额，结转到"本年利润"账户，从而结清各损益账户。

收入费用支出账户结转和结清的基本方法如下：

①将利润增加因素从有关收入账户借方，结转到"本年利润"账户的贷方。

②将利润减少因素从有关费用支出账户的贷方，结转到"本年利润"账户的借方。

③将"本年利润"账户的贷方余额转入"利润分配"账户借方。

11.2 创建资产负债表

资产负债表中的基本项目分为流动资产、固定资产、流动负债和所有者权益等，并且一定要遵循资产等于负债加上所有者权益的准则。

11.2.1 创建资产负债表

下面来实现基于"凭证汇总表"及"总账"两个工作表生成的资产负债表。其具体的操作步骤如下：

Step 01 打开"资产负债表"工作簿，切换至"资产负债表"工作表，在A1、A2、D2和H2等单元格中分别输入"资产负债表""编制单位：""2017/11/28"和"单位：元"等信息，如图11-7所示。

Step 02 在A3:H3单元格区域的各个单元格中分别输入表格的标题，同时在相应的单元格中分别输入"资产""负债及所有者权益"和"行次"等内容，如图11-8所示。

图 11-7 输入表格标题

图 11-8 输入"资产"和"行次"内容

Step 03 选中C4:D38、G4:H38单元格区域，右击，从弹出的快捷菜单中选择【设置单元格格式】命令，即可弹出【设置单元格格式】对话框，选择【数字】选项卡，依次选择【分类】为【货币】，【小数位数】为【2】，【货币符号】为【¥】，【负数】为【-1,234.10】，最后单击【确定】按钮，即可成功设置单元格格式，如图11-9所示。

Step 04 在C4:C38、G4:G38单元格区域的各个单元格中分别输入"年初数"，如图11-10所示。

Step 05 选中D5单元格，在编辑栏中输入"=总账表!E4+总账表!E5+总账表!E6"公式内容，按【Enter】键后，即可计算出期末"货币资金"，如图11-11所示。

图 11-9　设置无符号货币格式

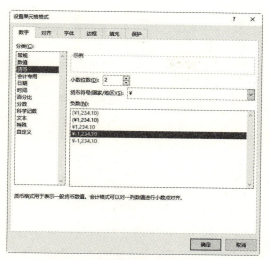

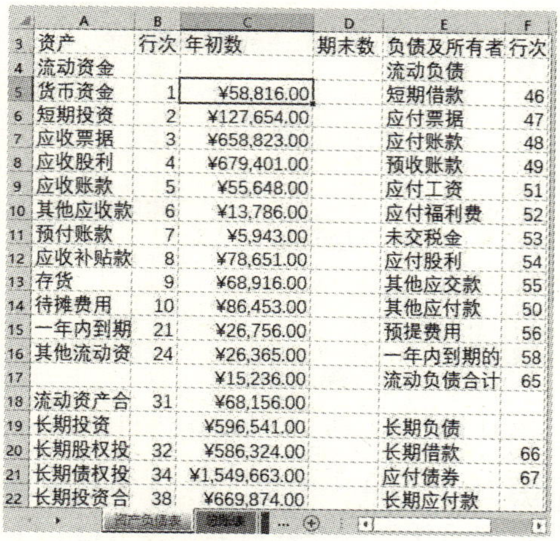

	A	B	C	D	E	F
3	资产	行次	年初数	期末数	负债及所有者	行次
4	流动资金				流动负债	
5	货币资金	1	¥58,816.00		短期借款	46
6	短期投资	2	¥127,654.00		应付票据	47
7	应收票据	3	¥658,823.00		应付账款	48
8	应收股利	4	¥679,401.00		预收账款	49
9	应收账款	5	¥55,648.00		应付工资	51
10	其他应收款	6	¥13,786.00		应付福利费	52
11	预付账款	7	¥5,943.00		未交税金	53
12	应收补贴款	8	¥78,651.00		应付股利	54
13	存货	9	¥68,916.00		其他应交款	55
14	待摊费用	10	¥86,453.00		其他应付款	50
15	一年内到期	21	¥26,756.00		预提费用	56
16	其他流动资	24	¥26,365.00		一年内到期的	58
17			¥15,236.00		流动负债合计	65
18	流动资产合	31	¥68,156.00			
19	长期投资		¥596,541.00		长期负债	
20	长期股权投	32	¥586,324.00		长期借款	66
21	长期债权投	34	¥1,549,663.00		应付债券	67
22	长期投资合	38	¥669,874.00		长期应付款	

图 11-10　输入“年初数”

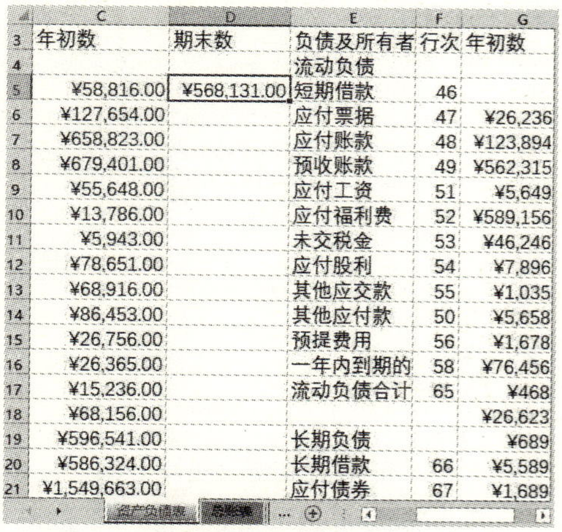

	C	D	E	F	G
3	年初数	期末数	负债及所有者	行次	年初数
4			流动负债		
5	¥58,816.00	¥568,131.00	短期借款	46	
6	¥127,654.00		应付票据	47	¥26,236
7	¥658,823.00		应付账款	48	¥123,894
8	¥679,401.00		预收账款	49	¥562,315
9	¥55,648.00		应付工资	51	¥5,649
10	¥13,786.00		应付福利费	52	¥589,156
11	¥5,943.00		未交税金	53	¥46,246
12	¥78,651.00		应付股利	54	¥7,896
13	¥68,916.00		其他应交款	55	¥1,035
14	¥86,453.00		其他应付款	50	¥5,658
15	¥26,756.00		预提费用	56	¥1,678
16	¥26,365.00		一年内到期的	58	¥76,456
17	¥15,236.00		流动负债合计	65	¥468
18	¥68,156.00				¥26,623
19	¥596,541.00		长期负债		¥689
20	¥586,324.00		长期借款	66	¥5,589
21	¥1,549,663.00		应付债券	67	¥1,689

图 11-11　编制期末“货币资金”公式

Step 06 选中D9单元格，在编辑栏中输入“=总账表!E11”公式内容，按【Enter】键后，即可计算出期末“应收账款”，如图11-12所示。

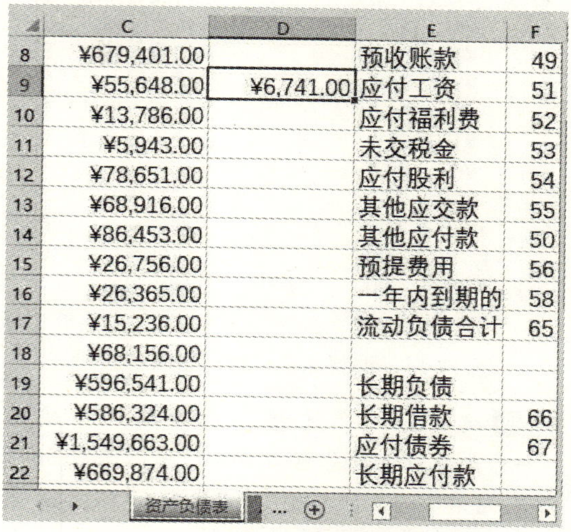

	C	D	E	F
8	¥679,401.00		预收账款	49
9	¥55,648.00	¥6,741.00	应付工资	51
10	¥13,786.00		应付福利费	52
11	¥5,943.00		未交税金	53
12	¥78,651.00		应付股利	54
13	¥68,916.00		其他应交款	55
14	¥86,453.00		其他应付款	50
15	¥26,756.00		预提费用	56
16	¥26,365.00		一年内到期的	58
17	¥15,236.00		流动负债合计	65
18	¥68,156.00			
19	¥596,541.00		长期负债	
20	¥586,324.00		长期借款	66
21	¥1,549,663.00		应付债券	67
22	¥669,874.00		长期应付款	

图 11-12　编制期末“应收账款”公式

Step 07 选中D10单元格，在编辑栏中输入“=总账表!E12”公式内容，按【Enter】键后，即可计算出期末“其他应收款”，如图11-13所示。

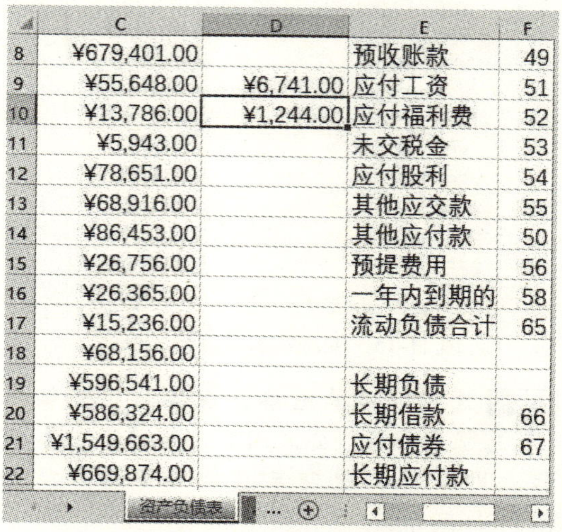

	C	D	E	F
8	¥679,401.00		预收账款	49
9	¥55,648.00	¥6,741.00	应付工资	51
10	¥13,786.00	¥1,244.00	应付福利费	52
11	¥5,943.00		未交税金	53
12	¥78,651.00		应付股利	54
13	¥68,916.00		其他应交款	55
14	¥86,453.00		其他应付款	50
15	¥26,756.00		预提费用	56
16	¥26,365.00		一年内到期的	58
17	¥15,236.00		流动负债合计	65
18	¥68,156.00			
19	¥596,541.00		长期负债	
20	¥586,324.00		长期借款	66
21	¥1,549,663.00		应付债券	67
22	¥669,874.00		长期应付款	

图 11-13　编制期末“其他应收款”公式

Step 08 选中D11单元格，在编辑栏中输入“=总账表!E14”公式内容，按【Enter】键后，即可计算出期末“预付账款”，如图11-14所示。

	C	D	E	F
8	¥679,401.00		预收账款	49
9	¥55,648.00	¥6,741.00	应付工资	51
10	¥13,786.00	¥1,244.00	应付福利费	52
11	¥5,943.00	¥747.00	未交税金	53
12	¥78,651.00		应付股利	54
13	¥68,916.00		其他应交款	55
14	¥86,453.00		其他应付款	50
15	¥26,756.00		预提费用	56
16	¥26,365.00		一年内到期的	58
17	¥15,236.00		流动负债合计	65
18	¥68,156.00			
19	¥596,541.00		长期负债	
20	¥586,324.00		长期借款	66
21	¥1,549,663.00		应付债券	67
22	¥669,874.00		长期应付款	

图 11-14　编制期末“预付货款”公式

Step 09 选中D13单元格，在编辑栏中输入“=总账表!E15+总账表!E17+总账表!E50”公式内容，按【Enter】键后，即可计算出期末“存货”，如图11-15所示。

	C	D	E	F
8	¥679,401.00		预收账款	49
9	¥55,648.00	¥6,741.00	应付工资	51
10	¥13,786.00	¥1,244.00	应付福利费	52
11	¥5,943.00	¥747.00	未交税金	53
12	¥78,651.00		应付股利	54
13	¥68,916.00	¥527,099.00	其他应交款	55
14	¥86,453.00		其他应付款	50
15	¥26,756.00		预提费用	56
16	¥26,365.00		一年内到期的	58
17	¥15,236.00		流动负债合计	65
18	¥68,156.00			
19	¥596,541.00		长期负债	
20	¥586,324.00		长期借款	66
21	¥1,549,663.00		应付债券	67
22	¥669,874.00		长期应付款	

图 11-15　编制期末“存货”公式

Step 10 选中D14单元格，在编辑栏中输入“=总账表!E22”公式内容，按【Enter】键后，即可计算出期末“待摊费用”，如图11-16所示。

Step 11 选中D18单元格，在编辑栏中输入“=SUM(D4:D17)”公式内容，按【Enter】键后，即可计算出期末“流动资产合计”，如图11-17所示。

	C	D	E	F
8	¥679,401.00		预收账款	49
9	¥55,648.00	¥6,741.00	应付工资	51
10	¥13,786.00	¥1,244.00	应付福利费	52
11	¥5,943.00	¥747.00	未交税金	53
12	¥78,651.00		应付股利	54
13	¥68,916.00	¥527,099.00	其他应交款	55
14	¥86,453.00	¥563,181.00	其他应付款	50
15	¥26,756.00		预提费用	56
16	¥26,365.00		一年内到期的	58
17	¥15,236.00		流动负债合计	65
18	¥68,156.00			
19	¥596,541.00		长期负债	
20	¥586,324.00		长期借款	66
21	¥1,549,663.00		应付债券	67
22	¥669,874.00		长期应付款	

图 11-16　编制期末“待摊费用”公式

	C	D	E
8	¥679,401.00		预收账款
9	¥55,648.00	¥6,741.00	应付工资
10	¥13,786.00	¥1,244.00	应付福利费
11	¥5,943.00	¥747.00	未交税金
12	¥78,651.00		应付股利
13	¥68,916.00	¥527,099.00	其他应交款
14	¥86,453.00	¥563,181.00	其他应付款
15	¥26,756.00		预提费用
16	¥26,365.00		一年内到期的
17	¥15,236.00		流动负债合计
18	¥68,156.00	¥1,667,143.00	
19	¥596,541.00		长期负债
20	¥586,324.00		长期借款
21	¥1,549,663.00		应付债券
22	¥669,874.00		长期应付款

图 11-17　编制期末“流动资产合计”公式

Step 12 选中D24单元格，在编辑栏中输入“=总账表!E25”公式内容，按【Enter】键后，即可计算出期末“固定资产原值”，如图11-18所示。

	C	D	E
11	¥5,943.00	¥747.00	未交税金
12	¥78,651.00		应付股利
13	¥68,916.00	¥527,099.00	其他应交款
14	¥86,453.00	¥563,181.00	其他应付款
15	¥26,756.00		预提费用
16	¥26,365.00		一年内到期的
17	¥15,236.00		流动负债合计
18	¥68,156.00	¥1,667,143.00	
19	¥596,541.00		长期负债
20	¥586,324.00		长期借款
21	¥1,549,663.00		应付债券
22	¥669,874.00		长期应付款
23	¥654,211.00		其他长期负债
24	¥73,569.00	¥1,985.00	长期负债合计
25	¥1,256.00		递延税项

图 11-18　编制期末“固定资产原值”公式

Step 13 选中D25单元格，在编辑栏中输入“=总账表!E26”公式内容，按【Enter】键后，即可计算出期末“累计折旧”，如图11-19所示。

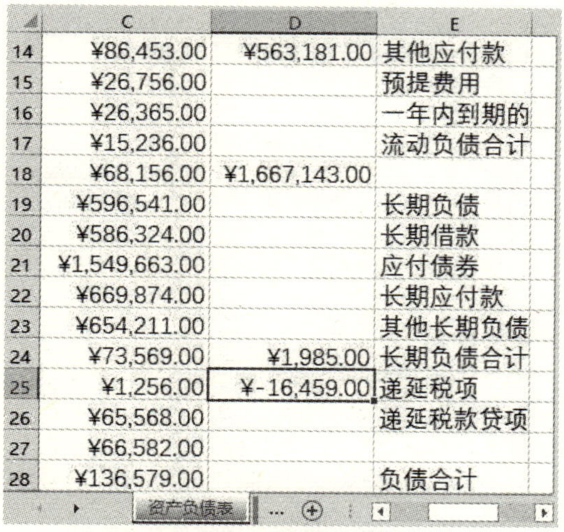

	C	D	E
14	¥86,453.00	¥563,181.00	其他应付款
15	¥26,756.00		预提费用
16	¥26,365.00		一年内到期的
17	¥15,236.00		流动负债合计
18	¥68,156.00	¥1,667,143.00	
19	¥596,541.00		长期负债
20	¥586,324.00		长期借款
21	¥1,549,663.00		应付债券
22	¥669,874.00		长期应付款
23	¥654,211.00		其他长期负债
24	¥73,569.00	¥1,985.00	长期负债合计
25	¥1,256.00	¥-16,459.00	递延税项
26	¥65,568.00		递延税款贷项
27	¥66,582.00		
28	¥136,579.00		负债合计

资产负债表

图 11-19 编制期末“累计折旧”公式

Step 14 选中D26单元格，在编辑栏中输入“=D24-D25”公式内容，按【Enter】键后，即可计算出期末“固定资产净值”，如图11-20所示。

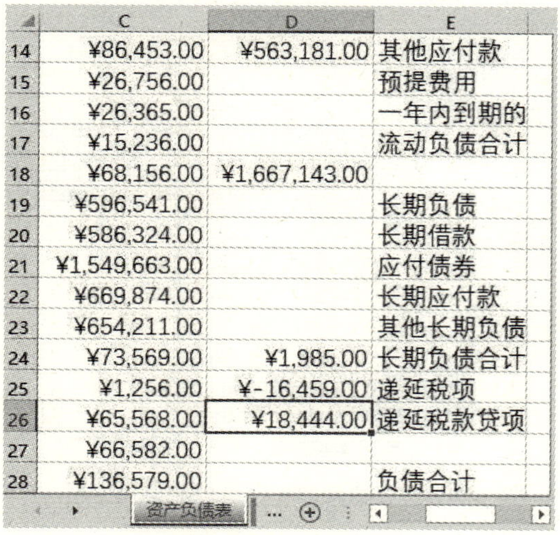

	C	D	E
14	¥86,453.00	¥563,181.00	其他应付款
15	¥26,756.00		预提费用
16	¥26,365.00		一年内到期的
17	¥15,236.00		流动负债合计
18	¥68,156.00	¥1,667,143.00	
19	¥596,541.00		长期负债
20	¥586,324.00		长期借款
21	¥1,549,663.00		应付债券
22	¥669,874.00		长期应付款
23	¥654,211.00		其他长期负债
24	¥73,569.00	¥1,985.00	长期负债合计
25	¥1,256.00	¥-16,459.00	递延税项
26	¥65,568.00	¥18,444.00	递延税款贷项
27	¥66,582.00		
28	¥136,579.00		负债合计

资产负债表

图 11-20 编制期末“固定资产净值”公式

Step 15 选中D28单元格，在编辑栏中输入“=总账表!E28”公式内容，按【Enter】键后，即可计算出期末“在建工程”，如图11-21所示。

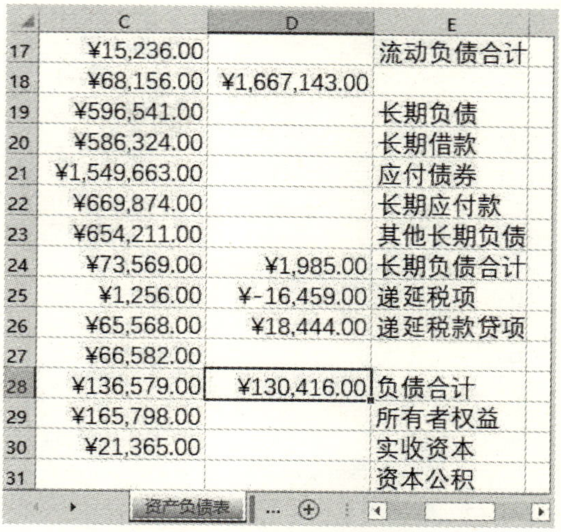

	C	D	E
17	¥15,236.00		流动负债合计
18	¥68,156.00	¥1,667,143.00	
19	¥596,541.00		长期负债
20	¥586,324.00		长期借款
21	¥1,549,663.00		应付债券
22	¥669,874.00		长期应付款
23	¥654,211.00		其他长期负债
24	¥73,569.00	¥1,985.00	长期负债合计
25	¥1,256.00	¥-16,459.00	递延税项
26	¥65,568.00	¥18,444.00	递延税款贷项
27	¥66,582.00		
28	¥136,579.00	¥130,416.00	负债合计
29	¥165,798.00		所有者权益
30	¥21,365.00		实收资本
31			资本公积

资产负债表

图 11-21 编制期末“在建工程”公式

Step 16 选中D30单元格，在编辑栏中输入“=SUM(D26:D29)”公式内容，按【Enter】键后，即可计算出期末“固定资产合计”，如图11-22所示。

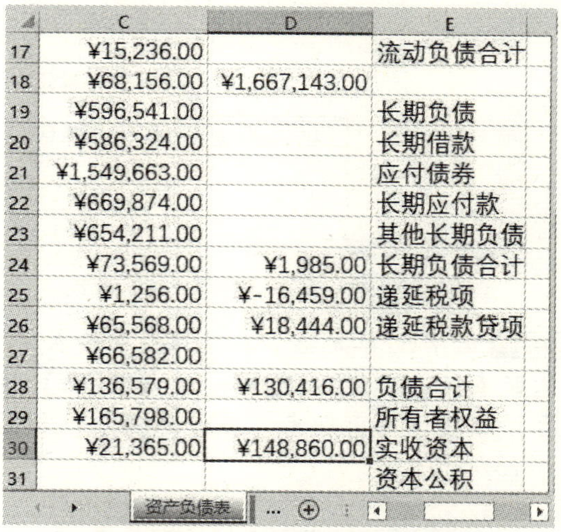

	C	D	E
17	¥15,236.00		流动负债合计
18	¥68,156.00	¥1,667,143.00	
19	¥596,541.00		长期负债
20	¥586,324.00		长期借款
21	¥1,549,663.00		应付债券
22	¥669,874.00		长期应付款
23	¥654,211.00		其他长期负债
24	¥73,569.00	¥1,985.00	长期负债合计
25	¥1,256.00	¥-16,459.00	递延税项
26	¥65,568.00	¥18,444.00	递延税款贷项
27	¥66,582.00		
28	¥136,579.00	¥130,416.00	负债合计
29	¥165,798.00		所有者权益
30	¥21,365.00	¥148,860.00	实收资本
31			资本公积

资产负债表

图 11-22 编制期末“固定资产合计”公式

Step 17 选中D34单元格，在编辑栏中输入“=D32+D33”公式内容，按【Enter】键后，即可计算出期末“无形及其他资产合计”，如图11-23所示。

Step 18 选中D38单元格，在编辑栏中输入“=D18+D22+D30+D34+D37”公式内容，按【Enter】键后，即可计算出期末“资产合计”，如图11-24所示。

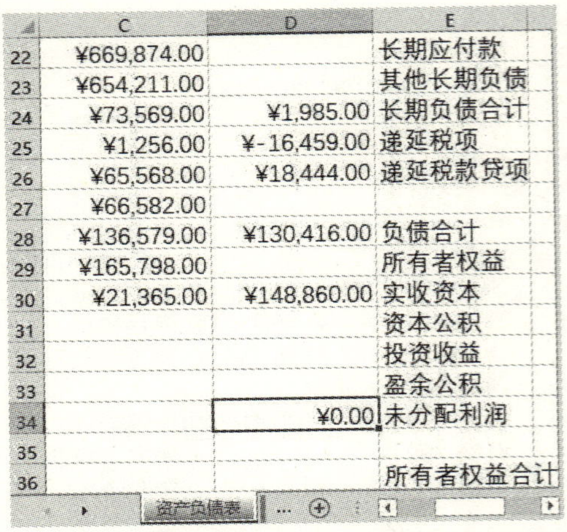

	C	D	E
22	¥669,874.00		长期应付款
23	¥654,211.00		其他长期负债
24	¥73,569.00	¥1,985.00	长期负债合计
25	¥1,256.00	¥-16,459.00	递延税项
26	¥65,568.00	¥18,444.00	递延税款贷项
27	¥66,582.00		
28	¥136,579.00	¥130,416.00	负债合计
29	¥165,798.00		所有者权益
30	¥21,365.00	¥148,860.00	实收资本
31			资本公积
32			投资收益
33			盈余公积
34		¥0.00	未分配利润
35			
36			所有者权益合计

图 11-23　编制期末“无形及其他资产合计”公式

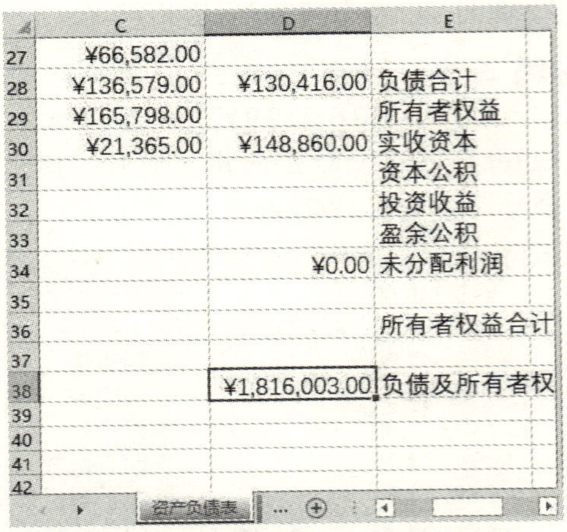

	C	D	E
27	¥66,582.00		
28	¥136,579.00	¥130,416.00	负债合计
29	¥165,798.00		所有者权益
30	¥21,365.00	¥148,860.00	实收资本
31			资本公积
32			投资收益
33			盈余公积
34		¥0.00	未分配利润
35			
36			所有者权益合计
37			
38		¥1,816,003.00	负债及所有者权
39			
40			
41			
42			

图 11-24　编制期末“资产合计”公式

Step 19 选中H7单元格，在编辑栏中输入“=总账表!E34”公式内容，按【Enter】键后，即可计算出期末“应付账款”，如图11-25所示。

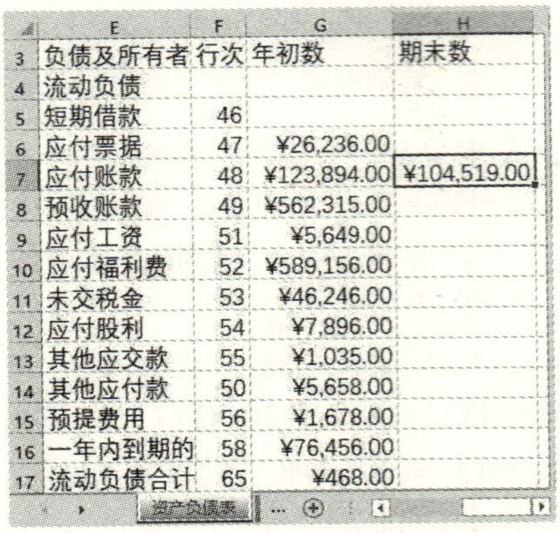

	E	F	G	H
3	负债及所有者	行次	年初数	期末数
4	流动负债			
5	短期借款	46		
6	应付票据	47	¥26,236.00	
7	应付账款	48	¥123,894.00	¥104,519.00
8	预收账款	49	¥562,315.00	
9	应付工资	51	¥5,649.00	
10	应付福利费	52	¥589,156.00	
11	未交税金	53	¥46,246.00	
12	应付股利	54	¥7,896.00	
13	其他应交款	55	¥1,035.00	
14	其他应付款	50	¥5,658.00	
15	预提费用	56	¥1,678.00	
16	一年内到期的	58	¥76,456.00	
17	流动负债合计	65	¥468.00	

图 11-25　编制期末“应付账款”公式

Step 20 选中H8单元格，在编辑栏中输入“=总账表!E41”公式内容，按【Enter】键后，即可计算出期末“预收账款”，如图11-26所示。

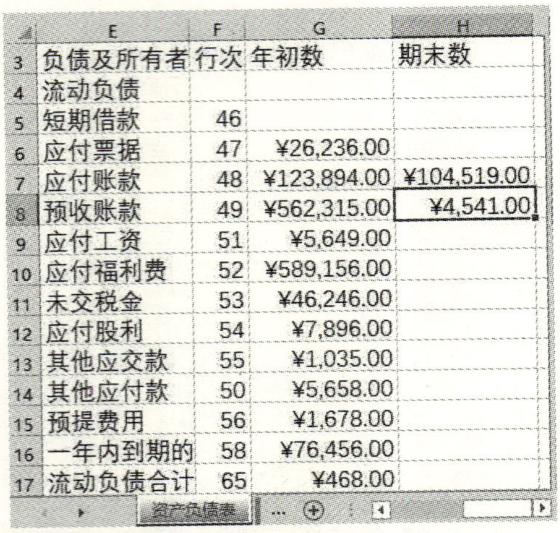

	E	F	G	H
3	负债及所有者	行次	年初数	期末数
4	流动负债			
5	短期借款	46		
6	应付票据	47	¥26,236.00	
7	应付账款	48	¥123,894.00	¥104,519.00
8	预收账款	49	¥562,315.00	¥4,541.00
9	应付工资	51	¥5,649.00	
10	应付福利费	52	¥589,156.00	
11	未交税金	53	¥46,246.00	
12	应付股利	54	¥7,896.00	
13	其他应交款	55	¥1,035.00	
14	其他应付款	50	¥5,658.00	
15	预提费用	56	¥1,678.00	
16	一年内到期的	58	¥76,456.00	
17	流动负债合计	65	¥468.00	

图 11-26　编制期末“预收货款”公式

Step 21 选中H9单元格，在编辑栏中输入“=总账表!E35”公式内容，按【Enter】键后，即可计算出期末“应付工资”，如图11-27所示。

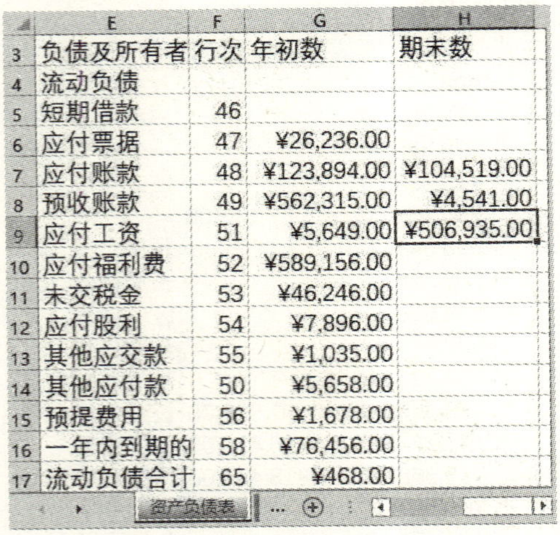

	E	F	G	H
3	负债及所有者	行次	年初数	期末数
4	流动负债			
5	短期借款	46		
6	应付票据	47	¥26,236.00	
7	应付账款	48	¥123,894.00	¥104,519.00
8	预收账款	49	¥562,315.00	¥4,541.00
9	应付工资	51	¥5,649.00	¥506,935.00
10	应付福利费	52	¥589,156.00	
11	未交税金	53	¥46,246.00	
12	应付股利	54	¥7,896.00	
13	其他应交款	55	¥1,035.00	
14	其他应付款	50	¥5,658.00	
15	预提费用	56	¥1,678.00	
16	一年内到期的	58	¥76,456.00	
17	流动负债合计	65	¥468.00	

图 11-27　编制期末“应付工资”公式

Step 22 选中H10单元格，在编辑栏中输入“=总账表!E36”公式内容，按【Enter】键后，即可计算出期末“应付福利费”，如图11-28所示。

	E	F	G	H
3	负债及所有者	行次	年初数	期末数
4	流动负债			
5	短期借款	46		
6	应付票据	47	¥26,236.00	
7	应付账款	48	¥123,894.00	¥104,519.00
8	预收账款	49	¥562,315.00	¥4,541.00
9	应付工资	51	¥5,649.00	¥506,935.00
10	应付福利费	52	¥589,156.00	¥5,464.00
11	未交税金	53	¥46,246.00	
12	应付股利	54	¥7,896.00	
13	其他应交款	55	¥1,035.00	
14	其他应付款	50	¥5,658.00	
15	预提费用	56	¥1,678.00	
16	一年内到期的	58	¥76,456.00	
17	流动负债合计	65	¥468.00	

资产负债表

图 11-28　编制期末“应付福利费”公式

Step 23 选中H11单元格，在编辑栏中输入“=总账表!E38”公式内容，按【Enter】键后，即可计算出期末“未交税金”，如图11-29所示。

	E	F	G	H
3	负债及所有者	行次	年初数	期末数
4	流动负债			
5	短期借款	46		
6	应付票据	47	¥26,236.00	
7	应付账款	48	¥123,894.00	¥104,519.00
8	预收账款	49	¥562,315.00	¥4,541.00
9	应付工资	51	¥5,649.00	¥506,935.00
10	应付福利费	52	¥589,156.00	¥5,464.00
11	未交税金	53	¥46,246.00	¥45,210.00
12	应付股利	54	¥7,896.00	
13	其他应交款	55	¥1,035.00	
14	其他应付款	50	¥5,658.00	
15	预提费用	56	¥1,678.00	
16	一年内到期的	58	¥76,456.00	
17	流动负债合计	65	¥468.00	

资产负债表

图 11-29　编制期末“未交税金”公式

Step 24 选中H13单元格，在编辑栏中输入“=总账表!E39”公式内容，按【Enter】键后，即可计算出期末“其他应交款”，如图11-30所示。

Step 25 选中H14单元格，在编辑栏中输入“=总账表!E40”公式内容，按【Enter】键后，即可计算出期末“其他应付款”，如图11-31所示。

Step 26 选中H17单元格，在编辑栏中输入“=SUM(H5:H16)”公式内容，按【Enter】键后，即可计算出期末“流动负债合计”，如图11-32所示。

	E	F	G	H
3	负债及所有者	行次	年初数	期末数
4	流动负债			
5	短期借款	46		
6	应付票据	47	¥26,236.00	
7	应付账款	48	¥123,894.00	¥104,519.00
8	预收账款	49	¥562,315.00	¥4,541.00
9	应付工资	51	¥5,649.00	¥506,935.00
10	应付福利费	52	¥589,156.00	¥5,464.00
11	未交税金	53	¥46,246.00	¥45,210.00
12	应付股利	54	¥7,896.00	
13	其他应交款	55	¥1,035.00	¥7,485.00
14	其他应付款	50	¥5,658.00	
15	预提费用	56	¥1,678.00	
16	一年内到期的	58	¥76,456.00	
17	流动负债合计	65	¥468.00	

资产负债表

图 11-30　编制期末“其他应交款”公式

	E	F	G	H
3	负债及所有者	行次	年初数	期末数
4	流动负债			
5	短期借款	46		
6	应付票据	47	¥26,236.00	
7	应付账款	48	¥123,894.00	¥104,519.00
8	预收账款	49	¥562,315.00	¥4,541.00
9	应付工资	51	¥5,649.00	¥506,935.00
10	应付福利费	52	¥589,156.00	¥5,464.00
11	未交税金	53	¥46,246.00	¥45,210.00
12	应付股利	54	¥7,896.00	
13	其他应交款	55	¥1,035.00	¥7,485.00
14	其他应付款	50	¥5,658.00	¥-1,455.00
15	预提费用	56	¥1,678.00	
16	一年内到期的	58	¥76,456.00	
17	流动负债合计	65	¥468.00	

资产负债表

图 11-31　编制期末“其他应付款”公式

	E	F	G	H
7	应付账款	48	¥123,894.00	¥104,519.00
8	预收账款	49	¥562,315.00	¥4,541.00
9	应付工资	51	¥5,649.00	¥506,935.00
10	应付福利费	52	¥589,156.00	¥5,464.00
11	未交税金	53	¥46,246.00	¥45,210.00
12	应付股利	54	¥7,896.00	
13	其他应交款	55	¥1,035.00	¥7,485.00
14	其他应付款	50	¥5,658.00	¥-1,455.00
15	预提费用	56	¥1,678.00	
16	一年内到期的	58	¥76,456.00	
17	流动负债合计	65	¥468.00	¥672,699.00
18			¥26,623.00	
19	长期负债		¥689.00	
20	长期借款	66	¥5,589.00	
21	应付债券	67	¥1,689.00	

资产负债表

图 11-32　编制期末“流动负债合计”公式

Step 27 选中H24单元格，在编辑栏中输入“=SUM(H20:H23)”公式内容，按【Enter】键后，即可计算出期末“长期负债合计”，如图11-33所示。

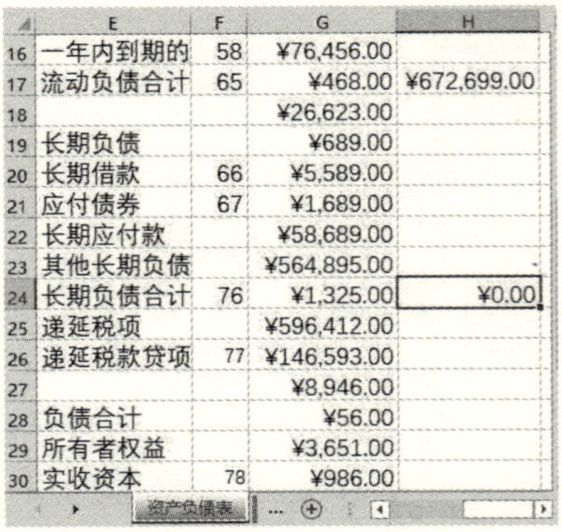

	E	F	G	H
16	一年内到期的	58	¥76,456.00	
17	流动负债合计	65	¥468.00	¥672,699.00
18			¥26,623.00	
19	长期负债		¥689.00	
20	长期借款	66	¥5,589.00	
21	应付债券	67	¥1,689.00	
22	长期应付款		¥58,689.00	
23	其他长期负债		¥564,895.00	
24	长期负债合计	76	¥1,325.00	¥0.00
25	递延税项		¥596,412.00	
26	递延税款贷项	77	¥146,593.00	
27			¥8,946.00	
28	负债合计		¥56.00	
29	所有者权益		¥3,651.00	
30	实收资本	78	¥986.00	

图 11-33　编制期末“长期负债合计”公式

Step 28 选中H28单元格，在编辑栏中输入“=H17+H24+H26”公式内容，按【Enter】键后，即可计算出期末“负债合计”，如图11-34所示。

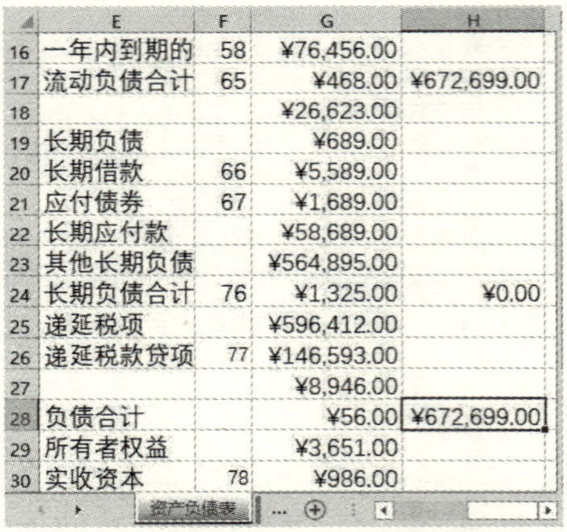

	E	F	G	H
16	一年内到期的	58	¥76,456.00	
17	流动负债合计	65	¥468.00	¥672,699.00
18			¥26,623.00	
19	长期负债		¥689.00	
20	长期借款	66	¥5,589.00	
21	应付债券	67	¥1,689.00	
22	长期应付款		¥58,689.00	
23	其他长期负债		¥564,895.00	
24	长期负债合计	76	¥1,325.00	¥0.00
25	递延税项		¥596,412.00	
26	递延税款贷项	77	¥146,593.00	
27			¥8,946.00	
28	负债合计		¥56.00	¥672,699.00
29	所有者权益		¥3,651.00	
30	实收资本	78	¥986.00	

图 11-34　编制期末“负债合计”公式

Step 29 选中H30单元格，在编辑栏中输入“=总账表!E45”公式内容，按【Enter】键后，即可计算出期末“实收资本”，如图11-35所示。

Step 30 选中H33单元格，在编辑栏中输入“=总账表!E47”公式内容，按【Enter】键后，即可计算出期末“盈余公积”，如图11-36所示。

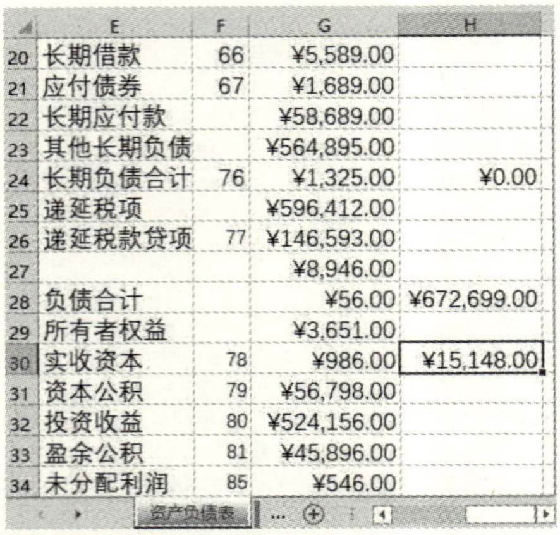

	E	F	G	H
20	长期借款	66	¥5,589.00	
21	应付债券	67	¥1,689.00	
22	长期应付款		¥58,689.00	
23	其他长期负债		¥564,895.00	
24	长期负债合计	76	¥1,325.00	¥0.00
25	递延税项		¥596,412.00	
26	递延税款贷项	77	¥146,593.00	
27			¥8,946.00	
28	负债合计		¥56.00	¥672,699.00
29	所有者权益		¥3,651.00	
30	实收资本	78	¥986.00	¥15,148.00
31	资本公积	79	¥56,798.00	
32	投资收益	80	¥524,156.00	
33	盈余公积	81	¥45,896.00	
34	未分配利润	85	¥546.00	

图 11-35　编制期末“实收资本”公式

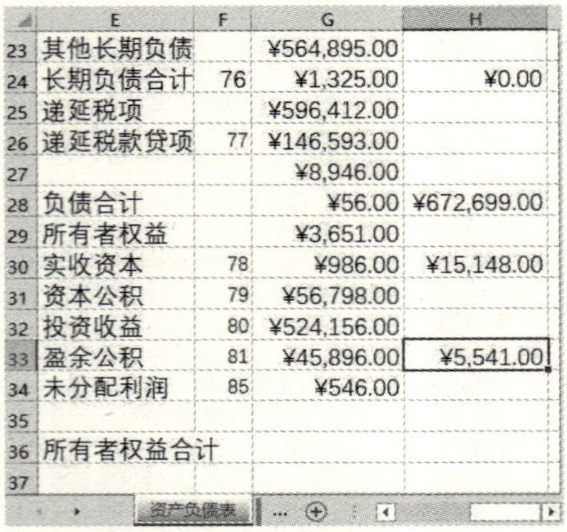

	E	F	G	H
23	其他长期负债		¥564,895.00	
24	长期负债合计	76	¥1,325.00	¥0.00
25	递延税项		¥596,412.00	
26	递延税款贷项	77	¥146,593.00	
27			¥8,946.00	
28	负债合计		¥56.00	¥672,699.00
29	所有者权益		¥3,651.00	
30	实收资本	78	¥986.00	¥15,148.00
31	资本公积	79	¥56,798.00	
32	投资收益	80	¥524,156.00	
33	盈余公积	81	¥45,896.00	¥5,541.00
34	未分配利润	85	¥546.00	
35				
36	所有者权益合计			
37				

图 11-36　编制期末“盈余公积”公式

Step 31 选中H34单元格，在编辑栏中输入“=总账表!E48-总账表!E47”公式内容，按【Enter】键后，即可计算出期末“未分配利润”，如图11-37所示。

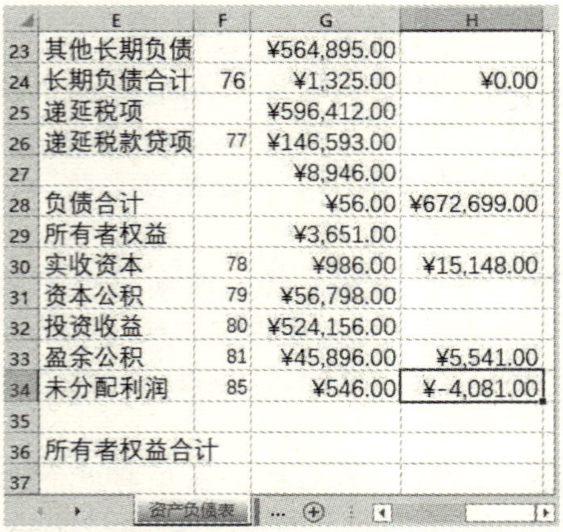

	E	F	G	H
23	其他长期负债		¥564,895.00	
24	长期负债合计	76	¥1,325.00	¥0.00
25	递延税项		¥596,412.00	
26	递延税款贷项	77	¥146,593.00	
27			¥8,946.00	
28	负债合计		¥56.00	¥672,699.00
29	所有者权益		¥3,651.00	
30	实收资本	78	¥986.00	¥15,148.00
31	资本公积	79	¥56,798.00	
32	投资收益	80	¥524,156.00	
33	盈余公积	81	¥45,896.00	¥5,541.00
34	未分配利润	85	¥546.00	¥-4,081.00
35				
36	所有者权益合计			
37				

图 11-37　编制期末“未分配利润”公式

第 11 章
使用 Excel 编制会计报表

Step 32 选中H36单元格,在编辑栏中输入"=SUM(H29:H35)"公式内容,按【Enter】键后,即可计算出期末"所有者权益合计",如图11-38所示。

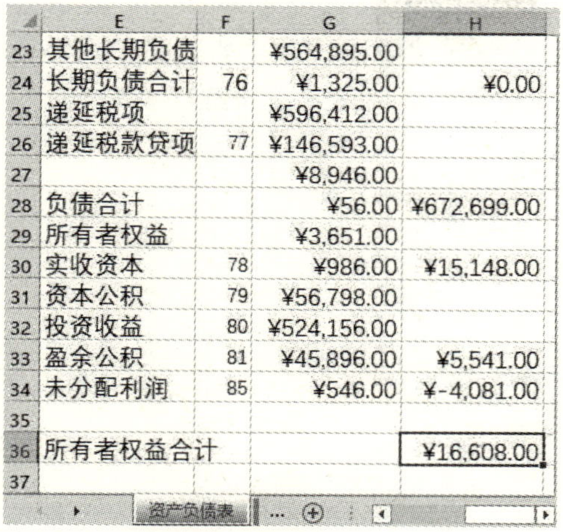

图 11-38 编制期末"所有者权益合计"公式

Step 33 选中H38单元格,在编辑栏中输入"=H28+H36"公式内容,按【Enter】键后,即可计算出期末"负债及所有者权益合计",如图11-39所示。

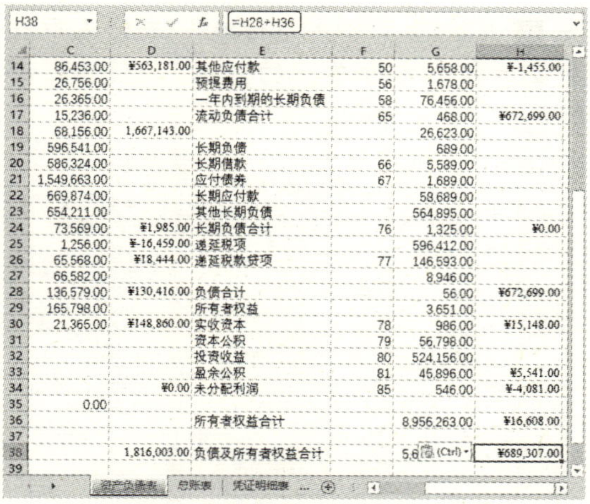

图 11-39 编制期末"负债及所有者权益合计"公式

Step 34 选中A5:A17、A20:A21、A24:A29、A32:A33、E5:E16、E20:E23、E26:E27、E30:E34单元格区域及A37单元格,右击,从弹出的快捷菜单中选择【设置单元格格式】命令,即可弹出【设置单元格格式】对话框,选择【对齐】选项卡,在【水平对齐】下拉列表中选择【靠左(缩进)】,在【缩进】微调框中选择【1】,选择【自动换行】复选框,最后单击【确定】按钮,即可完成单元格格式的对齐设置,如图11-40所示。

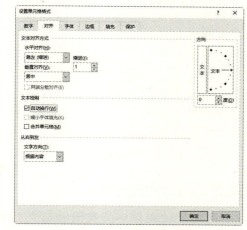

图 11-40 设置对齐格式

Step 35 合并A1:H1单元格区域,单击合并后的A1单元格,右击,从弹出的快捷菜单中选择【设置单元格格式】命令,即可弹出【设置单元格格式】对话框,选择【字体】选项卡,选择字体类型为【隶书】,字形为【加粗】,字号大小为【20】,在【下划线】下拉列表中选择【双下划线】,最后单击【确定】按钮,即可成功设置单元格格式,如图11-41所示。

图 11-41 【设置单元格格式】对话框

229

Step 36 为了美化表格，可以设置表格的边框、取消网格线显示及设置表格标题字体的大小、字形加粗、字体居中显示等操作，如图11-42所示。

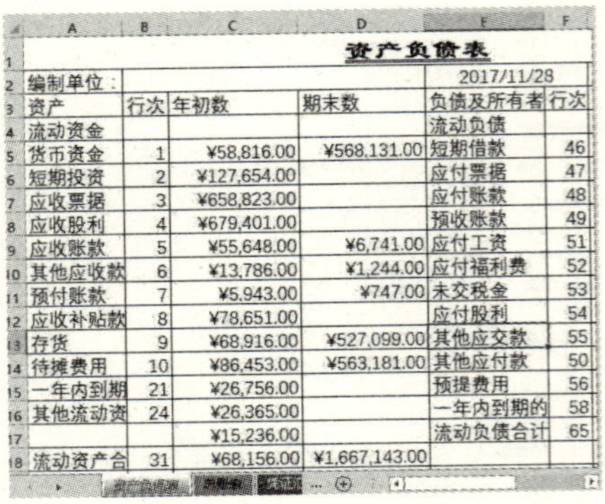

图 11-42　美化表格后的最终效果

11.2.2　设置万元显示格式

有时为了使表格中的数值看起来更加一目了然，通常将表格中的数值以万元的格式来显示，具体的操作步骤如下：

Step 01 在"资产负债表"工作表中选中C5单元格，然后按住【Shift】键不放，单击D38单元格，之后松开【Shift】键；再按住【Ctrl】键不放，单击G5单元格，再次按住【Shift】键不放，单击H38单元格，即可选中C5:D38、G5:H38单元格区域，最后在名称框中输入"数据"，按【Enter】键，如图11-43所示。

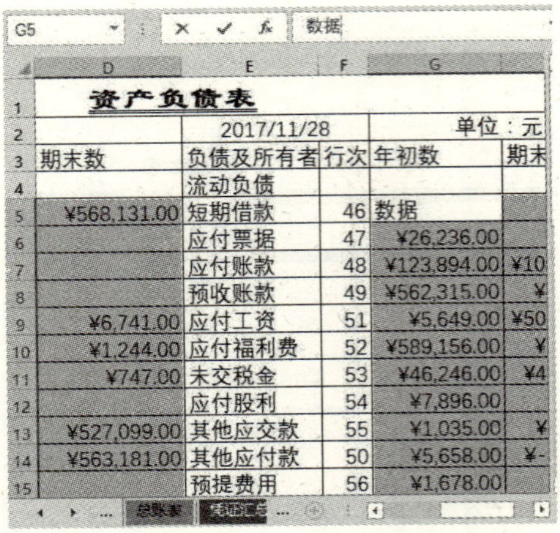

图 11-43　对区域进行命名操作

Step 02 选中之后，右击，从弹出的快捷菜单中选择【设置单元格格式】命令，即可弹出【设置单元格格式】对话框，选择【数字】选项卡，选择【分类】列表框中的【自定义】，在【类型】文本框中输入"0."、"#,"，单击【确定】按钮，即可成功自定义单元格的格式，如图11-44所示。

图 11-44　设置自定义格式

Step 03 此时在"资产负债表"工作表中就会显示以万元为单位的数据，如图11-45所示。

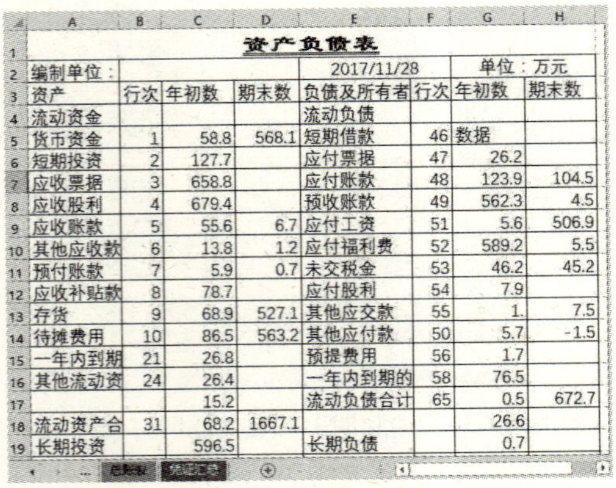

图 11-45　以万元为单位的显示效果

11.3 创建现金流量表

现金流量表是会计三大主要报表之一，是用来反映企业在会计期间内经营、投资和筹资活动中现金流入和流出的动态情况的会计报表。若要采用图表进行趋势分析，首先就要确定分析的数据对象，即选择图表的源数据区域。只有选择了正确的源数据区域，才可能得出正确的图表和结论。

11.3.1 设计现金流量表

现金收入与支出可称为现金流入与现金流出，现金流入与现金流出的差额称为现金净流量。企业的现金收支可分为三大类，即经营活动产生的现金流量表、投资活动产生的现金流量、筹资活动产生的现金流量。

在初步了解了现金流量表的内容和结构后，接下来就可以创建现金流量表格式了，其具体的操作步骤如下：

Step 01 启动Excel 2016应用程序，双击Sheet1工作表标签，进入标签重命名状态，输入"现金流量表"名称，按【Enter】键后，确认命名操作成功；用户也可以根据需要删除多余的Sheet2和Sheet3工作表，如图11-46所示。

图 11-46 新建"现金流量表"工作表

Step 02 切换到【文件】选项卡，单击左侧列表中的【另存为】按钮，即可弹出【另存为】对话框，在【保存位置】下拉列表框中选择文档保存的位置，在【文件名】文本框中输入"现金流量表.xlsx"，最后单击【保存】按钮，即可保存整个工作簿，如图11-47所示。

图 11-47 【另存为】对话框

Step 03 在"现金流量表"工作表中输入其中的各个项目，其现金流量表是以一年中的4个季度的现金流量为分析对象，A列中为现金流量表的各个项目，B列至E列为4个季度对应的数据区域，如图11-48所示。

图 11-48 输入现金流量表基本项目

Step 04 为"现金流量表"工作表中相应的单元格设置字体的格式并为其填充背景颜

色，然后为整个工作表添加边框和设置底纹效果，最后根据需要适当地调整列宽，设置数据的显示方式等操作，如图11-49所示。

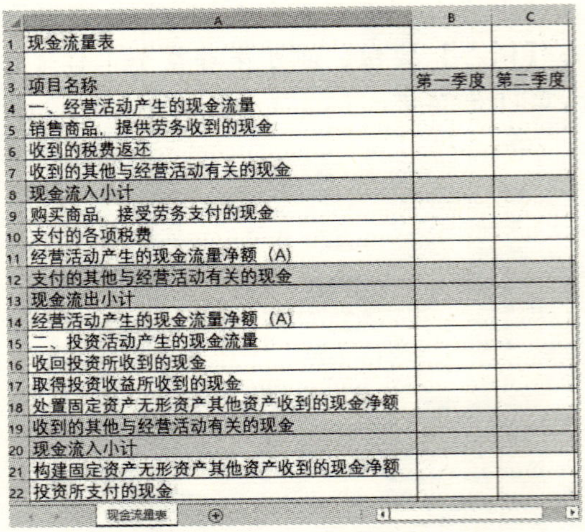

图11-49　格式化现金流量表

Step 05 选中B4:E36单元格区域，然后右击，从弹出的快捷菜单中选择【设置单元格格式】命令，即可弹出【设置单元格格式】对话框，选择【数字】选项卡，在【分类】列表框中选择【会计专用】；在【小数位数】微调框中输入"2"；在【货币符号】下拉列表框中选择【￥】，最后单击【确定】按钮，即可完成单元格的设置，如图11-50所示。

图11-50　【设置单元格格式】对话框

Step 06 由于表格中的项目较多，需要滚动窗口查看或编辑时，标题行或标题列会被隐藏，这样非常不利于数据的查看，所以，对于大型的表格来说，可以通过冻结窗格的方法来使标题行或列始终显示在屏幕上，这里只需要选定B4单元格，然后在【视图】选项卡下的【窗口】组中单击【冻结窗格】右边的下三角按钮，从弹出的下拉列表中选择【冻结拆分窗格】选项，如图11-51所示。

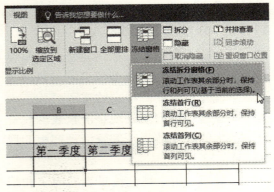

图11-51　执行"冻结窗格"命令

提示：当选定某个单元格执行【冻结窗格】命令时，该单元格左侧和上方的所有单元格将被冻结，而并不是冻结选定的单元格。

Step 07 窗格冻结后，无论向右还是向下滚动窗口时，被冻结的行和列始终显示在屏幕上，同时工作表中还将显示水平和垂直冻结线，如图11-52所示。

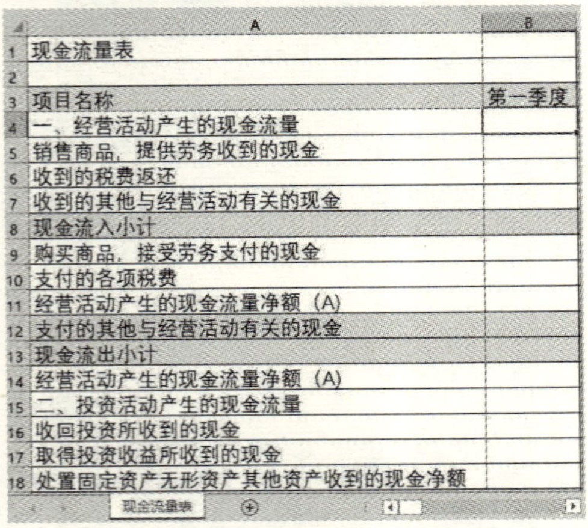

图11-52　冻结标题行和标题列

11.3.2 使用函数添加日期

日期是会计报表的要素之一，接下来将为大家介绍如何利用函数向报表中添加日期，其具体的操作步骤如下：

Step 01 选中E2单元格，然后在【公式】选项卡下的【函数库】组中，单击【插入函数】按钮，即可弹出【插入函数】对话框，如图11-53所示。

图 11-53 执行"插入函数"命令

Step 02 在Excel工作表的E2单元格及公式编辑栏中，将自动插入符号"="，如图11-54所示。

图 11-54 【插入函数】对话框

Step 03 在【搜索函数】文本框中输入所需要函数的名称，单击【转到】按钮，将会转至查找的函数，如图11-55所示。

图 11-55 输入需要查找的函数名称

Step 04 在【选择函数】列表框中将会显示要查找的函数。如果并不知道函数的名称，还可以根据函数的类别进行搜索，如图11-56所示，若单击【或选择类别】右侧的下拉按钮，可从下拉列表中选择函数的类别。

图 11-56 函数类别下拉列表

Step 05 单击【确定】按钮，弹出【函数参数】对话框，在【TEXT】区域中的【Value】文本框中输入"NOW()"，在【Format_text】文本框中输入"e年"，如图11-57所示。

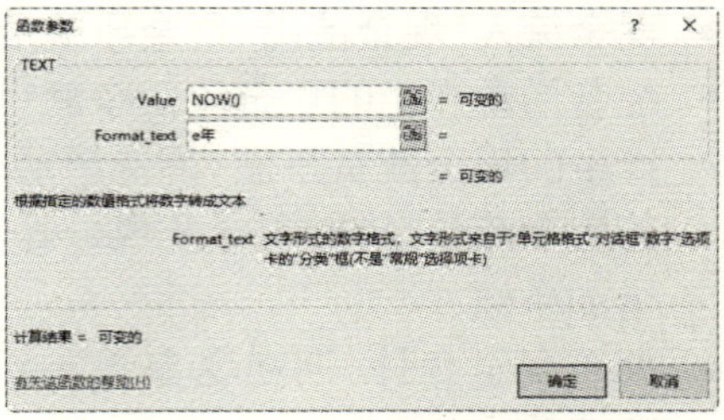

图 11-57 【函数参数】对话框

Step 06 在【函数参数】对话框中输入函数的同时，其工作表中的公式编辑栏和E2单元格中也会显示公式的代码，如图11-58所示。

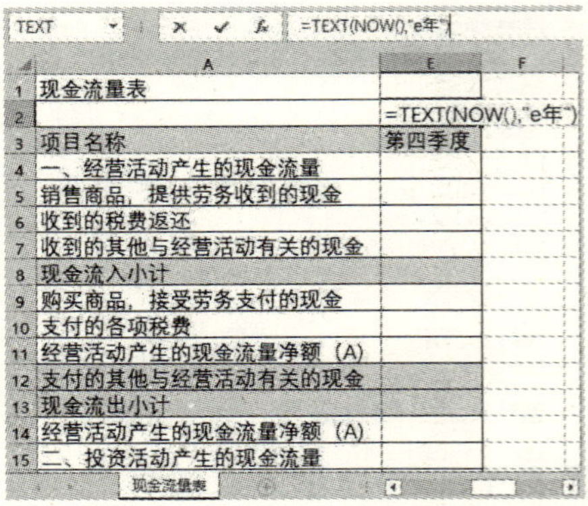

图 11-58　单元格和公式编辑栏中显示公式代码

Step 07 单击【确定】按钮，将关闭【函数参数】对话框，此时E2单元格中显示了当前公式的运算结果为2017年，如图11-59所示。

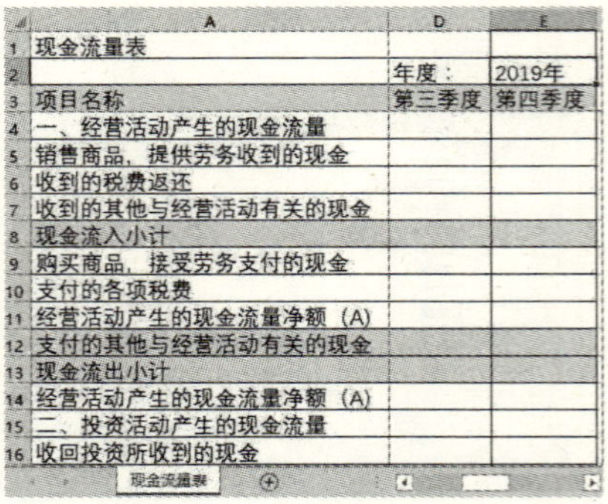

图 11-59　最终计算结果

11.3.3　现金流量区域内的公式计算

下面将为大家介绍如何计算现金流量表中的相关项目，在进行具体操作之前，首先要了解现金流量表中各项的计算公式。

- 现金流入-现金流出=现金净流量
- 经营活动产生的现金流量净额+投资产生的现金流量净额+筹资活动产生的现金流量净额=现金及现金等价物增加净额
- 期末现金合计-期初现金合计=现金净流量

在实际工作中，当设置好现金流量表的格式后，可以通过总账筛选或汇总相关数据，来填制现金流量表，在Excel中可以通过函数实现。

其具体的操作步骤如下：

Step 01 在“现金流量表”工作表中B5:E7、B9:E12、B16:E19、B21:E23、B27:E29、B31:E33单元格区域中，分别输入表格内容，其输入大量数据后的效果如图11-60所示。

	B	C	D	E
3	第一季度	第二季度	第三季度	第四季度
4				
5	¥ 5,665.00	¥ 589.00	¥ 566.00	¥ 894.00
6	¥ 565,569.00	¥ 645.00	¥ 589.00	¥ 525.00
7	¥ 1,265.00	¥ 6,584.00	¥ 5,496.00	¥ 5,656.00
8				
9	¥ 6,978.00	¥ 1,654.00	¥ 255.00	¥ 416.00
10	¥ 569.00	¥ 54,565.00	¥ 2,165.00	¥ 525.00
11	¥ 4,165.00	¥ 4,165.00	¥ 565.00	¥ 4,696.00
12	¥ 866.00	¥ 694.00	¥ 664.00	¥ 565.00
13				
14				
15				
16	¥ 569.00	¥ 54,565.00	¥ 2,165.00	¥ 525.00
17	¥ 565.00	¥ 1,341.00	¥ 556.00	¥ 5,585.00
18	¥ 415.00	¥ 1,635.00	¥ 45.00	¥ 465.00

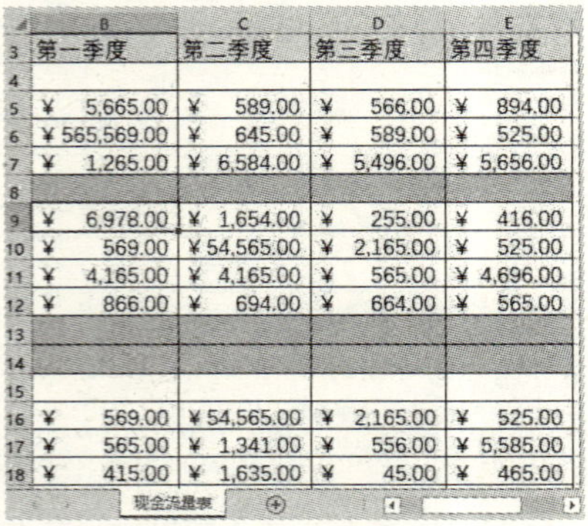

图 11-60　输入表格数据

Step 02 选中B5:B8单元格区域，在【公式】选项卡下的【函数库】组中，单击【自动求和】右侧的下三角按钮，从弹出的下拉列表中选择【求和】选项，即可在B8单元格中显示对B5:B7中的数据求和，如图11-61所示。

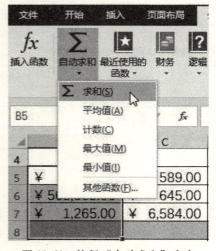

图 11-61　执行“自动求和”命令

Step 03 单击【自动求和】按钮，其实质上也是SUM()函数的应用，选定显示自动求和结果的单元格，此时在编辑栏中的公式代码将显示出“=SUM(B5:B7)”求和公式，如图11-62所示。

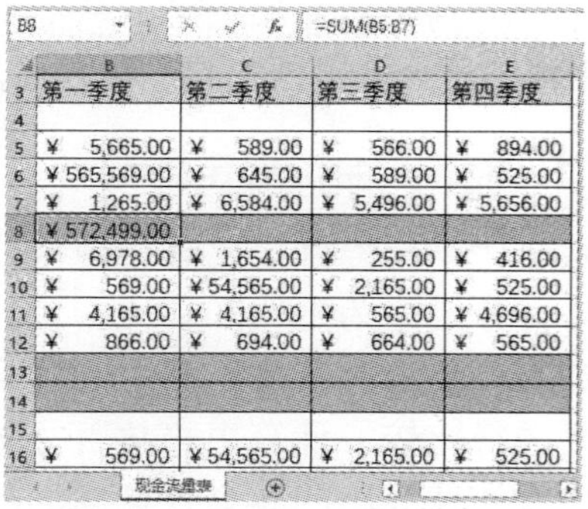

B8 =SUM(B5:B7)

	B	C	D	E
3	第一季度	第二季度	第三季度	第四季度
4				
5	¥ 5,665.00	¥ 589.00	¥ 566.00	¥ 894.00
6	¥ 565,569.00	¥ 645.00	¥ 589.00	¥ 525.00
7	¥ 1,265.00	¥ 6,584.00	¥ 5,496.00	¥ 5,656.00
8	¥ 572,499.00			
9	¥ 6,978.00	¥ 1,654.00	¥ 255.00	¥ 416.00
10	¥ 569.00	¥ 54,565.00	¥ 2,165.00	¥ 525.00
11	¥ 4,165.00	¥ 4,165.00	¥ 565.00	¥ 4,696.00
12	¥ 866.00	¥ 694.00	¥ 664.00	¥ 565.00
13				
14				
15				
16	¥ 569.00	¥ 54,565.00	¥ 2,165.00	¥ 525.00

现金流量表

图 11-62　使用自动求和

Step 04 选中B8单元格，将光标移到单元格的右下角，当光标变为“+”形状时，按住左键不放往右拖曳，到达相应的E8单元格位置后松开鼠标，即可实现E8单元格的公式输入，如图11-63所示。

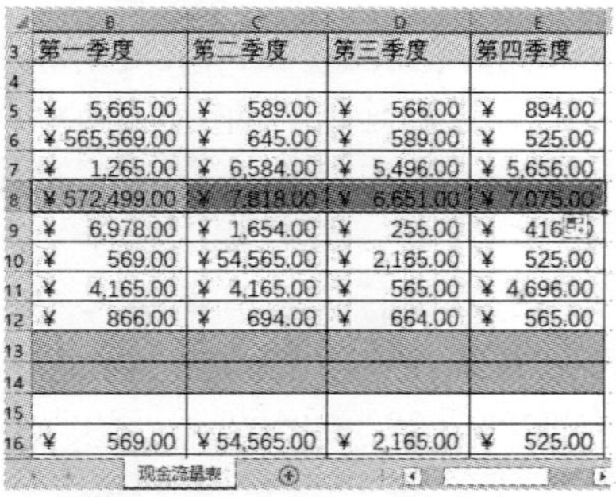

	B	C	D	E
3	第一季度	第二季度	第三季度	第四季度
4				
5	¥ 5,665.00	¥ 589.00	¥ 566.00	¥ 894.00
6	¥ 565,569.00	¥ 645.00	¥ 589.00	¥ 525.00
7	¥ 1,265.00	¥ 6,584.00	¥ 5,496.00	¥ 5,656.00
8	¥ 572,499.00	¥ 7,818.00	¥ 6,651.00	¥ 7,075.00
9	¥ 6,978.00	¥ 1,654.00	¥ 255.00	¥ 416
10	¥ 569.00	¥ 54,565.00	¥ 2,165.00	¥ 525.00
11	¥ 4,165.00	¥ 4,165.00	¥ 565.00	¥ 4,696.00
12	¥ 866.00	¥ 694.00	¥ 664.00	¥ 565.00
13				
14				
15				
16	¥ 569.00	¥ 54,565.00	¥ 2,165.00	¥ 525.00

现金流量表

图 11-63　复制公式计算经营活动现金流入小计

Step 05 在B13单元格中计算出经营活动产生的现金流出小计，如图11-64所示。也可以直接选中该单元格，然后在公式编辑栏中输入“=SUM(B9:B12)”求和公式，按【Enter】键后，也可成功计算出经营活动产生的现金流出小计。

Step 06 选中B13单元格，将光标移到单元格的右下角，当光标变为“+”形状时，按住左键不放往右拖曳，到达相应的E13单元格位置后松开鼠标，即可实现E13单元格的公式输入，如图11-65所示。

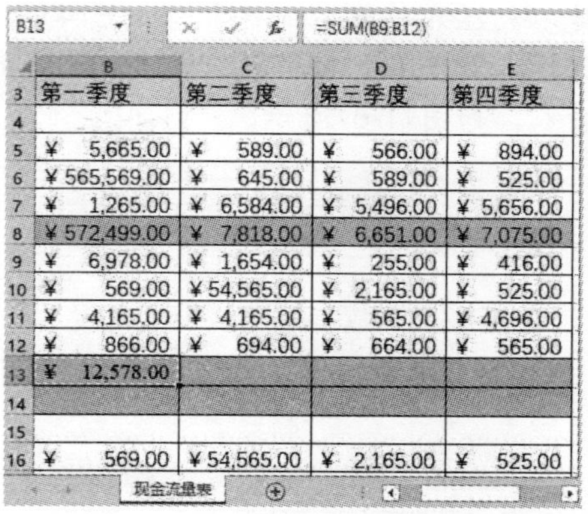

B13 =SUM(B9:B12)

	B	C	D	E
3	第一季度	第二季度	第三季度	第四季度
4				
5	¥ 5,665.00	¥ 589.00	¥ 566.00	¥ 894.00
6	¥ 565,569.00	¥ 645.00	¥ 589.00	¥ 525.00
7	¥ 1,265.00	¥ 6,584.00	¥ 5,496.00	¥ 5,656.00
8	¥ 572,499.00	¥ 7,818.00	¥ 6,651.00	¥ 7,075.00
9	¥ 6,978.00	¥ 1,654.00	¥ 255.00	¥ 416.00
10	¥ 569.00	¥ 54,565.00	¥ 2,165.00	¥ 525.00
11	¥ 4,165.00	¥ 4,165.00	¥ 565.00	¥ 4,696.00
12	¥ 866.00	¥ 694.00	¥ 664.00	¥ 565.00
13	¥ 12,578.00			
14				
15				
16	¥ 569.00	¥ 54,565.00	¥ 2,165.00	¥ 525.00

现金流量表

图 11-64　计算经营活动产生的现金流出小计

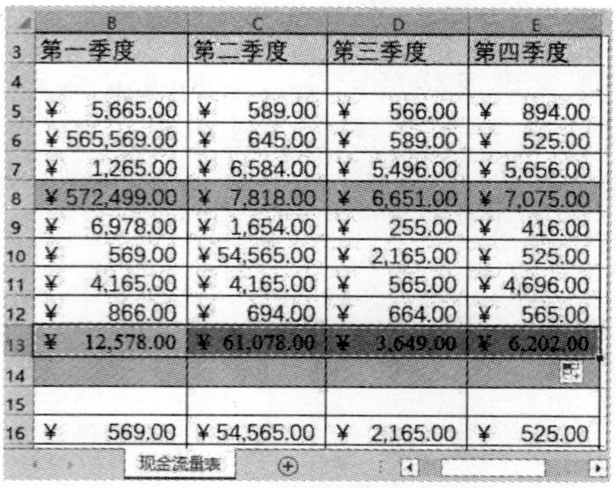

	B	C	D	E
3	第一季度	第二季度	第三季度	第四季度
4				
5	¥ 5,665.00	¥ 589.00	¥ 566.00	¥ 894.00
6	¥ 565,569.00	¥ 645.00	¥ 589.00	¥ 525.00
7	¥ 1,265.00	¥ 6,584.00	¥ 5,496.00	¥ 5,656.00
8	¥ 572,499.00	¥ 7,818.00	¥ 6,651.00	¥ 7,075.00
9	¥ 6,978.00	¥ 1,654.00	¥ 255.00	¥ 416.00
10	¥ 569.00	¥ 54,565.00	¥ 2,165.00	¥ 525.00
11	¥ 4,165.00	¥ 4,165.00	¥ 565.00	¥ 4,696.00
12	¥ 866.00	¥ 694.00	¥ 664.00	¥ 565.00
13	¥ 12,578.00	¥ 61,078.00	¥ 3,649.00	¥ 6,202.00
14				
15				
16	¥ 569.00	¥ 54,565.00	¥ 2,165.00	¥ 525.00

现金流量表

图 11-65　复制 B13 单元格公式

Step 07 根据“现金净流量=现金流入-现金流出”的计算公式，可以在B14单元格中输入“=B8-B13”公式，按【Enter】键后，即可计算出经营活动产生的现金流量净额，如图11-66所示。

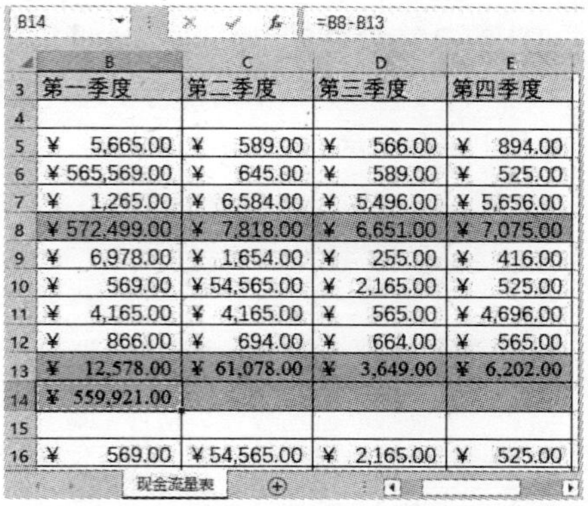

B14 =B8-B13

	B	C	D	E
3	第一季度	第二季度	第三季度	第四季度
4				
5	¥ 5,665.00	¥ 589.00	¥ 566.00	¥ 894.00
6	¥ 565,569.00	¥ 645.00	¥ 589.00	¥ 525.00
7	¥ 1,265.00	¥ 6,584.00	¥ 5,496.00	¥ 5,656.00
8	¥ 572,499.00	¥ 7,818.00	¥ 6,651.00	¥ 7,075.00
9	¥ 6,978.00	¥ 1,654.00	¥ 255.00	¥ 416.00
10	¥ 569.00	¥ 54,565.00	¥ 2,165.00	¥ 525.00
11	¥ 4,165.00	¥ 4,165.00	¥ 565.00	¥ 4,696.00
12	¥ 866.00	¥ 694.00	¥ 664.00	¥ 565.00
13	¥ 12,578.00	¥ 61,078.00	¥ 3,649.00	¥ 6,202.00
14	¥ 559,921.00			
15				
16	¥ 569.00	¥ 54,565.00	¥ 2,165.00	¥ 525.00

现金流量表

图 11-66　计算经营活动产生的现金净流量

Step 08 选中B14单元格，将光标移到单元格的右下角，当光标变为“+”形状时，按住左键不放往右拖曳，到达相应的E14单元格位置后松开鼠标，即可实现E14单元格的公式输入，如图11-67所示。

	B	C	D	E
3	第一季度	第二季度	第三季度	第四季度
4				
5	¥ 5,665.00	¥ 589.00	¥ 566.00	¥ 894.00
6	¥ 565,569.00	¥ 645.00	¥ 589.00	¥ 525.00
7	¥ 1,265.00	¥ 6,584.00	¥ 5,496.00	¥ 5,656.00
8	¥ 572,499.00	¥ 7,818.00	¥ 6,651.00	¥ 7,075.00
9	¥ 6,978.00	¥ 1,654.00	¥ 255.00	¥ 416.00
10	¥ 569.00	¥ 54,565.00	¥ 2,165.00	¥ 525.00
11	¥ 4,165.00	¥ 4,165.00	¥ 565.00	¥ 4,696.00
12	¥ 866.00	¥ 694.00	¥ 664.00	¥ 565.00
13	¥ 12,578.00	¥ 61,078.00	¥ 3,649.00	¥ 6,202.00
14	¥ 559,921.00	¥ -53,260.00	¥ 3,002.00	¥ 873.00
15				
16	¥ 569.00	¥ 54,565.00	¥ 2,165.00	¥ 525.00

现金流量表

图 11-67　复制 B14 单元格公式

Step 09 采用同样的方法，分别设置公式计算投资与筹资活动产生的现金流入小计、现金流出小计和现金净流量，其计算结果如图11-68所示。

	B	C	D	E
16	¥ 569.00	¥ 54,565.00	¥ 2,165.00	¥ 525.00
17	¥ 565.00	¥ 1,341.00	¥ 556.00	¥ 5,585.00
18	¥ 415.00	¥ 1,635.00	¥ 45.00	¥ 465.00
19	¥ 5,441.00	¥ 416.00	¥ 4,865.00	¥ 456.00
20	¥ 6,990.00	¥ 57,957.00	¥ 7,631.00	¥ 7,031.00
21	¥ 4,694.00	¥ 1,341.00	¥ 556.00	¥ 5,585.00
22	¥ 456.00	¥ 1,635.00	¥ 45.00	¥ 465.00
23	¥ 54.00	¥ 416.00	¥ 4,865.00	¥ 456.00
24	¥ 5,204.00	¥ 3,392.00	¥ 5,466.00	¥ 6,506.00
25	¥ 1,786.00	¥ 54,565.00	¥ 2,165.00	¥ 525.00
26	¥ 456.00	¥ 1,635.00	¥ 45.00	¥ 465.00
27	¥ 5,456.00	¥ 56,416.00	¥ 4,656.00	¥ 466.00
28	¥ 5,912.00	¥ 58,051.00	¥ 4,701.00	¥ 931.00
29	¥ 54.00	¥ 416.00	¥ 4,865.00	¥ 456.00

现金流量表

图 11-68　计算其他活动产生的现金流量

Step 10 选中B36单元格，在公式编辑栏中输入“=B14+B25+B35”公式，按【Enter】键后，即可计算现金及现金等价物增加净额，如图11-69所示。

B36　=B14+B25+B35

	B	C	D	E
24	¥ 5,204.00	¥ 3,392.00	¥ 5,466.00	¥ 6,506.00
25	¥ 1,786.00	¥ 54,565.00	¥ 2,165.00	¥ 525.00
26	¥ 456.00	¥ 1,635.00	¥ 45.00	¥ 465.00
27	¥ 5,456.00	¥ 56,416.00	¥ 4,656.00	¥ 466.00
28	¥ 5,912.00	¥ 58,051.00	¥ 4,701.00	¥ 931.00
29	¥ 54.00	¥ 416.00	¥ 4,865.00	¥ 456.00
30	¥ 54.00	¥ 416.00	¥ 4,865.00	¥ 456.00
31	¥ 5,456.00	¥ 56,416.00	¥ 4,656.00	¥ 466.00
32	¥ 456.00	¥ 1,635.00	¥ 45.00	¥ 465.00
33	¥ 54.00	¥ 416.00	¥ 4,865.00	¥ 456.00
34	¥ 5,966.00	¥ 58,467.00	¥ 9,566.00	¥ 1,387.00
35	¥ 54.00	¥ 416.00	¥ 4,865.00	¥ 456.00
36	¥ 561,761.00	¥ 1,721.00	¥ 10,032.00	¥ 1,854.00
37				

现金流量表

图 11-69　计算现金及现金等价物增加净额

11.4　对现金流量表进行预处理

现金流量表的趋势分析是通过观察连续阶段的会计报表，比较各阶段的有关项目金额，分析某些指标的增减变动情况，在此基础上判断其发展趋势，从而对未来可能出现的结果做出预测的一种方法。

11.4.1　制定现金流量定比表

通过计算趋势百分比进行趋势分析，而趋势百分比分为定比和环比。定比就是指选定某一年作为基期，然后与其余各年的数据进行比较，计算出趋势百分数。由于此种方法计算出的各会计期间的趋势百分数，均是以基期为计算基准的，所以能够明确地反映出有关项目和基期相比所产生的变化，即趋势运动，或称为趋势走向。

制定现金流量定比表也是趋势分析的方法之一，其具体的操作步骤如下：

Step 01 在制作现金流量定比表之前，需要先建立现金流量汇总表，即将现金收入和现金支出分列出来，只需要打开“现金流量表.xlsx”工作表，然后插入一个新的工作表，将其命名为“现金流量汇总表”工作表，并在该工作表中输入相应的标题，如图11-70所示。

	A	B	C	D	E
1	现金流量汇总表				
2	项目	第一季度	第二季度	第三季度	第四季度
3	现金流入				
4	经营活动产生的现金流入				
5	投资活动产生的现金流入				
6	筹资活动产生的现金流入				
7	现金流出				
8	经营活动产生的现金流出				
9	投资活动产生的现金流出				
10	筹资活动产生的现金流出				
11					
12					
13					
14					
15					
16					

现金流量汇总表

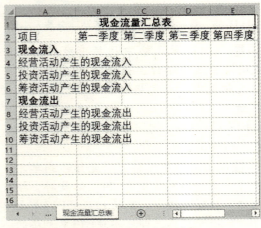

图 11-70　输入表格项目

Step 02 选中A2:E10单元格区域，在【开始】选项卡下的【样式】组中单击【套用表格格式】按钮，从弹出的下拉列表中选择需要应用样式中的格式，如图11-71所示。

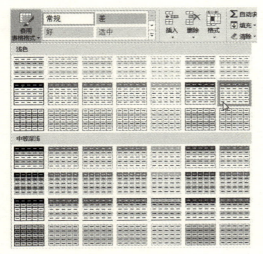

图 11-71 选择"套用表格"的格式

Step 03 用户根据需要单击任意一种表格的应用样式后，将会弹出【套用表格式】对话框，选择用于表数据的来源，并选择【表包含标题】复选框，如图11-72所示。

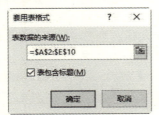

图 11-72 【套用表格式】对话框

Step 04 单击【确定】按钮，自动套用格式【表样式浅色14】后的表格效果如图11-73所示。

Step 05 选中B4单元格，在公式编辑栏中输入"=现金流量表!B8"公式内容，按【Enter】键后，即可计算出经营活动产生的现金流入量，如图11-74所示。

Step 06 选中B4单元格，将光标移到单元格的右下角，当光标变为"+"形状时，按住左键不放往右拖曳，到达相应的E4单元格位置后松开鼠标，即可实现E4单元格的公式输入，如图11-75所示。

图 11-73 应用自动套用格式后的效果

图 11-74 计算经营活动产生的现金流入量

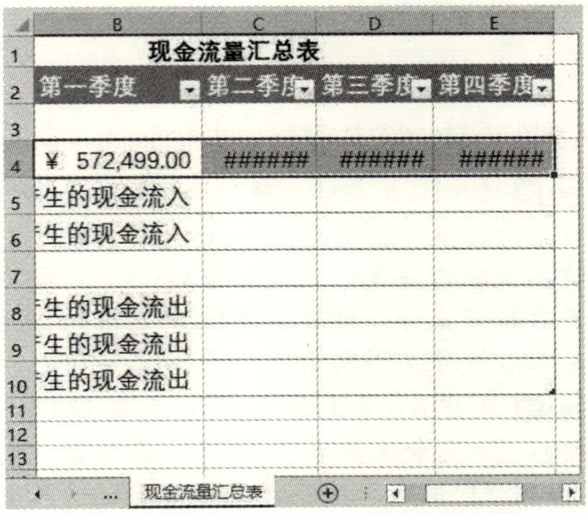

图 11-75 复制B4单元格公式

> **注意**：如果部分单元格显示为"###########"，这并不是表示复制公式有问题，而是因为数字太长，单元格无法全部显示出来，此时，可以通过拖动列标，或者直接双击来调整列宽，如图11-76所示。

图 11-76　调整列宽

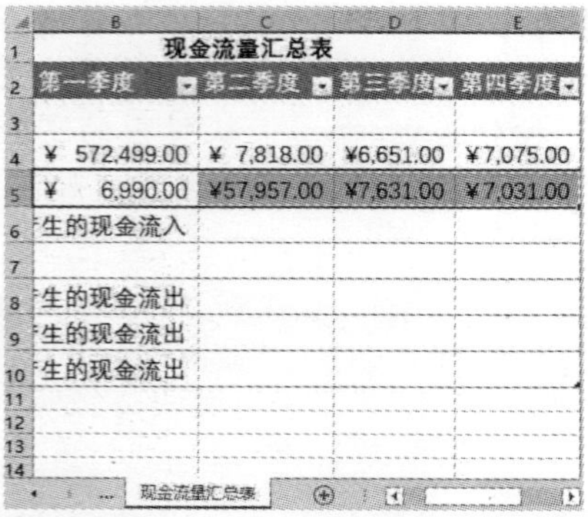

图 11-78　复制 B5 单元格格式

Step 07 选中 B5 单元格，在公式编辑栏中输入"=现金流量表!B20"公式内容，按【Enter】键后，即可计算出投资活动产生的现金流入量，如图11-77所示。

图 11-77　计算投资活动产生的现金流入量

图 11-79　计算筹资活动产生的现金流入量

Step 08 选中 B5 单元格，将光标移到单元格的右下角，当光标变为"+"形状时，按住左键不放往右拖曳，到达相应的E5单元格位置后松开鼠标，即可实现E5单元格的公式输入，如图11-78所示。

Step 10 选中 B6 单元格，将光标移到单元格的右下角，当光标变为"+"形状时，按住左键不放往右拖曳，到达相应的E6单元格位置后松开鼠标，即可实现E6单元格的公式输入，如图11-80所示。

Step 09 选中 B6 单元格，在公式编辑栏中输入"=现金流量表!B30"公式内容，按【Enter】键后，即可计算出筹资活动产生的现金流入量，如图11-79所示。

图 11-80　复制 B6 单元格格式

Step 11 分别选中B8、B9、B10单元格，再分别在单元格B8、B9、B10中分别输入"=现金流量表!B13""=现金流量表!B24""=现金流量表!B34"等公式，按【Enter】键后，即可计算出从现金流量表中取出各个活动产生的现金流出量，如图11-81所示。

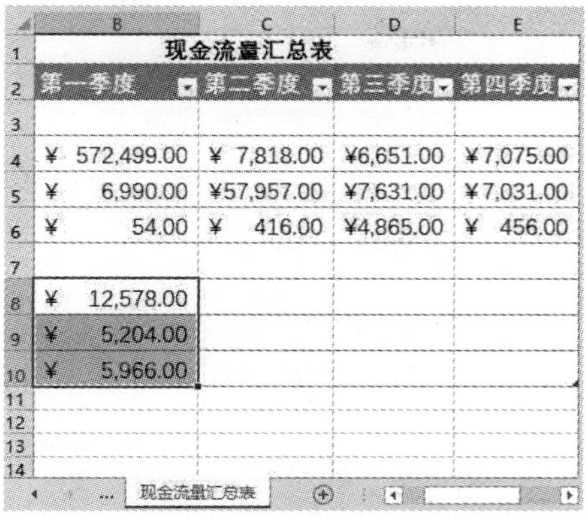

	B	C	D	E
1	现金流量汇总表			
2	第一季度	第二季度	第三季度	第四季度
3				
4	¥ 572,499.00	¥ 7,818.00	¥6,651.00	¥7,075.00
5	¥ 6,990.00	¥57,957.00	¥7,631.00	¥7,031.00
6	¥ 54.00	¥ 416.00	¥4,865.00	¥ 456.00
7				
8	¥ 12,578.00			
9	¥ 5,204.00			
10	¥ 5,966.00			

图 11-81　计算从现金流量表中取出各个活动产生的现金流出量

Step 12 分别选中B8、B9、B10单元格，将光标分别移到各单元格的右下角，当光标变为“+”形状时，按住左键不放往右拖曳，到达相应的E8、E9、E10单元格位置后松开鼠标，即可实现E8、E9、E10单元格的公式输入，如图11-82所示。

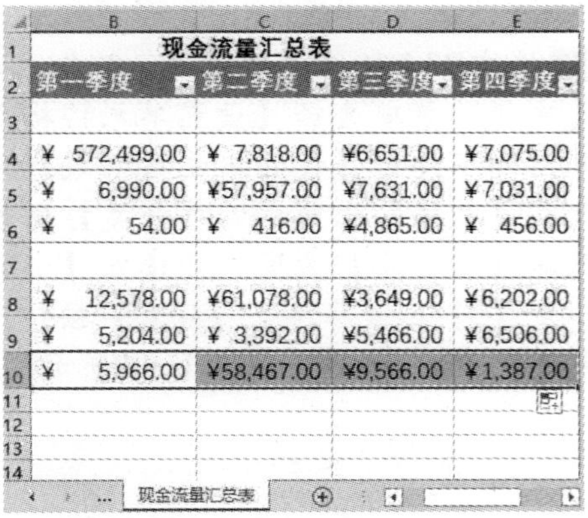

	B	C	D	E
1	现金流量汇总表			
2	第一季度	第二季度	第三季度	第四季度
3				
4	¥ 572,499.00	¥ 7,818.00	¥6,651.00	¥7,075.00
5	¥ 6,990.00	¥57,957.00	¥7,631.00	¥7,031.00
6	¥ 54.00	¥ 416.00	¥4,865.00	¥ 456.00
7				
8	¥ 12,578.00	¥61,078.00	¥3,649.00	¥6,202.00
9	¥ 5,204.00	¥ 3,392.00	¥5,466.00	¥6,506.00
10	¥ 5,966.00	¥58,467.00	¥9,566.00	¥1,387.00

图 11-82　实现 E8、E9、E10 单元格的公式输入

Step 13 选中B3单元格，在编辑栏中输入“=B4+B5+B6”公式内容，按【Enter】键后，即可计算现金流入总量，如图11-83所示。

Step 14 选中B3单元格，将光标移到单元格的右下角，当光标变为“+”形状时，按住左键不放往右拖曳，到达相应的E3单元格位置后松开鼠标，即可实现E3单元格的公式输入，如图11-84所示。

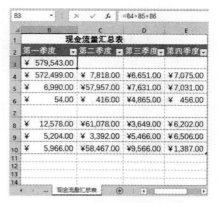

B3　=B4+B5+B6

	B	C	D	E
1	现金流量汇总表			
2	第一季度	第二季度	第三季度	第四季度
3	¥ 579,543.00			
4	¥ 572,499.00	¥ 7,818.00	¥6,651.00	¥7,075.00
5	¥ 6,990.00	¥57,957.00	¥7,631.00	¥7,031.00
6	¥ 54.00	¥ 416.00	¥4,865.00	¥ 456.00
7				
8	¥ 12,578.00	¥61,078.00	¥3,649.00	¥6,202.00
9	¥ 5,204.00	¥ 3,392.00	¥5,466.00	¥6,506.00
10	¥ 5,966.00	¥58,467.00	¥9,566.00	¥1,387.00

图 11-83　计算现金流入总量

B3　=B4+B5+B6

	B	C	D	E
1	现金流量汇总表			
2	第一季度	第二季度	第三季度	第四季度
3	¥579,543.00	¥66,191.00	¥19,147.00	¥14,562.00
4	¥572,499.00	¥ 7,818.00	¥ 6,651.00	¥ 7,075
5	¥ 6,990.00	¥57,957.00	¥ 7,631.00	¥ 7,031.00
6	¥ 54.00	¥ 416.00	¥ 4,865.00	¥ 456.00
7				
8	¥ 12,578.00	¥61,078.00	¥ 3,649.00	¥ 6,202.00
9	¥ 5,204.00	¥ 3,392.00	¥ 5,466.00	¥ 6,506.00
10	¥ 5,966.00	¥58,467.00	¥ 9,566.00	¥ 1,387.00

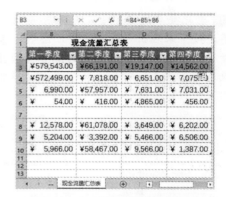

图 11-84　复制 B3 单元格公式

Step 15 选中B7单元格，在编辑栏中输入“=B8+B9+B10”公式内容，按【Enter】键后，即可计算现金流出总量，如图11-85所示。

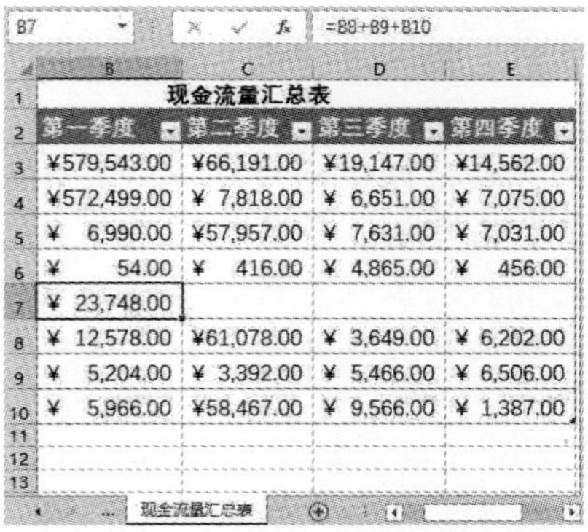

B7　=B8+B9+B10

	B	C	D	E
1	现金流量汇总表			
2	第一季度	第二季度	第三季度	第四季度
3	¥579,543.00	¥66,191.00	¥19,147.00	¥14,562.00
4	¥572,499.00	¥ 7,818.00	¥ 6,651.00	¥ 7,075.00
5	¥ 6,990.00	¥57,957.00	¥ 7,631.00	¥ 7,031.00
6	¥ 54.00	¥ 416.00	¥ 4,865.00	¥ 456.00
7	¥ 23,748.00			
8	¥ 12,578.00	¥61,078.00	¥ 3,649.00	¥ 6,202.00
9	¥ 5,204.00	¥ 3,392.00	¥ 5,466.00	¥ 6,506.00
10	¥ 5,966.00	¥58,467.00	¥ 9,566.00	¥ 1,387.00

图 11-85　计算现金流出总量

Step 16 选中B7单元格，将光标移到单元格的右下角，当光标变为“+”形状时，按住左键不放往右拖曳，到达相应的E7单元格位置后松开鼠标，即可实现E7单元格的公式输入，如图11-86所示。

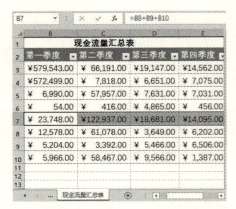

图 11-86　复制 B7 单元格公式

图 11-88　【移动或复制工作表】对话框

Step 17 至此整个现金流量汇总表算是制作完成了，接下来右击"现金流量汇总表"工作表标签，然后从弹出的快捷菜单中单击【移动或复制工作表】命令，即可弹出【移动或复制工作表】对话框，如图 11-87 所示。

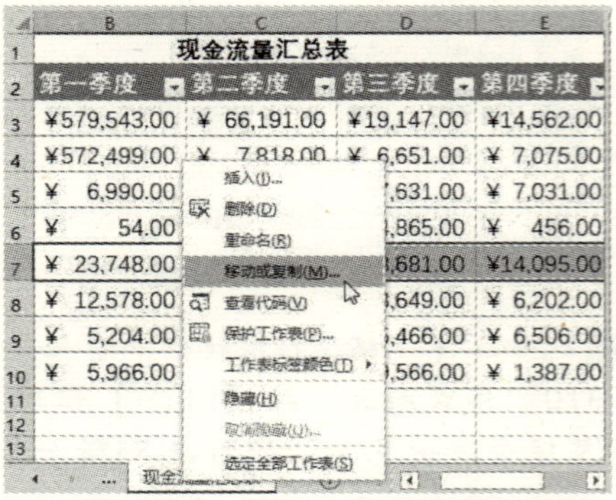

图 11-87　执行"移动或复制工作表"命令

Step 18 在弹出的【移动或复制工作表】对话框中，保留默认的【将选定工作表移至工作簿】为当前工作簿，在【下列选定工作表之前】列表框中选择【移至最后】选项，最后选择【建立副本】复选框，如图 11-88 所示。

Step 19 单击【确定】按钮，Excel 将在【插入新工作表】按钮之前插入一个新的工作表并取名为"现金流量汇总表（2）"，然后双击该工作表标签，重新输入名称为"现金流量定比表"，最后将工作表中的单元格区域 B3:E10 中的数据清除，如图 11-89 所示。

图 11-89　插入一个新的工作表并命名为"现金流量定比表"

Step 20 选中 B3:E10 单元格区域，右击，从弹出的快捷菜单中选择【设置单元格格式】命令，即可弹出【设置单元格格式】对话框，在【数字】选项卡的【分类】列表框中选择【百分比】选项，并设置【小数位数】为【2】，最后单击【确定】按钮，即可完成单元格的设置，如图 11-90 所示。

图 11-90　【设置单元格格式】对话框

Step 21 选中B3单元格，在编辑栏中输入“=现金流量汇总表!B3/现金流量汇总表!$B3”公式，按【Enter】键后，即可计算现金流入百分比，如图11-91所示。

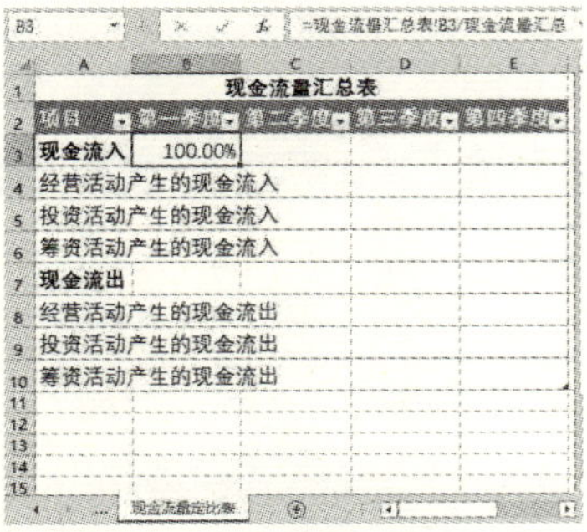

现金流量汇总表				
项目	第一季度	第二季度	第三季度	第四季度
现金流入	100.00%			
经营活动产生的现金流入				
投资活动产生的现金流入				
筹资活动产生的现金流入				
现金流出				
经营活动产生的现金流出				
投资活动产生的现金流出				
筹资活动产生的现金流出				

图 11-91　计算现金流入百分比

Step 22 使用序列填充功能，将B3单元格中的公式填充至其余单元格中，将自动计算出结果，如图11-92所示。

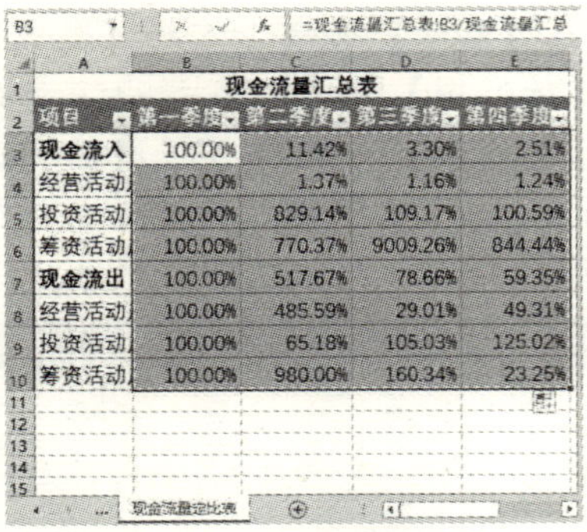

现金流量汇总表				
项目	第一季度	第二季度	第三季度	第四季度
现金流入	100.00%	11.42%	3.30%	2.51%
经营活动	100.00%	1.37%	1.16%	1.24%
投资活动	100.00%	829.14%	109.17%	100.59%
筹资活动	100.00%	770.37%	9009.26%	844.44%
现金流出	100.00%	517.67%	78.66%	59.35%
经营活动	100.00%	485.59%	29.01%	49.31%
投资活动	100.00%	65.18%	105.03%	125.02%
筹资活动	100.00%	980.00%	160.34%	23.25%

图 11-92　使用序列填充公式

提示： 所谓定比也就是假定某个数据为基础，其中的数据都与该基础数据相比，从而进行数据分析。这里假定第一季度的各个项目的流入与流出为基数，其余各季度的数据均与第一季度的进行比较。

11.4.2　用图表进行趋势分析

虽然从表格中的数据也能够看出筹资活动产生的现金流入呈下降趋势，经营活动产生的现金流入呈上升趋势，但数据永远也比不上图表来得直观，为了更明显地说明问题，接下来将来创建趋势图表，其具体的操作步骤如下：

Step 01 在“现金流量定比表”工作表中选中A2:E2单元格区域，然后按住【Ctrl】键不放，再选中A4:E6单元格区域，即可选中用于绘图的数据，如图11-93所示。

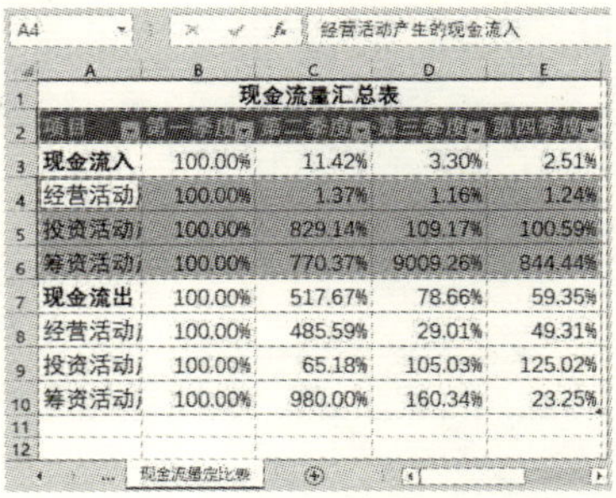

现金流量汇总表				
项目	第一季度	第二季度	第三季度	第四季度
现金流入	100.00%	11.42%	3.30%	2.51%
经营活动	100.00%	1.37%	1.16%	1.24%
投资活动	100.00%	829.14%	109.17%	100.59%
筹资活动	100.00%	770.37%	9009.26%	844.44%
现金流出	100.00%	517.67%	78.66%	59.35%
经营活动	100.00%	485.59%	29.01%	49.31%
投资活动	100.00%	65.18%	105.03%	125.02%
筹资活动	100.00%	980.00%	160.34%	23.25%

图 11-93　选择用于绘图的区域

Step 02 在【插入】选项卡下的【图表】组中单击【折线图】按钮，从弹出下拉列表的【二维折线图】中选择【堆积折线图】选项，即可在Excel表格中插入需要的折线图，如图11-94所示。

项目	第一季度	第二季度	第三季度	第四季度
现金流入	100.00%	11.42%	3.30%	2.51%
经营活动	100.00%	1.37%	1.16%	1.24%
投资活动	100.00%	829.14%	109.17%	100.59%
筹资活动	100.00%	770.37%	9009.26%	844.44%

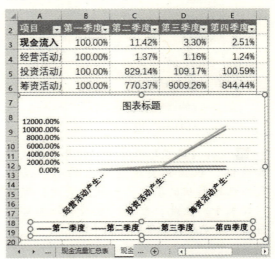

图 11-94　插入需要的折线图

Step 03 用户可以根据需要在【图表工具栏】中，单击【设计】选项卡，从弹出的【设计】栏内选择一种图表的样式和图表的布局，如图11-95所示。

Step 04 单击【图标工具】菜单下的【设计】选项卡，在【图表布局】组中根据需要设置图表标题及图例等各项的显示位置，效果如图11-96所示。

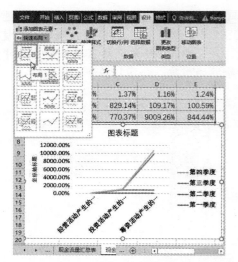

图 11-95　选择一种图表的样式和图表的布局

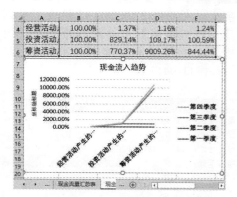

图 11-96　设置图表布局

Step 05 选择【格式】选项卡，打开【格式】选项栏，根据需要改变图表的形状及样式，包括形状的填充、形状的轮廓、形状的效果等。至此，整个“现金流入趋势”图表绘制完成，效果如图11-97所示。

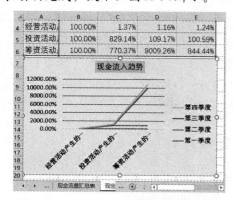

图 11-97　“现金流入趋势”图表最终效果

Step 06 在“现金流量定比表”工作表中选中A2:E2单元格区域，然后按住【Ctrl】键不放，再选中A8:E10单元格区域，即可选中用于绘图的数据，如图11-98所示。

项目	第一季度	第二季度	第三季度	第四季度
现金流入	100.00%	11.42%	3.30%	2.51%
经营活动	100.00%	1.37%	1.16%	1.24%
投资活动	100.00%	829.14%	109.17%	100.59%
筹资活动	100.00%	770.37%	9009.26%	844.44%
现金流出	100.00%	517.67%	78.66%	59.35%
经营活动	100.00%	485.59%	29.01%	49.31%
投资活动	100.00%	65.18%	105.03%	125.02%
筹资活动	100.00%	980.00%	160.34%	23.25%

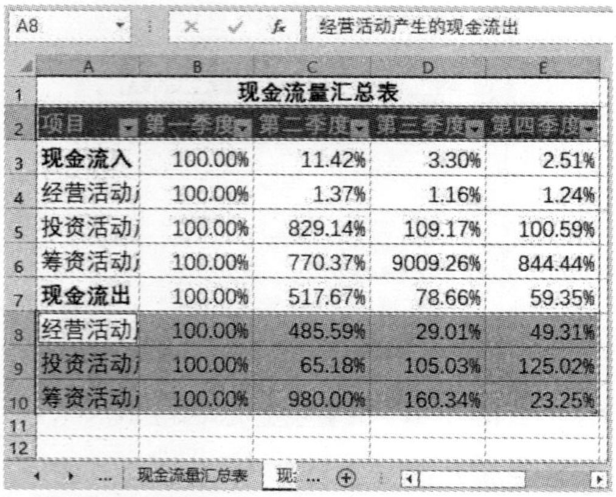

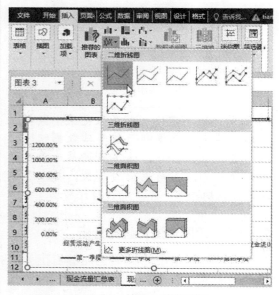

图 11-98　选中用于绘图的数据区域
A2:E2、A8:E10

Step 07 在【插入】选项卡下的【图表】组中单击【折线图】按钮，在弹出下拉列表的【二维折线图】中选择【折线图】选项，即可在Excel表格中插入需要的折线图，如图11-99所示。

图 11-99　插入一种折线图

Step 08 用户可以根据需要在【图表工具栏】中选择【设计】选项卡，从弹出的【设计】栏内选择一种图表的样式和图表的布局，如图11-100所示。

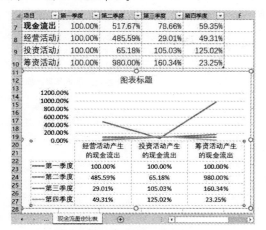

图 11-100 选择一种图表的样式和图表的布局

Step 09 选择【图标工具】菜单下的【设计】选项卡，在【图表布局】组中根据需要设置图表标题及图例等各项的显示位置，效果如图11-101所示。

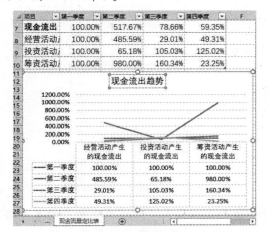

图 11-101 设置布局

Step 10 选择【格式】选项卡，打开【格式】选项栏，根据需要改变图表的形状及样式，包括形状的填充、形状的轮廓、形状的效果等。至此整个"现金流出趋势"图表绘制完成，效果如图11-102所示。

Step 11 参照前两个图表的创建方法，以单元格区域A2:E3，A7:E7为图表源数据区域，创建总现金流入与总现金流出趋势比较图表，如图11-103所示。

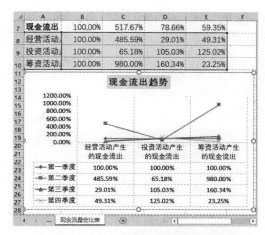

图 11-102 "现金流出趋势"图表的最终效果

图 11-103 "总流入与总流出趋势"图表的最终效果

11.5 编制损益表

损益表又称利润表，是总括反映企业一定期间经营成果的报表。所以，可以对某一个会计期间，如某个月，也可以对某个年度的业务数据创建损益表。

11.5.1 设计损益表格式

损益表主要分为主营业收入、主营业利润、营业利润、利润总额和净利润5个大项目，它是以"利润=收入-费用"这个会计恒等式为依据编制而成的。下面将介绍创建损益表的方法，其具体的操作步骤如下：

Step 01 启动Excel 2016应用程序，双击Sheet1工作表标签，进入标签重命名状态，输入"损益表"名称，按【Enter】键后，确认命名操作成功；用户也可以根据需要删除多余的Sheet2和Sheet3工作表，如图11-104所示。

图11-1104 新建"损益表"工作表

Step 02 切换到【文件】选项卡，然后单击左侧列表中的【另存为】按钮，将会弹出【另存为】对话框，在【保存位置】下拉列表框中选择文档保存的位置，在【文件名】文本框中输入"损益表.xlsx"，最后单击【保存】按钮，即可保存整个工作簿，如图11-105所示。

图11-105 【另存为】对话框

Step 03 在A1、A2、A3、D3单元格和A4:E4单元格区域中输入表格的标题，如图11-106所示。

图11-106 输入表格的标题

Step 04 在A5:B21单元格区域的各个单元格中输入表格的内容，如图11-107所示。

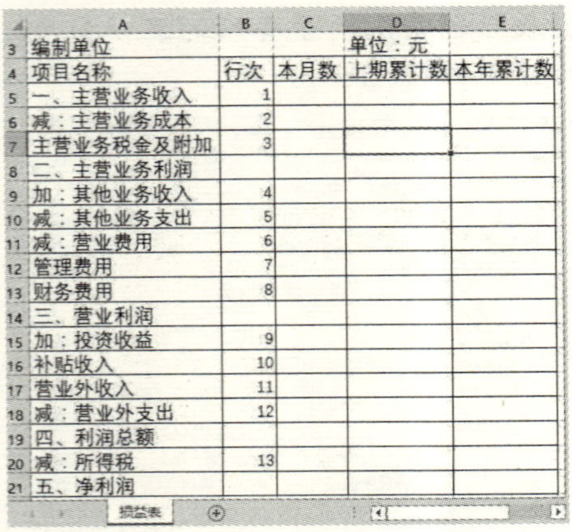

图11-107 输入表格的内容

Step 05 为"损益表"工作表中相应的单元格设置字体的格式并为其填充背景颜色，然后为整个工作表添加边框等效果，最后根据需要适当地调整列宽，设置数据的显示方式等操作，如图11-108所示。

Step 06 选中C5:E21单元格区域，右击，从弹出的快捷菜单中选择【设置单元格格式】命令，即可弹出【设置单元格格式】对话框，选择【数字】选项卡，在【分类】列表框中选择【数值】；在【小数位数】微调框中输入【2】，最后单击【确定】按钮，即可完成单元格的设置，如图11-109所示。

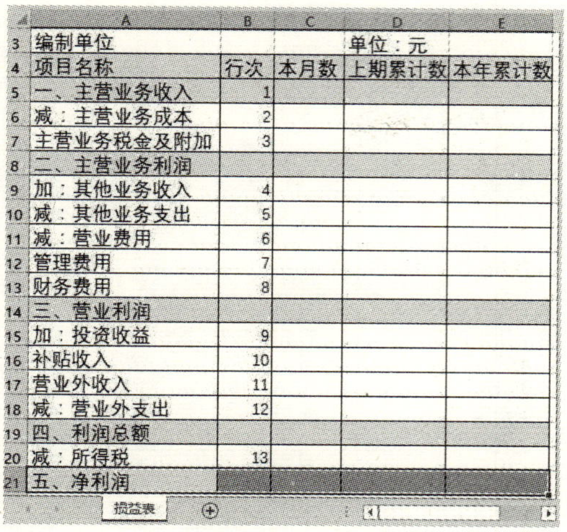

第 11 章
使用 Excel 编制会计报表

图 11-108 美化表格

图 11-109 【设置单元格格式】对话框

11.5.2 编辑损益表

创建好损益表的样式后,接下来就要开始填制损益表各项目了,具体的操作步骤如下:

Step 01 在"损益表"工作表的C5:C7、C9:C13、C15:C18、C20单元格区域中分别输入表格内容,输入大量数据后的显示效果如图11-110所示。

Step 02 选中C8单元格,然后在公式编辑栏中输入"=C5-C6-C7"公式内容,按【Enter】键后,即可计算出本月主营业务利润,如图11-111所示。

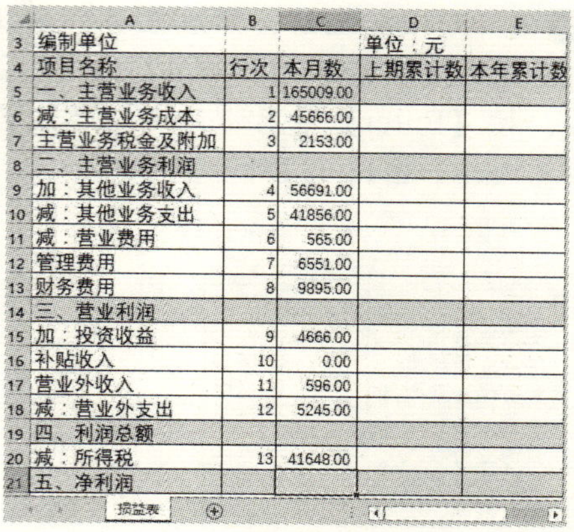

图 11-110 在 C 列部分单元格中输入数据

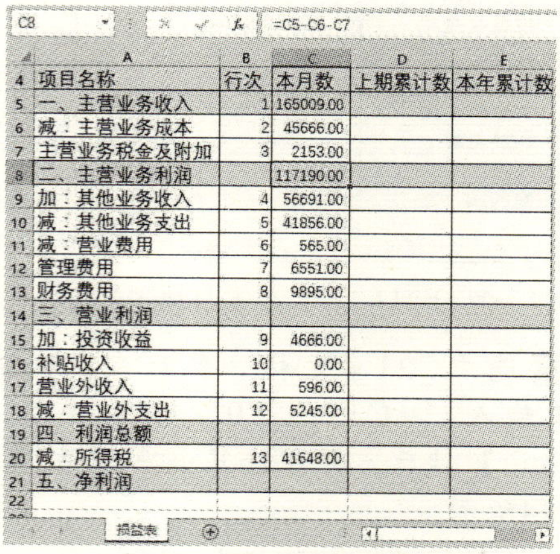

图 11-111 计算出本月主营业务利润

Step 03 选中C14单元格,在公式编辑栏中输入"=C8+C9-C10-C11-C12-C13"公式内容,按【Enter】键后,即可计算出本月营业利润,如图11-112所示。

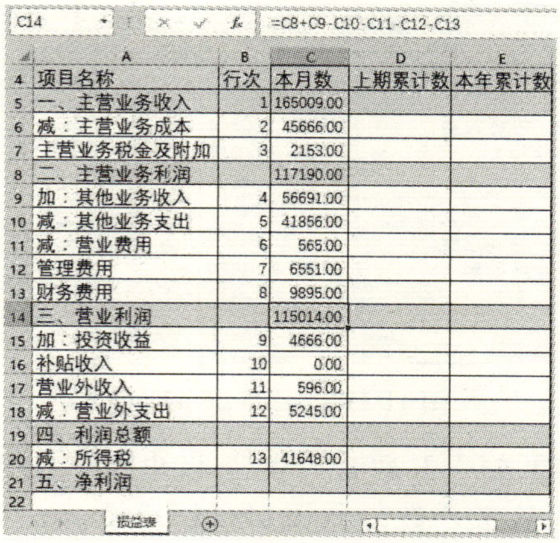

图 11-112 计算出本月营业利润

Step 04 选中C19单元格，然后在公式编辑栏中输入"=C14+C15+C16+C17-C18"公式内容，按【Enter】键后，即可计算出本月利润总额，如图11-113所示。

	A	B	C	D	E
4	项目名称	行次	本月数	上期累计数	本年累计数
5	一、主营业务收入	1	165009.00		
6	减：主营业务成本	2	45666.00		
7	主营业务税金及附加	3	2153.00		
8	二、主营业务利润		117190.00		
9	加：其他业务收入	4	56691.00		
10	减：其他业务支出	5	41856.00		
11	减：营业费用	6	565.00		
12	管理费用	7	6551.00		
13	财务费用	8	9895.00		
14	三、营业利润		115014.00		
15	加：投资收益	9	4666.00		
16	补贴收入	10	0.00		
17	营业外收入	11	596.00		
18	减：营业外支出	12	5245.00		
19	四、利润总额		115031.00		
20	减：所得税	13	41648.00		
21	五、净利润				

图 11-113　计算出本月利润总额

Step 05 选中C21单元格，然后在公式编辑栏中输入"=C19-C20"公式内容，按【Enter】键后，即可计算出净利润，如图11-114所示。

	A	B	C	D	E
4	项目名称	行次	本月数	上期累计数	本年累计数
5	一、主营业务收入	1	165009.00		
6	减：主营业务成本	2	45666.00		
7	主营业务税金及附加	3	2153.00		
8	二、主营业务利润		117190.00		
9	加：其他业务收入	4	56691.00		
10	减：其他业务支出	5	41856.00		
11	减：营业费用	6	565.00		
12	管理费用	7	6551.00		
13	财务费用	8	9895.00		
14	三、营业利润		115014.00		
15	加：投资收益	9	4666.00		
16	补贴收入	10	0.00		
17	营业外收入	11	596.00		
18	减：营业外支出	12	5245.00		
19	四、利润总额		115031.00		
20	减：所得税	13	41648.00		
21	五、净利润		73383.00		

图 11-114　计算出净利润

Step 06 在"上期累计数"栏中输入上期损益表的累计数，如图11-115所示。在实际工作中，可以通过公式直接引用获取该数据，这里为了方便讲解，则直接在D5:D7、D9:D13、D15:D18、D20单元格区域中输入了数据。

	A	B	C	D	E
4	项目名称	行次	本月数	上期累计数	本年累计数
5	一、主营业务收入	1	165009.00	896651.00	
6	减：主营业务成本	2	45666.00	56596.00	
7	主营业务税金及附加	3	2153.00	56614.00	
8	二、主营业务利润		117190.00		
9	加：其他业务收入	4	56691.00	416466.00	
10	减：其他业务支出	5	41856.00	54684.00	
11	减：营业费用	6	565.00	4689.00	
12	管理费用	7	6551.00	847.00	
13	财务费用	8	9895.00	564.00	
14	三、营业利润		115014.00		
15	加：投资收益	9	4666.00	4698.00	
16	补贴收入	10	0.00	0.00	
17	营业外收入	11	596.00	15465.00	
18	减：营业外支出	12	5245.00	5266.00	
19	四、利润总额		115031.00		
20	减：所得税	13	41648.00	89764.00	
21	五、净利润		73383.00		

图 11-115　输入上期累计数

Step 07 选中C8单元格，然后将光标移到单元格的右下角，当光标变为"+"形状时，按住左键不放往右拖曳，到达相应的D8单元格位置后松开鼠标，即可实现D8单元格的公式输入；采用同样的方法，再依次选中C14、C19、C21单元格，分别复制各单元格中的公式到D14、D19、D21单元格，如图11-116所示。

	A	B	C	D	E
4	项目名称	行次	本月数	上期累计数	本年累计数
5	一、主营业务收入	1	165009.00	896651.00	
6	减：主营业务成本	2	45666.00	56596.00	
7	主营业务税金及附加	3	2153.00	56614.00	
8	二、主营业务利润		117190.00	783441.00	
9	加：其他业务收入	4	56691.00	416466.00	
10	减：其他业务支出	5	41856.00	54684.00	
11	减：营业费用	6	565.00	4689.00	
12	管理费用	7	6551.00	847.00	
13	财务费用	8	9895.00	564.00	
14	三、营业利润		115014.00	1139123.00	
15	加：投资收益	9	4666.00	4698.00	
16	补贴收入	10	0.00	0.00	
17	营业外收入	11	596.00	15465.00	
18	减：营业外支出	12	5245.00	5266.00	
19	四、利润总额		115031.00	1154020.00	
20	减：所得税	13	41648.00	89764.00	
21	五、净利润		73383.00	1064256.00	

图 11-116　复制C8、C14、C19、C21单元格公式

Step 08 选中E5单元格，然后在公式编辑栏中输入"=C5+D5"公式内容，按【Enter】

第 11 章
使用 Excel 编制会计报表

键后，即可计算出本年累计数，如图11-117所示。

图 11-117 计算出本年累计数

Step 09 选中E5单元格，将光标移到该单元格的右下角，当光标变为"+"形状时，按住左键不放往下拖曳，到达相应的位置后松开即可完成公式的复制，其结果如图11-118所示。

图 11-118 复制 E5 单元格公式

Step 10 完成所有的计算后，用户也可以适当地调整单元格的大小，使内容能够完全显示出来，其最终得到的损益表效果如图11-119所示。

图 11-119 最终损益表效果

Step 11 由于"上期累计数"是用来辅助计算的列，在实际工作中，损益表并不包含这项内容，所以可以将这列单元格隐藏起来，如图11-120所示。

图 11-120 隐藏"上期累计数"列

Step 12 选定C5:E21单元格区域，右击，从弹出的快捷菜单中选择【设置单元格格式】命令，即可弹出【设置单元格格式】对话框，选择【数字】选项卡，在【分类】列表框中选择【数值】；在【小数位数】微调框中输入【2】，并选择【使用千位分隔符】复选框，最后单击【确定】按钮，即可完成单元格的设置，如图11-121所示。

247

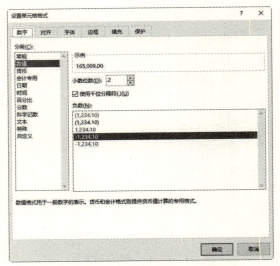

图 11-121 【设置单元格格式】对话框

Step 13 此时在“损益表”工作表中即可看到表格中的数据已经变成了使用千位分隔符分开的结果了，如图11-122所示。

项目名称	行次	本月数	本年累计数
一、主营业务收入	1	165,009.00	1,061,660.00
减：主营业务成本	2	45,666.00	102,262.00
主营业务税金及附加	3	2,153.00	58,767.00
二、主营业务利润		117,190.00	900,631.00
加：其他业务收入	4	56,691.00	473,157.00
减：其他业务支出	5	41,856.00	96,540.00
减：营业费用	6	565.00	5,254.00
管理费用	7	6,551.00	7,398.00
财务费用	8	9,895.00	10,459.00
三、营业利润		115,014.00	1,254,137.00
加：投资收益	9	4,666.00	9,364.00
补贴收入	10	0.00	0.00
营业外收入	11	596.00	16,061.00
减：营业外支出	12	5,245.00	10,511.00
四、利润总额		115,031.00	1,269,051.00
减：所得税	13	41,648.00	131,412.00
五、净利润		73,383.00	1,137,639.00

图 11-122 使用千位分隔符分隔后的结果

11.6 创建损益表分析图表

图表的优点就是能够充分体现文字所无法展现的效果，弥补数字的不足。因此报表中利用图片进行说明，也是常见的一种表达方式。

在完成了损益表中相关数据的计算后，可以对损益表中当期的主营业务收入、主营业务成本、营业费用等项目进行对比分析，其具体的操作步骤如下：

Step 01 由于原损益表中的数据并不全面，如“营业费用”“投资收益”均为0，为了便于分析，这里需要手动为他们添加上具体的数据，其修改后的结果如图11-123所示。

项目名称	行次	本月数	本年累计数
一、主营业务收入	1	165,009.00	1,061,660.00
减：主营业务成本	2	45,666.00	102,262.00
主营业务税金及附加	3	**2,653.00**	59,267.00
二、主营业务利润		116,690.00	900,131.00
加：其他业务收入	4	56,691.00	473,157.00
减：其他业务支出	5	41,856.00	96,540.00
减：营业费用	6	565.00	5,254.00
管理费用	7	6,551.00	7,398.00
财务费用	8	9,895.00	10,459.00
三、营业利润		114,514.00	1,253,637.00
加：投资收益	9	**7,850.00**	12,548.00
补贴收入	10	0.00	0.00
营业外收入	11	596.00	16,061.00
减：营业外支出	12	5,245.00	10,511.00
四、利润总额		117,715.00	1,271,735.00
减：所得税	13	41,648.00	131,412.00
五、净利润		76,067.00	1,140,323.00

图 11-123 修改“营业费用”“投资收益”值

Step 02 在损益表中插入一列，并将项目名称列中的会计科目复制到该列中，这样做的目的主要是便于作图，如图11-124所示。

项目名称	科目	行次	本月数
一、主营业务收入	一、主营业务收入	1	165,009.00
减：主营业务成本	减：主营业务成本	2	45,666.00
主营业务税金及附加	主营业务税金及附加	3	**2,653.00**
二、主营业务利润	二、主营业务利润		116,690.00
加：其他业务收入	加：其他业务收入	4	56,691.00
减：其他业务支出	减：其他业务支出	5	41,856.00
减：营业费用	减：营业费用	6	565.00
管理费用	管理费用	7	6,551.00
财务费用	财务费用	8	9,895.00
三、营业利润	三、营业利润		114,514.00
加：投资收益	加：投资收益	9	7,850.00
补贴收入	补贴收入	10	0.00
营业外收入	营业外收入	11	596.00
减：营业外支出	减：营业外支出	12	5,245.00
四、利润总额	四、利润总额		117,715.00
减：所得税	减：所得税	13	41,648.00
五、净利润	五、净利润		76,067.00

图 11-124 插入列

Step 03 选中B5:B6单元格区域，按住【Ctrl】键不放，选中D5:D6单元格区域，即可选中用于绘图的数据，如图11-125所示。

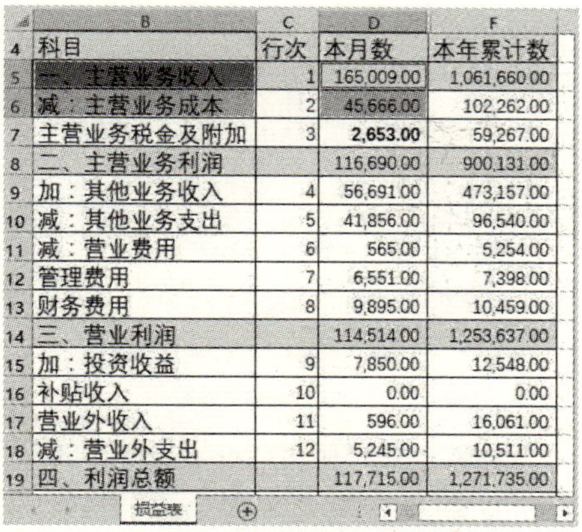

科目	行次	本月数	本年累计数
一、主营业务收入	1	165,009.00	1,061,660.00
减：主营业务成本	2	45,666.00	102,262.00
主营业务税金及附加	3	2,653.00	59,267.00
二、主营业务利润		116,690.00	900,131.00
加：其他业务收入	4	56,691.00	473,157.00
减：其他业务支出	5	41,856.00	96,540.00
减：营业费用	6	565.00	5,254.00
管理费用	7	6,551.00	7,398.00
财务费用	8	9,895.00	10,459.00
三、营业利润		114,514.00	1,253,637.00
加：投资收益	9	7,850.00	12,548.00
补贴收入	10	0.00	0.00
营业外收入	11	596.00	16,061.00
减：营业外支出	12	5,245.00	10,511.00
四、利润总额		117,715.00	1,271,735.00

图 11-125　选择数据源区域

Step 04 在【插入】选项卡下的【图表】组中单击【柱形图】按钮，在弹出的下拉菜单的【二维柱形图】区域中选择【簇状柱形图】选项，即可在Excel表格中插入需要的柱形图，如图11-126所示。

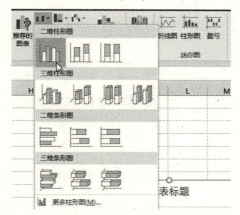

图 11-126　插入一张“簇状柱形图”图表

Step 05 用户可以根据需要选择【图标工具栏】菜单下的【设计】选项卡，在【图表样式】组中根据需要选择一种图表的样式和图表的布局，效果如图11-127所示。

Step 06 选择【图标工具栏】菜单下的【设计】选项卡，在【图表布局】组中根据需要设置图表标题及图例等各项的显示位置，效果如图11-128所示。

Step 07 选择【格式】选项卡，打开【格式】选项栏，根据需要改变图表的形状及样式，其中包括形状的填充、形状的轮廓、形状的效果等，效果如图11-129所示。

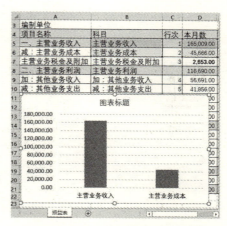

图 11-127　设置图表的样式和图表的布局

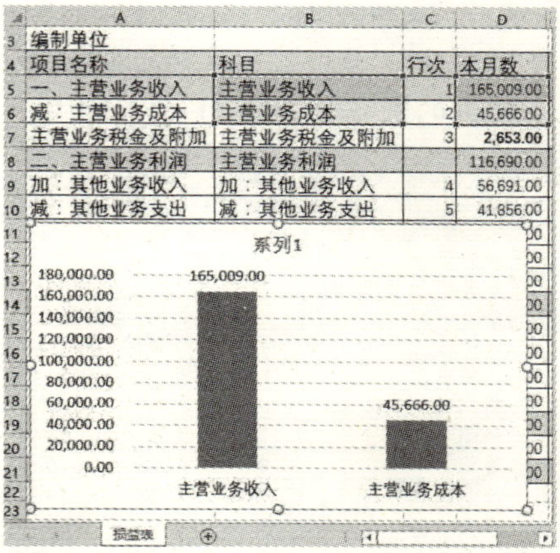

图 11-128　设置图表各项的显示位置

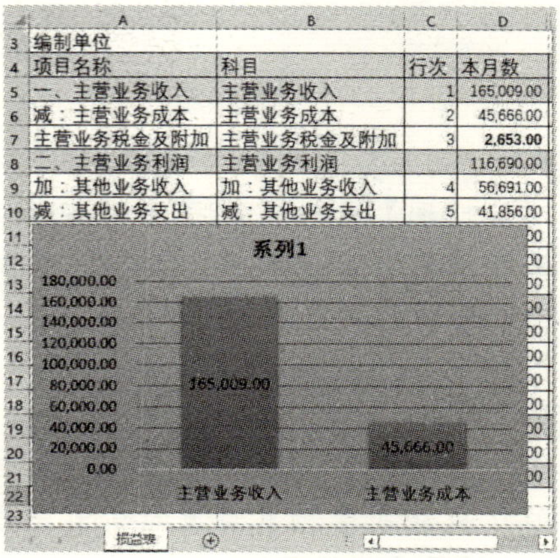

图 11-129　设置图表的形状及样式

Step 08 在图表上方的单元格中输入图表的标题：“一、主营业务收入与成本比较”，如图11-130所示。

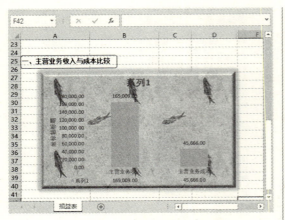

图 11-130 在图表上方输入标题

Step 09 选中B5单元格，按住【Ctrl】键不放，再选中D5、B11、D11单元格，即可选中用于绘图的数据，如图11-131所示。

科目	行次	本月数	本年累计数
主营业务收入	1	165,009.00	1,061,660.00
主营业务成本	2	45,666.00	102,262.00
主营业务税金及附加	3	2,653.00	59,267.00
主营业务利润		116,690.00	900,131.00
其他业务收入	4	56,691.00	473,157.00
其他业务支出	5	41,856.00	96,540.00
营业费用	6	565.00	5,254.00
管理费用	7	6,551.00	7,398.00
财务费用	8	9,895.00	10,459.00
三、营业利润		114,514.00	1,253,637.00
加：投资收益	9	7,850.00	12,548.00
补贴收入	10	0.00	0.00
营业外收入	11	596.00	16,061.00
减：营业外支出	12	5,245.00	10,511.00
四、利润总额		117,715.00	1,271,735.00

图 11-131 选择绘图区域

Step 10 在【插入】选项卡下的【图表】组中单击【柱形图】按钮，从弹出的下拉菜单的【三维柱形图】区域中选择【三维堆积柱形图】选项，即可在Excel表格中插入了需要的柱形图，如图11-132所示。

Step 11 根据需要设置图表的样式和布局、图表标题、图例、数据标签等各项及改变图表的形状及样式等，其设置后的最终效果如图11-133所示。

Step 12 在该图表上方的单元格中输入图表的标题："二、主营业务收入与营业费用比较图表"，如图11-134所示。

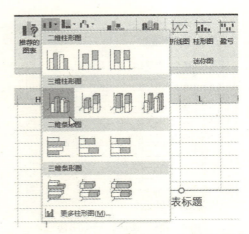

图 11-132 插入一张"三维堆积柱形图"图表

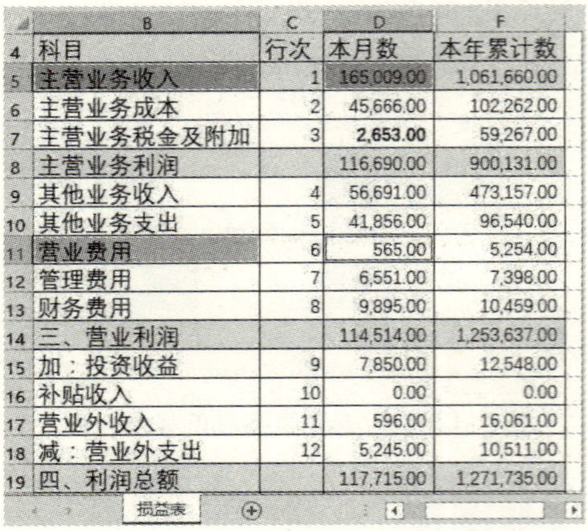

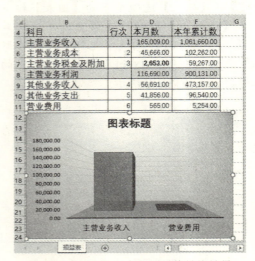

图 11-133 设置图表各项后的最终效果

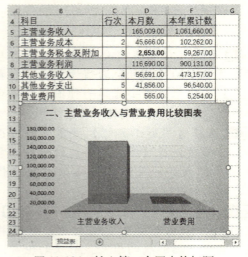

图 11-134 输入第二个图表的标题

Step 13 选中B11:B13单元格区域，然后按住【Ctrl】键不放，选中D11:D13单元格区域，即可选中用于绘图的数据，如图11-135所示。

	B	C	D	F
4	科目	行次	本月数	本年累计数
5	主营业务收入	1	165,009.00	1,061,660.00
6	主营业务成本	2	45,666.00	102,262.00
7	主营业务税金及附加	3	2,653.00	59,267.00
8	主营业务利润		116,690.00	900,131.00
9	其他业务收入	4	56,691.00	473,157.00
10	其他业务支出	5	41,856.00	96,540.00
11	营业费用	6	565.00	5,254.00
12	管理费用	7	6,551.00	7,398.00
13	财务费用	8	9,895.00	10,459.00
14	三、营业利润		114,514.00	1,253,637.00
15	加：投资收益	9	7,850.00	12,548.00
16	补贴收入	10	0.00	0.00
17	营业外收入	11	596.00	16,061.00
18	减：营业外支出	12	5,245.00	10,511.00
19	四、利润总额		117,715.00	1,271,735.00

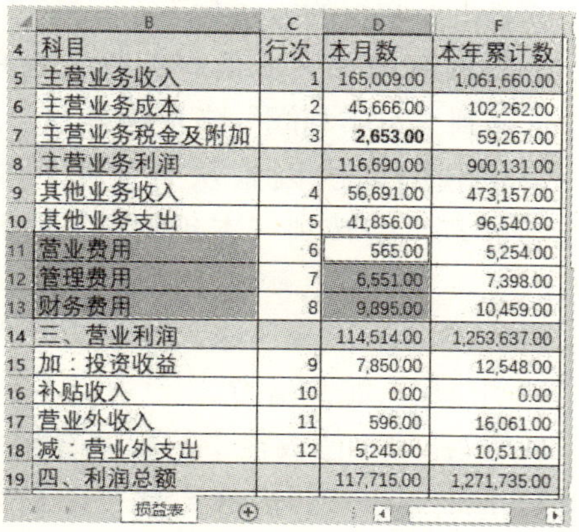

图 11-135　选择用于绘制第三个图表的数据区域

Step 14 在【插入】选项卡下的【图表】组中单击【饼图】按钮，从弹出的下拉菜单的【三维饼图】区域中选择【三维饼图】选项，即可在Excel表格中插入需要的饼图，如图11-136所示。

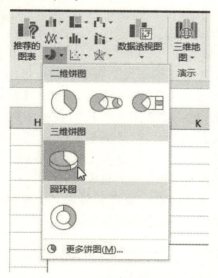

图 11-136　插入一张“三维饼图”图表

Step 15 用户可以根据需要选择【图表工具栏】菜单下的【设计】选项卡，在【图表样式】组中选择一种图表的样式和图表的布局，如图11-137所示。

	B	C	D	F
8	主营业务利润		116,690.00	900,131.00
9	其他业务收入	4	56,691.00	473,157.00
10	其他业务支出	5	41,856.00	96,540.00
11	营业费用	6	565.00	5,254.00
12	管理费用	7	6,551.00	7,398.00
13	财务费用	8	9,895.00	10,459.00
14	三、营业利润		114,514.00	1,253,637.00

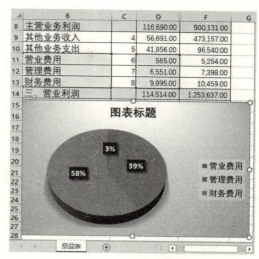

图 11-137　选择图表的样式和图表的布局

Step 16 选择【图表工具栏】菜单下的【设计】选项卡，在【图表布局】组中根据需要设置图表标题及图例等各项的显示位置，如图11-138所示。

	B	C	D	F
8	主营业务利润		116,690.00	900,131.00
9	其他业务收入	4	56,691.00	473,157.00
10	其他业务支出	5	41,856.00	96,540.00
11	营业费用	6	565.00	5,254.00
12	管理费用	7	6,551.00	7,398.00
13	财务费用	8	9,895.00	10,459.00
14	三、营业利润		114,514.00	1,253,637.00

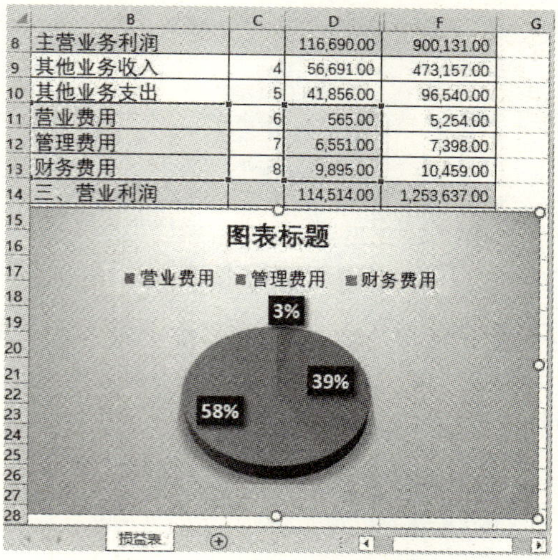

图 11-138　设置图表各项的显示位置

Step 17 也可以选择【格式】选项卡，打开【格式】选项栏，根据需要改变图表的形状及样式，其中包括形状的填充、形状的轮廓、形状的效果等，效果如图11-139所示。

Step 18 用户可以通过选中绘图区，然后拖动绘图区角上的控点来调整绘图区的大小，如图11-140所示。

	B	C	D	F	G
8	主营业务利润		116,690.00	900,131.00	
9	其他业务收入	4	56,691.00	473,157.00	
10	其他业务支出	5	41,856.00	96,540.00	
11	营业费用	6	565.00	5,254.00	
12	管理费用	7	6,551.00	7,398.00	
13	财务费用	8	9,895.00	10,459.00	
14	三、营业利润		114,514.00	1,253,637.00	

图 11-139　设置图表的形状

	B	C	D	F	G
8	主营业务利润		116,690.00	900,131.00	
9	其他业务收入	4	56,691.00	473,157.00	
10	其他业务支出	5	41,856.00	96,540.00	
11	营业费用	6	565.00	5,254.00	
12	管理费用	7	6,551.00	7,398.00	
13	财务费用	8	9,895.00	10,459.00	
14	三、营业利润		114,514.00	1,253,637.00	

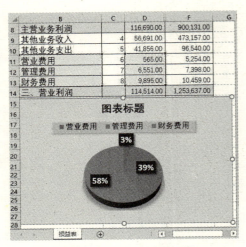

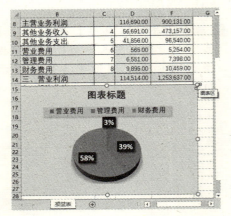

图 11-140　调整绘图区的大小

Step 19 在该图表上方的单元格中输入图表的标题："三、各类费用比较分析"，如图11-141所示。

	B	C	D	F	G
8	主营业务利润		116,690.00	900,131.00	
9	其他业务收入	4	56,691.00	473,157.00	
10	其他业务支出	5	41,856.00	96,540.00	
11	营业费用	6	565.00	5,254.00	
12	管理费用	7	6,551.00	7,398.00	
13	财务费用	8	9,895.00	10,459.00	
14	三、营业利润		114,514.00	1,253,637.00	

图 11-141　在第三个图表的上方输入图表的标题

11.7　疑难解惑

疑问1：收入费用支出账户结转和结清应该掌握哪些基本方法？

读者需要掌握的方法如下：

①将利润增加因素从有关收入账户借方，结转到"本年利润"账户的贷方。

②将利润减少因素从有关费用支出账户的贷方，结转到"本年利润"账户的借方。

③将"本年利润"账户的贷方余额转入"利润分配"账户借方。

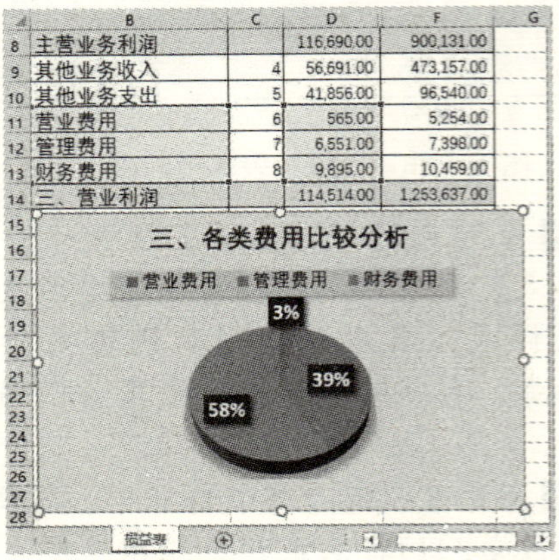

疑问2：为了使表格中的数值看起来更加一目了然，通常可以将表格中的数值以万元的格式来显示，那么用户应如何设置万元显示格式呢？

用户若想设置表中数值为万元格式显示的方法很简单。

①在"资产负债表"工作表中，选中需要设置万元格式显示的单元格区域，然后在名称框中输入"数据"，按【Enter】键。

②右击，从弹出的快捷菜单中选择"设置单元格格式"命令，即可弹出【设置单元格格式】对话框，选择【数字】选项卡，选择【分类】列表框中的【自定义】选项，在【类型】文本框中输入"0".“#,"，然后单击【确定】按钮，即可成功自定义单元格的格式。

③此时在"资产负债表"工作表中就会显示以万元为单位的数据。

第 12 章
会计报表的分析与管理

会计报表是建立在会计核算基础上的,是对企业经营活动的综合反应。财务工作中的三大主要会计报表即资产负债表、损益表和现金流量表,在前面的章节中已经对这三个表的制作方法进行了详细的讲述,本章主要结合报表的分析方法对这三大报表进行分析。

本章技能（已掌握的在方框中打钩）

☐ 了解会计报表分析的基本方法。
☐ 财务状况及变化分析。
☐ 资产负债表综合分析。
☐ 利润表综合分析。
☐ 现金流量表综合分析。

12.1 了解会计报表分析的基本方法

要对一个企业的会计报表做出比较深刻、透彻的分析,找出有用的信息,发现隐含的问题,必须具有一定的专业知识,因此,报表的使用者应该了解会计报表分析的基本方法。会计报表分析的方法主要有比较分析法、比率分析法、因素分析法和趋势分析法。下面概括地介绍一下这些方法,为后面的学习做足准备。

1. 比较分析法

比较分析法是通过指标间的对比,从数量上揭示指标间差异的一种分析方法。其主要作用在于揭示指标间客观存在的差距,并为进一步分析指出方向。

虽然比较分析法并不能提供深层次的分析,但对于掌握企业基本概况和为进一步分析提供依据等却是十分必要的。在具体运用中,究竟采用什么数据指标、多少数据和指标、何种比较形式等,取决于分析者的分析目的和对象。但必须注意的是,在运用比较分析法时,用以对比的指标必须具有同质性,即指标间具有可比性,否则对比结果毫无意义。

2. 比率分析法

比率分析法是指运用同一张会计报表的不同项目之间、不同类别之间或两张不同会计报表的有关项目之间的比率关系,从相对数上对企业的财务状况进行分析和考察,借以评价企业的财务状况和经营成果存在问题的一种方法。在运用比率分析法时，应首先确定被分析的不同项目之间存在着联系，这是运用比率分析法的前提条件。

比率分析法在整个会计报表分析中占有十分重要的地位，对企业同一时期财务状态和获利能力的分析都较为全面。比率分析可以分解为三大类，即企业偿债能力的分析、营运能力的分析和企业盈利能力的分析。企业偿债能力分析是对企业流动资产偿还流动负债和长期负债的能力进行分析，主要指标有流动比率、速动比率和资产负债率等；营运能力分析是对企业资产的周转状况进行分析，主要指标有总资产周转率和存货周转率等；企业盈利能力分析是对企业投入资本的盈利情况、营业收入的盈利情况进行分析，主要指标有净资产收益率和营业利润率等。

3. 因素分析法

因素分析法又称为连环替代法，是将一项综合性的指标分解为各项构成因素，顺序用各项因素的实际数替换基数，分析各项因素影响程度的一种方法。

因素分析法在进行成本、费用分析时经常采用。应该注意的是，确定各项因素的排列顺序时一般应遵循以下原则：如果既有实物数量因素又有价值数量因素，数量因素排列在先，质量因素排列在后；如果既有实物数量因素又有价值数量因素，实物数量因素排列在先，价值数量因素排列在后；如果都是数量因素，或者都是质量因素，那么应区分主要因素和次要因素，主要因素排列在先，次要因素排列在后。

4. 趋势分析法

趋势分析法是根据企业连续数期的会计报表，比较各期的有关项目金额，以揭示当期财务状况和经营成果增减变化的性质和趋向的一种分析方法。趋势分析通常采用编制比较会计报表的方法来进行，编制比较会计报表时，一般将连续数期会计报表并列在一起加以比较。比较时，可以运用绝对额进行比较，也可以运用相对数进行比较，不论运用绝对数还是相对数，都应对关键性数据进行分析，以便确定财务善变动的重要原因，判断财务状况的变化趋势是否对企业有利，根据过去和现在的会计报表资料，测算企业未来财务状况及发展趋势。

12.2　财务状况及变化分析

由于资产负债表、损益表和现金流量表的制作方法在前面几章中已经介绍过，这里需要新建一个"财务状况及分析"工作簿，然后将这三个工作表全部复制到该工作簿中，即可进行财务状况及变化分析。

12.2.1　财务状况分析

下面以"资产负债表""损益表""现金流量表"三个会计报表中的数据为例，分析该企业目前的财务状况，其具体的操作步骤如下：

Step 01 新建"财务状况及分析.xlsx"工作簿，根据公司的实际情况将"资产负债表""损益表""现金流量表"三个工作表插入到该工作簿中，然后在"现金流量表"工作表之后插入一个新的工作表，并将其命名为"财务状况及变化分析"名称，最后单击快速访问工具栏上的【保存】按钮，即可保存该工作表，如图12-1所示。

Step 02 在A1、A2:E2单元格区域中分别输入表格的标题，如图12-2所示。

Step 03 在A3:A8单元格区域中输入表格的项目，如图12-3所示。

第12章
会计报表的分析与管理

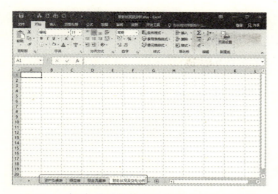

图 12-1　新建"财务状况及变化分析"工作表

图 12-2　输入表格的标题

图 12-3　输入部分表格的项目

Step 04 选中B3单元格，然后在公式编辑栏中输入"=资产负债表!B38"公式内容，按【Enter】键后，即可从资产负债表中引用资产总额的期初数，如图12-4所示。

Step 05 选中B3单元格，将光标移到单元格的右下角，当光标变为"+"形状时，按住左键不放往右拖曳，到达相应的C3单元格位置后松开鼠标，即可实现C3单元格的公式输入，如图12-5所示。

图 12-4　从资产负债表中引用资产总额的期初数

图 12-5　复制B3单元格公式至C3

Step 06 采用同样的方法，从资产负债表中引用年末股东权益、年末负债总额等项目的期初数和期末数，如图12-6所示。

图 12-6　获取年末股东权益、负债总额等项目的期初数和期末数

Step 07 选中B6单元格，在公式编辑栏中输入"=损益表!E5"公式内容，按【Enter】键后，即可从损益表中引用主营业务收入的期初数，如图12-7所示。

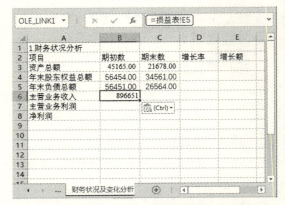

图12-7 主营业务收入的期初数

Step 08 选中B6单元格，将光标移到单元格的右下角，当光标变为"+"形状时，按住左键不放往右拖曳，到达相应的C6单元格位置后松开鼠标，即可实现C6单元格的公式输入，如图12-8所示。

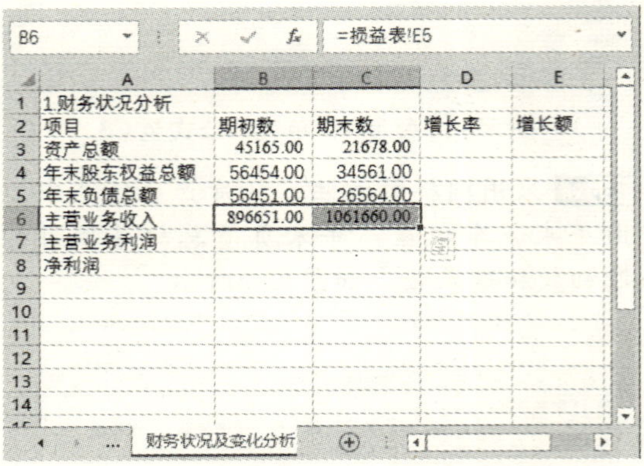

图12-8 复制B6单元格公式

Step 09 选中B7单元格，在公式编辑栏中输入"=损益表!E8"公式内容，按【Enter】键后，即可从损益表中引用主营业务利润的期初数，如图12-9所示。

Step 10 选中B7单元格，将光标移到单元格的右下角，当光标变为"+"形状时，按住左键不放往右拖曳，到达相应的C7单元格位置后松开鼠标，即可实现C7单元格的公式输入，如图12-10所示。

图12-9 主营业务利润的期初数

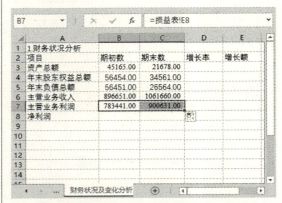

图12-10 复制B7单元格公式至C7

Step 11 选中B8单元格，在公式编辑栏中输入"=损益表!E21"公式内容，按【Enter】键后，即可从损益表中引用净利润的期初数，如图12-11所示。

图12-11 净利润的期初数

第12章
会计报表的分析与管理

Step 12 选中B8单元格，将光标移到单元格的右下角，当光标变为"+"形状时，按住左键不放往右拖曳，到达相应的C8单元格位置后松开鼠标，即可实现C8单元格的公式输入，如图12-12所示。

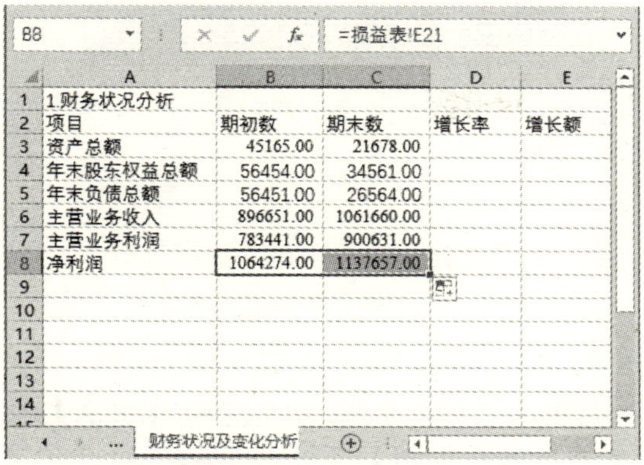

图 12-12 复制 B8 单元格公式

Step 13 选中E3单元格，然后在公式编辑栏中输入"=C3-B3"公式内容，按【Enter】键后，即可计算各项目的增长额，如图12-13所示。

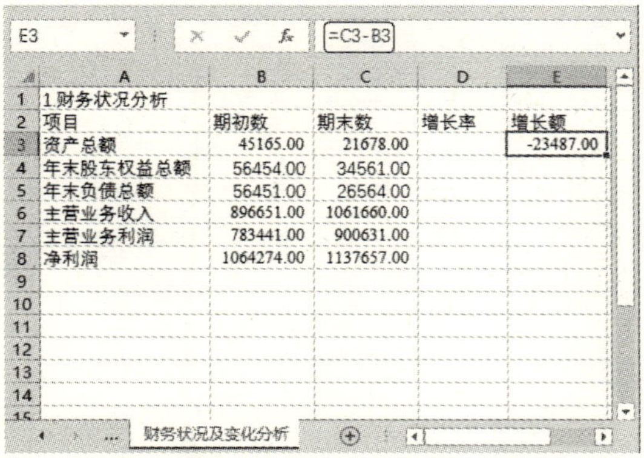

图 12-13 计算各项目的增长额

Step 14 选中E3单元格，将光标放到单元格的右下角，当光标变为"+"形状时，按住左键不放往下拖曳，到达相应的位置后松开，即可成功完成公式的复制，如图12-14所示。

Step 15 选中D3:D8单元格区域，右击，从弹出的快捷菜单中选择【设置单元格格式】命令，即可弹出【设置单元格格式】对话框，切换到【数字】选项卡，在左侧【分类】列表中选择【百分比】；在右侧列表中设置【小数位数】为【2】，最后单击【确定】按钮，即可成功设置单元格格式，如图12-15所示。

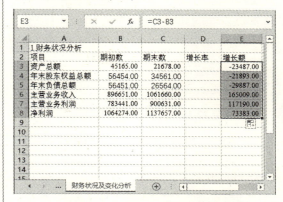

图 12-14 复制 E3 单元格公式

图 12-15 【设置单元格格式】对话框

Step 16 选中D3单元格，在公式编辑栏中输入"=E3/B3"公式内容，按【Enter】键后，即可计算各项目的增长率，如图12-16所示。

Step 17 选中D3单元格，将光标移到单元格的右下角，当光标变为"+"形状时，按住左键不放往下拖曳，到达相应的位置后松开，即可成功完成公式的复制，如图12-17所示。

图 12-16 计算各项目的增长率

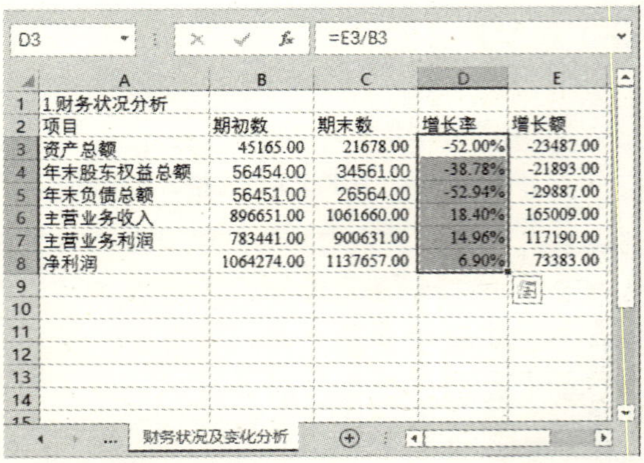

图 12-17 复制 D3 单元格公式

Step 18 为了美化表格,可以设置表格的边框、字体的大小、字形加粗、字体居中显示及设置部分单元格合并等操作,如图 12-18 所示。

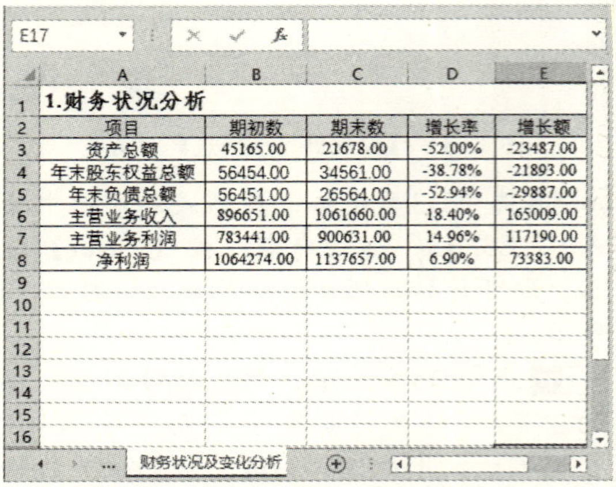

图 12-18 美化表格后的最终效果

Step 19 选中 A2:E8 单元格区域,即可选中用于绘图的数据,如图 12-19 所示。

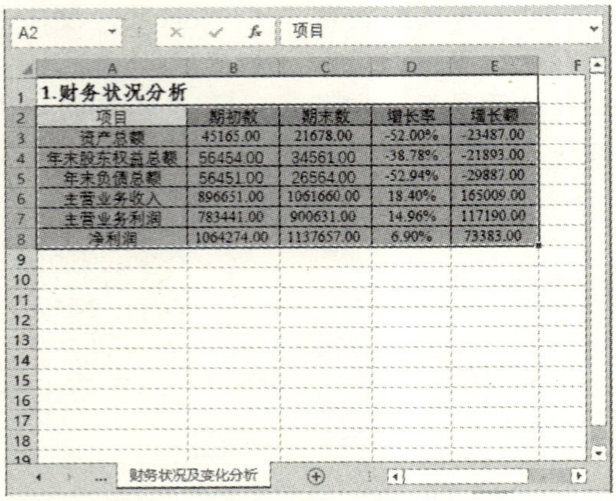

图 12-19 选中用于绘图的数据区域

Step 20 在【插入】选项卡下的【图表】组中单击【柱形图】下半部分的下拉三角按钮,从弹出下拉列表中选择【二维柱形图】区域中的【簇状柱形图】选项,即可在 Excel 表格中插入了需要的柱形图,如图 12-20 所示。

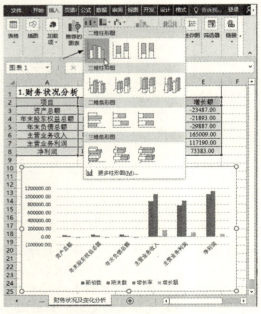

图 12-20 插入柱形图

Step 21 用户可以根据需要选项【图表工具栏】菜单下的【设计】选项卡,在【图表样式】组中根据需要选择一种图表的样式和图表的布局,如图 12-21 所示。

第 12 章
会计报表的分析与管理

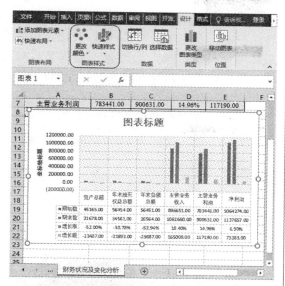

图 12-21 选择一种图表的样式和图表的布局

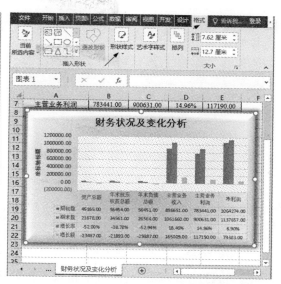

图 12-23 设置图表的形状及样式

Step 22 单击【图标工具】菜单下的【设计】选项卡，在【图表布局】组中根据需要设置图表标题及图例等各项的显示位置，如图 12-22 所示。

Step 24 将鼠标光标再移动到图表区的边缘处，当其变为"+"字形状时，将其拖动到表格中的指定位置后释放，即可改变图表的大小；若单击图表区的任意位置，其图表的四周会出现若干个小黑方块，按住鼠标左键不放拖动图表到合适的位置，即可调整图表的位置，如图 12-24 所示。

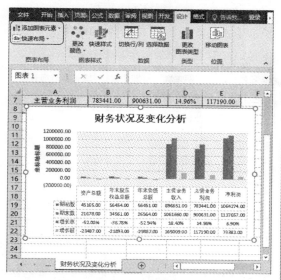

图 12-22 设置各项的显示位置

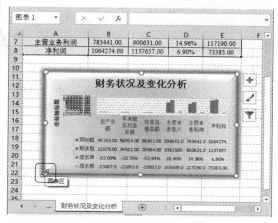

图 12-24 调整图表的大小以及位置

Step 23 切换到【格式】选项卡，根据需要改变图表的形状及样式，其中包括形状的填充、形状的轮廓、形状的效果等，至此，整个图表绘制完成，如图 12-23 所示。

12.2.2 资产变化分析

资产变化分析通过涉及的项目有货币资金、应收票据、应收账款、其他应收款、预付账款、存货及待摊费用等项目，其具体的操作步骤如下：

259

Step 01 在A30、A31:E31单元格区域中输入表格的标题，如图12-25所示。

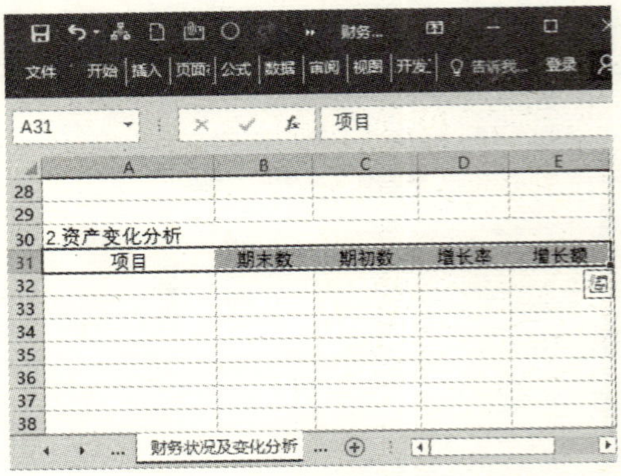

图12-25 创建资产变化分析表格

Step 02 在A32:A39单元格区域中输入表格的项目，如图12-26所示。

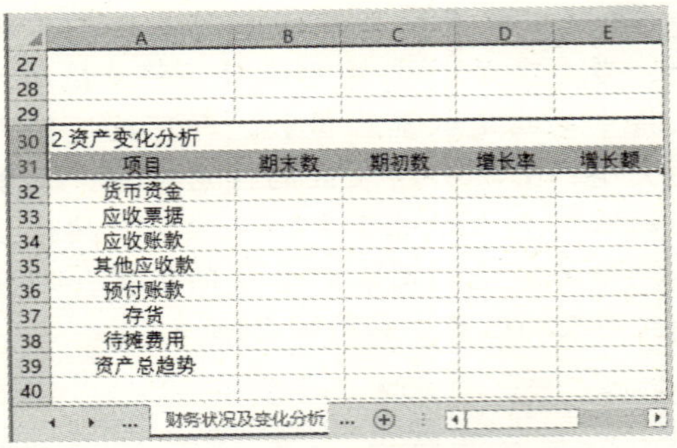

图12-26 输入表格项目

Step 03 选中B32单元格，然后在公式编辑栏中输入"=VLOOKUP($A32,资产负债表!$A$4:$D$17,4,FALSE)"公式内容，按【Enter】键后，即可从资产负债表中引用货币资产的期末数，如图12-27所示。

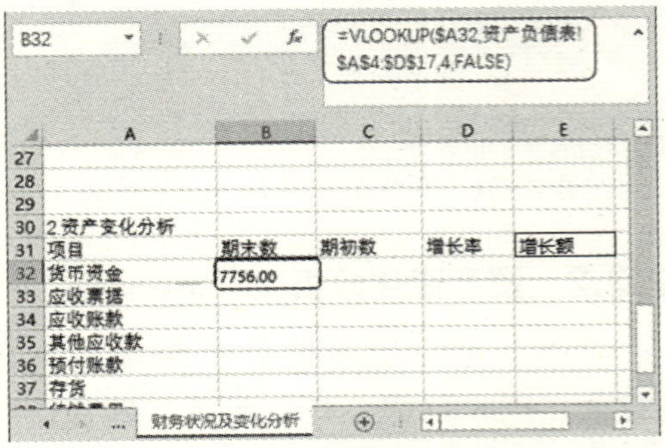

图12-27 货币资产的期末数

Step 04 选中B32单元格，将光标放到单元格的右下角，当光标变为"+"形状时，按住左键不放往下拖曳，到达相应的位置后松开，即可成功完成公式的复制，如图12-28所示。

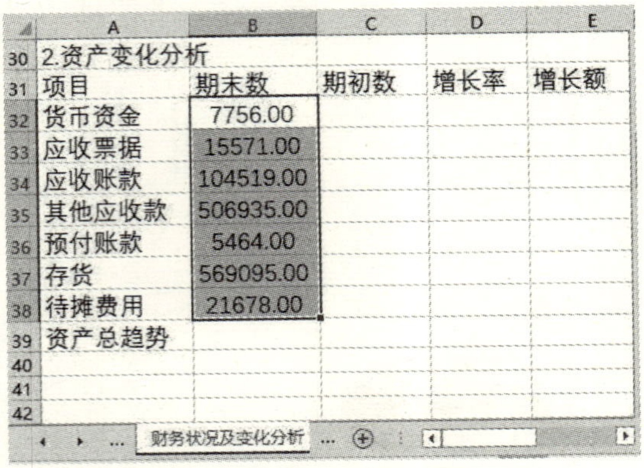

图12-28 复制B32单元格公式

Step 05 选中C32单元格，在公式编辑栏中输入"=VLOOKUP($A32,资产负债表!$A$4:$D$17,3,FALSE)"公式内容，按【Enter】键后，即可从资产负债表中引用货币资产的期初数，如图12-29所示。

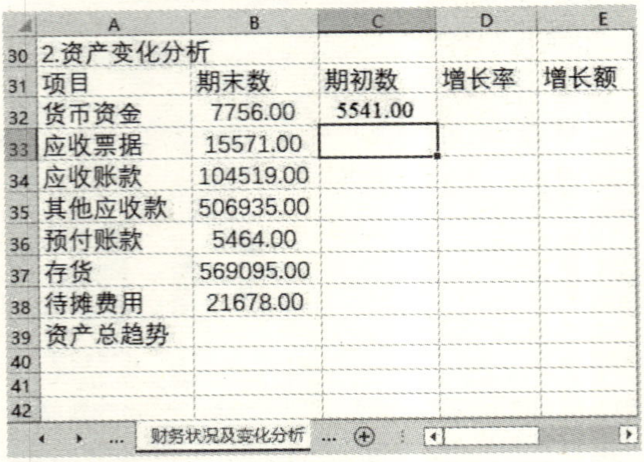

图12-29 货币资产的期初数

Step 06 选中C32单元格，将光标放到单元格的右下角，当光标变为"+"形状时，按住左键不放往下拖曳，到达相应的位置后松开，即可成功完成公式的复制，如图12-30所示。

Step 07 选中B39单元格，在公式编辑栏中输入"=SUM(B32:B38)"公式内容，按

【Enter】键后，即可计算出资产期末数的合计值，如图12-31所示。

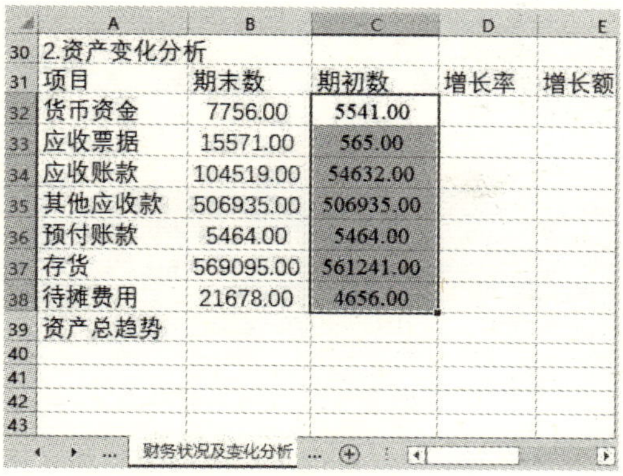

	A	B	C	D	E
30	2.资产变化分析				
31	项目	期末数	期初数	增长率	增长额
32	货币资金	7756.00	5541.00		
33	应收票据	15571.00	565.00		
34	应收账款	104519.00	54632.00		
35	其他应收款	506935.00	506935.00		
36	预付账款	5464.00	5464.00		
37	存货	569095.00	561241.00		
38	待摊费用	21678.00	4656.00		
39	资产总趋势				

图 12-30　复制 C32 单元格公式

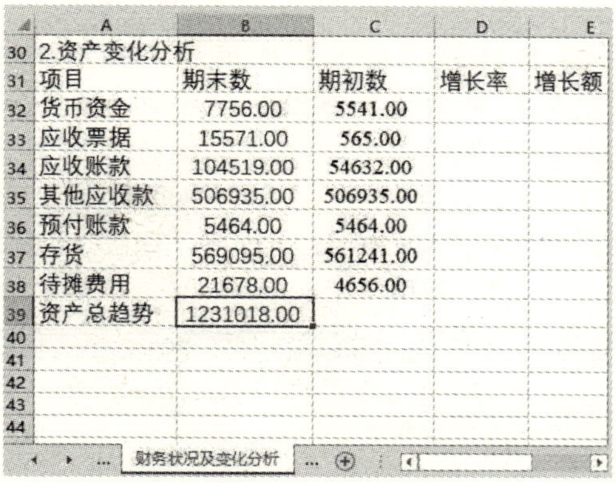

	A	B	C	D	E
30	2.资产变化分析				
31	项目	期末数	期初数	增长率	增长额
32	货币资金	7756.00	5541.00		
33	应收票据	15571.00	565.00		
34	应收账款	104519.00	54632.00		
35	其他应收款	506935.00	506935.00		
36	预付账款	5464.00	5464.00		
37	存货	569095.00	561241.00		
38	待摊费用	21678.00	4656.00		
39	资产总趋势	1231018.00			

图 12-31　计算出资产期末数的合计值

Step 08 选中B39单元格，将光标放到单元格的右下角，当光标变为“+”形状时，按住左键不放往右拖曳，到达相应的位置后松开，即可成功完成公式的复制，如图12-32所示。

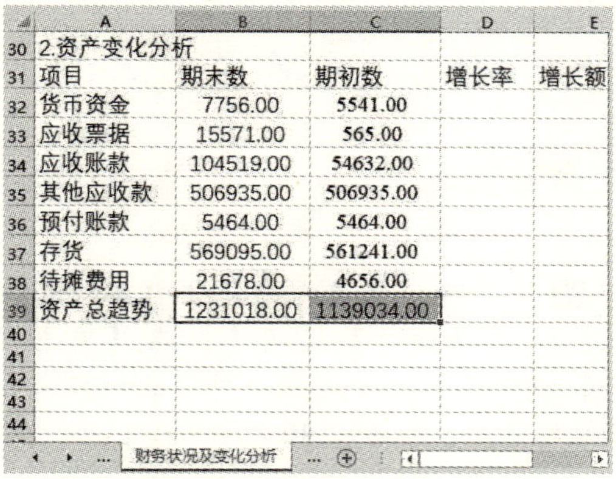

	A	B	C	D	E
30	2.资产变化分析				
31	项目	期末数	期初数	增长率	增长额
32	货币资金	7756.00	5541.00		
33	应收票据	15571.00	565.00		
34	应收账款	104519.00	54632.00		
35	其他应收款	506935.00	506935.00		
36	预付账款	5464.00	5464.00		
37	存货	569095.00	561241.00		
38	待摊费用	21678.00	4656.00		
39	资产总趋势	1231018.00	1139034.00		

图 12-32　复制 B39 单元格公式

Step 09 选中E32单元格，在公式编辑栏中输入“=B32-C32”公式内容，按【Enter】键后，即可计算增长额，如图12-33所示。

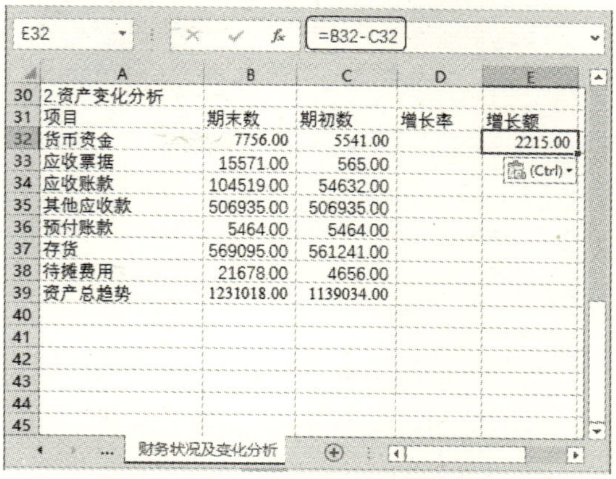

E32　=B32-C32

	A	B	C	D	E
30	2.资产变化分析				
31	项目	期末数	期初数	增长率	增长额
32	货币资金	7756.00	5541.00		2215.00
33	应收票据	15571.00	565.00		
34	应收账款	104519.00	54632.00		
35	其他应收款	506935.00	506935.00		
36	预付账款	5464.00	5464.00		
37	存货	569095.00	561241.00		
38	待摊费用	21678.00	4656.00		
39	资产总趋势	1231018.00	1139034.00		

图 12-33　计算增长额

Step 10 选中E32单元格，将光标放到单元格的右下角，当光标变为“+”形状时，按住左键不放往下拖曳，到达相应的位置后松开，即可成功完成公式的复制，如图12-34所示。

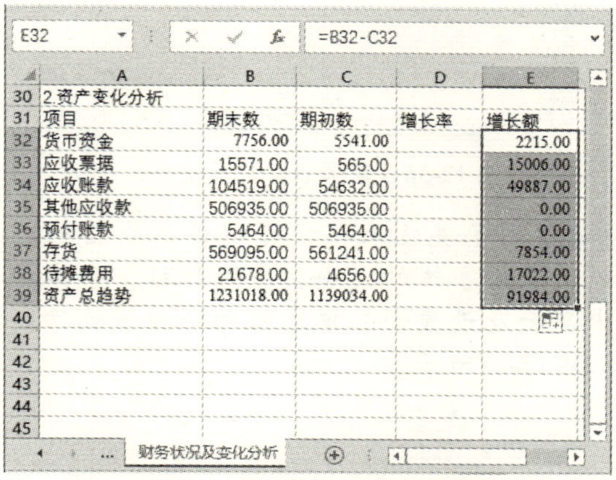

E32　=B32-C32

	A	B	C	D	E
30	2.资产变化分析				
31	项目	期末数	期初数	增长率	增长额
32	货币资金	7756.00	5541.00		2215.00
33	应收票据	15571.00	565.00		15006.00
34	应收账款	104519.00	54632.00		49887.00
35	其他应收款	506935.00	506935.00		0.00
36	预付账款	5464.00	5464.00		0.00
37	存货	569095.00	561241.00		7854.00
38	待摊费用	21678.00	4656.00		17022.00
39	资产总趋势	1231018.00	1139034.00		91984.00

图 12-34　复制 E32 单元格公式

Step 11 选中D32:D39单元格区域，设置单元格格式为2位【百分比】型；再选中D32单元格，然后在公式编辑栏中输入“=E32/C32”公式内容，按【Enter】键后，即可计算增长率，如图12-35所示。

Step 12 选中D32单元格，将光标放到单元格的右下角，当光标变为“+”形状时，按住左键不放往下拖曳，到达相应的位置后松开，即可完成公式的复制操作，如图12-36所示。

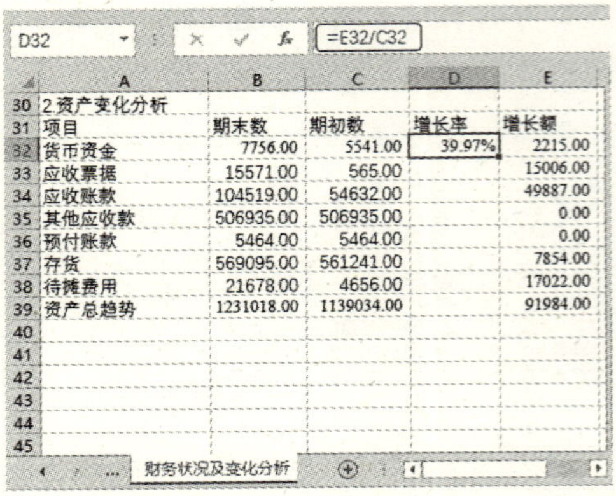

D32 =E32/C32

	A	B	C	D	E
30	2.资产变化分析				
31	项目	期末数	期初数	增长率	增长额
32	货币资金	7756.00	5541.00	39.97%	2215.00
33	应收票据	15571.00	565.00		15006.00
34	应收账款	104519.00	54632.00		49887.00
35	其他应收款	506935.00	506935.00		0.00
36	预付账款	5464.00	5464.00		0.00
37	存货	569095.00	561241.00		7854.00
38	待摊费用	21678.00	4656.00		17022.00
39	资产总趋势	1231018.00	1139034.00		91984.00

财务状况及变化分析

图 12-35　计算增长率

D32 =E32/C32

	A	B	C	D	E
30	2.资产变化分析				
31	项目	期末数	期初数	增长率	增长额
32	货币资金	7756.00	5541.00	39.97%	2215.00
33	应收票据	15571.00	565.00	2655.93%	15006.00
34	应收账款	104519.00	54632.00	91.31%	49887.00
35	其他应收款	506935.00	506935.00	0.00%	0.00
36	预付账款	5464.00	5464.00	0.00%	0.00
37	存货	569095.00	561241.00	1.40%	7854.00
38	待摊费用	21678.00	4656.00	365.59%	17022.00
39	资产总趋势	1231018.00	1139034.00	8.08%	91984.00

财务状况及变化分析

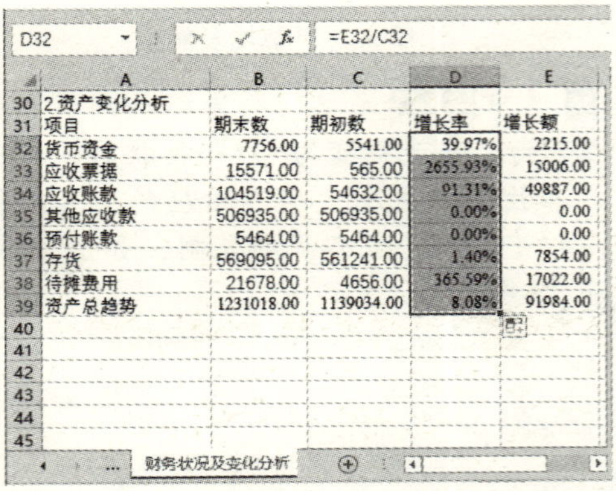

图 12-36　复制 D32 单元格公式

Step 13 为了美化表格，可以设置表格的边框、表格字体的大小、字形加粗、字体居中显示及设置部分单元格的合并等操作，如图12-37所示。

D41

	A	B	C	D	E
30	2.资产变化分析				
31	项目	期末数	期初数	增长率	增长额
32	货币资金	7756.00	5541.00	39.97%	2215.00
33	应收票据	15571.00	565.00	2655.93%	15006.00
34	应收账款	104519.00	54632.00	91.31%	49887.00
35	其他应收款	506935.00	506935.00	0.00%	0.00
36	预付账款	5464.00	5464.00	0.00%	0.00
37	存货	569095.00	561241.00	1.40%	7854.00
38	待摊费用	21678.00	4656.00	365.59%	17022.00
39	资产总趋势	1231018.00	1139034.00	8.08%	91984.00

财务状况及变化分析

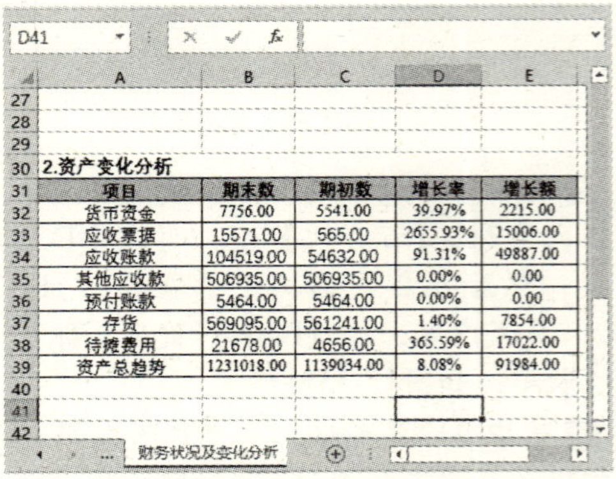

图 12-37　美化表格后的效果

Step 14 选中A31:E39单元格区域，即可选中用于绘图的数据，如图12-38所示。

A31 项目

	A	B	C	D	E
30	2.资产变化分析				
31	项目	期末数	期初数	增长率	增长额
32	货币资金	7756.00	5541.00	39.97%	2215.00
33	应收票据	15571.00	565.00	2655.93%	15006.00
34	应收账款	104519.00	54632.00	91.31%	49887.00
35	其他应收款	506935.00	506935.00	0.00%	0.00
36	预付账款	5464.00	5464.00	0.00%	0.00
37	存货	569095.00	561241.00	1.40%	7854.00
38	待摊费用	21678.00	4656.00	365.59%	17022.00
39	资产总趋势	1231018.00	1139034.00	8.08%	91984.00

财务状况及变化分析

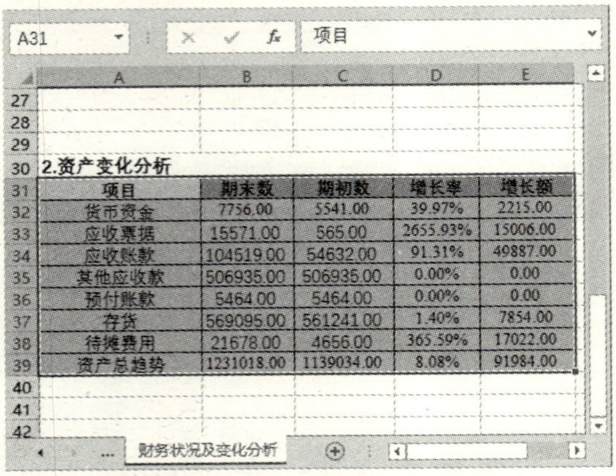

图 12-38　选择用于绘图的数据源

Step 15 切换到【插入】选项卡，然后单击【图表】组中【折线图】下半部分按钮，从弹出下拉列表中选择【二维折线图】区域下的【带数据标志的堆积折线图】选项，即可在Excel表格中插入了需要的折线图，如图12-39所示。

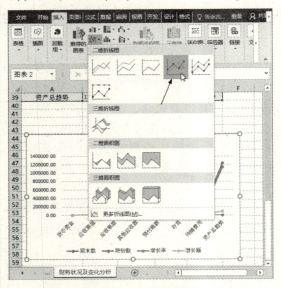

图 12-39　插入折线图

Step 16 用户可以根据需要单击【图表工具栏】下的【设计】选项卡，在【图表样式】组中根据需要选择一种图表的样式和图表的布局，如图12-40所示。

第 12 章
会计报表的分析与管理

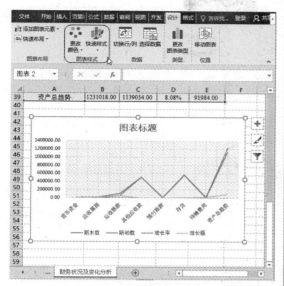

图 12-40　选择图表的样式和图表的布局

Step 17 选择【图标工具】菜单下的【设计】选项卡，在【图表布局】组中根据需要设置图表标题及图例等各项的显示位置，如图 12-41 所示。

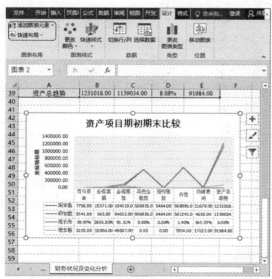

图 12-41　设置图表各项的显示位置

Step 18 切换到【格式】选项卡，用户可以根据需要改变图表的形状及样式，其中包括形状的填充、形状的轮廓、形状的效果等，至此整个图表绘制完成，效果如图12-42所示。

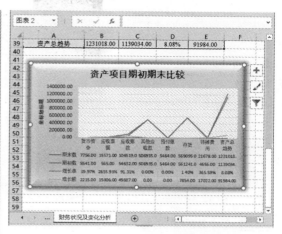

图 12-42　选择图表的形状及样式

12.2.3　负债变化分析

接下来对负债项目的变化进行分析，这些项目包括应付票据、应付账款、预付账款和其他应付款，其具体的操作步骤如下：

Step 01 打开"财务状况及变化分析"工作表，然后根据需要创建一个如图12-43所示的表格。

图 12-43　创建负债变化分析表表格

Step 02 选中B60单元格，然后在公式编辑栏中输入"=VLOOKUP($A60,资产负债表!$E$4:$H$17,4,FALSE)"公式内容，按【Enter】键后，即可从资产负债表中引用应付票据的期末数，如图12-44所示。

263

图 12-44　获取应付票据的期末数

Step 03 选中B60单元格，将光标放到单元格的右下角，当光标变为"+"形状时，按住左键不放往下拖曳，到达相应的位置后松开，即可成功完成公式的复制，如图12-45所示。

图 12-45　复制 B60 单元格格式

Step 04 选中C60单元格，然后在公式编辑栏中输入"=VLOOKUP($A60,资产负债表!$E$4:$H$17,3,FALSE)"公式内容，按【Enter】键后，即可从资产负债表中引用应付票据的期初数，如图12-46所示。

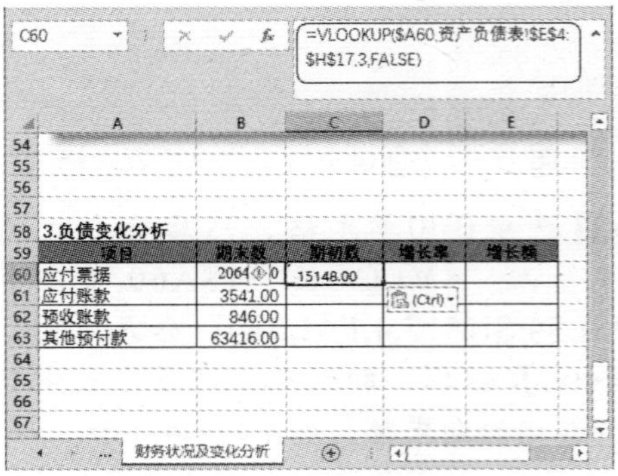

图 12-46　获取应付票据的期初数

Step 05 选中C60单元格，将光标放到单元格的右下角，当光标变为"+"形状时，按住左键不放往下拖曳，到达相应的位置后松开，即可成功完成公式的复制，如图12-47所示。

图 12-47　复制 C60 单元格公式

Step 06 选中E60单元格，然后在公式编辑栏中输入"=B60-C60"公式内容，按【Enter】键后，即可计算增长额，如图12-48所示。

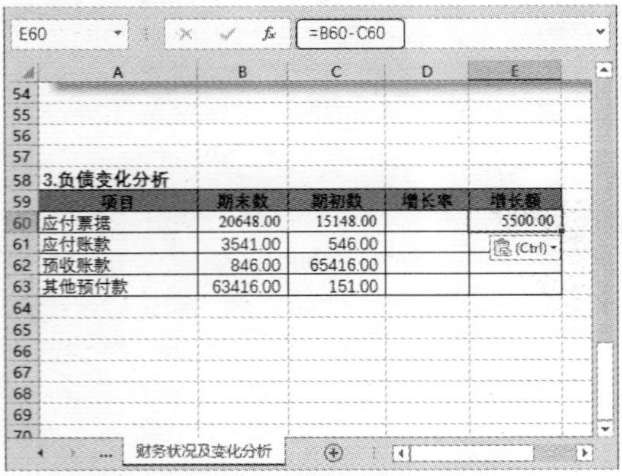

图 12-48　计算增长额

Step 07 选中E60单元格，将光标放到单元格的右下角，当光标变为"+"形状时，按住左键不放往下拖曳，到达相应的位置后松开，即可成功完成公式的复制，如图12-49所示。

Step 08 选中D60单元格，然后在公式编辑栏中输入"=E60/C60"公式内容，按【Enter】键后，即可计算增长率，如图12-50所示。

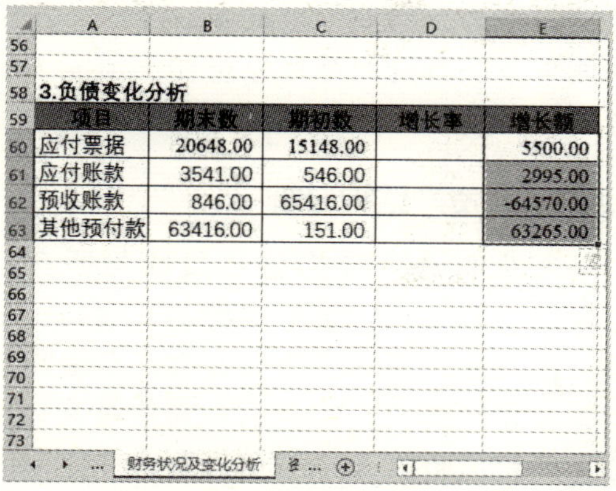

图 12-49 复制 E60 单元格公式

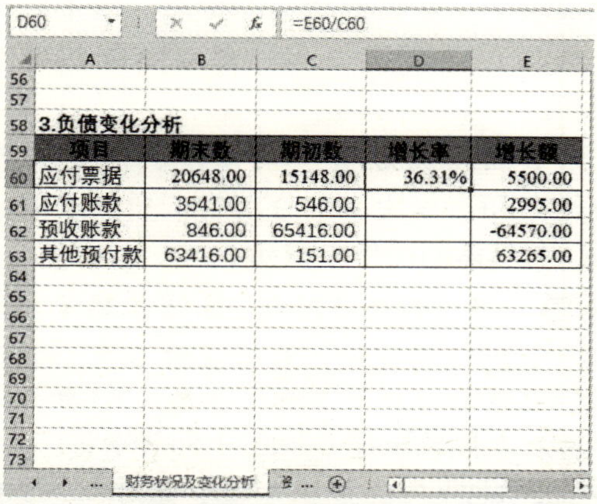

图 12-50 计算增长率

Step 09 选中D60：D63单元格区域，设置单元格格式为【百分比】型，再选中D60单元格，将光标放到单元格的右下角，当光标变为"+"形状时，按住左键不放往下拖曳，到达相应的位置后松开，即可成功完成公式的复制，如图12-51所示。

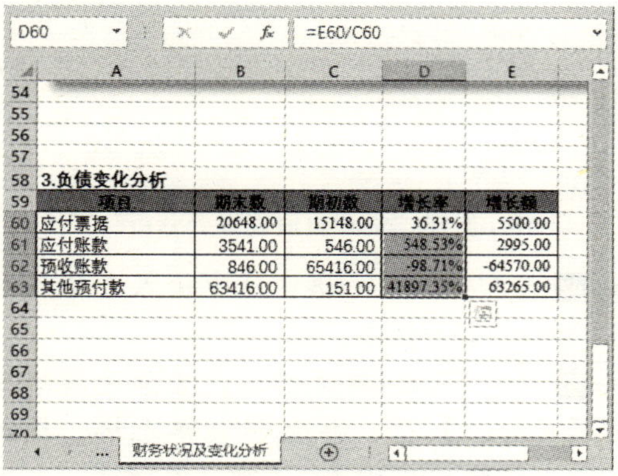

图 12-51 复制 D60 单元格公式

Step 10 选中A59:E63单元格区域，然后根据前面所讲内容，插入一个折线图，设置图表的标题为"负债项目期初期末比较"；设置表格的布局、形状与样式等各项操作，其具体的操作方法与前面所述方法相同，由于篇幅有限，这里就不再一一介绍了，效果如图12-52所示。

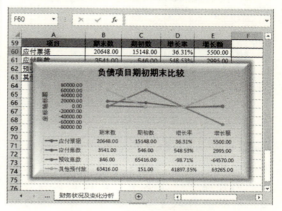

图 12-52 插入折线图效果

12.2.4 损益变化分析

损益变化分析的主要项目有主营业务收入、主营业务成本、其他业务利润、营业费用、管理费用和财务费用，其具体的操作步骤如下：

Step 01 打开"财务状况及变化分析"工作表，然后根据需要再创建一个如图12-53所示的表格。

图 12-53 创建损益变化分析表格

Step 02 从损益表中引用各项目的期初数和期末数，并根据前面所述方法计算出各项目的增长额和增长率，如图12-54所示。

	项目	期末数	期初数	增长率	增长额
82	4.损益变化分析				
84	主营业务收入	896651.00	165009.00	39.97%	-23487.00
85	主营业务成本	56596.00	45666.00	2655.93%	-21893.00
86	其他业务利润	56614.00	2153.00	91.31%	-29887.00
87	营业费用	783441.00	117190.00	0.00%	165009.00
88	管理费用	416466.00	56691.00	0.00%	117190.00
89	财务费用	54684.00	41856.00	1.40%	73383.00

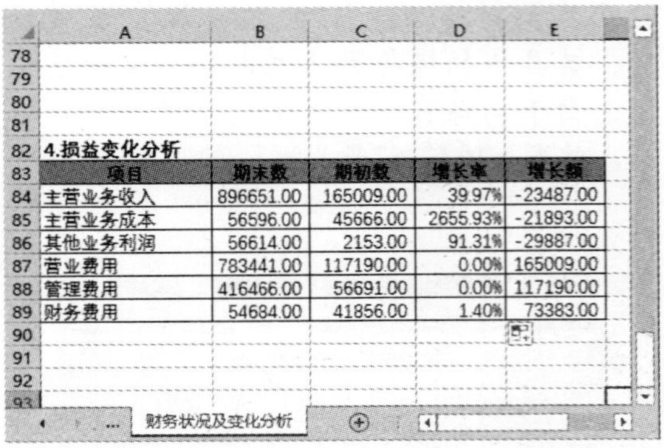

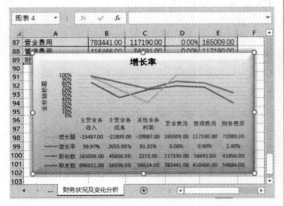

图 12-54　计算各项目的增长额与增长率

Step 03 选中A83:E89单元格区域，然后根据前面所讲内容，插入一个折线图，设置图表的标题为“增长率”；设置表格的布局、形状与样式等各项操作，其具体的操作方法与前面所述方法相同。效果如图12-55所示。

图 12-55　插入损益增长率图表

12.3　资产负债表综合分析

对于企业来说，资产负债表是一张基本报表，具有十分重要的作用。其具体作用主要体现在：反映企业的资产总量及其构成状况；反映企业的资本结构及其相互关系；反映企业的偿债能力；预测企业财务状况的发展趋势等方面。由于资产负债表综合分析的内容较多，所以，本节将侧重于进行资产结构分析和偿债能力的分析。

12.3.1　资产结构分析

企业的资产结构包括负债与所有者权益之间的比例、负债中流动负债与长期负债之间的比例等。一般而言，负债与所有者权益比例的大小会影响到债权人与投资者所冒风险的大小，负债与资产比例的高低会影响到企业债权的权益保障程度，也反映了企业财务结构的特点。资本结构合理与否将直接关系到企业财务状况的好坏。

下面将通过资产负债率、所有者权益比率和产权比率来分析资产负债表的结构，其具体的操作步骤如下：

Step 01 打开“财务状况及分析”工作簿，插入一个新的工作表，并将其命名为“资产负债表综合分析”名称，然后在A1单元格中输入表格的标题，如图12-56所示。

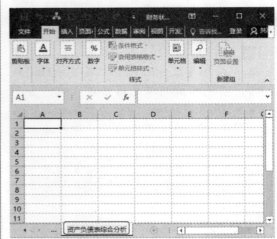

图 12-56　新建“资产负债表综合分析”工作表

Step 02 在A2:A4单元格区域中输入表格的内容，如图12-57所示。

Step 03 选中B2:B4单元格，设置单元格格式为【百分比】型，再选中B2单元格，然后在公式编辑栏中输入“=资产负债表! H28/

资产负债表!D38"公式内容,按【Enter】键后,即可计算出资产负债率,如图12-58所示。

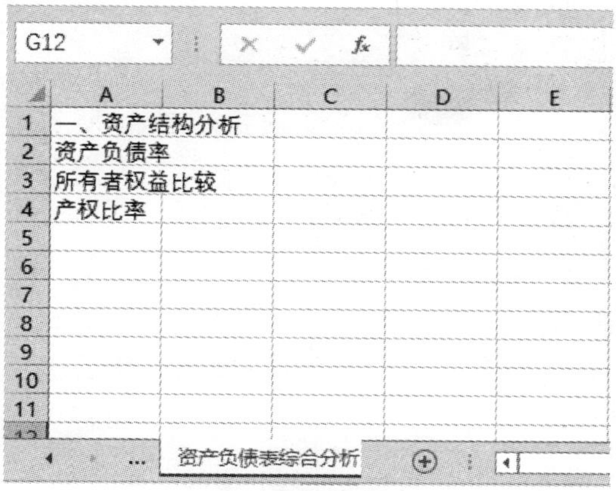

图 12-57 输入表格的内容

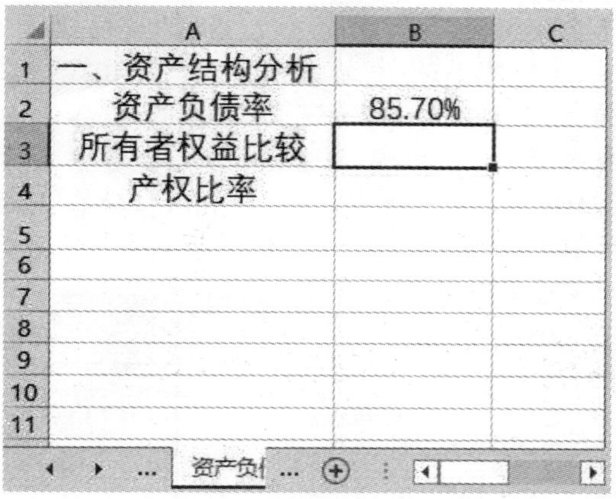

图 12-58 计算出资产负债率

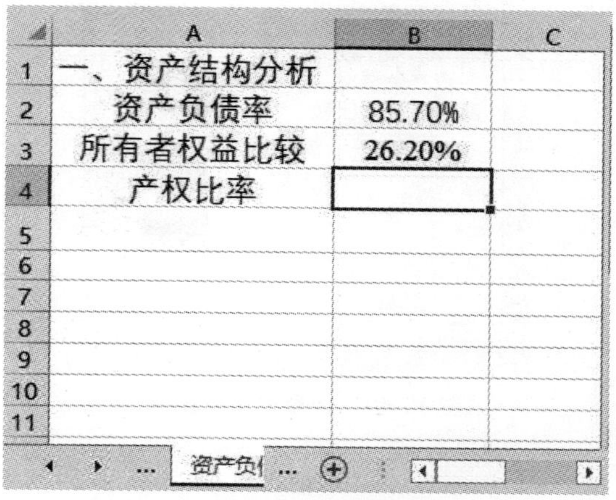

图 12-59 计算出所有者权益比率

> 提示:资产负债率是负债总额与资产总额的百分比,表明在企业的总资产中有多大比例是通过负债形成的,也可以衡量企业在清算时对债权人利益的保障程度,其计算公式:"资产负债率=负债总额/资产总额×100%"。

Step 04 选中B3单元格,然后在公式编辑栏中输入"=资产负债表!H36/资产负债表!D38"公式内容,按【Enter】键后,即可计算出所有者权益比率,如图12-59所示。

> 提示:如果是股份制公司,通常称为股东权益比率。所有者权益比率是指企业总资产中自由资金的比例。这个比例与资产负债率成反比,即所有者权益比率越高,资产负债率最低;反之,则资产负债率越高,其计算公式为:"所有者权益比率=所有者权益总额/资产总额×100%"。

所有者权益比例反映企业自由资金的比例,因此,一般认为当这个比率较高时,反映企业财务结构相对稳健,但过高时,反映企业经营过于保守;反之,这个比率较低时,反映企业财务结构不稳定,借款过多,经营风险加大。

Step 05 由于产权比率是衡量企业长期偿债能力的指标,这个指标是负债总额与所有者权益总额的比率,其计算公式为:"产权比率=负债总额/所有者权益总额",所以需要选中B4单元格,然后在公式编辑栏中输入"=资产负债表!H28/资产负债表!H36"公式内容,按【Enter】键后,即可计算出产权比率,如图12-60所示。

Step 06 为了美化表格,可以设置表格的边框、设置表格字体的大小、字形加粗、字体居中显示及设置合并部分单元格等操作,如图12-61所示。

图 12-60　计算出产权比率

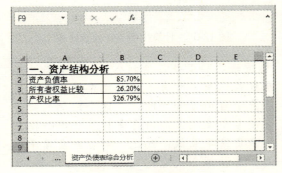

图 12-61　美化表格后的效果

12.3.2　偿债能力分析

企业的偿债能力分析主要是短期偿债能力，主要指标包括流动比率、速动比率和利息保障倍数。其具体的操作步骤如下：

Step 01 在A6:A9单元格区域中，输入表格的标题及内容，如图12-62所示。

图 12-62　输入表格的标题及内容

Step 02 根据需要设置表格的边框、设置表格标题字体的大小、字形加粗、字体居中显示以及设置合并部分单元格等操作，如图12-63所示。

图 12-63　美化表格

Step 03 由于流动比率是流动资产除以流动负债的比值，其计算公式为："流动比率=流动资产合计/流动负债合计×100%"；因此需要选中B7单元格，然后在公式编辑栏中输入"=资产负债表!D18/资产负债表!H17"公式内容，按【Enter】键后，即可计算出流动比率，如图12-64所示。

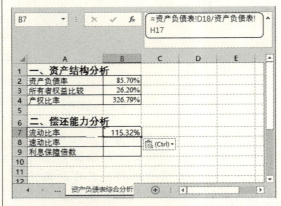

图 12-64　计算出流动比率

Step 04 速动比率是从流动资产中扣除存货等部分，再除以流动负债的比值，其计算公式为："速动比率=(流动资产-存货)/流动负债×100%"；所以需要选中B8单元格，然后在公式编辑栏中输入"=(资产负债表!D18-资产负债表!H13)/资产负债表!H17"公式内容，按【Enter】键后，即可计算出速动比率，如图12-65所示。

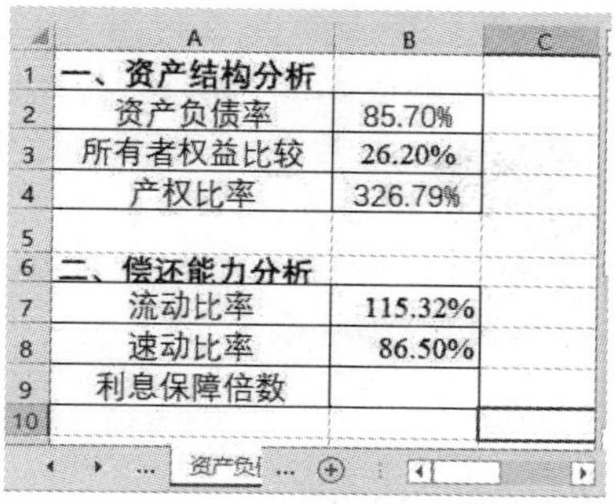

企业在一定时期经营成果（利润额或亏损额）的报表，是企业的定期报表之一。企业定期编制的损益表，对内向企业管理部门报告，同时也要向外部有关部门和人员报告。因此，编制损益表对企业及其相关部门和人员来说，具有重要的作用，具体体现在：利用损益表提供的财务信息可以了解和分析企业的经营成果和获利能力；利用损益表提供的财务信息可以为经营管理者进行未来经营决策提供依据；利用损益表提供的财务信息可以预测企业未来经营的盈利能力和发展趋势。

12.4.1 盈利能力分析

反映企业盈利能力的指标很多，通常使用的主要有主营业务利润率、主营业务毛利率、总资产报酬率、净资产收益率、资本收益率等。

其具体的操作步骤如下：

Step 01 打开"财务状况及分析"工作簿，然后插入一个新的工作表，将其命名为"损益表综合分析"，并根据需要在A1单元格中输入表格的标题，如图12-67所示。

图12-65 计算出速动比率

💡**提示**：在流动资产中剔除存货后被称为速动资产。这里资产按照制度规定，是轻易变现的，因此，剔除存货等变现能力较弱的流动资产所计算出的速动比率，更能准确地反映企业的短期偿债能力。

Step 05 利息保障倍数也称为已获利息倍数，是指企业税息前收益与利息支出的比率，用以衡量偿付借款的能力，其计算公式为："利息保障倍数=(净利润+所得税+利息支出)/利息支出"；所以需要选中B9单元格，然后在公式编辑栏中输入"=(损益表!C21+损益表!C22+损益表!C13)/损益表!C13"公式内容，按【Enter】键后，即可计算出利息保障倍数，如图12-66所示。

图12-66 计算出利息保障倍数

12.4 损益表综合分析

损益表又称为"利润表"，它是反映

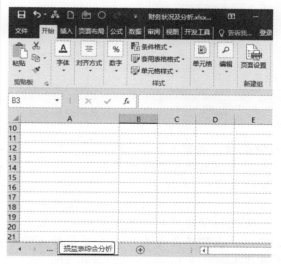

图12-67 新建"损益表综合分析"工作表

Step 02 在A2:B2、A3:A8单元格区域中输入表格的标题及内容，如图12-68所示。

图12-68 输入表格的内容

Step 03 选中B3:B8单元格，设置单元格格式为【百分比】型，再选中B3单元格，然后在公式编辑栏中输入"=损益表!C8/损益表!C5"公式内容，按【Enter】键后，即可计算出主营业务利润率，如图12-69所示。

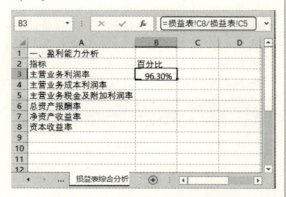

图12-69 计算出主营业务利润率

> 提示：主营业务利润率是指企业主营业务利润与主营业务净收入的百分比，其计算公式为："主营业务利润=主营业务利润/主营业务净收入×100%"；主营业务净收入是指扣除销售折扣等项目后的主营业务收入，在资产负债表中通常就是指主营业务收入。

Step 04 由于主营业务成本利润率是分析主营业务成本对主营业务利润的影响，其计算公式为："主营业务成本利润率=主营业务利润/主营业务成本×100%"，所以需要选中B4单元格，然后在公式编辑栏中输入"=损益表!C8/损益表!C6"公式内容，按【Enter】键后，即可计算出主营业务成本利润率，如图12-70所示。

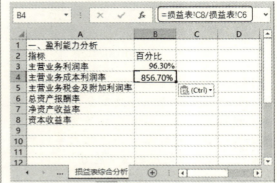

图12-70 计算出主营业务成本利润率

Step 05 由于主营业务税金及附加利润率分析的目的是分析主营业务税金与附加对主营业务的影响，其计算公式为："主营业务税金及附加利润率=主营业务利润/主营业务税金及附加×100%"，所以这里需要选中B5单元格，然后在公式编辑栏中输入"=损益表!C8/损益表!C7"公式内容，按【Enter】键后，即可计算出主营业务税金及附加利润率，如图12-71所示。

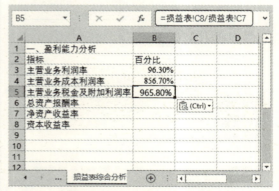

图12-71 计算出主营业务税金及附加利润率

Step 06 由于总资产报酬率是企业利润与平均资产总额的百分比，其计算公式为："总资产报酬率=(利润总额+利息支出)/平均资产总额×100%",所以这里需要选中B6单元格,然后在公式编辑栏中输入"=(损益表!C19+损益表!C13)/((资产负债表!D38+资产负债表!C38)/2)"公式内容,按【Enter】键后,即可计算出总资产报酬率,如图12-72所示。

图12-72 计算出总资产报酬率

Step 07 由于净资产收益率是净利润与平均所有者权益(股东权益)的百分比,其计算公式为:"净资产收益率=净利润/平均所有者权益(股东权益)×100%",所以这里需要选中B7单元格,然后在公式编辑栏中输入"=损益表!C21/((资产负债表!H36+资产负债表!G36)/2)"公式内容,按【Enter】键后,即可计算出净资产收益率,如图12-73所示。

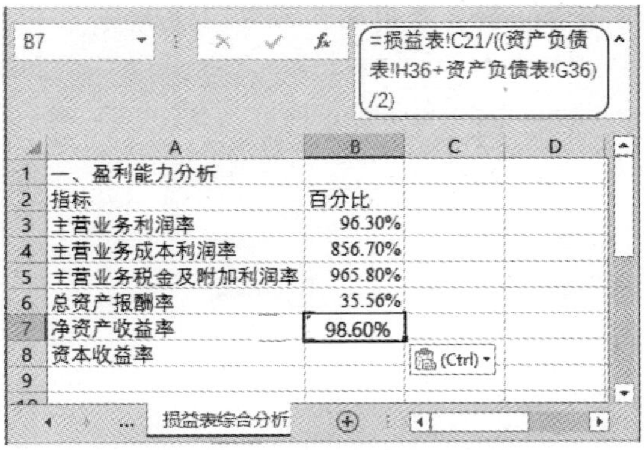

图12-73 计算出净资产收益率

Step 08 由于资本收益率是指净利润与实收资本的百分比,它反映了企业投资者原始投资的收益率,其计算公式为"资本收益率=净利润/实收资本×100%",所以这里需要选中B8单元格,然后在公式编辑栏中输入"=损益表!C21/资产负债表!H30"公式内容,按【Enter】键后,即可计算出资本收益率,如图12-74所示。

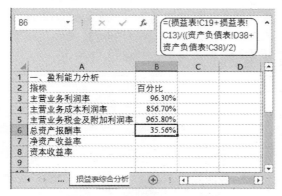

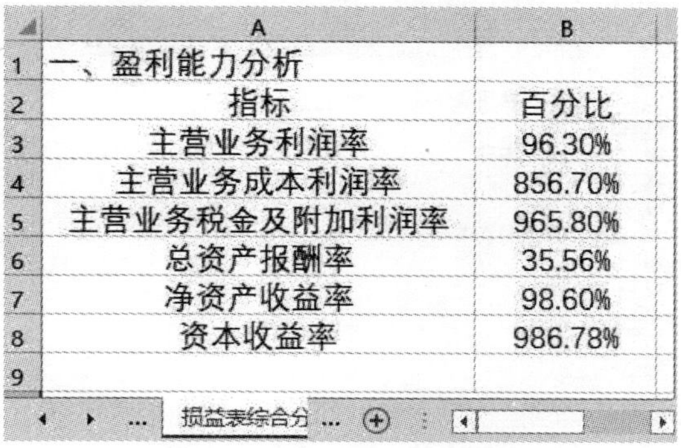

图12-74 计算出资本收益率

Step 09 为了美化表格,可以设置表格的边框、字体的大小、字形加粗、字体居中显示及设置合并部分单元格等操作,如图12-75所示。

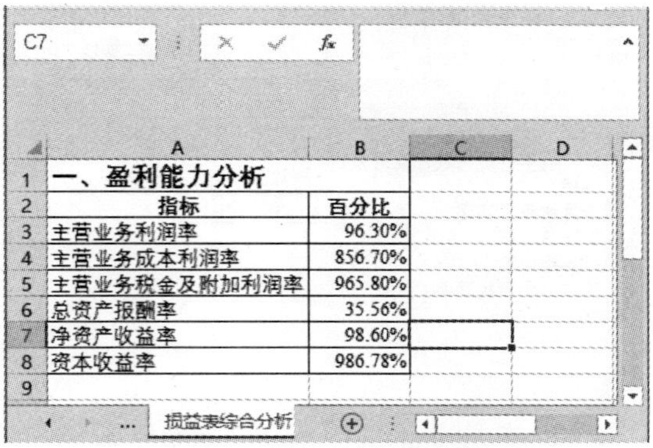

图12-75 美化表格的效果

12.4.2 成本、费用消化能力分析

成本、费用消化能力分析主要是分析企业主营业务收入的流向。企业主营业务收入主要有三大流向:成本、费用和税金,企业对三大开支的负担能力决定了企业的盈利能力。按照重要性原则,成本、费用消化能力分析主要有以下几个指标:主营业务成本率、管理费用率、财务费用率和成本、费用利润率。其具体的操作步骤如下:

Step 01 在A10、A11:B11、A12:A15单元格区域中输入表格的标题及内容，如图12-76所示。

图12-76 输入表格的内容

Step 02 选中B12:B15单元格，设置单元格格式为【百分比】型，再选中B12单元格，然后在公式编辑栏中输入"=损益表!C6/损益表!C5"公式内容，按【Enter】键后，即可计算出主营业务成本率，如图12-77所示。

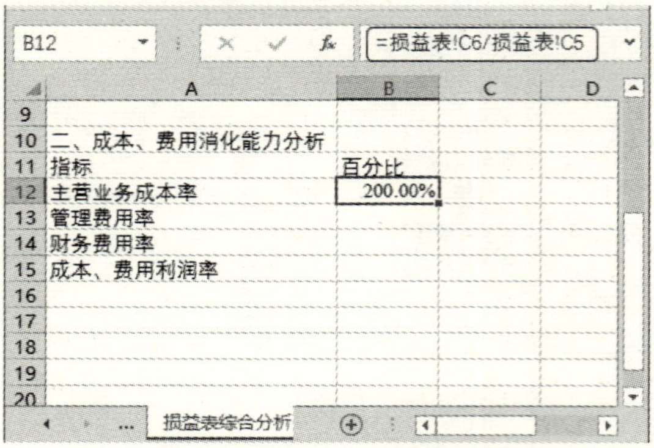

图12-77 计算出主营业务成本率

注意：主营业务成本率是指主营业务成本与主营业务收入的百分比，它反映每百元主营业务收入中收回垫支的成本是多少，其计算公式为："主营业务成本率=主营业务成本/主营业务收入×100%"。

主营业务成本率的高低无固定标准衡量，通常在有同类同种产品时可以相互比较，也可以将不同时期同一产品的成本利润率进行比较。考核一个企业主营业务成本率的高低通常是与行业平均水平相比较。

Step 03 由于管理费用率是指管理费用与主营业务收入的百分比，其计算公式为："管理费用率=管理费用/主营业务收入×100%"，所以，需要选中B13单元格，然后在公式编辑栏中输入"=损益表!C12/损益表!C5"公式内容，按【Enter】键后，即可计算出管理费用率，如图12-78所示。

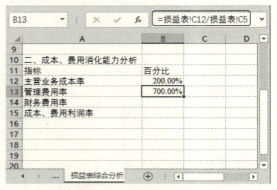

图12-78 计算出管理费用率

Step 04 由于财务费用率是指财务费用与主营业务收入的百分比，其计算公式为："财务费用率=财务费用/主营业务收入×100%"，所以这里需要选中B14单元格，然后在公式编辑栏中输入"=损益表!C13/损益表!C5"公式内容，按【Enter】键后，即可计算出财务费用率，如图12-79所示。

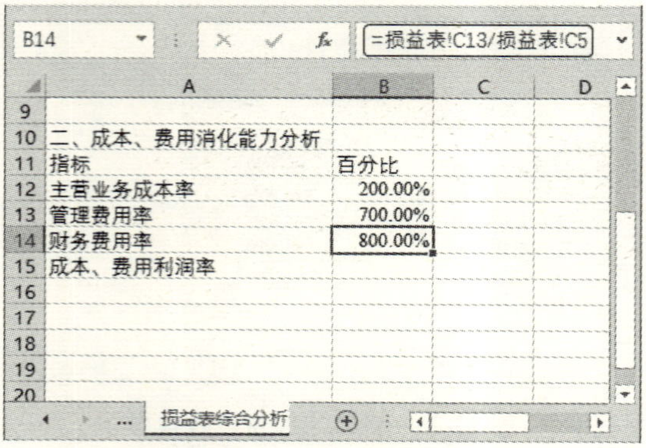

图12-79 计算出财务费用率

Step 05 由于成本、费用利润率是指利润总额与成本、费用的百分比,其计算公式为:"成本、费用利润率=利润总额/(主营业务成本+期间费用)×100%",所以这里需要选中B15单元格,然后在公式编辑栏中输入"=损益表!C19/(损益表!C11+损益表!C12+损益表!C13)"公式内容,按【Enter】键后,即可计算出成本、费用利润率,如图12-80所示。

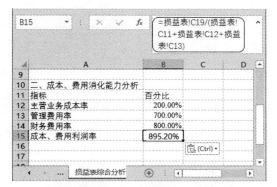

图 12-80　计算出成本、费用利润率

Step 06 为了美化表格,可以设置表格的边框、字体的大小、字形加粗、字体居中显示及设置合并部分单元格等操作,如图12-81所示。

图 12-81　美化表格后的效果

12.5　现金流量表综合分析

现金流量表反映企业一定会计期间经营活动、投资活动和筹资活动产生的现金流入、流出量。现金流量表的作用主要表现在3个方面:现金流量表有助于评价企业支付能力、偿债能力和周转能力;有助于预测企业未来现金流量;有助于分析企业收益质量及影响现金净流量的因素。

对于现金流量表的分析,可以从现金流量结构分析和现金流量比率分析两个方面进行,下面将对此进行详细介绍。

12.5.1　现金流量结构分析

现金流量的结构分析就是在现金流量表有关数据的基础上,进一步明确现金收入的结构、现金支出的构成及现金净额是如何形成的。现金流量的结构分析可以分为现金收入结构分析、现金支出结构分析和现金净额结构分析及近四个季度的收入、支出结构趋势分析4个方面。

1. 现金收入结构分析

现金收入构成反映企业经营活动现金收入、投资活动现金收入及筹资现金活动现金收入在全部现金收入中的比重,以及各项业务活动现金收入中具体项目的构成情况,明确企业的现金来自何方,要增加现金收入主要靠什么途径。

这里以引用"现金流量表"工作表中第一季度的现金收入金额为例,具体的操作步骤如下:

Step 01 在"财务状况及分析"工作簿中插入一个新的工作表,将其命名为"现金流量表综合分析"名称,在A1单元格中输入表格的标题,如图12-82所示。

图 12-82　新建"现金流量表综合分析"工作表

Step 02 在A2:C16单元格区域中输入表格的内容并设置表格的样式与格式，如图12-83所示。

图12-83 输入表格的内容

Step 03 选中B4单元格，在公式编辑栏中输入"=现金流量表!B5"公式内容，按【Enter】键后，即可从现金流量表中提取出该表格中销售商品，提供劳务收到的现金，如图12-84所示。

图12-84 提取销售商品，提供劳务收到的现金

Step 04 采用同样的方法，分别选中B6、B10、B13、B14单元格，在公式编辑栏中依次输入"=现金流量表!B7""=现金流量表!B18""=现金流量表!B27""=现金流量表!B28"公式内容，即可从现金流量表中提取出该表格中其他现金收入金额，其显示效果如图12-85所示。

Step 05 选中B3、B7、B12单元格，在公式编辑栏中依次输入"=SUM(B4:B6)""=SUM(B8:B11)""=SUM(B13:B15)"公式内容，即可分别计算经营活动、投资活动及筹资活动各自产生的现金收入结构，其显示效果如图12-86所示。

图12-85 提取其他现金收入金额

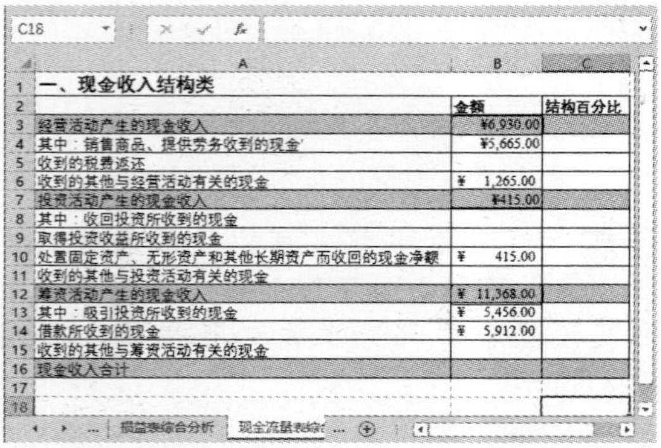

图12-86 计算经营活动、投资活动及筹资活动各自产生的现金收入结构

Step 06 选中B16单元格，在公式编辑栏中输入"=B3+B7+B12"公式内容，按【Enter】键后，即可计算出现金收入合计总数，如图12-87所示。

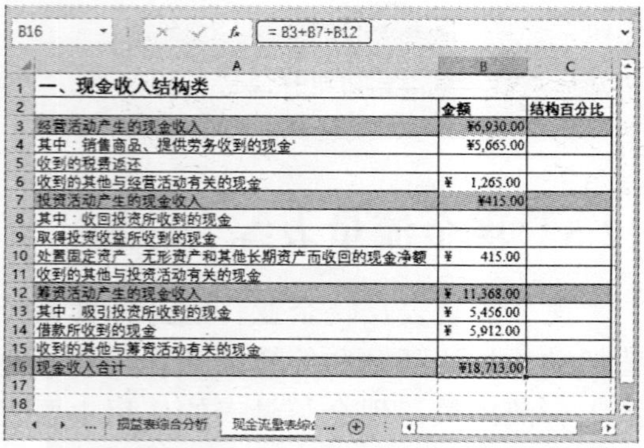

图12-87 计算出现金收入合计总数

Step 07 选中C3:C16单元格区域，设置单元格格式为【百分比】型，再选中C3单元格，然后在公式编辑栏中输入“= B3/$B$16”公式内容，按【Enter】键后，即可计算出经营活动产生的现金收入占总现金收入的百分比，如图12-88所示。

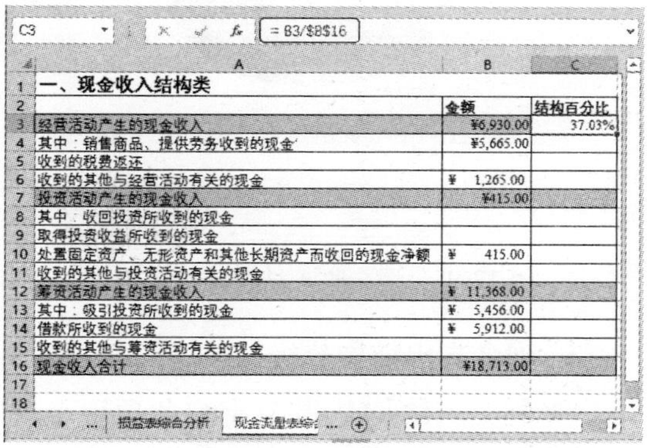

	A	B	C
1	一、现金收入结构类		
2		金额	结构百分比
3	经营活动产生的现金收入	¥6,930.00	37.03%
4	其中：销售商品、提供劳务收到的现金	¥5,665.00	
5	收到的税费返还		
6	收到的其他与经营活动有关的现金	¥ 1,265.00	
7	投资活动产生的现金收入	¥415.00	
8	其中：收回投资所收到的现金		
9	取得投资收益所收到的现金		
10	处置固定资产、无形资产和其他长期资产而收回的现金净额	¥ 415.00	
11	收到的其他与投资活动有关的现金		
12	筹资活动产生的现金收入	¥ 11,368.00	
13	其中：吸引投资所收到的现金	¥ 5,456.00	
14	借款所收到的现金	¥ 5,912.00	
15	收到的其他与筹资活动有关的现金		
16	现金收入合计	¥18,713.00	
17			
18			

图 12-88 计算出经营活动产生的现金收入的百分比

Step 08 复制C3单元格公式至C7、C12和C16单元格中，即可计算出其他现金收入占总现金收入的百分比，如图12-89所示。

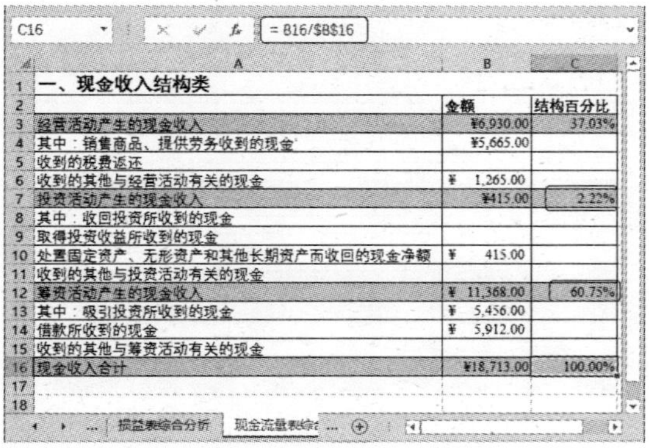

	A	B	C
1	一、现金收入结构类		
2		金额	结构百分比
3	经营活动产生的现金收入	¥6,930.00	37.03%
4	其中：销售商品、提供劳务收到的现金	¥5,665.00	
5	收到的税费返还		
6	收到的其他与经营活动有关的现金	¥ 1,265.00	
7	投资活动产生的现金收入	¥415.00	2.22%
8	其中：收回投资所收到的现金		
9	取得投资收益所收到的现金		
10	处置固定资产、无形资产和其他长期资产而收回的现金净额	¥ 415.00	
11	收到的其他与投资活动有关的现金		
12	筹资活动产生的现金收入	¥ 11,368.00	60.75%
13	其中：吸引投资所收到的现金	¥ 5,456.00	
14	借款所收到的现金	¥ 5,912.00	
15	收到的其他与筹资活动有关的现金		
16	现金收入合计	¥18,713.00	100.00%
17			
18			

图 12-89 计算出其他现金收入占总现金收入的百分比

Step 09 选中C4单元格，在公式编辑栏中输入“=B4/$B$3”公式内容，按【Enter】键后，即可计算出经营活动现金收入项目下的子项所占的结构百分比，如图12-90所示。

	A	B	C
1	一、现金收入结构类		
2		金额	结构百分比
3	经营活动产生的现金收入	¥6,930.00	37.03%
4	其中：销售商品、提供劳务收到的现金	¥5,665.00	81.75%
5	收到的税费返还		
6	收到的其他与经营活动有关的现金	¥ 1,265.00	
7	投资活动产生的现金收入	¥415.00	2.22%
8	其中：收回投资所收到的现金		
9	取得投资收益所收到的现金		
10	处置固定资产、无形资产和其他长期资产而收回的现金净额	¥ 415.00	
11	收到的其他与投资活动有关的现金		
12	筹资活动产生的现金收入	¥ 11,368.00	60.75%
13	其中：吸引投资所收到的现金	¥ 5,456.00	
14	借款所收到的现金	¥ 5,912.00	
15	收到的其他与筹资活动有关的现金		
16	现金收入合计	¥18,713.00	100.00%
17			
18			

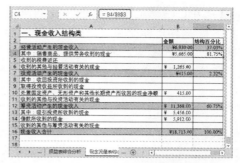

图 12-90 计算出经营活动现金收入项目下的子项所占的结构百分比

Step 10 选中C10单元格，然后在公式编辑栏中输入“=B10/B7”公式内容，按【Enter】键后，即可计算出投资活动现金收入的子项所占的结构百分比，如图12-91所示。

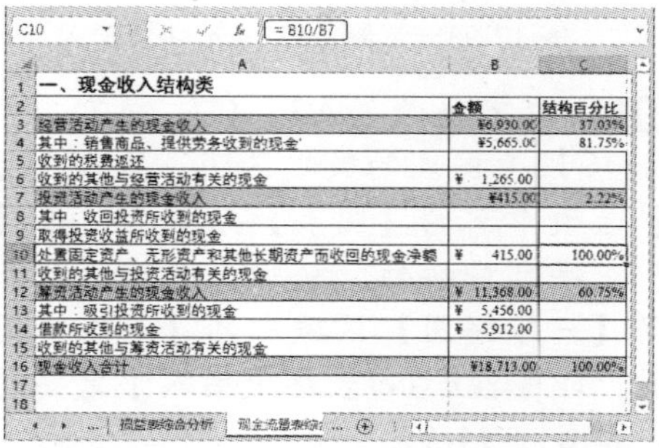

	A	B	C
1	一、现金收入结构类		
2		金额	结构百分比
3	经营活动产生的现金收入	¥6,930.00	37.03%
4	其中：销售商品、提供劳务收到的现金	¥5,665.00	81.75%
5	收到的税费返还		
6	收到的其他与经营活动有关的现金	¥ 1,265.00	
7	投资活动产生的现金收入	¥415.00	2.22%
8	其中：收回投资所收到的现金		
9	取得投资收益所收到的现金		
10	处置固定资产、无形资产和其他长期资产而收回的现金净额	¥ 415.00	100.00%
11	收到的其他与投资活动有关的现金		
12	筹资活动产生的现金收入	¥ 11,368.00	60.75%
13	其中：吸引投资所收到的现金	¥ 5,456.00	
14	借款所收到的现金	¥ 5,912.00	
15	收到的其他与筹资活动有关的现金		
16	现金收入合计	¥18,713.00	100.00%
17			
18			

图 12-91 计算出投资活动现金收入的子项所占的结构百分比

Step 11 选中C13单元格，然后在公式编辑栏中输入“=B13/$B$12”公式内容，按【Enter】键后，即可计算出筹资活动中各子项产生的现金收入结构百分比，如图12-92所示。

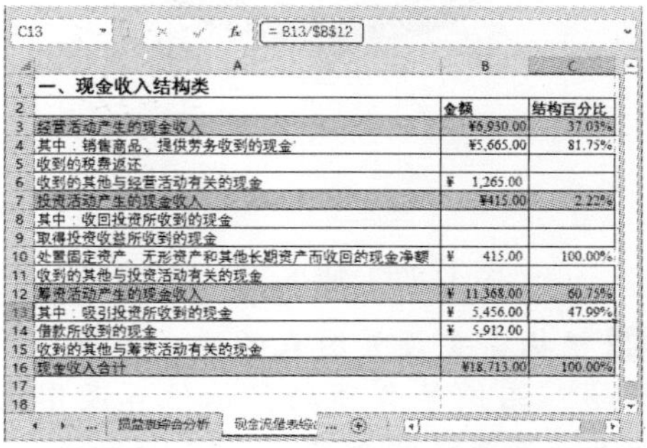

	A	B	C
1	一、现金收入结构类		
2		金额	结构百分比
3	经营活动产生的现金收入	¥6,930.00	37.03%
4	其中：销售商品、提供劳务收到的现金	¥5,665.00	81.75%
5	收到的税费返还		
6	收到的其他与经营活动有关的现金	¥ 1,265.00	
7	投资活动产生的现金收入	¥415.00	2.22%
8	其中：收回投资所收到的现金		
9	取得投资收益所收到的现金		
10	处置固定资产、无形资产和其他长期资产而收回的现金净额	¥ 415.00	100.00%
11	收到的其他与投资活动有关的现金		
12	筹资活动产生的现金收入	¥ 11,368.00	60.75%
13	其中：吸引投资所收到的现金	¥ 5,456.00	47.99%
14	借款所收到的现金	¥ 5,912.00	
15	收到的其他与筹资活动有关的现金		
16	现金收入合计	¥18,713.00	100.00%
17			
18			

图 12-92 计算出筹资活动中各子项产生的现金收入结构百分比

Step 12 选中C13单元格,将光标放到单元格的右下角,当光标变为"+"形状时,按住左键不放往下拖曳,到达C14单元格后松开,即可成功完成公式的复制,如图12-93所示。

图 12-93 复制C13单元格公式

Step 13 选中不连续的A3、C3、A7、C7、A12和C12为图表的数据区域,然后在【插入】选项卡下的【图表】组中,单击【饼图】下半部分按钮,从弹出的下拉列表中选择【三维饼图】区域中的【三维饼图】选项,即可在Excel表格中插入了需要的饼图,如图12-94所示。

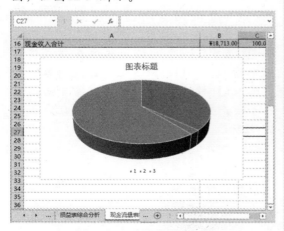

图 12-94 插入三维饼图

Step 14 根据需要设置图表的样式和布局、图表标题、图例等各项的显示位置及图表的形状等,其最终的效果如图12-95所示。

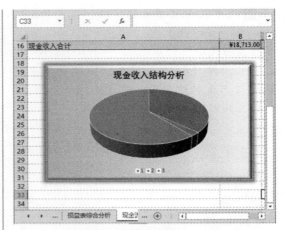

图 12-95 现金收入结构分析图表

2. 现金支出结构分析

现金支出结构是指企业的各项现金支出占企业当期全部现金支出的百分比,它具体反映企业的现金用在哪些方面,其具体的操作步骤如下:

Step 01 在"现金流量表综合分析"工作表中创建一个如图12-96所示的现金支出结构表。

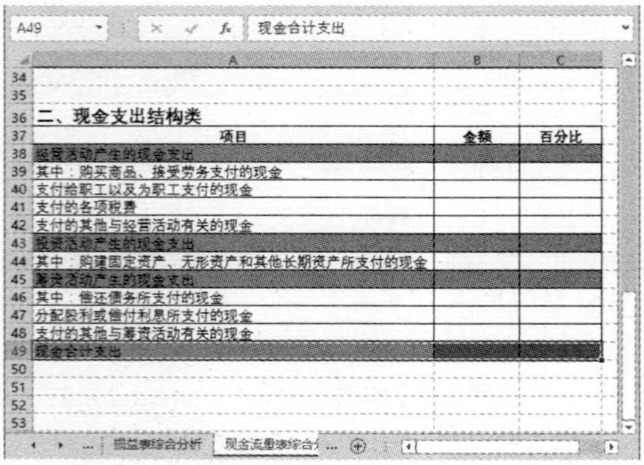

图 12-96 创建现金支出结构表

Step 02 按照前面介绍的方法,从现金流量表中引用数据完成该表格中的各项目,然后计算出百分比,如图12-97所示。

Step 03 以现金支出结构表中的经营活动产生的现金支出百分比、投资活动产生的现金支出百分比和筹资活动产生的现金百分比为图表源区域,其最终创建如图12-98所示的现金支出结构比较图表。

第12章
会计报表的分析与管理

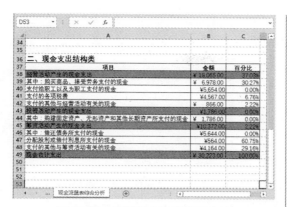

图12-97 计算现金支出表百分比

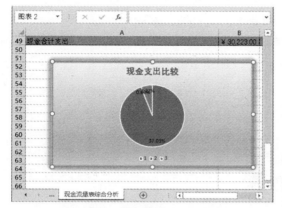

图12-98 现金支出结构分析图表

3. 现金净额分析

现金净额主要反映企业的现金余额是怎样形成的。其具体的操作步骤如下：

Step 01 在A69:C74单元格区域中创建现金净额结构表，并从现金流量表中引用各现金净额项目，如图12-99所示。

图12-99 创建现金净额结构表

Step 02 选中C71:C74单元格区域，设置单元格格式为【百分比】型，再选中C71单元

格，在公式编辑栏中输入"=B71/B74"公式内容，按【Enter】键后，即可计算出现金净额占现金净额合计的百分比，如图12-100所示。

图12-100 计算现金净额百分比

Step 03 选中C71单元格，将光标放到单元格的右下角，当光标变为"+"形状时，按住左键不放往下拖曳，到达C74单元格后松开，即可成功完成公式的复制，如图12-101所示。

图12-101 复制C71单元格公式

Step 04 选中A71:B73单元格区域作为图表的数据区域，即可创建现金净额比较图表，其最终效果如图12-102所示。

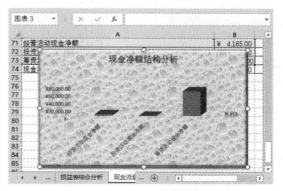

图12-102 创建现金净额比较图表

4. 近4个季度的收入、支出结构趋势分析

如果将不同时期的现金流量放在一起进行比较，就可以了解到企业现金流量结构的变化及未来的发展趋势，其具体的操作步骤如下：

Step 01 在"现金流量表综合分析"工作表中创建如图12-103所示的现金收入和现金支出比较表格。

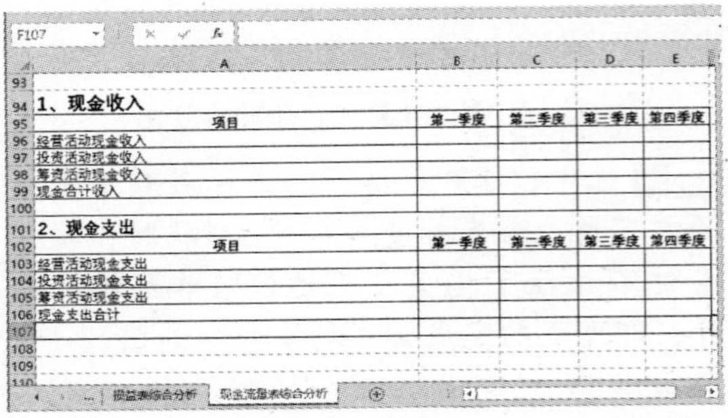

图12-103 创建近四个季度现金收入和支出比较表格

Step 02 采用前面所讲述的引用方法，从现金流量表中引用第一季度的结构数据，这里假定已经引用了第二季度、第三季度和第四季度的结构数据，并根据需要设置数据类型为"百分比"型，效果如图12-104所示。在实际工作中，第二季度、第三季度和第四季度的数据可以通过引用的方法取得。

图12-104 输入各年度收入和支出的结构比例

Step 03 以A95:E98单元格区域为图表的数据源区域，创建如图12-105所示的现金收入趋势图。

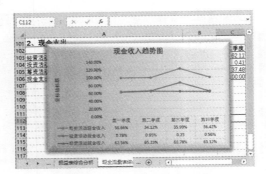

图12-105 创建现金收入趋势图

Step 04 以A102:E105单元格区域为图表的数据源区域，创建如图12-106所示的现金支出趋势图。

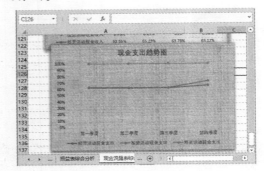

图12-106 创建现金支出趋势图

12.5.2 现金流量表比率分析

现金流量表的比率分析，主要是指对现金比率、经营净现金比率（短期债务）、经营净现金比率（全部债务）、现金再投资比率等指标的分析。

其具体的操作步骤如下：

Step 01 在"现金流量表综合分析"工作表中创建一个如图12-107所示的表格。

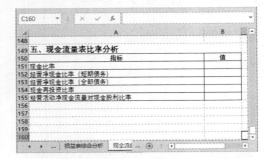

图12-107 创建现金流量比率分析表格

Step 02 由于现金比率是指企业的现金余额与企业的流动负债的比例，是衡量企业短期偿债能力的一个重要指标，其计算公式为：“现金比率=现金余额/流动负债×100%”，所以这里需要选中B151单元格，然后在公式编辑栏中输入“=现金流量表!B36/资产负债表!H17”公式内容，按【Enter】键后，即可计算出现金比率，如图12-108所示。

	A	B
148		
149	**五、现金流量表比率分析**	
150	**指标**	**值**
151	现金比率	305.85%
152	经营净现金比率（短期债务）	
153	经营净现金比率（全部债务）	
154	现金再投资比率	
155	经营活动净现金流量对现金股利比率	
156		
157		
158		
159		
160		
161		

现金流量表综合分析

图 12-108　计算出现金比率

Step 03 由于经营净现金比率（短期债务）是指经营活动的净现金流量与流动负债的比率，反映企业获得现金偿还短期债务的能力，其计算公式为：“经营净现金比率(短期债务)=经营活动净现金流量/流动负债×100%”，所以这里需要选中B152单元格，然后在公式编辑栏中输入“=现金流量表!B14/资产负债表!H17”公式内容，按【Enter】键后，即可计算出经营净现金比率（短期债务），如图12-109所示。

	A	B
148		
149	**五、现金流量表比率分析**	
150	**指标**	**值**
151	现金比率	305.85%
152	经营净现金比率（短期债务）	210.65%
153	经营净现金比率（全部债务）	
154	现金再投资比率	
155	经营活动净现金流量对现金股利比率	
156		
157		
158		
159		
160		
161		

现金流量表综合分析

图 12-109　计算出经营净现金比率（短期债务）

Step 04 由于经营净现金比率（全部债务）是指经营活动的净现金流量与全部负债的比率，反映企业用年度经营活动现金净流量偿付全部债务的能力，其计算公式为：“经营净现金比率(全部债务)=经营活动净现金流量/总负债×100%”，所以这里需要选中B153单元格，然后在公式编辑栏中输入“=现金流量表!B14/资产负债表!H28”公式内容，按【Enter】键后，即可计算出经营净现金比率（全部债务），如图12-110所示。

	A	B
148		
149	**五、现金流量表比率分析**	
150	**指标**	**值**
151	现金比率	305.85%
152	经营净现金比率（短期债务）	210.65%
153	经营净现金比率（全部债务）	210.65%
154	现金再投资比率	
155	经营活动净现金流量对现金股利比率	
156		
157		
158		
159		
160		
161		

现金流量表综合分析

图 12-110　计算出经营净现金比率（全部债务）

Step 05 由于现金再投资比率是指用经营活动现金净流量中被保留的部分同各项资产相比较，从而评价其重新再投资于各项营业资产的比率，其计算公式为：“现金再投资比率=(经营活动净现金流量-现金股利)/(固定资产总额+长期投资+其他长期资产+营运资金)×100%”，所以这里需要选中B154单元格，然后在公式编辑栏中输入“=(现金流量表!B14-现金流量表!B32)/(资产负债表!D24+资产负债表!D22+资产负债表!D34+资产负债表!D18-资产负债表!H17)”公式内容，按【Enter】键后，即可计算出现金再投资比率，如图12-111所示。

注意：现金再投资比率越高，则表明企业可用于再投资于各项资产的现金越多；反之，比率越低，则表示可用于再投资的现金越少。

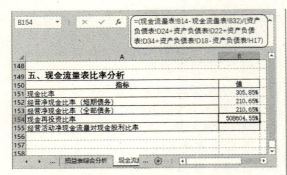

图 12-111 计算出现金再投资比率

Step 06 由于经营活动净现金流量对现金股利比率反映了企业用年度正常的经营活动所产生的现金流量来支付现金股利的能力，其计算公式为："经营活动净现金流量对现金股利比率=经营活动净现金流量/现金股利×100%"，所以这里需要选中B155单元格，然后在公式编辑栏中输入"=现金流量表!B14/现金流量表!B32"公式内容，按【Enter】键后，即可计算经营活动净现金流量对现金股利的比率，如图12-112所示。

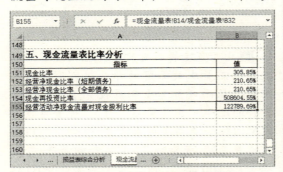

图 12-112 计算经营活动净现金流量对现金股利的比率

> 提示：除上述指标外，股份制企业还可以计算每股现金流量指标，每股现金流量反映了企业发行在外每股普通股的现金流量，其计算公式为："每股现金流量=经营活动现金净流量/流通在外的普通股股数"，其每股现金流量越高，则表明企业每股普通股所获得的现金流量越多；反之，每股现金流量越低，则每股普通股所获得的现金流量越少。

12.6 疑难解惑

疑问1：如何在公式中引用其他工作表的单元格数据？

在工作表公式中一般可以用单元格符号来引用单元格的内容，但都是在同一个工作表中操作的。如果要在当前工作表公式中引用别的工作表中的单元格数据，可以使用以下格式来表示：工作表名称+"!"+单元格名称。例如，要将Sheet1工作表中的A1单元格的数据和Sheet2工作表中的B1单元格的数据相加，可以表示为："Sheet1!A1+Sheet2!B1"。

疑问2：如何为图表添加标题？

为创建好的图表添加上标题可以使图表主题更加明确具体，其主要分为以下几步：

（1）双击要添加标题的图表，切换到【布局】选项卡，在【标签】组中单击【图表标题】下拉三角按钮，从弹出的下拉列表中选择【图表上方】选项。

（2）在图表的上方会出现一个图标标题文本框，在其中输入需要添加的图表标题即可。

第 13 章
使用 Excel 分析企业筹资决策

本章主要介绍了几种常用的货币时间价值函数、资本成本计算模型,以及如何利用单变量模拟运算表和双变量模拟运算表进行筹资决策分析等内容,相信通过本章的学习,有助于财务人员在日后的工作中能够节省大量的劳动时间,以便于提高工作效率。

本章技能(已掌握的在方框中打钩)
☐ 学习货币时间价值函数。
☐ 制作资本成本计量模型。
☐ 创建筹资决策分析模型。

13.1 货币时间价值函数

货币的时间价值是指经历一定时间的投资和再投资所增加的价值,其本质是价值增值,即现在的1元钱在未来的某个时间已不再是1元钱,而是发生了增值。投资时间越长,循环周转的次数越多,价值增值就越多,货币时间价值也就越多。

13.1.1 年金现值函数及应用

年金是指不定时期内每一次等额收付的系列款项,其特点是资金的收入或付出不是一次性发生的,而是分次等额发生的,而且每一次发生的间隔期都是相等的。

按照每一次收付款发生的具体时间不同,又可以把年金分为普通年金和即付年金两种基本类型。其中普通年金是指从第一期开始,在一定时期内每一期期末等额收付的系列款项,又称为后付年金;即付年金指从第一期开始,在一定时期内每一期期初等额收付的系列款项,又称为先付年金。

1. 年金现值函数——PV 函数

年金现值函数是计算未来某一期一次性收到或偿还额的现值,分为普通年金现值(也称为后付年金现值)和即付年金现值(也称为先付年金现值)两种。

PV 函数是一种常用的年金现值函数,下面对此函数的语法及应用进行简单介绍。

函数格式:PV(rate,nper,pmt,fv,type)。

函数功能:计算未来某期一次性收到或偿还额的现值。

- rate:各期利率。
- nper:总投资(或贷款)期,即该项投资(或贷款)的付款期总数。

- pmt：各期所应支付的金额，其数值在整个年金期间保持不变。通常pmt包括本金和利息，但不包括其他的费用及税款。如果忽略pmt，则必须包含fv参数。
- fv：未来值，或在最后一次支付后希望得到的现金余额。如果省略fv，则假设其值为零。如果忽略fv，则必须包含pmt参数。
- type：收款或付款日的类型。数字0或1用以指定各期的付款时间是期初或期末，其中0表示期末，1表示期初。

2. 年金现值函数的应用

年金现值主要分为普通年金现值、即付年金现值、复利现值3种。

（1）普通年金现值

例如，某家企业每年年末偿还借款10000元，借款期限为10年，现假设银行存款年利率为10%，下面计算该企业目前在银行中的存款数。

其具体的操作步骤如下：

Step 01 启动Excel 2016程序，新建一个工作簿并命名为"筹资决策的分析.xlsx"，双击Sheet1工作表标签，将其命名为"年金现值函数"，然后在工作表中输入普通年金现值的相关项目并进行格式化，如图13-1所示。

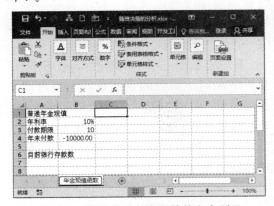

图13-1 输入普通年金现值的各个项目

Step 02 选中B6单元格，在【公式】选项卡下的【函数库】组中单击【插入函数】按钮，即可弹出【插入函数】对话框，在【或选择类别】下拉列表框中选择【财务】选项，在【选择函数】列表框中选择【PV】选项，如图13-2所示。

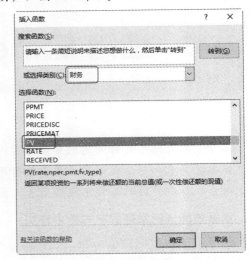

图13-2 【插入函数】对话框

Step 03 单击【确定】按钮，即可在弹出的【函数参数】对话框中输入相应的参数值，如图13-3所示。

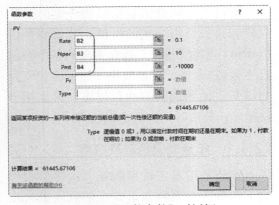

图13-3 【函数参数】对话框

Step 04 图13-3中的未来值（Fv）和年金类型（Type）两个选项可以忽略，其默认值分别为0和普通年金。也可以在B6单元格中直接输入"=PV(B2,B3,B4)"公式，然后按【Enter】键后，即可计算出普通年金现值数，结果如图13-4所示。

第13章
使用Excel分析企业筹资决策

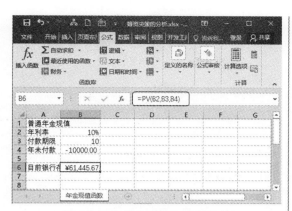

图13-4 计算出普通年金现值数

(2) 即付年金现值

例如,把上面的付款条件改为每个月月初付款1500元,付款期限和年利率不变,仍然是10年和10%,下面计算该企业目前在银行中的存款数。

其具体的操作步骤如下:

Step 01 在"年金现值函数"工作表中输入即付年金现值的相关项目并进行格式化,其显示结果如图13-5所示。

图13-5 输入即付年金现值的各个项目

Step 02 选中E6单元格,采用上述方法打开【函数参数】对话框,然后在各个参数文本框中输入参数值,如图13-6所示。

提示:由于付款条件由每年年末支付一次改为了每个月支付一次,所以,付款期限由原来的10次变为了120次(10*12),年利率应该变为月利率(10%/12),付款时间由原来的年末改为月初,即由原来的普通年金现值变成了即付年金现值。

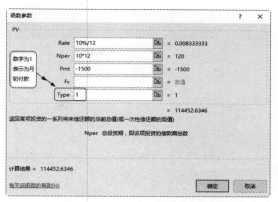

图13-6 输入即付年金现值参数值

Step 03 单击【确定】按钮,返回工作表中,此时在E6单元格中即可计算出目前银行存款的现值数,也可以直接选中E6单元格,然后在公式编辑栏中输入"=PV(10%/12,10*12,-1500,,1)"公式内容,按【Enter】键后,即可计算出即付年金现值,如图13-7所示。

图13-7 计算出即付年金现值数

(3) 复利现值

例如,某家企业投资一项项目,打算在5年后一次性收到1000000元,假设该投资项目的报酬率为8%,下面计算现在应该投资的现值。

其具体的操作步骤如下:

Step 01 继续在该工作表中输入复利年金现值的相关项目并进行格式化,其显示结果如图13-8所示。

283

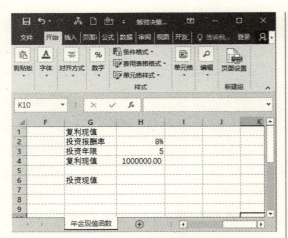

图 13-8 输入复利现值的各个项目

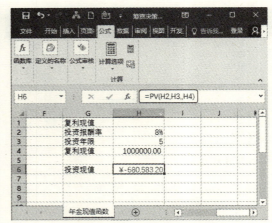

图 13-10 计算出复利现值数

13.1.2 年金终值函数及应用

年金终值是返回某一项投资的未来值。和年金现值一样，年金终值分为普通年金终值（也称为后付年金终值）和即付年金终值（也称为先付年金终值）两种。

FV函数是一种年金终值函数，下面介绍此函数的语法及应用。

1. 年金终值函数——FV函数

函数格式：FV（rate,nper,pmt,pv,type）

函数功能：基于固定利率及等额分期付款方式，返回某一项投资的未来值。

- rate：各期利率。
- nper：总投资期，即该项投资的付款期总数。
- pmt：各期所应支付的金额，其数值在整个年金期间保护不变。通常pmt包括本金和利息，但不包括其他的费用及税款。如果忽略pmt，则必须包含PV参数。
- pv：现值，即从该项投资开始计算时已经入账的款项，或一系列未来付款的当前值的累计和，也称为本金。如果省略了PV，则假设其值为零，并且必须包括pmt参数。
- type：数字0或1，用以指定各期的付款时间在期初或期末。如果省略

Step 02 选中H6单元格，采用上述方法打开【函数参数】对话框，然后在各个参数文本框中输入参数值，或者在H6单元格中输入"=PV(H2,H3,,H4)"公式内容，即可计算出复利现值数，其显示结果如图13-9所示。

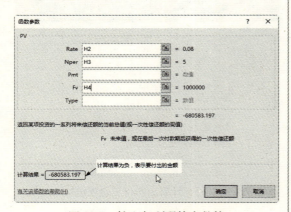

图 13-9 输入复利现值参数值

> 注意：在输入公式时不需要输入参数pmt的数值，但是参数pmt后面的","却不能漏掉不写。

Step 03 单击【确定】按钮，返回工作表中，此时在H6单元格中即可显示出应该投资的金额，如图13-10所示。

了type，则假设其值为0。0表示付款期限在期初，1表示付款期限在期末。

📢 **注意**：年金终值函数FV和年金现值函数PV一样，在所有的参数中，若为现金收入则以正数表示，若为现金流出则以负数表示。

2. 年金终值函数的应用

年金终值主要分为普通年金终值、即付年金终值、复利终值3种。

（1）普通年金终值

例如，某家企业每年年末存款10000元，年利率为12%，下面计算5年后的本利累计之和。

其具体的操作步骤如下：

Step 01 双击Sheet2工作表标签，将其命名为"年金终值函数"名称，然后在工作表中输入普通年金终值的相关项目并进行格式化，其显示效果如图13-11所示。

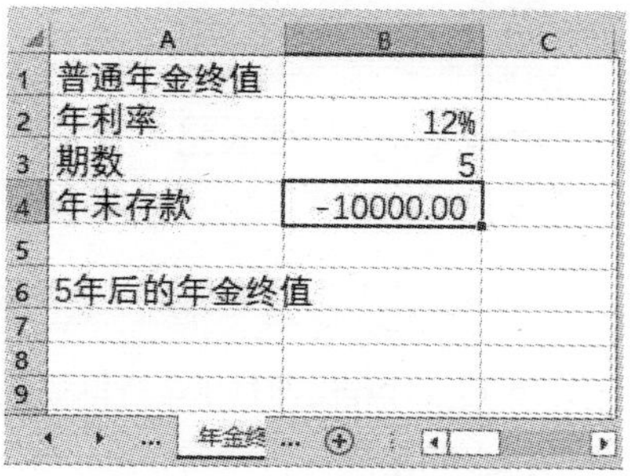

图13-11　输入普通年金终值的各个项目

Step 02 选中B6单元格，然后在【公式】选项卡下的【函数库】组中单击【插入函数】按钮，即可弹出【插入函数】对话框，在【或选择类别】下拉列表框中选择【财务】选项，在【选择函数】列表框中选择【FV】选项，如图13-12所示。

Step 03 单击【确定】按钮，即可在弹出的【函数参数】对话框中输入相应的参数值，如图13-13所示。

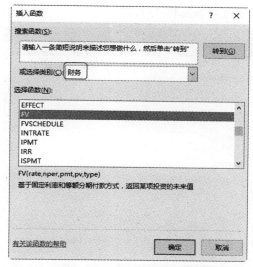

图13-12　【插入函数】对话框

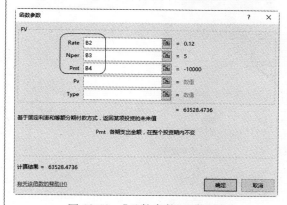

图13-13　【函数参数】对话框

Step 04 对于图13-13中的该项投资的初始投资额（Pv）和年金类型（Type）两个选项，系统默认初始投资额为0，年金类型为普通年金。也可以在B6单元格中直接输入"=FV(B2,B3,B4)"公式，然后按【Enter】键后，即可计算出5年后的普通年金终值，显示结果如图13-14所示。

（2）即付年金终值

例如，把上面的存款条件改为每个月月初存款1000元，年利率仍然是12%，下面计算5年后存款的本利之和。

其具体的操作步骤如下：

Step 01 在"年金终值函数"工作表中输入即付年金终值的相关项目并进行格式化，其显示结果如图13-15所示。

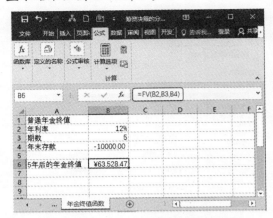

图13-14　计算出5年后的普通年金终值

图13-15　输入即付年金终值的各个项目

Step 02 选中E6单元格，采用上述方法打开【函数参数】对话框，然后在各个参数文本框中输入参数值，如图13-16所示。

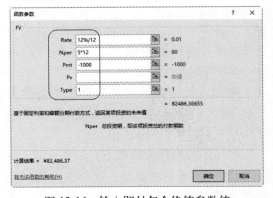

图13-16　输入即付年金终值参数值

提示：由于付款条件由每年年末支付一次改为每个月支付一次，所以，存款次数由原来的5次变成了60次（5×12），年利率应该变为月利率（12%/12），付款时间由原来的年末改为月初，即由原来的普通年金现值变成了即付年金现值。

Step 03 单击【确定】按钮，返回工作表中，此时在E6单元格中即可计算出5年后的即付年金终值数，也可以直接选中E6单元格，然后在公式编辑栏中输入"=FV(12%/12,5*12,-1000,,1)"公式内容，按【Enter】键后，即可计算出即付年金终值，如图13-17所示。

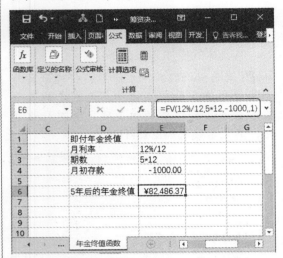

图13-17　计算出即付年金终值数

（3）复利终值

例如，将10000元存入银行，年利率为5%，复利计息，下面计算5年后的本利之和。

其具体的操作步骤如下：

Step 01 继续在该工作表中输入复利终值的相关项目并进行格式化，其显示结果如图13-18所示。

Step 02 选中H6单元格，采用上述方法打开【函数参数】对话框，然后在各个参数文本框中输入参数值，或者在H6单元格中输入"=FV(H2,H3,,H4)"公式内容，计算出复利现值数，其显示结果如图13-19所示。

第 13 章
使用 Excel 分析企业筹资决策

13.1.3 等额还款函数及应用

等额还款函数是基于固定利率及等额分期付款方式，返回贷款的每一期付款额，计算的结果是相等的。

PMT函数是一种等额还款函数，下面介绍一下此函数的格式和应用的方法。

1. 等额还款函数——PMT函数

函数格式：PMT（rate,nper,pv,fv,type）。

函数功能：基于固定利率及等额分期付款方式，返回贷款的每一期付款额。

- rate：贷款利率。
- nper：该项贷款的付款总数。
- pv：现值，或一系列未来付款的当前值的累积和，也称为本金。
- fv：未来值，或在最后一次付款后希望得到的现金余额。如果省略了fv，则假设其值为零，也就是一笔贷款的未来值为零。
- type：数字0或1，用以指定各期的付款时间是在期初或期末。

2. 等额还款函数的应用

例如，某家企业从银行贷款120000元，年利率为10%，贷款期限为8年，假设条件为每年的年末还款，下面计算每年年末的还款额。

其具体的操作步骤如下：

Step 01 双击Sheet3工作表标签，将其命名为"等额还款函数"名称，然后在该工作表中输入各个项目并进行格式化，如图13-21所示。

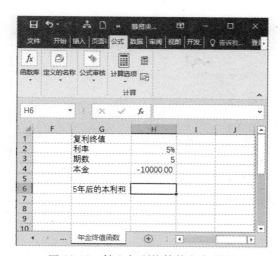

图 13-18　输入复利终值的各个项目

图 13-19　输入复利终值参数值

Step 03 单击【确定】按钮，返回工作表中，此时在H6单元格中即可计算出5年后的本利和，显示结果如图13-20所示。

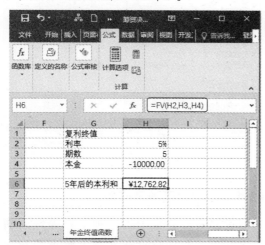

图 13-20　计算出复利终值数

图 13-21　输入等额还款的各个项目

Step 02 选中B6单元格,在【公式】选项卡下的【函数库】组中单击【插入函数】按钮,即可弹出【插入函数】对话框,在【或选择类别】下拉列表框中选择【财务】选项,在【选择函数】列表框中选择【PMT】选项,如图13-22所示。

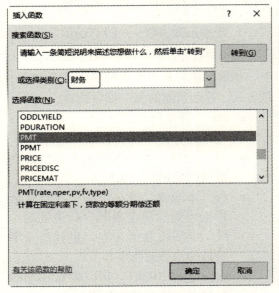

图13-22 【插入函数】对话框

Step 03 单击【确定】按钮,在弹出的【函数参数】对话框中输入相应的参数值,如图13-23所示。

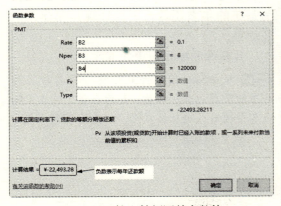

图13-23 输入等额还款参数值

Step 04 再次单击【确定】按钮,返回工作表中,此时在B6单元格中即可计算出每一年的等额还款额,如图13-24所示。

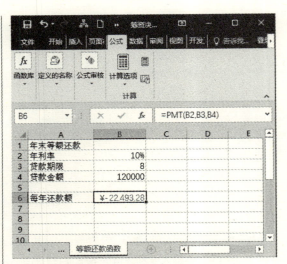

图13-24 计算每年还款额

Step 05 若将还款的条件改为每个月的月初等额还款,其他的条件不变,则可按照下面的方法计算出该企业每个月月初的还款额。只需要在A8单元格中输入"每月月初还款"项目,在B8单元格中输入"=PMT(10%/12, 8*12,120000,,1)"公式,按【Enter】键后,即可计算出每个月月初余额值,如图13-25所示。

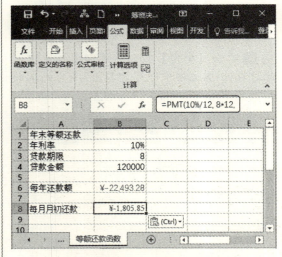

图13-25 计算出每个月月初的还款额

13.1.4 本金函数及应用

本金函数是基于固定利率及等额分期付款方式,返回投资在某一个给定期间内

第13章
使用 Excel 分析企业筹资决策

的本金偿还额。

PPMT函数是一种本金函数，下面介绍此函数的语法和应用的方法。

1. 本金函数——PPMT函数

函数格式：PPMT(rate,per,nper,pv,fv)。

函数功能：基于固定利率及等额分期付款的方式，返回投资在某一个给定期间内的本金还额。

- rate：各期利率。
- per：用于计算其本金数额的期数，必须介于1到nper。
- nper：总投资期，即该投资的付款期数。
- pv：现值，即从该项投资开始计算时已经入账的款项，或一系列未来付款当前值的累积和，也称为本金。
- fv：未来值，或在最后一次付款后希望得到的现金余额。如果省略了fv，则假设其值为零，也就是一笔贷款的未来值为零。

2. 本金函数的应用

例如，某家企业贷款12000元，年利率为10%，贷款期限为8年，偿还条件为每个月的月初偿还，下面计算第10个月的支付本金数。

其具体的操作步骤如下：

Step 01 在"筹资决策的分析.xlsx"工作簿中插入一张新的工作表，将其命名为"本金函数"名称，然后在该工作表中输入各个项目并进行格式化，效果如图13-26所示。

Step 02 选中B6单元格，然后在【公式】选项卡下的【函数库】组中单击【插入函数】按钮，即可弹出【插入函数】对话框，在【或选择类别】下拉列表框中选择【财务】选项，在【选择函数】列表框中选择【PPMT】选项，如图13-27所示。

Step 03 单击【确定】按钮，在弹出的【函数参数】对话框中输入相应的参数值，如图13-28所示。

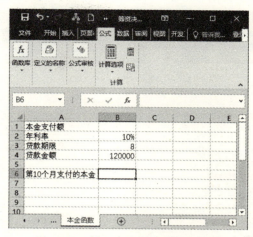

图 13-26 输入本金函数的各个项目

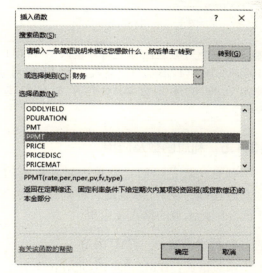

图 13-27 插入"PPMT"函数

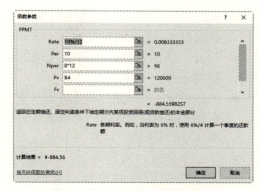

图 13-28 输入本金函数参数值

289

Step 04 再次单击【确定】按钮,返回工作表中,此时在B6单元格中即可计算出第10个月支付的本金额,如图13-29所示。

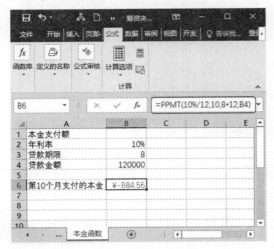

图13-29 计算出本金额

💡 **提示**:也可以在B6单元格中输入"=PPMT(10%/12,10,8*12,B4,,1)"公式,按【Enter】键后,即可计算出第10个月支付的本金额。

13.1.5 利息函数及应用

利息函数是返回定期数内对外投资的利息偿还额。IPMT函数是一种利息函数,下面介绍此函数的格式及应用。

1. 利息函数——IPMT函数

函数格式:IPMT(rate,per,nper,pv,fv)。

- rate:各期利率。
- per:用于计算其利息数额的期数,必须介于1到nper。
- nper:总投资期,即该项投资的付款期总数。
- pv:现值,即从该项投资开始计算时已经入账的款项,或一系列未来付款当前值的累积和,也称为本金。
- fv:未来值,或在最后一次付款后希望得到的现金余额。如果省略fv,则假设其值为零,也就是一笔贷款的未来值为零。

2. 利息函数的应用

例如,某家企业贷款12000元,年利率为10%,贷款期限为8年,偿还条件为每个月的月初偿还,下面计算第10个月的支付利息数。

其具体的操作步骤如下:

Step 01 在"筹资决策的分析.xlsx"工作簿中插入一张新的工作表,将其命名为"利息函数"名称,然后在该工作表中输入各个项目并进行格式化,效果如图13-30所示。

图13-30 输入利息函数的各个项目

Step 02 选中B6单元格,然后在【公式】选项卡下的【函数库】组中单击【插入函数】按钮,即可弹出【插入函数】对话框,在【或选择类别】下拉列表框中选择【财务】选项,在【选择函数】列表框中选择【IPMT】选项,如图13-31所示。

图13-31 插入"IPMT"函数

Step 03 单击【确定】按钮，在弹出的【函数参数】对话框中输入相应的参数值，如图13-32所示。

图 13-32 输入利息函数参数值

Step 04 再次单击【确定】按钮，返回工作表中，此时在B6单元格中即可计算出第10个月支付的利息数，如图13-33所示。

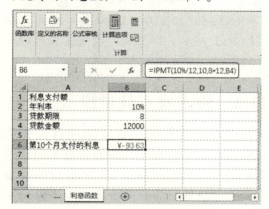

图 13-33 计算出支付的利息数

提示：也可以在B6单元格中输入"=IPMT(10%/12,10,8*12,B4,,1)"公式，按【Enter】键后，即可计算出第10个月的利息数。

13.1.6 利率函数及应用

利率函数是返回年金的各期利率，也就是在贷款金额、贷款期限、偿还金额一定的情况下计算出实际的利率数。

RATE函数是一种利率函数，其语法及应用如下所述。

1. 利率函数——RATE函数

函数格式：RATE(nper,pmt,pv,fv,type)。

函数功能：返回年金的各期利率。

- nper：总投资期，即该项投资的付款期总数。
- pmt：各期付款项，其数值在整个投资期内保持不变。通常pmt包括本金和利息，但不包括其他的费用或税金。如果忽略了pmt，则必须包含fv参数。
- pv：现值，即从该项投资开始计算时已经入账的款项，或一系列未来付款当前值的累计和，也称为本金。
- fv：未来值，或在最后一次付款后希望得到的现金余额。如果省略了fv，则假设其值为零。
- type：数字0或1，用以指定各期的付款时间是在期初或期末。

如果省略了预期利率，则假设该值为10%；如果函数RATE是不收敛的，则需要改变参数guess的值。通常guess为0到1时，函数RATE是收敛的。

2. 利率函数的应用

例如，某家企业贷款5000元，贷款期限8年，每个月的月初支付100元，下面计算该笔贷款的实际利率。

其具体的操作步骤如下：

Step 01 在"筹资决策的分析.xlsx"工作簿中插入一张新的工作表，将其命名为"利率函数"名称，然后在该工作表中输入各个项目并进行格式化，效果如图13-34所示。

Step 02 选中B6单元格，然后在【公式】选项卡下的【函数库】组中单击【插入函数】按钮，即可弹出【插入函数】对话框，在【或选择类别】下拉列表框中选择【财务】选项，在【选择函数】列表框中选择【RATE】选项，如图13-35所示。

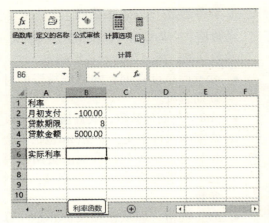

图 13-34　输入利率的各个项目

图 13-35　插入"RATE"函数

Step 03 单击【确定】按钮，在弹出的【函数参数】对话框中输入相应的参数值，如图13-36所示。

图 13-36　输入利率函数参数值

Step 04 再次单击【确定】按钮，返回工作表中，此时在B6单元格中即可计算出该笔贷款的实际利率，如图13-37所示。

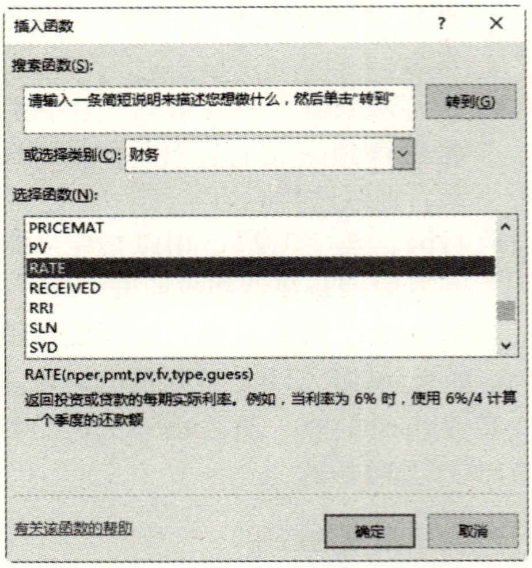

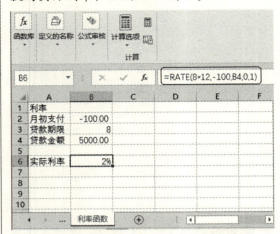

图 13-37　计算出利率值

提示：也可以在B6单元格中输入"=RATE(8*12,-100, B4,0,1)"公式，按【Enter】键后，即可计算出该笔贷款的实际利率。

13.2　资本成本计量模型

资本成本是指投资于新项目资金的机会成本。只有企业投资的收益率超过筹资来源（包括普通股股东）所要求的收益率，企业普通股股东的价值才会增加，从而增加股东的财富。资本成本决定了企业为了使其价值最大化而必须在新的投资中所获得的收益率。

在确定普通股东成本时，本节将介绍股利评价模型的方法和资本资产定价模型方法等。

13.2.1　长期借款的资本成本

长期借款的资本成本是指借款利息和筹资费用。借款利息计入税前成本费用，可以起到抵税的作用。当长期借款的筹资费（主要是借款的手续费）很小时，也可

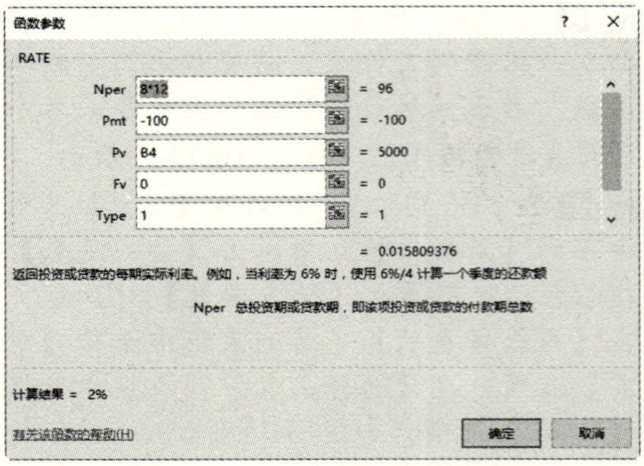

以忽略不计。因此,一次还本、分期付息借款的资本成本的计算公式如下:

$$K_1 = \frac{R_1(1-T)}{1-F_1};$$

式中　K_1——长期借款资本成本;
　　　R_1——长期借款年利率;
　　　T——所得税率;
　　　F_1——长期借款筹资费用率。

例如,某企业取得5年期长期借款200万元,年利率为11%,每年付息一次,到期一次还本,筹资费用率为0.5%,企业所得税率为33%,下面计算该项长期借款的资本成本。

其具体的操作步骤如下:

Step 01 启动Excel 2016程序,新建一个工作簿并命名为"资本成本.xlsx"名称;然后双击Sheet1工作表标签,将其重命名为"长期借款";最后根据需要在该工作表中输入各个项目并进行格式化,效果如图13-38所示。

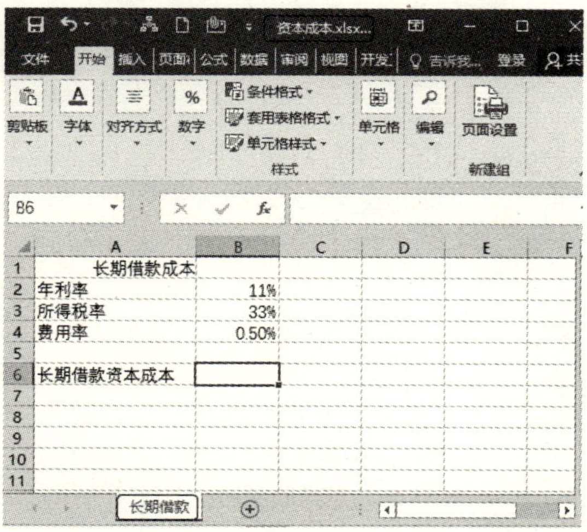

图13-38　输入长期借款成本的各个项目

Step 02 选中B6单元格,然后在公式编辑栏中输入"=B2*(1-B3)/(1-B4)"公式内容,按【Enter】键后,即可计算出长期借款资本成本,显示结果如图13-39所示。

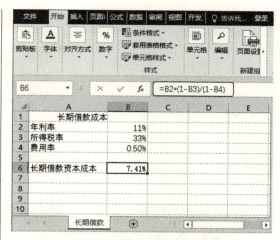

图13-39　计算出长期借款资本成本

13.2.2　债券的资本成本

债券利息应计入税前成本费用,可以起到抵税的作用;债券筹资费用一般较高,不可省略。一次还本、分期付息的债券的资本成本的计算公式如下:

$$K_b = \frac{I_b(1-T)}{B(1-F_b)};$$

式中　K_b——债券资本成本;
　　　I_b——债券年利息;
　　　T——所得税率;
　　　B——债券筹资额;
　　　F_b——长期借款筹资费用率。

例如,某家公司发行面值为200万元的12年期债券,票面利率为10%,发行费用率为1.5%,该企业的所得税率为33%,下面计算该债券的资本成本。

其具体的操作步骤如下:

Step 01 双击Sheet2工作表标签,将其重命名为"债券"名称,然后在工作表中输入各个项目并进行格式化,效果如图13-40所示。

图 13-40 输入股利的各个项目

Step 02 选中B7单元格，然后在公式编辑栏中输入"=B5*B2*(1-B3)/(B5*(1-B4))"公式内容，按【Enter】键后，即可计算出债券资本成本，显示结果如图13-41所示。

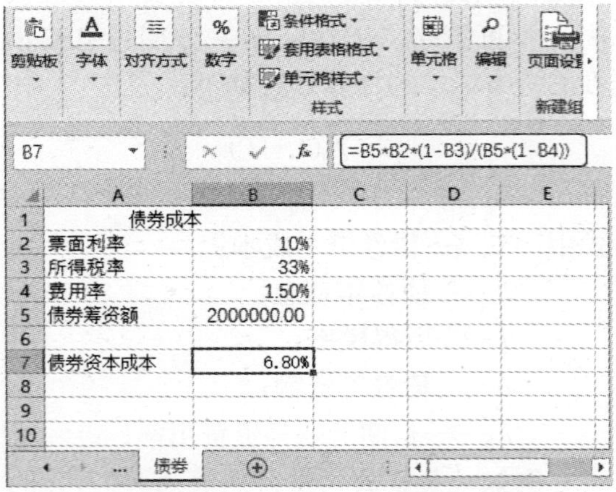

图 13-41 计算出留存收益资本成本

13.2.3 留存收益的资本成本

留存收益是企业缴纳所得税后形成的，其所有权属于股东。股东将其留存在企业，实际上是对企业追加投资。如果企业使用留存收益再投资的收益率低于股东自己进行其他风险相似的投资的收益率，企业就不应该保留留存收益，而应该分配给股东。

对留存收益的资本成本可以利用股利增长模型方法和资本资产定价模型方法来进行计算。

1. 股利增长模型

$$K_e = \frac{D_1}{P_e} + G$$

式中 K_e——留存收益资本成本；
　　　D_1——预期年股利额；
　　　P_e——普通股市价；
　　　G——普通股利年增长率。

例如，某家公司普通股股利目前的市价为60元，估计年增长率为9%，本年发放股利10元，下面计算留存收益的资本成本。

其具体的操作步骤如下：

Step 01 双击Sheet3工作表标签，将其重命名为"留存收益"名称，然后在工作表中输入各个项目并进行格式化，效果如图13-42所示。

图 13-42 输入股利的各个项目

Step 02 选中B6单元格，然后在公式编辑栏中输入"=B2*(1+B4)/ B3+B4"公式内容，按【Enter】键后，即可利用股利增长模型方法计算出留存收益资本成本，显示结果如图13-43所示。

图 13-43 利用股利增长模型计算留存收益资本成本

2. 资本资产定价模型

$$K_e = R_f + \beta(R_m - R_f)$$

式中　R_f——无风险报酬率；

　　　β——股票系数；

　　　R_m——平均风险股票必要报酬率。

例如，某一期间市场无风险报酬率为10%，平均风险股票必要报酬率为15%，某家企业普通股β值为1.8，下面计算该期间的留存收益的资本成本。

其具体的操作步骤如下：

Step 01 继续在"留存收益"工作表中输入各个项目并进行格式化，效果如图13-44所示。

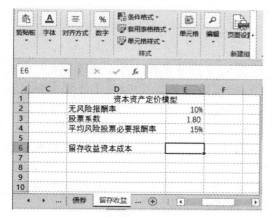

图 13-44 输入资本成本定价的各个项目

Step 02 选中B6单元格，然后在公式编辑栏中输入"=E2+E3*(E4-E2)"公式内容，按【Enter】键后，即可利用资本资产定价模型的方法计算出留存收益资本成本，显示结果如图13-45所示。

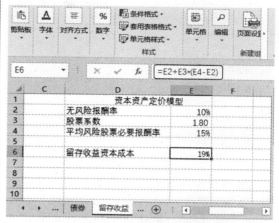

图 13-45 计算出留存收益资本成本

13.2.4　普通股新股的资本成本

普通股新股的资本成本是指新发行的普通股成本，可以按照前述股利增长模型法的思路计算，但需调整发行新股时发生的筹资费用对资本成本的影响。

普通股新股的资本成本的计算公式如下：

$$K_v = \frac{D_1}{P_e(1 - F_v)} + G$$

式中　Kv——普通股成本；

　　　Fv——普通股筹资费用率。

例如，某家公司普通股股利目前市价为60元，估计年增长率为8%，本年发放股利10元。若该公司新发行普通股，筹资费用率为5%，下面计算发行的普通股的资本成本。

其具体的操作步骤如下：

Step 01 在"资本成本.xlsx"工作簿中插入一张新的工作表，将其命名为"普通股"，然后在该工作表中输入各个项目并进行格式化，如图13-46所示。

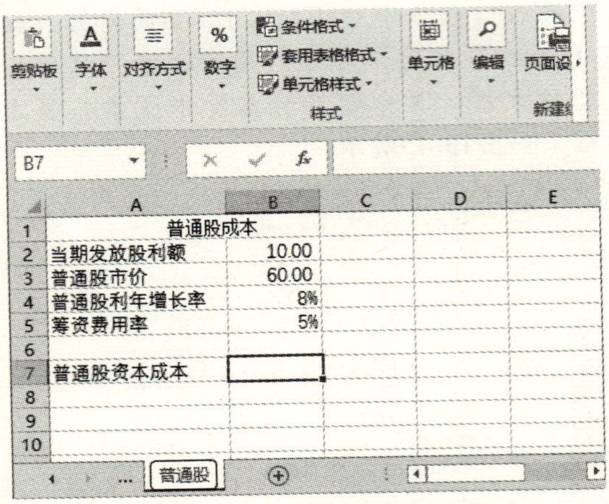

图13-46 输入普通股的各个项目

Step 02 选中B6单元格，然后在公式编辑栏中输入"=B2*(1+B4)/(B3*(1-B5))+B4"公式内容，按【Enter】键后，即可计算出普通股资本成本，显示结果如图13-47所示。

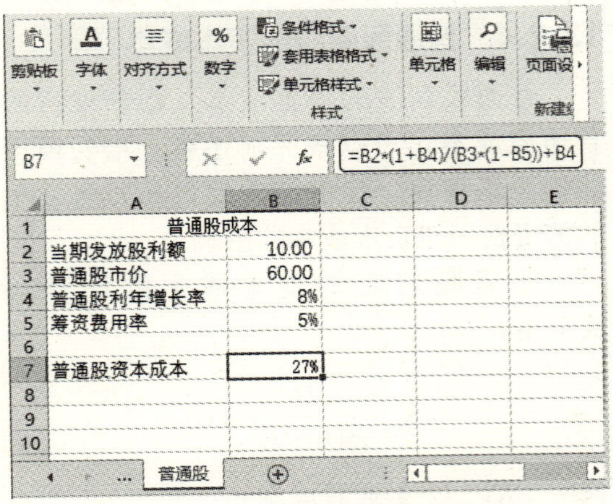

图13-47 计算出普通股资本成本

13.2.5 加权平均资本成本

加权平均资本成本是指企业以各种资本在企业全部资本中所占的比重为权数，对各种长期资金的资本成本加权平均计算出来的资本总成本。加权平均资本成本可用来确定具有平均风险投资项目所要求收益率。其计算公式如下：

$$K_w = \sum_{j=1}^{n} K_j \times W_j$$

式中　K_w——加权平均资本成本；
　　　K_j——第j种个别资本成本；
　　　W_j——第j种个别资本成本占全部资本的比重。

例如，某家公司的长期资金共1000000元，其中应付长期债券500000元，长期借款100000元，普通股150000元，保留盈余250000元，其成本分别为4.2%、3.5%、15%和15.5%，下面计算该企业的加权平均资本成本。

其具体的操作步骤如下：

Step 01 在"资本成本.xlsx"工作簿中插入一张新的工作表并将其重命名为"加权平均"名称，然后在该表中输入各个项目并进行格式化，效果如图13-48所示。

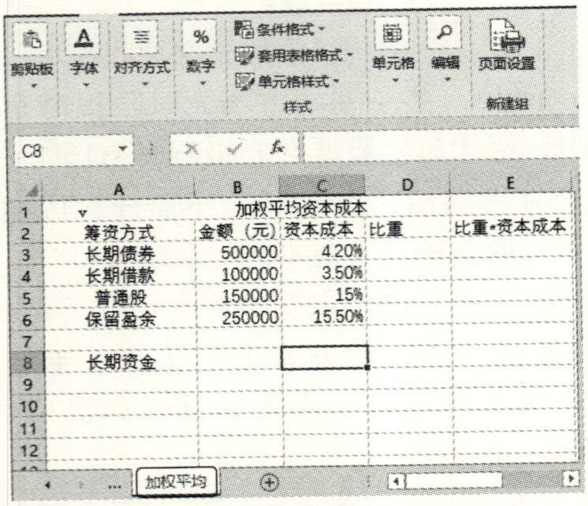

图13-48 输入加权平均资本成本的各个项目

Step 02 选中B8单元格，然后在【公式】选项卡下的【函数库】中单击【自动求和】按钮，按【Enter】键后，即可计算出长期资金的结果，如图13-49所示。

Step 03 选中D3单元格，然后在公式编辑栏中输入"=B3/$B$8"公式内容，按【Enter】键后，即可计算出长期债券的资本比重，显示结果如图13-50所示。

第13章 使用 Excel 分析企业筹资决策

图 13-49　计算出长期资金

图 13-50　计算长期债券的资本比重

Step 04 选中 D3 单元格，将光标移到单元格的右下角，当光标变为"+"形状时，按住左键不放往下拖曳，到达相应的 D6 单元格位置后松开鼠标，即可实现 D6 单元格的公式输入，如图 13-51 所示。

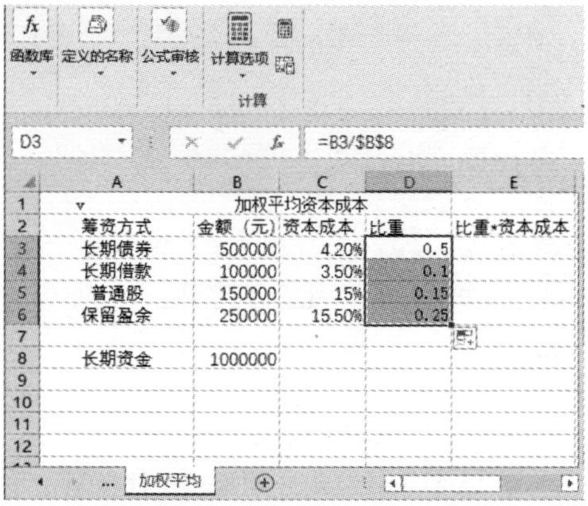

图 13-51　复制 D3 单元格公式

Step 05 选中 E3 单元格，在公式编辑栏中输入"=D3*C3"公式内容，按【Enter】键后，即可计算出长期债券的资本加权平均数，显示结果如图 13-52 所示。

图 13-52　计算长期债券的资本加权平均数

Step 06 选中 E3 单元格，将光标移到单元格的右下角，当光标变为"+"形状时，按住左键不放往下拖曳，到达相应的 E6 单元格位置后松开鼠标，即可实现 E6 单元格的公式输入，如图 13-53 所示。

图 13-53　复制 E3 单元格公式

Step 07 选中 E10 单元格，在公式编辑栏中输入"=SUM(E3:E9)"公式内容，按【Enter】键后，即可计算出加权平均资本成本，显示结果如图 13-54 所示。

图 13-54　计算出加权平均资本成本

13.3　创建筹资决策分析模型

前面两节已经介绍了在筹资决策分析中应用到的货币时间价值函数及各种资本成本的计算模型，本节介绍如何建立一个全面的筹资分析模型。

13.3.1　建立基本模型表

下面以"长期借款"为例进行筹资决策的分析，建立分期等额偿还长期借款基本模型表。

例如，某家公司长期借款金额500000元，借款年限为10年，借款年利率为10%，每年还款1次，下面建立分期等额偿还长期借款基本模型表。

其具体的操作步骤如下：

Step 01 启动Excel 2016程序，新建一个工作簿并将其命名为"筹资决策分析模型.xlsx"名称；然后双击Sheet1工作表标签并重命名为"分期等额还款模型"名称；最后根据需要在该工作表中输入相关的项目并进行格式化，效果如图13-55所示。

Step 02 选中B6单元格，然后在公式编辑栏中输入"=B4*B5"公式内容，按【Enter】键后，即可计算出还款总期数，显示结果如图13-56所示。

Step 03 选中B7单元格，在公式编辑栏中输入"=PMT($B$3/$B$5,$B$6,$B$2)"公式内容，按【Enter】键后，即可计算出分期等额还款金额，显示结果如图13-57所示。

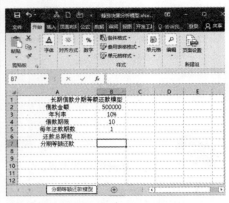

图 13-55　输入分期等额还款的各个项目

图 13-56　计算出还款总期数

图 13-57　计算出分期等额还款金额

13.3.2 利用单变量模拟运算进行分析

单变量模拟运算是指在公式中可以有一个变量值，只要在单元格中输入此变量值，即可列出该数值变化后的所有的计算结果。

下面以上一节创建的"分期等额还款模型"为例，在等额分析还款条件下，利用单变量模拟运算表分析借款金额的不同对还款金额的影响。其具体的操作步骤如下：

Step 01 切换到"分期等额还款模型"工作表，选中A1:B7单元格区域，然后右击，从弹出的快捷菜单中选择【复制】命令；再双击Sheet2工作表标签，将其命名为"单变量模拟运算"名称，并将所复制的内容粘贴至该工作表中，效果如图13-58所示。

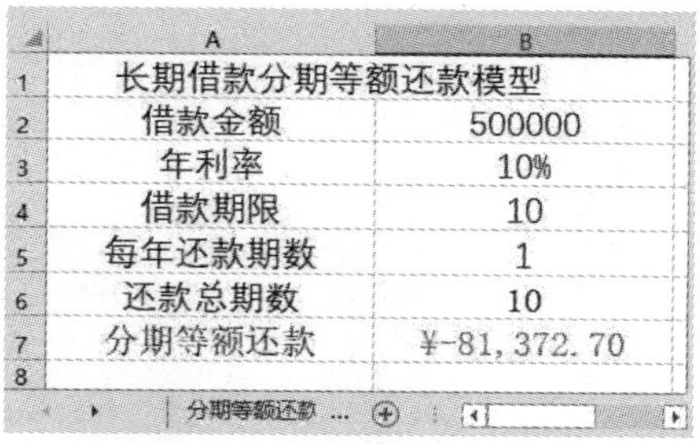

图13-58 复制工作表内容

Step 02 在A9、B9、B10单元格中输入相关的项目和分期等额还款金额；并在A11:A14单元格区域中输入不同的借款金额，如图13-59所示。

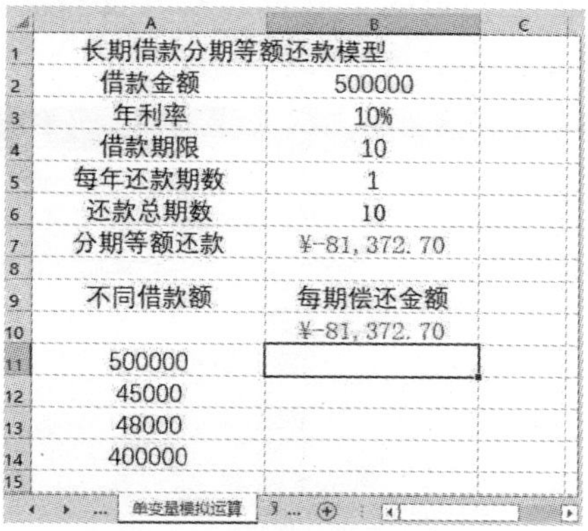

图13-59 输入其他信息

Step 03 选中A10:B14单元格区域，然后单击快速访问工具栏上的【模拟运算表】按钮，即

可弹出【模拟运算表】对话框，由于将不同的借款金额设置在A列，所以，将借款额变量设置为列变量，如图13-60所示。

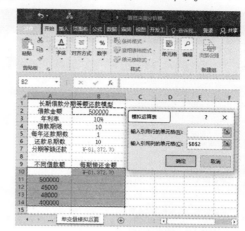

图13-60 输入列变量

💡 **提示**：如果在【功能区】中无法找到【模拟运算表】选项，可以切换到【文件】选项卡，单击左侧列表中的【选项】按钮，即可弹出【Excel选项】对话框，切换到【快速访问工具栏】面板，在右侧【从下列位置选择命令】下拉列表框中选择【数据选项卡】下的【模拟运算表】命令，然后单击【添加】按钮，即可将其添加至【自定义快速访问工具栏】列表中，最后单击【确定】按钮，即可在快速访问工具栏中查看添加成功后的结果，如图13-61所示。

图13-61 【Excel选项】对话框

Step 04 设置列变量后，单击【确定】按钮，即可计算出不同借款额所对应的模拟运算结果，如图13-62所示。

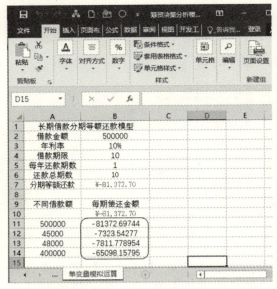

图 13-62　单变量模拟运算结果

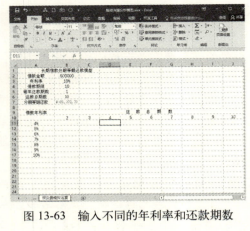

图 13-63　输入不同的年利率和还款期数

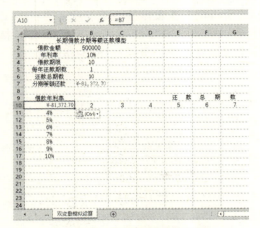

图 13-64　获取等额还款金额

13.3.3　利用双变量模拟运算进行分析

利用双变量模拟运算表可以计算含有两个变量的公式，能够在一次操作的过程中完成多组不同数组的计算，这样就为筹资决策的分析带来了极大的方便。

下面以"分期等额还款模型"为例，在等额分析还款条件下，利用双变量模拟运算表分析借款年利率和借款期数的不同对还款金额的影响。

其具体的操作步骤如下：

Step 01 双击Sheet3工作表标签，将其重命名为"双变量模拟运算"名称，然后复制"分期等额还款模型"工作表中的数据信息至该工作表中，并在A列中输入不同的借款年利率，并在A10:J10单元格区域中输入借款期数，效果如图13-63所示。

Step 02 选中A10单元格，在公式编辑栏中输入"=B7"公式内容，按【Enter】键后，即可获取等额还款金额，如图13-64所示。

Step 03 选中A10:J17单元格区域，单击快速访问工具栏上的【模拟运算表】按钮，即可弹出【模拟运算表】对话框，用户可以根据需要分别输入引用行和引用列的单元格，如图13-65所示。

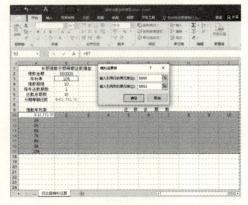

图 13-65　输入引用行和列的单元格

Step 04 单击【确定】按钮，返回工作表中，即可看到双变量模拟运算的结果，如图13-66所示。

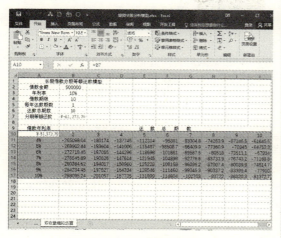

图 13-66　双变量模拟运算结果

📢 注意：财务人员利用模拟运算表可以直观地比较不同组合下需要偿还的借款金额。当长期借款方案发生变化时，财务人员只需要改变该因素所在行和列的数值，系统就会自动重新计算双变量模拟运算表中的所有值。若模拟运算结果中的出现负值，则表示现金的流出。

13.3.4　建立筹资决策分析表

下面还以"分期等额还款模型"为例，利用Excel 2016建立借款筹资决策偿还分析表，以表明借款偿还的详细情况。

假设某家公司从银行借款50000元，借款期限为5年，银行年利率10%，偿还条件是每年年末等额偿还本息。建立等额还款筹资决策分析表的具体操作步骤如下：

Step 01 在"筹资决策分析模型.xlsx"工作簿中插入一张新的工作表，并将其命名为"筹资决策分析"名称，然后采用上述同样的方法，将"分期等额还款模型"工作表中的数据信息复制到该工作表中，并更改其中的借款金额、借款期限、年利率以及每年偿还期数，此时系统会自动地计算

出还款总期数和分期等额还款金额，同时需要在其他的单元格中输入所需要的项目并进行格式化，如图13-67所示。

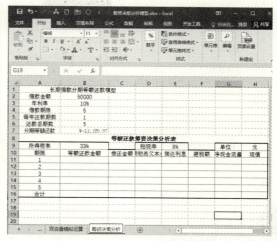

图 13-67　筹资决策分析表结构图

Step 02 为了使以后的项目数值计算起来比较方便，需要选中B11单元格，在公式编辑栏中输入"=-$B$7"公式内容，按【Enter】键后，即可计算出期限为1年的还款金额，如图13-68所示。

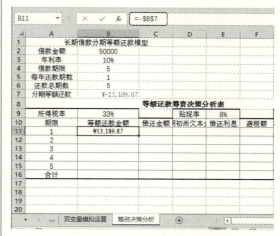

图 13-68　计算期限为1年的还款金额

Step 03 选中B11单元格，将光标移到单元格的右下角，当光标变为"+"形状时，按住左键不放往下拖曳，到达相应的B15单元格位置后松开鼠标，即可实现B15单元格的公式输入，如图13-69所示。

301

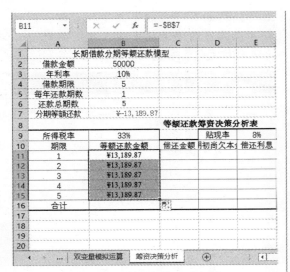

图 13-69　计算每年还款金额

Step 04 选中 C11 单元格，在公式编辑栏中输入"=PPMT($B$3/$B$5,A11,$B$6,-$B$2)"公式内容，按【Enter】键后，即可计算出偿还本金额，此时用户可以利用自动填充功能将该公式填充到 C12: C15 单元格区域中，如图 13-70 所示。

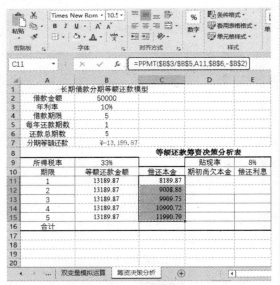

图 13-70　计算偿还本金额

Step 05 由于"期初尚欠本金=上期期初尚欠本金-上期偿还本金"公式，这里分别需要选中 D11 和 D12 单元格，然后在公式编辑栏中分别输入"=$B$2"和"=D11-C11"公

式内容，按【Enter】键后，即可计算出期初尚欠本金，此时用户可以利用自动填充功能将 D12 单元格公式填充到 D13: D15 单元格区域中，如图 13-71 所示。

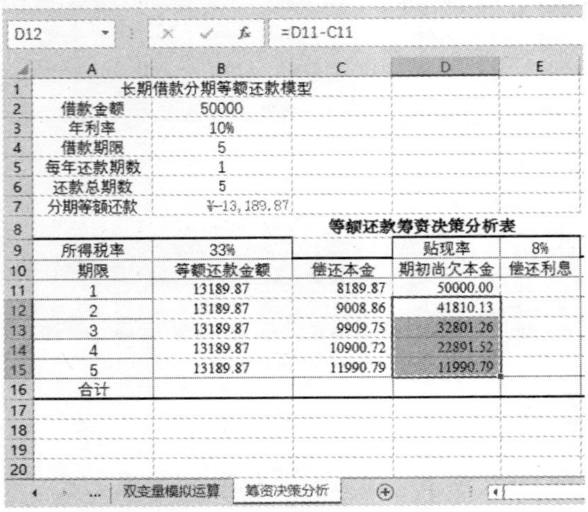

图 13-71　计算期初尚欠本金

Step 06 选中 E11 单元格，在公式编辑栏中输入"=IPMT($B$3/$B$5,A11,$B$6,-$B$2)"公式内容，按【Enter】键后，即可计算出偿还利息，此时用户可以利用自动填充功能将该公式填充到 E12:E15 单元格区域中，如图 13-72 所示。

图 13-72　计算出偿还利息

Step 07 由于"避税额=偿还利息*所得税率"，因此，这里需要选中 F11 单元格，然后在公式编辑栏中输入"=E11*$B$9"公式内容，按【Enter】键后，即可计算出避税额，最后利用自动填充功能将 F11 单元格中

的公式填充到F12:F15单元格区域中,如图13-73所示。

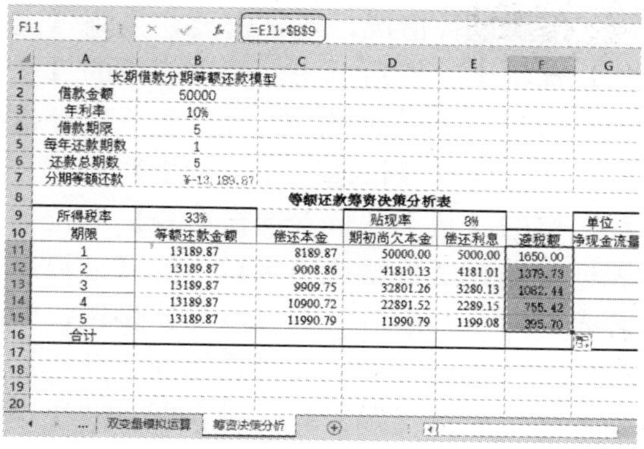

个项目的合计数,如图13-76所示。

图 13-73 计算出避税额

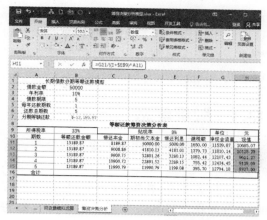

图 13-75 计算出每期现值

Step 08 由于"净现金流量=还款额-避税额",所以,这里需要选中G11单元格,然后在公式编辑栏中输入"=B11-F11"公式内容,按【Enter】键后,即可计算出净现金流量值,最后利用自动填充功能将G11单元格中的公式填充到G12:G15单元格区域中,如图13-74所示。

图 13-76 计算出各个项目的合计数

Step 11 为了使数据的形式保持一致,设置"等额还款金额"列的数据类型为2位小数位数的【数值型】,最后的分析表的模型如图13-77所示。

图 13-74 计算出净现金流量值

Step 09 由于"现值=净现金流量/((1+贴现率)^期数)",这里选中H11单元格,然后在公式编辑栏中输入"=G11/((1+$E$9)^A11)"公式内容,按【Enter】键后,即可计算出每期现值,最后利用自动填充功能将H11单元格中的公式填充到H12:H15单元格区域中,如图13-75所示。

Step 10 分别选中B16:H16单元格区域,然后在【公式】选项卡下的【函数库】中单击【自动求和】按钮∑自动求和▼,即可计算出各

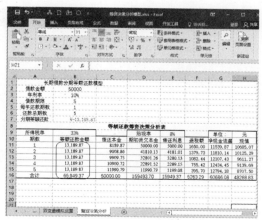

图 13-77 筹资决策分析表

303

由此可见，利用Excel 2016软件建立筹资决策分析表可以将复杂的问题简单化，这样便于操作、计算和比较不同方案下的数据；财务人员则可根据分析表直观地观察结果，从而做出有效的决策。

13.4 疑难解惑

疑问1：如何使用参数表示现金的流入与流出？

在年金现值函数【PV】的所有参数中，若为现金流入，则以正数表示；若为现金流出，则以负数表示。

疑问2：为什么在【功能区】中无法找到【模拟运算表】按钮呢？

出现这种情况，通常需要切换到【文件】选项卡，然后单击左侧列表中的【选项】按钮，即可弹出【Excel选项】对话框，再切换到【快速访问工具栏】面板，在右侧的【从下列位置选择命令】下拉列表框中选择【数据选项卡】下的【模拟运算表】命令，最后单击【添加】按钮，即可将其添加至【自定义快速访问工具栏】列表中，单击【确定】按钮，即可在快速访问工具栏中查看添加的结果。

第 14 章
利用 Excel 实现网络办公

本章主要讲述了基于Internet的会计电算化信息系统,其中包括如何利用Excel实现网络办公的方法、局域网中如何实现财务表格的共享以及网络中超链接的运用技巧等。相信通过本章的学习,财会人员能够更加方便地实现网络化办公。

本章技能（已掌握的在方框中打钩）
☐ 利用Excel实现网络办公。
☐ 在局域网中共享财务表格。
☐ 网络中超链接的运用。

14.1 利用Excel实现网络办公

如果公司分布在不同的地区,当总部需要查看各分公司财务报表或者要向各分公司下达任务时,可以将这些文件传到网络上实现共享。Excel 2016为用户提供了多种共享数据的方法,使用这些方法,用户可以将Excel数据保存到云端OneDrive、通过电子邮件共享、在局域网中共享等。

14.1.1 将整个工作簿放置到网站上

假如需要在网页上访问总公司制定的标准成本核算的电子表格,或者想用网页在图表中显示公司不同地区的盈利状况,可将Excel工作簿或其一部分（如工作表中的某项）保存为网页,使其在HTTP站点、FTP站点、Web服务器或网络服务器上可用,以供用户查看或交互式使用。例如,如果用户有建立在Excel工作表上的销售数据,可以将这些数据与图表一起发布在网页上进行比较,这样用户无须打开Excel即可在其浏览器中查看这些数据,甚至对这些数据进行操作。

💡**提示**：HTTP是指在WWW网上提交信息的Internet协议。采用该协议,安装了客户端的用户可以直接通过输入URL（或单击超链接）,由Web服务器检索文字、图形、声音和其他数字信息。

FTP是一种通信协议,它使用户可在网络上的远程位置之间传输文件。此协议还允许用户使用FTP命令（如列出文件和文件夹）处理远程位置上的文件。

如果想要将整个工作簿中的所有数据发布到网页上,可以在网页上发布整个交互式或非交互式的工作簿。

交互式工作簿是指在向网页上发布交互式工作簿时,发布的结果是包含专门组件（该组件允许浏览器用户对工作簿进行交互操作）的HTML文件。例如，可以利用工作表选择器在工作表间进行切换，可以处理数据和设置格式化，以及更改每张工作表中的公式。在HTML文件中使用的交互组件不可以在Excel中打开或修改，因此，应该保留一份发布的Excel工作簿的原本，以便必要时对其进行更改和重新发布。

非交互式工作簿是指在保存非交互式工作簿时，数据显示与Excel中一样，包括用户可以单击工作表标签以便在工作表间进行切换。但是，用户不能在浏览器中更改数据或对其进行交互操作。

如果不想保留Excel工作簿的原本，但想在Excel中直接打开HTML文件，并使用Excel的功能对其进行更改并保存更改，则应将整个工作簿保存为HTML页。

下面以发布非交互式工作簿为例，为大家详细讲述将整个工作簿放置到网站上的具体操作步骤。

Step 01 打开"工资明细表.xlsx"工作簿，切换到【文件】选项卡，然后单击左侧列表中的【另存为】按钮，即可弹出【另存为】对话框，如图14-1所示。

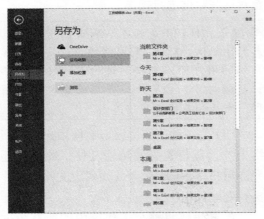

图14-1 打开"工资明细表"工作簿

Step 02 在【文件名】文本框中输入"工资明细"，同时选择保存的类型为【网页】，并选择【保存】选项组中的【整个工作簿】单选按钮，如图14-2所示。

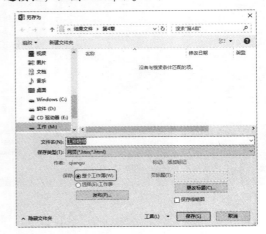

图14-2 【另存为】对话框

Step 03 若单击 更改标题(C)... 按钮，则会弹出【输入文字】对话框，在【页标题】文本框中输入标题后，最后单击【确定】按钮即可返回至【另存为】对话框，如图14-3所示。

图14-3 【输入文字】对话框

Step 04 此时在【另存为】对话框中即可看到添加的标题将成功显示在【页标题】标签之后，如图14-4所示。

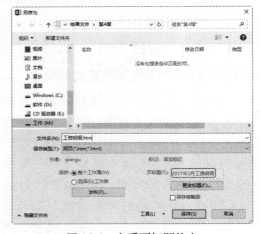

图14-4 查看页标题信息

Step 05 单击【保存】按钮,即可切换至保存位置所在的文件夹中,此时,会发现该文件夹中增加了一个HTML格式的文档,如图14-5所示。

图 14-5 保存的 HTML 文档所在的文件夹

Step 06 双击该文档图标,将会在浏览器中打开该文档,如图14-6所示。从图中可以看出,原表格的项目全部被显示出来了,但用户却并不能对数据进行编辑操作。

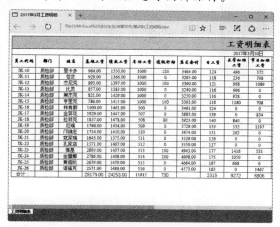

图 14-6 非交互式文档

14.1.2 将工作表、单元格区域发布到网上

还可以将单独的工作表或工作表的一部分发布到网页上,既可带有交互功能,也可没有交互功能。非交互式发布时,用户可以查看网页上的数据和模式,但不能处理数据或进行格式设置。

其具体的操作步骤如下:

Step 01 在【另存为】对话框中选择【保存】选项区组中的【选择:工作表】单选按钮,如图14-7所示。

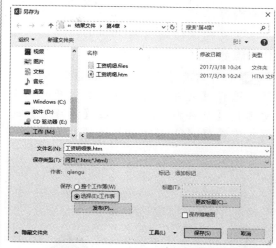

图 14-7 发布工作表或单元格区域

Step 02 单击【发布】按钮,即可弹出【发布为网页】对话框,在【发布内容】选项组的【选择】下拉列表框中选择需要发布的是某个工作表或者是单元格区域,可以根据需要选择"发布形式"。设置完成后,单击【发布】按钮,即可成功发布至网页上,如图14-8所示。

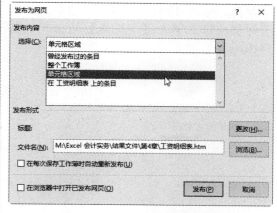

图 14-8 【发布为网页】对话框

14.1.3 将工作簿保存到云端OneDrive

云端OneDrive是由微软公司推出的

一项云存储服务，用户可以通过自己的Microsoft账户进行登录，并上传自己的图片、文档等到OneDrive中进行存储。无论身在何处，用户都可以访问OneDrive上的所有内容。

将文档保存到云端OneDrive的具体操作步骤如下：

Step 01 打开需要保存到云端OneDrive的工作簿。选择【文件】选项卡，在打开的列表中选择【另存为】选项，在【另存为】选项组中选择【OneDrive】选项，如图14-9所示。

图14-9　【另存为】工作界面

Step 02 单击【登录】按钮，弹出【登录】对话框，输入与Excel一起使用的账户的电子邮箱地址，单击【下一步】按钮，如图14-10所示。

图14-10　输入电子邮件地址

Step 03 在弹出的【登录】对话框中输入电子邮箱地址的密码，如图14-11所示。

图14-11　单击【登录】按钮

Step 04 单击【登录】按钮，即可登录账号，在Excel的右上角显示登录的账号名，在【另存为】选项组中选择【OneDrive-个人】选项，如图14-12所示。

图14-12　选择【OneDrive-个人】选项

Step 05 单击【浏览】按钮，弹出【另存为】对话框，在对话框中选择文件要保存的位置，这里选择并打开【文档】文件夹，如图14-13所示。

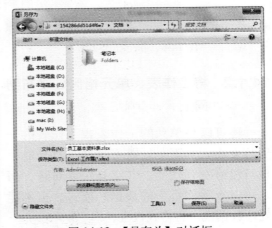

图14-13　【另存为】对话框

Step 06 单击【保存】按钮，在其他计算机上打开Excel 2016，选择【文件】→【打开】→【OneDrive-个人】→【浏览】选项，如图14-14所示。

图 14-14 单击【浏览】按钮

Step 07 等软件从系统获取信息后，弹出【打开】对话框，即可选择存储在OneDrive端的工作簿，如图14-15所示。

图 14-15 【打开】对话框

14.1.4 通过电子邮件共享

Excel 2016还可以通过发送到电子邮件的方式进行共享，发送到电子邮件主要有【作为附件发送】、【发送链接】、【以PDF形式发送】、【以XPS形式发送】和【以Internet传真形式发送】5种形式，下面介绍以附件形式进行邮件发送的方法。具体的操作步骤如下：

Step 01 打开需要通过电子邮件共享的工作簿。选择【文件】选项卡，在打开的列表中选择【共享】选项，在【共享】选项组中选择【电子邮件】选项，然后单击【作为附件发送】按钮，如图14-16所示。

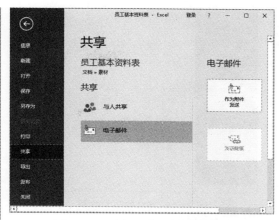

图 14-16 选择【电子邮件】选项

Step 02 系统将自动打开计算机中的邮件客户端，弹出【员工基本资料表.xlsx- 写邮件】工作界面，在界面中可以看到添加的附件，在【收件人】文本框中输入收件人的邮箱，单击【发送】按钮，即可将文档作为附件发送，如图14-17所示。

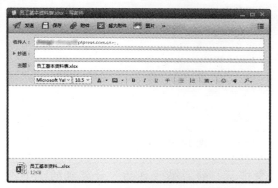

图 14-17 【员工基本资料表.xlsx- 写邮件】工作界面

14.1.5 向存储设备中传输

用户还可以将Office 2016文档传输到存储设备中，以实现与其他人的共享，具体的操作步骤如下：

Step 01 将存储设备插入计算机的USB接口中，打开需要向存储设备中传输的工作簿。选择【文件】选项卡，在打开的列表中选择【另存为】选项，在【另存为】选项组中选择【这台电脑】选项，然后单击【浏览】按钮，如图14-18所示。

图 14-18 【计算机】选项

Step 02 弹出【另存为】对话框，选择文档的存储位置为存储设备，这里选择【U启动U盘（H:）】选项，单击【保存】按钮，如图14-19所示。

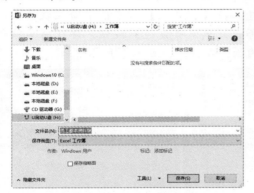

图 14-19 选择移动存储盘

💡**提示**：将存储设备插入计算机的USB接口后，单击桌面上的【此电脑】图标，在弹出的【此电脑】窗口中可以看到插入的存储设备，本例中存储设备的名称为【U启动U盘（H:）】，如图14-20所示。

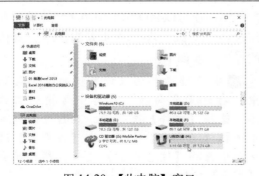

图 14-20 【此电脑】窗口

Step 03 打开存储设备，即可看到保存的文档，如图14-21所示。

图 14-21 可移动存储盘

💡**提示**：用户可以复制该文档，打开存储设备并粘贴，也可以将文档传输到存储设备中。本例中的存储设备为U盘，如果使用其他存储设备，操作过程类似，这里不再赘述。

14.2 在局域网中共享财务表格

当多个财务人员想要共同合作编辑较为大型的表格时，可以将工作簿进行共享，在共享后的工作簿中可以实现不同部分的同时编辑，每个人只需完成自己那部分的工作就可以了。下面将为大家介绍创建共享工作簿、编辑共享工作簿和取消共享工作簿的方法。

14.2.1 创建共享工作簿

把一个工作簿设置成共享工作簿的方法很简单，下面就以将"河南仕德耕昇显卡6月价格表.xlsx"工作簿设置成共享工作簿为例，进行详细介绍，具体的操作步骤如下：

Step 01 启动Excel 2016软件，打开"工资明细表.xlsx"工作簿，在【审阅】选项卡下的【更改】组中单击【共享工作簿】按钮，即可打开【共享工作簿】对话框，如图14-22所示。

第 14 章
利用 Excel 实现网络办公

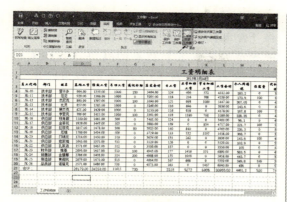

图 14-22　打开工作簿

Step 02 切换到【编辑】选项卡，选择【允许多用户同时编辑，同时允许工作簿合并】复选框即可，如图 14-23 所示。

图 14-23　【共享工作簿】对话框

Step 03 单击【确定】按钮，即可弹出【另存为】对话框，输入文件名"工资明细表.xslx"，最后单击【保存】按钮，系统将保存当前文档，并启动其共享功能，如图 14-24 所示。

Step 04 当启动共享工作簿功能后，其工作簿的标题后面将会多了一个"[共享]"标记，如图 14-25 所示。

Step 05 切换到【文件】选项卡，然后单击左侧列表中的【另存为】按钮，即可弹出【另存为】对话框，如图 14-26 所示。

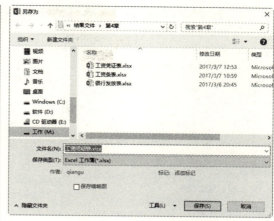

图 14-24　【别存为】对话框

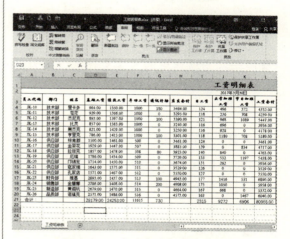

图 14-25　成功启动共享工作簿

图 14-26　选择保存的类型

Step 06 在【另存为】对话框中（若未保存过的工作簿，将会直接打开该对话框）中将该工作簿保存到已共享在局域网中的文件夹中，如图14-27所示。

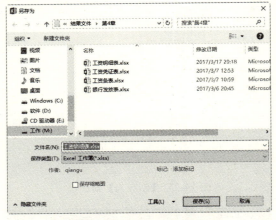

图14-27 【另存为】对话框

💡**提示**：局域网中的共享文件夹，应为其他用户可更改模式，否则，其中的工作簿将为只读形式。

14.2.2 编辑共享工作簿

创建共享工作簿后，在同一局域网中的人员即可同时进行编辑操作，其具体的操作步骤如下：

Step 01 从网络中共享的文件夹中打开需要编辑的共享工作簿，切换到【文件】选项卡，单击左侧列表中的【选项】按钮，即可打开【Excel选项】对话框，如图14-28所示。

图14-28 选择 Excel 选项命令

Step 02 在打开的【Excel选项】对话框中选择【常用】选项卡，在【对Microsoft Office进行个性化设置】栏目的【用户名】文本框中输入创建该工作簿使用的用户名，这里填写用户名为"qiangu"，最后单击【确定】按钮，即可成功设置，如图14-29所示。

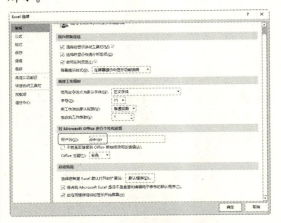

图14-29 【Excel选项】对话框

Step 03 用户还可以像在本地计算机上一样输入工作簿中的数据，选择自己负责统计范围内的区域，这里选择B2:B20单元格区域，然后在【开始】选项卡下的【编辑】组中单击【全部清除】右侧的下三角按钮，从弹出的下拉列表中选择【清除内容】选项，如图14-30所示。

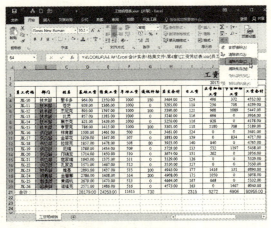

图14-30 选择要清除的内容

Step 04 在清除内容后的单元格区中输入最新的数据，输入完毕，单击快速访问工具栏中的【保存】按钮即可进行保存，如图14-31所示。

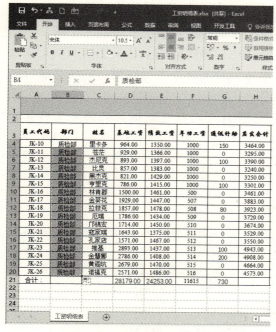

图14-31　输入最新的数据

14.2.3　设置共享工作簿

在编辑共享工作簿的过程中，可以根据需要对其进行设置和管理。常用的设置主要包括突出显示修订信息、接受或拒绝修订、取消共享工作簿中的用户和保护共享工作簿，下面将为大家一一讲述。

1. 显示修订信息

当有多个人对共享工作簿进行编辑时，为了防止有人不小心对不属于自己的部分进行了错误的编辑，可以显示修订的信息，以了解每个人对工作簿的编辑情况，防止错误的发生。显示修订信息包括以下两种情况：一种情况是在原工作表中突出显示修订的信息，另一种情况是在新工作表中显示修订的信息。

（1）突出显示修订信息

突出显示修订信息就是在原工作表中以不同的样式显示修订过的每个单元格，并且当鼠标光标在修订后的单元格上停留一段时间后，在其周围出现一个类似"批注"的修订信息。下面将在进行编辑后的共享工作簿中突出显示对工作簿进行编辑后的所有修订信息。

其具体的操作步骤如下：

Step 01 打开已经进行编辑的共享工作簿，在【审阅】选项卡下的【更改】组中单击【修订】右侧的下三角按钮，从弹出的下拉列表中选择【突出显示修订】选项，即可弹出【突出显示修订】对话框，如图14-32所示。

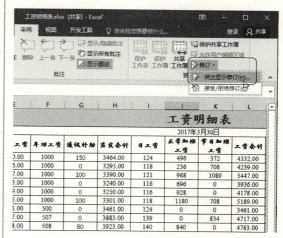

图14-32　设置修订的方式

Step 02 在【突出显示修订】对话框中选择【时间】和【修订人】复选框，并在其后下拉列表框中分别选择【全部】和【每个人】选项，再选择【在屏幕上突出显示修订】复选框，最后单击【确定】按钮，即可成功完成设置，如图14-33所示。

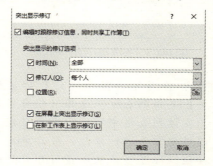

图14-33　【突出显示修订】对话框

Step 03 应用设置后，当前工作表中曾经被编辑的单元格的左上角会出现一个三角符号标记，如图14-34所示。

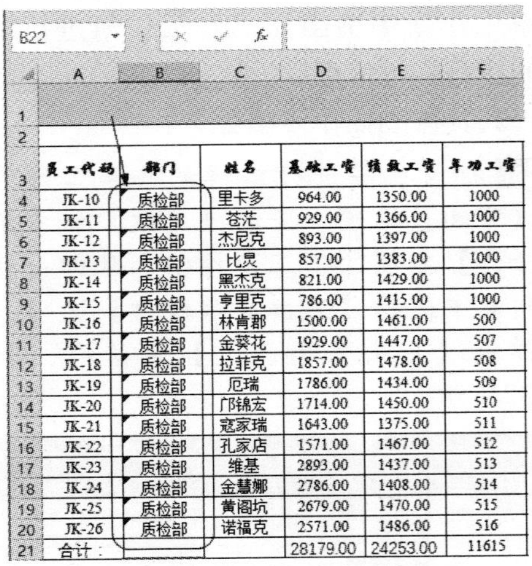

	A	B	C	D	E	F
3	员工代码	部门	姓名	基础工资	绩效工资	年功工资
4	JK-10	质检部	里卡多	964.00	1350.00	1000
5	JK-11	质检部	苍茫	929.00	1366.00	1000
6	JK-12	质检部	杰尼克	893.00	1397.00	1000
7	JK-13	质检部	比灵	857.00	1383.00	1000
8	JK-14	质检部	黑杰克	821.00	1429.00	1000
9	JK-15	质检部	亨里克	786.00	1415.00	1000
10	JK-16	质检部	林肯郡	1500.00	1461.00	500
11	JK-17	质检部	金葵花	1929.00	1447.00	507
12	JK-18	质检部	拉菲克	1857.00	1478.00	508
13	JK-19	质检部	厄瑞	1786.00	1434.00	509
14	JK-20	质检部	邝锦宏	1714.00	1450.00	510
15	JK-21	质检部	寇家瑞	1643.00	1375.00	511
16	JK-22	质检部	孔家店	1571.00	1467.00	512
17	JK-23	质检部	维基	2893.00	1437.00	513
18	JK-24	质检部	金慧娜	2786.00	1408.00	514
19	JK-25	质检部	黄阁坑	2679.00	1470.00	515
20	JK-26	质检部	诺福克	2571.00	1486.00	516
21	合计：			28179.00	24253.00	11615

图 14-34　显示三角符号标记

Step 04 若是将鼠标光标移动到想要查看修订信息的单元格上停留一段时间，在其周围即会出现具体的修订信息，如图14-35所示。

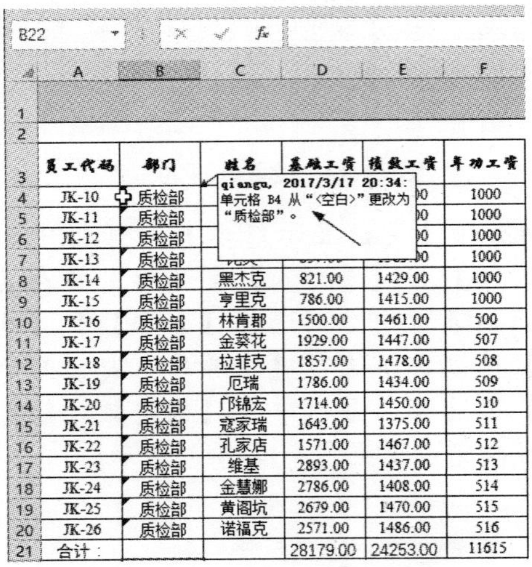

	A	B	C	D	E	F
3	员工代码	部门	姓名	基础工资	绩效工资	年功工资
4	JK-10	质检部				1000
5	JK-11	质检部				1000
6	JK-12	质检部				1000
7	JK-13	质检部				1000
8	JK-14	质检部	黑杰克	821.00	1429.00	1000
9	JK-15	质检部	亨里克	786.00	1415.00	1000
10	JK-16	质检部	林肯郡	1500.00	1461.00	500
11	JK-17	质检部	金葵花	1929.00	1447.00	507
12	JK-18	质检部	拉菲克	1857.00	1478.00	508
13	JK-19	质检部	厄瑞	1786.00	1434.00	509
14	JK-20	质检部	邝锦宏	1714.00	1450.00	510
15	JK-21	质检部	寇家瑞	1643.00	1375.00	511
16	JK-22	质检部	孔家店	1571.00	1467.00	512
17	JK-23	质检部	维基	2893.00	1437.00	513
18	JK-24	质检部	金慧娜	2786.00	1408.00	514
19	JK-25	质检部	黄阁坑	2679.00	1470.00	515
20	JK-26	质检部	诺福克	2571.00	1486.00	516
21	合计：			28179.00	24253.00	11615

图 14-35　查看修订的详细信息

注意： 在【突出显示修订】对话框的【时间】下拉列表框中选择【起自日期】选项，在该列表框中将显示当前日期，用户可以根据需要进行修改，最后单击【确定】按钮，即可显示从所设日期开始的修订信息。

（2）在新工作表中显示修订信息

在新工作表中显示的修订信息会更加全面一些，这样就可以方便管理人员对共享工作簿的编辑情况有全面的了解。下面将在进行编辑后的共享工作簿的新工作表中显示对工作簿进行编辑后的所有修订信息，具体的操作步骤如下：

Step 01 打开已经进行编辑的共享工作簿，在【审阅】选项卡下的【更改】组中单击【修订】右侧的下三角按钮，从弹出的下拉列表中选择【突出显示修订】选项，即可打开【突出显示修订】对话框。

Step 02 在【突出显示修订】对话框中选择【时间】和【修订人】复选框，并在其后下拉列表框中分别选择【全部】和【每个人】选项，再选择【在新工作表上显示修订】复选框，如图14-36所示。

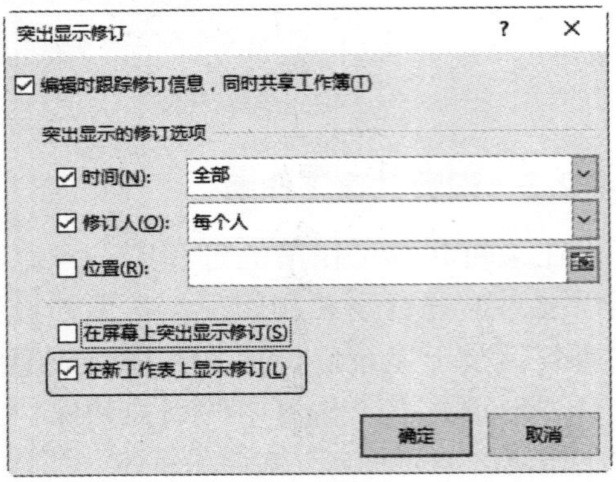

图 14-36　勾选“在新工作表中显示修订”选项

Step 03 单击【确定】按钮，软件将自动创建名为“历史记录”工作表，并在该表中显示详细的修订信息，包括具体的修订时间、修订人、修订区域等，如图14-37所示。

注意： 若在【突出显示修订】对话框中进行其他设置后，同时选择【在屏幕上突出显示修订】和【在新工作表上显示修订】复选框，那么软件将在原工作表中突出显示修订的信息，同时也会出现在“历史记录”工作表中。

第 14 章
利用 Excel 实现网络办公

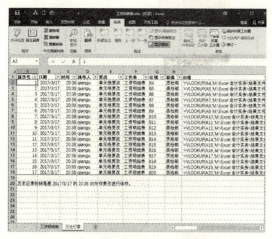

图 14-37 "历史记录"工作表窗口

2. 接受或拒绝修订

在保存对共享工作簿所进行的修改时，可能会因疏忽而出现某些修订错误，这时主用户就可以利用Excel所提供的【接受/拒绝修订】功能，在经过查看后，确定是否接受辅助用户修订的内容。下面将在进行编辑后的共享工作簿中接受所有修订，其具体的操作步骤如下：

Step 01 打开已经进行编辑的共享工作簿，在【审阅】选项卡下的【更改】组中单击【修订】右侧的下三角按钮，从弹出的下拉列表中选择【接受/拒绝修订】选项，即可打开【接受或拒绝修订】对话框，如图14-38所示。

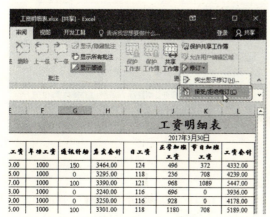

图 14-38 选择【接受/拒绝修订】选项

Step 02 在打开的【接受或拒绝修订】对话框中选择【时间和修订人】复选框，并在其后下拉列表框中分别选择【无】和【每个人】选项，最后单击【确定】按钮，将会弹出【接受或拒绝修订】提示框，如图 14-39所示。

图 14-39 【接受或拒绝修订】对话框

Step 03 在打开的提示框中列出了对工作簿所做的第一个更改，根据资料进行查证，当确保无误后，单击【接受】按钮，则会依次显示对工作簿所做的第二个更改，如图 14-40所示。

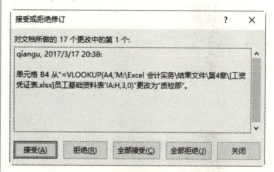

图 14-40 【接受或拒绝修订】提示框

14.2.4 取消共享工作簿

当完成对一个设置了共享属性的表格的编辑操作后，可以撤销该工作簿的共享功能，在停止共享工作簿之前，应确保所有其他用户都已经完成了他们的工作。任何未保存的更改都将丢失。下面将在完成所有编辑后的共享工作簿中取消共享，具体的操作步骤如下：

Step 01 打开已经进行编辑的共享工作簿，在【审阅】选项卡下的【更改】组中单击【共享工作簿】按钮，弹出【共享工作簿】对话框，如图14-41所示。

315

下面将在未共享的工作簿中设置密码保护并共享工作簿，具体的操作步骤如下：

Step 01 打开需要进行密码保护并设置共享的工作簿，在【审阅】选项卡下的【更改】组中单击【保护并共享工作簿】按钮，即可打开【保护共享工作簿】对话框，如图14-43所示。

图 14-41 【共享工作簿】对话框

Step 02 切换到【编辑】选项卡，然后取消选择【允许多用户同时编辑，同时允许工作簿合并】复选框，单击【确定】按钮，即可弹出【Microsoft Excel】对话框，最后根据需要单击【是】按钮，即可成功取消共享工作簿，如图14-42所示。

图 14-42 【Microsoft Excel】对话框

💡 提示：在共享工作簿中所做的所有更改都会记录在修订记录中，若不想在取消共享时将其删除，则可以在新工作表中显示修订信息，并将其复制到另一个工作簿中。

14.2.5 保存共享工作簿

保存共享工作簿可以防止他人关闭修订和取消工作簿的共享。保存共享工作簿，可以在未共享的工作簿中设置，也可以在已经共享的工作簿中设置。但若直接在已共享的工作簿中直接进行设置，就不可以设置密码，若要设置密码，就必须先取消工作簿的共享状态。

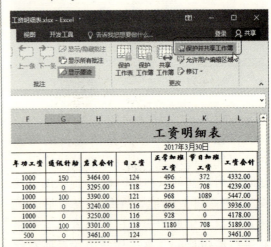

图 14-43 选择"保护并共享的工作簿"选项

Step 02 在该对话框中，用户根据需要选择【以跟踪修订方式共享】复选框，在激活的【密码】文本框中输入需要设置的密码，如"153"，最后单击【确定】按钮，将会弹出【确认密码】对话框，如图14-44所示。

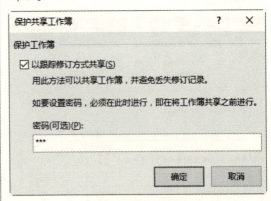

图 14-44 【保护共享工作簿】对话框

Step 03 在【重新输入密码】文本框中再次输入需要设置的密码，如图14-45所示，单击【确定】按钮，即可弹出【Microsoft Excel】对话框，询问【此操作将导致保存文档，是否继续？】信息，若单击【确定】按钮，即可完成工作簿的保护和共享操作，如图14-46所示。

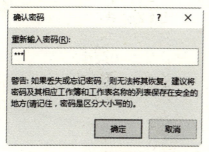

图14-45 【确认密码】对话框

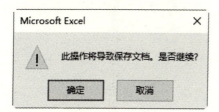

图14-46 【Microsoft Excel】对话框

14.3 疑难解惑

疑问1：为什么有时打开局域网共享文件夹中的工作簿后，却不能改写里面的相应数据呢？

局域网中的共享文件夹，应为其他用户可更改模式，否则，其中的工作簿将为只读形式，用户只能读取却不能对其进行更改。

疑问2：当多个人对共享工作簿进行了编辑时，需要显示修订的信息，为什么只能在原工作表中显示，却不能在"历史记录"工作表中显示呢？

解决这个问题的方法其实很简单，只需要在【突出显示修订】对话框中进行其他设置后，同时选择【在屏幕上突出显示修订】和【在新工作表上显示修订】复选框，那么软件将在原工作表中突出显示修订的信息，同时也会出现在"历史记录"工作表中。